シリーズ・織豊大名の研究 15

南部信直

熊谷隆次 編著

戎光祥出版

序にかえて

南部《なんぶ》信直《のぶなお》は、戦国末期から近世初期にかけて、陸奥国北部（以下、「北奥」）を支配した大名である。

南部氏は、統一権力が存在せず、権力が分有されて地域の領主権力が「地域国家」（有光友學「あとがき」、同編『日本の時代史 12 戦国の地域国家』吉川弘文館、二〇〇三年）として存在していた戦国期、領境紛争による多少の増減はあったものの、本領の糠部《ぬかのぶ》郡（一戸《いちのへ》～九戸《くのへ》の「戸《へ》」、東西南北の「門《かど》」、宇曾利郷《うそりのごう》によって構成）及び周辺の諸郡を領国として維持した。また、続く近世前期（十六世紀末～十七世紀後期）、多くの大名が国替えで本領から離れていくなかで北奥の地にとどまり、幕末にいたった、全国的にも稀有な大名である。現在でも「南部」（青森県東部・岩手県北部）という広域的地域呼称が慣習として残る。一国規模に相当する「糠部郡」、それぞれが郡規模に相当する「戸」「門」「郷」は、古代・中世以来の行政区域名であるが、これらを包含する「南部」は、南部氏という大名（人格）に由来する。

ただし、戦国末期、南部氏は存続の危機に見舞われた。当主南部晴政の死後、嫡流家の血統が絶え、家督の地位をめぐり激しい抗争に陥ったからである。この動揺期、重臣のクーデターにより庶流から家督に推戴されたのが南部信直である。中央国家の官僚制的統治システムが崩れたり、不安定な社会情勢のなかでは、主人―従者間のパーソナルな人間関係（主従制）や、上下関係・互恵性・インフォーマルを特徴とする人的結合関係（パトロネジ）が選択される（入間田宣夫『日本の歴史⑦ 武者の世に』集英社、一九九一年。長谷川博隆「パトロネジ研究の現状と問題点」、同編『古典古代とパトロネジ』名古屋大学出版会、一九九二年。ダグラス・C・ノース／ジョン・ジョセフ・ウォリス／バリー・R・ワインガスト著、杉之原真子訳『暴力と社会秩序―制度の歴史学のために』NTT出版、二〇一七年）。正統性が低く、事実上の権力に近い信直が選択したのは、伝統的な国制を利用して国家公権の掌握を進めていた豊臣秀吉への臣従であった。信直が家督を継承したのは天正九年（一五八一）であるが、一次史料から秀吉との関係が明確になるのは、秀吉が朝廷から関白に任命された天正十三年（一五八五）の翌年であることが、その証左となる。

南部信直は、北奥の一「豊臣大名」で決して著名とは言い難く、また政局の動向に決定的な影響を与えた大名でもない。このため、今まで単独の研究書も、論集も出ていない。しかし、信直は常に学界の主要な研究潮流のなかに位置づけられ、光彩を放ってきた。詳細は「総論　南部信直の研究」で記されることになるため、ここでは信直と豊臣秀吉との共通点を確認することで、序としての理解を得ておきたい。その第一は権力の掌握期間で、信直は家督就任から没年までの期間が天正九年から慶長四年（一五九九）十月までの約十九年間、秀吉は本能寺の変による主君織田信長の自害から自身の没年までの期間が天正十年六月から慶長三年八月までの約十七年間である。第二は出自の問題で、信直は庶流からクーデターにより南部氏の嫡流を継承し、秀吉は織田家の一家来という低い身分から同家の権力を簒奪（織田体制の否定）するかたちで政権を創出した。権力の正統性を、信直は関白秀吉に、その秀吉は天皇あるいは摂関制という国制に求め（宮地正人「序」、宮地正人・佐藤信・五味文彦・高埜利彦編『新　体系日本史1　国家史』山川出版社、二〇〇六年）、両氏はほぼ同一歩調で権力の確立を進めていった。

本書に収録した論文の多くが豊臣政権研究と関連しているのは、両氏の共通点と共時性にある。南部信直研究は、一九六〇年代は「幕藩制構造論」、一九七〇年代から一九八〇年代にかけては「幕藩制国家論」の直接的影響のもと、おもに近世初期の政治史・国家史、あるいは「豊臣政権論」のなかに組み込まれることで進展してきた。南部信直の論集が「豊臣大名」論集（「織豊大名の研究」論集の一つ）として編まれる必然性がここにある。

なお、郷村の動向を明らかにする研究も収録し、豊かな南部信直像を提供すべきであったが、これを示す一次史料はほぼ現存せず（文書として発給されず、口頭や慣習による支配か）、二〇二〇年代にいたるも当該期南部地域の在地社会はほとんど明らかになっていない。本書が、おもに領主としての南部信直の論集であることをご了承いただければ幸いである。

＊

本論集への御論考の収録を御承諾いただきました先生方、および御親族のみなさまには、本来直接御礼を申し上げるべきですが、本書で御礼を述べさせていただくことにつきまして、御寛恕いただければと存じます。誠にありがとうございました。特に、中世文書にまったくの素人であった筆者に対し、南部光徹氏所蔵文書の調査（研究代表・斉藤利男先生）において中世文書の調査方法と厳密な史料読解の重要さを御指導くださいました遠藤巖先生、八戸市史編纂において戦国期研究の基礎を御指導くださいました菅野文夫先生、筆者の拙い戦国期南部氏研究に対していつも温かいコメントをくださる久保田昌希先生、資料提供を担当されたNHK大河ドラマ「利家とまつ」を拝見して以来、御研究を参考にさせていただいている瀬戸薫先生には、御論考掲載の御承諾だけでなく原稿の校正までお願いし、御手数をおかけしました。深く感謝申し上げます。また、黒田基樹先生には、本論集の執筆の機会を与えていただいたほか、戦国史研究会の月例会では国衆論について貴重なアドバイスをいただき、感謝申し上げます。最後に、戎光祥出版株式会社には、執筆の御依頼を受けて以降、長く原稿提出が遅れてしまい、恐縮しております。原稿提出まで御指導いただいた石渡洋平氏、刊行にいたるまで懇切に御対応いただいた松尾隆宏氏には、厚く御礼申し上げます。

二〇二五年一月

熊谷隆次

目　次

付録　南部信直関係資料

南部信直

総論　南部信直の研究

熊谷隆次

はじめに

本書は、北奥を支配した南部信直の研究の足跡をたどり、その「豊臣大名」化の過程を明らかにすることで、近世国家成立期の領域権力の有り様を提示することを目的とする。

南部信直は、「豊臣大名」の一人に過ぎない。このため、信直を論じることが、中近世移行期研究に持つ意義とは何かを、本総論であらかじめ明示しておく必要がある。これについては、文禄元年（一五九二）四月頃から翌二年九月までの約一年半の間、秀吉の命を受け、朝鮮侵略の拠点である肥前国名護屋《なごや》（佐賀県唐津市）に在陣した信直の書状と、当時日本滞在中のイエズス会宣教師ルイス＝フロイスが記した『日本史』の記述を比較することで明確になる。

高麗ハ一国百郡・二百郡之由申候、こと〳〵（悉）く日本之大名衆、国を被給候て可渡と候、（中略）目出度候、

（文禄二年正月七日・南部信直書状[1]）

関白自身はいとも安楽な生活を続け、一同の心を奮起させようとして、（中略）「このたびの企てに加わった者には、朝鮮やシナで国土を賞与するであろう」と言っていた。

（ルイス＝フロイス『日本史』[2]）

文禄の役（壬辰倭乱）のさなか、豊臣秀吉は「日本」のすべての「大名衆」に対し、朝鮮において「国」を給与するため渡海せよ、と命じていた。また、「国土」賞与に関するルイス＝フロイスの記述は、文禄元年六月に蜂起した九州の梅北《うめきた》一揆鎮圧後のものである。信直とフロイスが聞いた秀吉の発言は、時期と内容から同一のものであった可能性がある。

高麗在陣之衆、散々ニつかれ《疲》はて、何之用ニもたつ《立》へき躰なく候、（中略）其有様を御前へ申人候ハヽ、則時ニ御あつかい《扱》に成事ニ候、おち《怖》おのゝき申候て、有やう《様》を申人なく候（中略）日本大小共ニ御前にて物を申人なく候、

（文禄二年五月二十五日・南部信直書状(3)）

（シナの征服事業）（中略）あらゆる君侯や武将たちの関白に対する不思議なほどの遠慮と過度の畏怖の念は、まったく信じられぬほど、別の方向へ作用して、誰一人として、いかなる場合にも、自分からはもちろん、第三者を通じても、あるいは書面をもってしても、彼の意見や決定に対して微塵だに反対する勇気や自由を示す者はいなかった。

（ルイス＝フロイス『日本史』(4)）

文禄二年正月以降、朝鮮半島での戦局は悪化の途をたどっていた。信直は、「御前《ごぜん》」（豊臣秀吉）を極度に恐怖するあまり、朝鮮半島での戦況悪化とこれについての自分の考えを言上するものは「日本」の「大小」（大名・小名《しょうみょう》）のなかには誰一人いないと記している。フロイスが見聞した「シナの征服事業」期の「君侯《くんこう》」「武将」の「関白」（豊臣秀吉）に対する「畏怖の念」も、これと全く同一のものであった。

右の二通の書状が記す信直の心情は、信直一個人だけのものではなく、名護屋に参陣していた「日本之大名衆」に

共通するものであったことをフロイスの記述は証明している。信直の「豊臣大名」化の過程の解明は、「日本」全体の大名衆の豊臣化を明らかにするであろう。ここに信直研究の第一の意義がある。

南部・下国、（中略）今度御陣参会仕事候而、入魂成衆と被云候間、様々堅徹書成候、（中略）九郎《(南部利直)》縁之事、（中略）某もてつしよ《(徹書)》仕候上ハ、無如在候へ共、伊達・会津之覚候間、可申合と申候、

（文禄元年十二月晦日・南部信直書状[5]）

事実上、今の日本には戦争がなく、おしなべて平和な生活が維持されている

（ルイス＝フロイス『日本史』[6]）

戦国末期に厳しい紛争状態にあった「南部・下国《しものくに》」（南部信直と北出羽の安藤〈秋田〉実季《さねすえ》）は、名護屋の在陣衆から「入魂成衆《じっこんなるしゅう》」との評価を受けていた。このため、信直は、次女季子と安藤実季の弟英季《ふさすえ》との婚姻を約して「徹《てっ》書《しょ》」（誓詞）を手交し、戦国期以来の紛争状態を終結させた。この婚約を仲介したのは、「名護屋御留主《(守)》在陣衆[7]」のうち「関東衆」（東国）を指揮していた徳川家康であった可能性が高い。また、信直は、新たに奥羽の要《かなめ》として会津に配置された蒲生氏郷《がもううじさと》の娘（養女）と嫡子南部利直との婚姻も約し、「てつしよ《(徹書)》」を手交した。その目的は「伊達・会津之覚」、つまり南奥の伊達政宗に対する会津蒲生氏による地政学的牽制を実現するため、北奥から信直が伊達氏を抑えることにあった。フロイスが記したように、中世以来の「戦争」（武力紛争・自力救済《じりききゅうさい》権）は停止させられ、豊臣の「平和」秩序が構築された。奥羽の地の豊臣の秩序は、信直研究により明らかになる。これが、第二の意義である。

某《(南部信直)》去年頃候て国へ下間敷と存候、（中略）国かへ《(替)》候て、ミな〳〵《(皆々)》迷惑仕候、我等ハさやう《(左様)》ニもなく候、

（文禄二年三月・南部信直書状[8]）

関白《豊臣秀吉》自身は（中略）「予は多くの国替えや、領地替えを行なうであろう（中略）」と言っていた。（中略）皆は本心ではたとえわずかでも自分の生まれた土地を所有することの方を望んでいた。

（ルイス＝フロイス『日本史』(9)）

信直は名護屋在陣中の病のため、「国《くに》」へ帰ることができないのではないかと危惧していた。ここからは、信直が自分の所領（「南部」）を「国」と呼んでいたことが判明する。また、諸大名が秀吉の命による「国かへ《替》」を忌避し、その一方で信直自身が「国かへ《替》」されないことで一時の安堵感に浸っていたことも示されている。フロイスも当時の「国替え」に対する諸大名の忌避感を感じ取り、それが大名の「土地」に対する「所有」観念に根差すものであったと正しく認識していた。「日本之大名衆」個々の領国支配は、南部氏の「国」支配から明らかになる。これが、第三の意義である。

なお、フロイスは、豊臣秀吉の天下一統の最終段階を次のように記している。

関白が坂東《バンドウ》での戦争に勝利を収め、全日本六十六ヵ国の絶対君主となった（中略）当（一五）九〇年に、関白（秀吉）は六十六ヵ国の絶対君主になるに至った。（中略）彼はこれによって日本全土の征服事業に結末をつけたことになり、その絶対君主となるに至ったからである。

（ルイス＝フロイス『日本史』(10)）

「坂東での戦争」とは、天正十八年（一五九〇）の小田原合戦（小田原攻め）のことで、フロイスはこの合戦の終結により「日本全土の征服事業に結末」がつけられ、秀吉が「絶対君主」になったと考えていた。後北条氏を滅ぼすため小田原在陣中の秀吉はその書状で、「小たわら《小田原》をひころし《干殺》にいたし候へは、大しゆ《奥州》まてひまあき《隙明》候」（天正十八年四月十三日・豊臣秀吉書状(11)）、「小たわら《小田原》の事は、くわんとう《関東》・ひのもと《日の本》まて《迄》のおきめ《置目》にて候」（同年五月一日・豊臣秀吉書状[12]と記している。秀吉自身も小田原合戦の終結が、関東、日の本（蝦夷が島）までの支配の実現、つまり天下一統を意味するとの認識をもっていた。また、「こたわら（小田原）（中略）はや〳〵（早々）ては（出羽）・大しゆ（奥州）の物（者）まて、このおもて（表）へしゆつし（出仕）いたし候」（同年五月十四日・豊臣秀吉書状[13]）と、奥羽の領主が小田原に参陣して出仕した、とも記している。武家社会においては、主のもとに参上・謁見する行為（「出仕」「御礼」「参礼」）は、恭順、主従関係の締結、臣従化を意味した[14]。

しかし、中近世移行期の研究者、特に東北地方在住の研究者は、小田原合戦後、秀吉が会津まで下向して陸奥・出羽の二か国で施行した天正十八年の「奥羽仕置《おううしおき》」と、その仕置に抗して起きた一揆を鎮圧・処理するために行なった翌十九年の「奥羽再仕置」をもって「天下一統」の総仕上げ、あるいは中世と近世を分かつ画期ととらえてきた（「奥羽仕置」〈「第一次奥羽仕置」〉と「奥羽再仕置」〈「第二次奥羽仕置」〉をあわせて、広義の「奥羽仕置」という）。

奥羽仕置研究の第一人者である小林清治氏は、奥羽仕置を次のようにとらえている。豊臣秀吉の全国統一過程は、戦争→国分《くにわけ》（所領画定・知行割）執行→仕置令発令という一連の手続きをとった。しかし、奥羽の大名衆の場合、小田原に参陣してすでに秀吉に出仕を済ませていたため、奥羽の地では「征伐」は行なわれず、所領安堵《しょりょうあんど》（「郡」単位の安堵）と出仕後の統治行為である「仕置」（検地・刀狩・身分確定・城破却《はきゃく》）だけが施行された[15]。

豊臣政権は、主従制というパーソナルな人的結合関係によって組織された権力体であるだけでなく、天皇・朝廷と国郡制を政権維持に利用し国家公権を掌握した政権でもあった。奥羽大名の場合、小田原での出仕（主従制）と、その後の奥羽仕置（公的な統治行為）をあわせて分析することが求められるであろう。南部信直研究は、「豊臣大名」論をテーマに立て、「奥羽仕置」を基点に据えながら、「日本」「奥羽」「国」を視点として設定する必要がある。収録論文には、この「豊臣大名」と「奥羽仕置」、また「日本」「奥羽」「国」の視点が何らかのかたちで設定されている。

なお、本総論では、信直研究の系譜関係と到達段階を明確にするため、戦前以来の研究史を十年単位（年代）で区分した上で、重要な成果の内容と研究史上における意義を詳述することに努めた。ただし、信直研究は長い歴史をもつとは言え、研究蓄積が必ずしも厚いとは言えず、文献史学（狭義の歴史学）だけでは客観性と多様性を確保できない。このため、各時期の文献史学（中世史・近世史）の動向だけでなく史学史も捕捉し、また考古学、城郭史研究（縄張り論）の成果も採り入れることに努めた。

一、大正・昭和前期の南部信直研究

南部信直研究の基礎は、すでに近代に築かれていた。おもに吉田東伍・田中義成・鷲尾順敬・大島正隆の四氏によるものである。

吉田東伍・田中義成両氏の研究は大正時代（一九一二〜一九二六年）のもので、吉田氏は文明史学と民間アカデミー、一方の田中氏は官学アカデミズム史学の系譜を引いている。鷲尾順敬・大島正隆両氏の研究は昭和時代（一九二六〜一九八九年）前期のもので、ともに戦前のファシズム体制・軍国主義のもとで著された。ただし、鷲尾氏は皇国《こうこく》史観に立ち、一方の大島氏は社会主義の影響を受けていたとみられ、好対照をなしている。

なお、四氏のうち吉田・大島両氏の研究は、現在にいたる南部信直研究の基礎的枠組みを提示している。以下、詳細にわたるが、両氏の成果をまとめることで、本総論の方向性を示したい。

（1）大正時代の南部信直研究

近代における本格的な南部信直研究の端緒は、吉田東伍氏の「戦国以後江戸時代の奥州」（大正五年〈一九一六〉）[16]であろう。吉田氏は、「地方分権と中央集権と云ふものが都合好く調和」されている社会を「近世封建」制ととらえ、豊臣秀吉については、この「近世封建」制を創始するための「政体変革」を行った権力と位置づけ、「偉大なる政治上の創設」者、「英雄」と評価した。この評価は、「欧羅巴の大戦争」（第一次世界大戦）当時、「カイゼル」（ドイツ帝国皇帝ヴィルヘルム二世）の「世界政策」を、秀吉の天下「統一」過程に重ね合わせることで導き出されたものである。吉田氏の学説は、文明史学・発展史観の系譜を引くとともに、民間アカデミーに属していた。[17] この豊臣政権への評価は、天正十八年（一五九〇）八月に秀吉が実施した「奥羽平定」（奥羽仕置）に対する高い評価へとつながり、南部氏と関連させて以下のように論じた。

第一に、戦国期の南部氏権力について。①「南部氏」が「大名」であったこと（ただし、「大名」について明確な概念規定をしていない）、②「南部氏」は、「本家」である「三戸《さんのへ》南部」（当主南部信直）を中心に「八戸《はちのへ》南部」「九戸《くのへ》」らが結合した「一族」であったこと、③戦国期の「八戸南部」「九戸」は「半独立の豪族」「被官」「小名」であり、三戸氏とは「君臣の関係」を結ばず、その「家中《かちゅう》」に属していなかったこと。以上の諸点を「奥羽平定」の前提として指摘した。[18]

第二に、「奥羽平定」の過程・意義について。①南部信直が「奥羽平定」以前から加賀国（石川県）金沢城主の前田利家を通じて秀吉と交渉をもっていたこと、②後北条氏を滅ぼした天正十八年七月の「小田原征伐」（小田原合戦）に直結する政策が翌八月の「奥羽平定」であったこと、③「奥羽平定」の行われた天正十八年が「近世封建」政体確定の画期であること、④「奥羽平定」のおもな目的が「伊達政宗に対する処置」で、これに次ぐものが「南部氏の保護」であったこと。以上の諸点を指摘した(19)。

第三に、「奥羽平定」の原則について。吉田氏は「奥羽平定」の原則を示す代表的史料として、次の南部信直宛の天正十八年七月二十七日豊臣秀吉朱印状「覚」(20)（以下「天正十八年豊臣秀吉『覚』五か条」と略記）を掲げた。

覚

一、南部内七郡事、大膳大夫（南部信直）可任覚悟事、
一、信直妻子、定在京可仕事、
一、知行方令検地、台所入丈夫ニ召置、在京之賄、相続候様ニ可申付事、
一、家中之者共相拘諸城、悉令破却、則妻子三戸江引寄、可召置事、
一、右条々、及異儀者在之者、今般可被加御成敗候条、堅可申付事、
以上、
天正十八年七月廿七日（朱印）（豊臣秀吉）
南部大膳大夫（信直）とのへ

吉田氏は右の史料について、第一条は独立した大名知行権の保障（「南部内七郡」＝北・二戸・三戸・九戸・鹿角《かづの》・閉《へ》伊《い》・岩手の七郡）、第二条は大名妻子の人質政策、第三条は石高制にもとづく直接検地の強制、第四条は「家中」の「諸城」の「破却《はきゃく》」（以下「諸城破却」と表記）とその妻子の大名城下への移住強制、と解釈した。また、これを南部氏だけでなく、奥羽全域の諸領主に対する仕置原則と意義づけた(21)。小林清治氏は、右の吉田氏の条文解釈について、「諸大名の中央権力への従属と家臣団に対する権力強化」を、「天正十八年七月の南部信直あて豊臣秀吉朱印状の引用によって示した(22)」と、奥羽仕置の研究史上に正しく位置づけている。

以上が、吉田氏の提示した論点である。その特徴は、①奥羽仕置を「近世封建」制度成立の画期とし、その政策分析から豊臣政権の意図を探るものであったこと（政策基調論）、②奥羽仕置の意図を、豊臣秀吉―「大名」―「家中」という集権的な人的ヒエラルヒーを確立すること（領主編成論）、以上の二つにまとめることができる。この奥羽仕置＝「近世」の画期とする見方、分析視点としての政策基調論と領主編成論は、これ以後の奥羽仕置研究に継承されていくことになる。また、「天正十八年豊臣秀吉『覚』五か条」は、信直研究だけでなく、奥羽仕置研究で常に用いられることになる。

ただし、奥羽仕置政策が、どのように南部領で実施され、どのような変容を地域社会にもたらしたのか。また、戦国期の「大名」三戸氏と「被官」九戸氏・八戸氏らの関係にどのような変化をもたらし、「南部氏」権力の「近世封建」化につながったのかなど、社会の実態論や権力論にまで及んでいない。この結果として、信直が奥羽仕置の代表的事例としてとりあげられながら、近世封建制成立史論を肉づけするための一事例として関説される、という論述形式を生むことになった。

田中義成氏の『豊臣時代史』（大正十四年〈一九二五〉）[23]は、東京帝国大学の官学アカデミズム[24]の系譜に属し、奥羽支配について発展史観的な評価はせず、政治過程を中心に史実を記述することに徹している。田中氏は、①「奥羽処分」（奥羽仕置）は伊達政宗を中心にして考察すべきこと、②「南部氏」が「宗家」信直を中心に九戸政実ら「一族」によって構成されていたこと、③信直宛の「天正十八年豊臣秀吉『覚』五か条」は、南部領七郡安堵、妻子上洛強制、家臣の「諸城破却」を意図したもの、以上の諸点を記している。[25]

明記はされていないが、田中氏の記述は吉田東伍氏の学説を踏まえたものであろう。吉田・田中両氏の制度史的論文は、南部信直研究にとって奥羽仕置が研究の基点であることを決定づけるものであった。

(2) 昭和前期(戦前)の南部信直研究

日中戦争期の昭和十四年(一九三九)、鷲尾順敬氏の『南部家文書』[26]が刊行された。昭和八年の建武中興六百年記念、同十五年の紀元二千六百年記念等を機に、「所謂『南朝の忠臣』の顕彰諸事業が各地で行われ、(中略)郷土誌・伝記・史料集等が続々と刊行」された[27]。本書も、皇国史観のもと、南部日実氏所蔵文書(いわゆる「遠野南部家文書」、後述)所収の南北朝時代史料の紹介と、「吉野朝廷」(南朝方)の「勤王」家南部氏の「忠烈」の顕彰が刊行目的であった[28]。ただし、その意図とは別に、同書所収の南部信直文書二三通が、一部年代比定された上で初めて一般に公開されたこと自体は評価されなければならない。同書は、基礎文献として、二〇〇〇年代にいたるまで長く南部信直研究に裨益することになる。

アジア・太平洋戦争期、大島正隆氏(当時、東北帝国大学国史研究室副手)は「秋田家文書による文禄・慶長初期北国海運の研究」(一九四一年)[29]と「北奥大名領成立過程の一断面―比内浅利氏を中心とする考察―」(一九四二年)[30]の二論文を著した。戦後の一九六〇年代、史的唯物論の強い影響のもと、上部構造と下部構造の相互規定性の追及を目的に「幕藩制構造論」が登場する[31]。その理論構築のための分析視角を用意したものの一つが、大島氏の成果であった。

「秋田家文書による文禄・慶長初期北国海運の研究」は、北出羽の領主秋田(安藤)氏を中心とした論文であるが、「統一政権」(豊臣政権)への服属が南部信直を含む北奥羽の「封建領主」にもたらした意義について、経済的観点から明らかにした。①文禄・慶長初期(一五九二〜一六〇〇年頃)、北奥羽の諸領主が伏見城の作事用杉板(伏見作事板)の廻漕役を賦課されたこと、②その廻漕役が豊臣政権に対する「軍役」であったこと、③回漕役の遂行が北国海運で活躍する敦賀・小浜の豪商との結びつきを強め、全国的流通網の一環として領国経済圏が再編成されていったこと、以上の諸点である。[32]この成果は、戦後の一九六〇年代、「幕藩制構造論」の一環として登場した「幕藩制流通論」に継承されることになる。

「北奥大名領成立過程の一断面」は、北奥浅利氏と北羽秋田氏の紛争（浅利騒動）を事例とした研究である。ただし、「全国統一勢力といふ、この新しく奥羽の天地に割りこんで来た巨大な力に包摂さるゝ、新らたな関係に於て見直される」と大島氏自身が強調しているように、豊臣政権による「奥羽地方北部」（北奥羽）全体の領主編成と「近世的大名領形成」を解明した。大島氏は、豊臣秀吉を頂点とする「中央機構」が「過渡期的症状」にあったと本質規定し、これが北奥羽の領主らをして、前田利家・徳川家康ら「強力なる諸侯」の庇護や、「派閥抗争」を展開していた政権内の「文治派」（長束正家）・「武断派」（浅野長吉〈のち長政、本稿では「長吉」に統一〉）の奉行らとの個別的「外交」を必然化させたとした。南部信直の場合、肥前国名護屋在陣期（文禄期）、前田利家に属していたことを指摘している。[33]

大島氏の二論文に共通する研究史上の意義は、第一に、天正十八年の「奥羽平定」（奥羽仕置）で確定された集権的ヒエラルヒーが、文禄・慶長初期、有力大名や政権内の派閥メンバーとの「外交」によって維持されていたことを明らかにした点にある。奥羽仕置の主要目的が伊達政宗の領土処分であったことは事実であり、豊臣政権期の東北史研究を奥羽仕置に限定した場合、時期は天正末期、視角は集権的ヒエラルヒー論に限定され、対象は伊達政宗が中心となる。しかし、大島氏は、「北奥羽」に焦点をあてることで分析時期を文禄・慶長初期にまで広げ、分析対象に秋田・南部・浅利・津軽ら諸領主を組み入れることで、中央政権と北奥羽との関係をより具体的に描いた。大島氏の成果は、一九六〇年代の「豊臣政権論」、一九八〇年代の「取次」論に継承されることになる。

第二は、分析史料である。大正期の吉田東伍氏・田中義成氏が用いていた史料は、江戸時代に盛岡藩領内で編纂された歴史書・系譜類と、信直宛の「天正十八年豊臣秀吉『覚』五か条」であったと言っても過言ではない。しかし、大島氏は、東京帝国大学史料編纂所所蔵の影写本「南部伯爵家文書[34]」・「南部男爵家文書[35]」・「陸前斎藤文書[36]」から多数の南部信直文書を収集し、無年号の書状については自ら正確な年代比定を行った上で論を構築した。この徹底した史料収集と厳密な分析が、文禄・慶長初期の北奥羽の研究を可能にした。文禄二年（一五九三）五月二十七日付の南部信直書状[37]に、著名な「日本之つき合」という文言が記されている。大島氏は、この「日本之つき合」を研究史上、初めて用い、当該期の奥羽諸領主が行っていた「外交」の厳しさを象徴するものとした。この「日本之つき合」をめぐる言説は、一九六〇年代の「豊臣政権論」の諸論文において、同じ文脈のなかで繰り返されることになる。

小林清治氏が、大島氏の「北奥大名領成立過程の一断面」を、「総体として北奥諸大名の豊臣政権への編制従属を解明した労作[38]」と評価したように、大島氏の成果は奥羽仕置の政策基調論を克服し、実態論にまで及んでいた。ただし、その視点がいぜんとして領主編成論で、論述形式も南部信直の専論ではなく、近世封建制成立史の一事例として信直に関説するにとどまっていたことも事実であった。この研究史上の課題は、戦後に持ち越されることになる。

二、戦後の地域史研究と「安良城理論」——一九四五～一九五〇年代

アジア・太平洋戦争終結直後の一九四〇年代後半から一九五〇年代までの南部信直研究は二つに分類できる。一つ目は、旧盛岡藩庁所在地の岩手県盛岡市で成立した岩手史学会・岩手大学を拠点とした研究と、岩手県史編纂事業の開始である。戦後、「地方大学の設置によって、従来の郷土史研究をふまえた地方史研究[39]」が盛んになったことが指摘されているが、この潮流の一つである。二つ目は、戦前の一九二〇年代に確立していた史的唯物論にもとづく研究

方法である。マルクスの『資本論』（第一巻第二四章）に記された「日本はその土地所有の純粋封建的な体制と発達した小経営」（上部構造に対する下部構造の規定性）をもとに日本封建制の段階規定を行なった一九三〇年代の「講座派」の成果を継承したもので[40]、安良城盛昭《あらきもりあき》氏に代表される。

（1）岩手史学会・岩手大学・岩手県史編纂事業を中心とした研究の開始

一九四〇年代後半、南部氏研究再興の動きが、旧盛岡藩庁所在地の岩手県盛岡市で成立していた。岩手史学会・岩手大学の設立と、岩手県史編纂事業である。

岩手史学会は、戦前以来、岩手県を中心に農業経済史研究を進めていた森嘉兵衛氏（岩手師範学校男子部教授）の主導により一九四八年二月、おもに岩手県在住者をメンバーに、新岩手社（現岩手日報社）を発行所として設立された歴史研究団体である。岩手大学は、翌一九四九年、森氏が所属していた岩手師範学校等を母体に国立学校設置法の公布・施行により設置された、新制の総合大学である（岩手師範学校は、岩手大学学芸学部〈現教育学部〉に継承[41]）。

小林清治氏は「戦後、新制大学の発足と地方自治体による地域史編纂、さらに研究者の層の拡大などの気運[42]」を指摘していた。これを裏づけるように、一九五〇年代後半、岩手県内では岩手大学、岩手史学会、岩手県史編纂関係者の三者を中心に、南部信直に関わる論文が多数発表されるようになる。中心は、太田孝太郎（盛岡市史編纂委員長[43]）、草間俊一（岩手大学学芸学部助教授[44]）、及川儀右衛門（岩手県立女子専門学校校長[45]、のち岩手県立盛岡短期大学部教授）、田中喜多美（岩手県史編纂主任[46]）らの諸氏で、その研究分野は、以下の三つに分類される。

第一は、及川氏「葛西氏と南部氏との交渉」（一九五一年[47]）、草間氏「南部藩の歴史について」（一九五一年[48]）、金子定一「末期の和賀家と伊達政宗」（一九五一年[49]）、田中氏「信直に反抗し続けた九戸政実」（一九五五年[50]）等、中世・近世の通史的叙述の中に南部信直の動向を紹介する形式である。

第二は、太田・草間両氏「南部根元記考」（一九五一年）[51]、草間氏「元文本南部根元記考」（一九五二年）[52]、田中氏「北尾張守信愛覚書の史的価値」（一九五三年）[53]・「南部藩古文書宝翰類聚所収文書に就いて」（一九五五年）[54]等、近世編纂物の書誌学的研究である。戦国期・近世初期南部氏の研究は、一次史料が少ないため、近世の編纂物等に依存せざるを得ない状況は現在も変わらない。『南部根元記』『北尾張守信愛覚書』は近世編纂物、『宝翰類聚』は盛岡藩庁編纂の文書集で、ともに南部氏を論じるにあたって現在においても必須の史料である。伝来過程や筆写の経緯等を明らかにしたこれらの基礎研究は、一九六〇年代の岩手県史編纂に生かされることになる。

第三は、草間氏「書状より見た南部信直の晩年」（一九五三年）[55]、田中氏『盛岡南部家信直利直関係文書其他目録　第一集』（一九五八年）[56]等、南部信直発給文書に関する実証的研究である。草間氏は、南部信直書状の一部（おもに「南部文書」「斎藤文書」所収）の年代比定を行うことで、天正末期から慶長初期にかけての信直の居所の解明と通時的把握を初めて試みた。『盛岡南部家信直利直関係文書其他目録　第一集』は、約四〇通（史料本文の一部抜粋）しか信直文書を収めていないが、「南部文書」「斎藤文書」以外からも信直文書を収集し、初めてその概要を提示した。両論著も岩手県史編纂に生かされることになる。

（2）「安良城理論」と森嘉兵衛氏の名子制度研究

岩手県で南部氏研究が進められていた一九五〇年代前半、中央の歴史学界では、日本中近世史研究に大きく影響を与えることになる著名な論文が公にされていた。安良城盛昭氏の「太閤検地の歴史的前提」（一九五三年）[57]と「太閤検地の歴史的意義」（一九五四年）[58]である。

戦前の「講座派」の成果を踏まえ、史的唯物論を理論的前提としたものが安良城氏の学説（いわゆる「安良城理論」）である。その権力論は、「戦国大名」を家父長的奴隷制にもとづく「中世」権力と見なし、豊臣政権の「革命的土地政策」（太閤検地）によるその否定の上に、農奴制にもとづく「近世大名」権力が成立した、とするものであった(59)。

安良城氏がその理論構築にあたり参考にしたものの一つが、岩手県を中心に名子《なご》制度研究を進めていた森嘉兵衛氏の研究であった。安良城氏は、名子制度を家父長的奴隷制から農奴制成立にいたるまでの「過渡的ウクラード」（名《みょう》主《しゅ》的ウクラード）と規定し、「戦国大名」の領国内にこの名子制度が一般的に存在したとした(60)。ただし、安良城氏は、戦国期の史料から名子制度を析出することが難しいため、江戸時代から戦後の農地改革にいたるまで南部地域に存在し続けた名子制度を、戦国期の名子制度と本質的に同一のものと措定することで自説を補強した。森氏の名子制度研究の成果が、「安良城理論」に援用されることになったのである。

安良城氏は、南部氏についても言及していた。東北地方を「後進」地とした上で、南部氏を「名主を年貢負担者」とした「旧い性格の時《（戦）》国大名」と規定し、「そのまま『近世』大名として存続し徳川期に入って反動的な途を通じて上からの封建的移行(61)」を実現した、とその領主制を把握した。戦前の信直研究は、政治史が中心で、豊臣秀吉を頂点としたヒエラルヒー（上部構造）に信直を位置づけることにとどまっていた。しかし、安良城氏は、下部構造である「名主的ウクラード」に強く規定されたまま「近世大名」に移行した領主として、社会構成史の観点から信直を位置づけた。

なお、安良城氏の信直論は、近代の南部地域の農村構造（名子制度）研究等を援用することで自己の理論を構築し、自説の構築後はこれを信直権力の段階規定に適用するという論法によって成立したものであった。南部領＝低生産性

＝後進地という地帯区分論にもとづき、実証のないまま論理的に導き出された「旧い性格の戦国大名」、「反動」的大名としての信直像が提示された。「安良城理論」は、定量分析の批判の上に立つ施行原則論（政策基調論）であり[62]、また戦前以来の経済学や農学、あるいは権力や階級闘争の分析に弱い「社会経済史学」や「大塚史学」の延長線上に生み出されたために土地制度史に収斂していったことが指摘されている[63]。政策基調論は大正期の吉田東伍氏以来のものであり、封建的ヒエラルヒーの編成原理と構造の具体的追及は、一九六〇年代の「豊臣政権論」に課題として持ち越されることになる。

（3）派閥抗争論

鈴木良一氏は、田中義成氏の前掲『豊臣時代史』等を参考にして、豊臣政権を「純粋封建制」とする自説にもとづき『豊臣秀吉』（一九五四年）[64]・「織豊政権論」（同年）[65]を発表。①豊臣政権は、封建的自営農を支配するために大名が結集した「専制的な封建王政」「中央集権的な体制」であること、②南部領を含む奥羽の地は、戦国期に「武士と農民の封建的階級関係が十分ではなく」「おくれた地方」であったこと、③豊臣政権内では、純粋封建領主である独立した「大名の連合」によって統一をはかる「武力派」「武断派」（加藤清正・福島正則ら）と、これを抑え「全国統一の方針」を強行し「封建王政的な独裁」の傾向をもつ官僚・奉行の「文治派」（石田・小西ら）という「二つの勢力」が対立していたこと、④二派の対立は、「全国統一のもたらした矛盾を解決する二つのしかたの対立」であったこと、以上の諸点を指摘した[66]。

鈴木氏が提示した「二つの勢力」（派閥）は、系譜関係を確認できないものの、戦前の大島正隆氏と同じ語が用いられている。また、豊田武氏（当時、東北大学文学部教授）も「封建王政」としての豊臣政権内に「文治派」（または

「文吏派」）と「武断派」の二つの派閥が存在していたことを指摘し、これを政権の「行政機構の未熟さ」に一因があるとした。[67] 派閥名称を「文治派」「武断派」、「中央機構」を「過渡期的症状」と指摘した大島正隆氏の成果によっていることは明らかである。この豊臣政権の「行政機構の未熟さ」と、派閥の存在と対立（「大名の連合」をめざす「文治派」、「封建王政的な独裁」と「全国統一」をめざす「武断派」）は、一九六〇年代の「豊臣政権論」に継承されていく。また、土地制度・在地構造から奥羽を「おくれた地方」「後進」地と見る安良城・鈴木両氏の奥羽観も、一九六〇年代の「幕藩制構造論」に継承されていく。

三、「幕藩制構造論」と「豊臣政権論」――一九六〇年代

一九六〇年代前半、岩手県で蓄積されてきた研究の成果は『岩手県史』として結実し、信直研究の基礎を準備した。ただし、同年代、「安良城理論」を発展させるかたちで登場した「幕藩制構造論」が近世史研究で圧倒的勢力をもち、その一分野である「豊臣政権論」に関連するかたちで信直研究は進んだ。

（1）岩手県史編纂と森嘉兵衛氏の研究

一九六〇年代前半、『岩手県史　第三巻　中世篇下』（一九六一年）[68]・『岩手県史　第五巻　近世篇2』（一九六三年）[69]が刊行された。両書とも、監修は森嘉兵衛氏で、執筆は田中喜多美氏（当時、岩手県史編さん係長）による。両書は、すでに戦前から知られていた「南部文書」「斎藤文書」『宝翰類聚』だけでなく、旧盛岡藩士家・寺院所蔵の南部信直文書を収集し、約六〇通を年代比定した。また、これを踏まえ、信直の家督継承（天正十年）[70]、周辺領主との合戦（天

正後期）、奥羽仕置（同十八年）、九戸政実らの蜂起（同十九年）、肥前名護屋在陣（文禄元〜二年）、浅利騒動（同四年）、伏見作事板の回漕と伏見参勤（慶長初期）、信直の死去（同四年）を詳細に記述した。信直権力の変化を、領主制だけでなく、統一政権から賦課される軍役と参勤制度下の居所をもとに政治史的側面からも段階的に把握し、現在にいたるも信直研究の基礎文献となっている。

一九六〇年代後半、森嘉兵衛氏の『津軽南部の抗争―南部信直―』（一九六七年）[71]が刊行された。一般向けの平易な人物史であるが、信直に関する初めての専論で、信直の書状等にもとづき、戦国末期から豊臣政権期にかけての信直の動向、豊臣政権との関連性等について概略を記している。同書から九戸地域（岩手県北部）に関する部分を抄出し、ほぼ同じ構成・内容でまとめたものが、『九戸地方史　上巻』（一九六九年）[72]である。

また、森氏は『五戸町誌　上巻』（一九六七年）[73]で、南部氏の蔵入地代官（糠部郡五戸新田《にいだ》村代官）を務めていた木村秀勝宛の南部信直文書（「五戸・木村文書」または「木村秀政文書」）二〇通を全文翻刻し、紹介した。当時の研究段階から、年代比定や史料分析等にはいたっていないが、「木村秀政文書」は「遠野南部家文書」所収の信直文書に次ぐ現存点数であり、信直の権力基盤や家政機関を明らかにする史料として、後年の研究を用意することになった。

（2）「幕藩制構造論」と南部氏研究

一九六〇年代、中央の歴史学界では、「安良城理論」「太閤検地論争」を踏まえて「幕藩制構造論」が盛行していた。封建的ヒエラルヒーの具体的な編成原理・構造と、大名領国制の基礎をなす都市と農村の分業の形態と特質等が捨象されている[74]、という安良城氏自身の自己批判がこの潮流を象徴している。この結果、「安良城理論」によって日本近世封建制の始期とされた豊臣政権期の構造的特質を究明する重要なテーマとして、前者については「豊臣政権論」、後者については「幕藩制流通論」が「幕藩制構造論」の一環として展開した。(75) 具体的には、「豊臣政権論」として軍役論・派閥抗争論・検地論が、「幕藩制流通論」として領主的商品流通論・初期豪商論・都市論が提起された。

なお、「豊臣政権論」の展開の上で重要な枠組みを提示したのが、戦前の大島正隆氏の前掲二論文で、「豊臣政権論」を構築した藤木久志氏・朝尾直弘氏・山口啓二氏、「幕藩制流通論」を展開させた渡辺信夫氏らに大きな影響を与えた。以下、おもに四氏の成果について、論点ごとにまとめたい。

1、軍役論

藤木久志氏は「豊臣政権論の二三の問題―大島正隆氏の論文の紹介―」（一九六三年(76)）で、大島氏と同じ東北大学で学んだこともあり（一九六三年、東北大学大学院文学研究科博士後期課程修了）、大島氏の論に導かれながら、東北に視点を据えた「豊臣政権論」を展開させた。特に、「小田原陣」（小田原合戦）、「奥州陣」（奥羽仕置）、「名護屋陣」（朝鮮侵略）、「伏見普請」（伏見城普請）と連続する軍事動員により北奥羽の諸領主が豊臣政権の「軍役」体制に編成されていったこと、豊臣政権の賦課する過大な「軍役」が大名の領国統制強化の梃子《てこ》となったことを論じた。

朝尾直弘氏の「豊臣政権論」（一九六三年(77)）も、豊臣政権が賦課する過重な「軍役」を梃子として大名が、領内支配や家臣団支配を強化したとした。また、豊臣政権への出仕の有り様を、大島氏が南部信直書状から抜粋して初めて用いた「日本之つき合」で表現した。

山口啓二氏は「豊臣政権の成立と領主経済の構造」（一九六五年(78)）で、豊臣政権から賦課された「軍役」のなかに、伏見屋敷の維持と上洛（勤番役）も含めるべきことを提言し、これら継起する過重な負担を「際限なき軍役」と表記した。「日本之つき合」は、この「際限なき軍役」遂行中の諸大名の行動をあらわす文言として用いられた。また、豊臣政権が、大名の動員を通じて領主階級の頂点に立つ権力として確立・強化されていったこと、大名側もその「軍役」を遂行する過程で自領の兵農分離を進め集権体制を強化したことを明らかにした。

大島正隆氏の論を踏まえ、奥羽仕置以降、豊臣政権から賦課され続けた「軍役」が、大名領主権の強化（集権化）の梃子の役割を果たしたという見方は、以後の「豊臣大名」研究において定説化した。この学説は、「豊臣大名」の一人である信直論の基礎ともなっていった。

2、派閥抗争論

豊臣政権内部の派閥（「文治派」「武断派」）の存在と対立、系列化については、すでに大島正隆氏が指摘していた[79]。また、鈴木良一氏は、「武力派」「武断派」と「文治派」という派閥を、豊臣政権がもつ「矛盾」（「大名の連合」と「封建王政的な独裁」）が人的集団化したものととらえるとともに、これを豊臣政権の全国統一過程と関連づけていた[80]。

朝尾直弘氏は「豊臣政権論[81]」で、「大名の連盟」の観点から「分権制」を、「安良城理論」を踏まえて封建制ヒエラルヒー編成の観点から「集権制」を、そして両者を合わせ持ちながら「集権制」を強化していく権力体として豊臣政権を把握した。また、これを踏まえ、「集権派」＝「東国強硬派」、「分権派」＝「東国宥和派」という派閥名称と組み合わせを新たに提示するとともに、豊臣政権が本質的にもつ「集権制」「分権制」を「東国政策」の展開過程に適用させ、封建的ヒエラルヒーの編成原理と構造、成立過程を明らかにした。明記されていないが、鈴木良一氏の派閥抗争論が踏まえられている。

なお、朝尾氏は派閥配置について、中央集権化をはかる石田三成・増田長盛ら奉行を「集権派」「東国強硬派」の中心に配し、これに系列化される上杉景勝・佐竹義宣らの大名を合わせたグループを「三成・長盛ライン」。一方、独立的な領国権力を形成していた徳川家康、政権側の豊臣秀次・前田利家・蒲生氏郷・浅野長吉、これに秀吉側近の施薬院全宗・和久宗是・富田知信らを加えたグループを「分権派」「東国宥和派」とし、この系列に奥羽の伊達政宗を位置づけた。また、派閥抗争と「東国政策」を関連づけ、小田原合戦と奥羽仕置は「集権派」の政策的勝利により実施されたとした。

朝尾氏はこの派閥抗争論に南部信直も組み込み、「分権派」系列の伊達政宗に脅かされていた領主として、「集権派に近い領主」に配置した。これは、一九六〇年代までの東北の戦国期研究が、伊達氏中心であったことを背景としていた。伊達氏の領土拡大（地域的統一）が戦国末期にいたるも南奥羽に限定され、北奥の地では南部氏が伊達氏の干渉を受けないまま勢力を拡大していたことは、二〇一〇年代以降、ようやく明らかになる。(82)

藤木氏の「統一権力と東北大名」（一九六七年）(83)は、朝尾氏の前掲「豊臣政権論」を踏まえ、中央の派閥（「宥和派」＝「徳川ライン」、「強硬派」＝「石田ライン」）を構成する有力大名や奉行を、豊臣秀吉と諸大名の仲介（「指南」）を行うパイプ役として明確化し、これを「奏者」と表記した。豊臣政権と奥羽大名間の仲介行為を「取次」、その仲介役を「奏者」という文言で表記し、研究上に明確に位置づけたのは、戦前の大島正隆氏が最初期と考えられる。(84)明記されていないが、藤木氏の用いた「奏者」は、この大島氏の学説を踏まえたものと推定される。また、藤木氏は、南部信直の派閥・系列について明記していないが、前田利家を信直の「奏者」としているため、論理的には「分権派」の系列に属する。信直を「集権派に近い領主」とした朝尾氏の提言が修正されることとなった。

なお、朝尾・藤木両氏は派閥抗争を、豊臣政権の全時期を通じて存在するものととらえ政治過程の分析視角として設定していたが、南部氏と派閥抗争の問題は、天正末期の奥羽仕置の時期に限定されていた。文禄・慶長初期における南部氏と派閥抗争の関連性は、一九八〇年代以降、論じられることになる。藤木氏が明示した「取次」「指南」「奏者」に関する本格的な議論（以下、「取次」論）は、この派閥抗争論と関連づけられることで、同じ一九八〇年代に行なわれることになる。

3、私闘禁止令

藤木久志氏は前掲「統一権力と東北大名」[85]で、天正十五年（一五八七）、秀吉は関白として「私闘禁止令」（「戦国争乱停止令」「争乱停止令」とも表記）を奥羽の諸領主に発し、これを境に「奥羽の戦国は終わりを告げた」とした。それまで、奥羽の地にとっては天正十八年の奥羽仕置が、戦国期（中世）と近世を分かつ画期で、奥羽仕置が近世の始期とされてきた。しかし、藤木氏は、奥羽仕置という政策の施行時期・政治過程ではなく、豊臣政権の論理である「私闘禁止令」の発令時点を画期としたため、近世の始期を天正十五年まで早めることになった。

また、藤木氏はこの「私闘禁止令」により「奥羽の群小諸勢力」は自己の保全を中央権力によって保障され、紛争が生じた場合、その解決は現地の当事者の手を離れ、中央政権内の派閥メンバーを「奏者」とし、秀吉の裁定に委ねられることになったとした。南部信直は、「奥羽の群小諸勢力」の一人として取り上げられ、天正十五年春、「分権派」の前田利家を通じて関白豊臣秀吉に結びつき、「私闘禁止令」の論理のもと、保身をはかる領主として記述された。

それまでの研究は、豊臣政権内の派閥抗争が「中央機構」の「過渡期的症状」、「行政機構の未熟さ」に起因するとしていたが、各派閥と大名の結合の背景については明らかにしていなかった。藤木氏は、「私闘禁止令」のもとで紛争が現地当事者の手を離れて秀吉の裁定に委ねられることになったことが、中央政権の派閥を構成する「奏者」と大名との結合を生み出したことを解明した。

4、幕藩制流通論

山口徹氏は「小浜・敦賀における近世初期豪商の存在形態」（一九六〇年）[86]で、幕藩体制の構造的特質の理解のため、京都・大津を中心とする上方市場と北陸・奥羽の市場の結節点であった越前国敦賀湊（福井県敦賀市）・若狭国小浜湊（同小浜市）の「初期豪商」を分析し、その中で南部氏にも関説した。山口氏は、近世初期の南部領を農業生産力の低い「後進」地とした上で、南部氏を「権力の再生産構造の基礎が確立していない」段階の権力と措定。同氏は権力強化をはかるため、「初期豪商」との連携を強めたと推断した。また、文禄期、豊臣政権の奉行浅野長吉は、低生産力・米不足の地を所領とする南部氏権力を援助するため、小浜湊の「初期豪商」組屋を通じて、津軽の太閤蔵入地（豊臣政権の直轄領）から収納した蔵米（年貢米）を南部領で売却していたとした。[87]一九五〇年代の安良城盛昭氏・鈴木良一氏の研究との系譜関係は明らかではないが、近世初期の南部領を「後進」地とする見方は共通し、「後進」地＝低生産性（下部構造）から領主の再生産構造（上部構造）が立論されている。

これに対し、渡辺信夫氏（当時、東北大学文学部講師）は『幕藩制確立期の商品流通』（一九六六年）[88]において、統一権力の経済的統合を支える全国的流通機構の存在を前提とすることに疑義を呈し、大名領内の分業関係に視点を据えるべきであると批判を加えた。渡辺氏は、浅野長吉が津軽の太閤蔵入地から収納した蔵米を南部領で売却したのは、南部氏権力を支援するためではなく、南部領で多く産出されていた全国通用貨幣の「砂金」を獲得するためであったことを指摘。また、森嘉兵衛が紹介した「木村秀政家文書」所収の信直書状を史料として用い、信直が代官木村秀勝を通じて年貢米を領内で地払いし、「砂金」を獲得していたことを明らかにした。

渡辺氏の研究は、生産力一元論にもとづき南部領を「後進」地と自明視する見方に対する初めての批判であり、近世前期の南部領＝豊富な産金地帯という風土を正しく位置づけた上で論を構築した点に大きな意義があった。また、分析期間を文禄・慶長初期とし、年貢米の算用体制から信直権力の構造を解明した初めての研究であり、一九九〇年代の蔵入地研究を用意した。

5、戦国期北奥羽の領主制

山口啓二氏は「豊臣政権の構造」(一九六四年)[89]で、安良城盛昭氏の学説をもとに、戦国期奥羽の在地社会は「名子主」による家父長的奴隷制社会であったため、小農自立は極めて困難であり、南部氏を含む北奥羽の領主はその「名子主」との間に主従関係を形成したとした。またこれを踏まえ、戦国期北奥羽の「在地領主制」は、惣領制が解体した後も血縁的紐帯が強い「国人」領主制で、豊臣氏の統一権力が及ぶまで「戦国大名体制」は「胎動」に止まったとした。

一九六〇年代、中世史研究では、黒川直則氏が中世後期の基本的領主制を「国人領主制」とする学説を唱え、これを踏まえた藤木久志氏・勝俣鎮夫氏らによって「国人領主制」から「戦国大名制」へという領主制発展のシェーマが提示されていた[90]。山口氏の「国人領主制」の理解は、この一九六〇年代の中世史研究の成果が反映されていると考えられる。ただし、安良城氏は南部氏を「戦国大名」としていたが、山口氏は安良城氏の研究成果を踏まえたものの「国人領主」ととらえており、領主制の段階規定に差異が見られた。領主制論は下部構造をもとに構築されるが、戦国期中世南部領の在地構造は一次史料がほぼ皆無で、現在においても解明されていない。このため、下部構造にもとづき領主制の段階を規定しようとする試論(「戦国大名」か「国人領主」かという議論)が、確証性のないまま以後も継続して提出されることになった。

四、「惣無事令」論と戦国期研究――一九七〇年代

一九七〇年代の南部信直研究は、藤木久志氏の「惣無事令《そうぶじ》」論と小林清治氏の「戦国大名」論と関連して進められた。一九六〇年代までの研究は、豊臣政権期の信直をあらかじめ「近世大名」と規定し、近世初期から遡及させて戦国期の信直を検証のないまま「戦国大名」あるいは「国人領主」と自明視する傾向にあった。藤木・小林両氏の論文は、奥羽全域を視野に収め、これに中世史研究で蓄積されてきた「国人領主制」論や「戦国大名」論、国家史研究（「公儀《こうぎ》」論）、「蝦夷《えぞ》沙汰」論を吸収することで、中近世移行期論のなかに信直を位置づけた。

（1）「惣無事令」論と奥羽仕置論

一九七〇年代、藤木久志氏は、中近世移行期研究に決定的な影響を与えることになる『織田・豊臣政権』（一九七五年）[91]、「中世奥羽の終末」（一九七八年）[92]、「『関東・奥両国惣無事』令について」（同年）[93]を発表した。以下、藤木氏の提示した論点を確認したい。

第一に、「惣無事令」について。藤木氏は、一九六〇年代に自身が提案していた「私闘禁止令」を、史料の文言を用いてこれを「惣無事令」と表記を転換。①天正十五年に「関東・奥両国」（関東と陸奥・出羽＝東国）を対象に発せられた法令であること、②諸大名の紛争を「私闘」「私戦」として禁圧し、その解決の権利を当事者ではなく豊臣政権（関白政権）の裁判権のもとに接収したこと、③関係する大名に上洛臣従を強制することで奥羽全域をその支配下に編制したこと、以上の内容をもって「惣無事令」概念を定立した[94]。

また、南部信直についても論及し、①秀吉は、関白に就任した天正十三年十月、「関東」「奥州」から「九州」にいたるまでの「天下静謐」のため島津氏に対し「私戦禁令」を発令していたこと、②この後、関東・奥羽にも停戦を命じ、「これに対する奥羽のがわの反応は、北奥の南部信直がきわだって」おり、天正十四年夏に前田利家のもとへ使者を送って秀吉への「取りなし」を依頼したことが「惣無事令」への対応であったこと、③信直が他の奥羽の領主たちに先がけて「豊臣大名への道」を踏み出したこと、以上の諸点を指摘した(95)。信直は、藤木氏の「惣無事令」論のなかに積極的に位置づけられることで、奥羽における「豊臣大名」の典型例として評価されることとなった。

ただし、信直は「惣無事令」発令後の天正十六年以降、周辺領主（斯波《しば》御所《ごしょ》・出羽秋田〈安藤〉氏・大浦〈津軽〉為信）と戦闘を交えていた(96)。藤木氏は、天正十七年の奥羽各地での戦闘を「惣無事令を打破っ」たもので、特に秋田氏を中心とした戦闘（湊合戦）については「惣無事令に触れ」、豊臣政権による軍事侵攻・所領没収となる予定であったとしたが(97)、南部信直の私闘については言及していない。藤木氏の意図は不明であるが、これが後に「惣無事令」発令後の北奥羽の地域紛争を、同令の原則から外れる例外的事例として処理する論理を成立させることになる。

第二に、奥羽仕置について。藤木氏は、奥羽を紛争地として処分するために奥羽仕置を実施した、として私闘を禁じる「惣無事令」の帰結として奥羽仕置を位置づけ、「惣無事令」の発令をもって奥羽の戦国時代（中世）の終期とした。また、松前（北海道）の蠣崎慶広の動向を追うことにより、豊臣政権が「関東・出羽・奥州・日《ひ》の本《もと》」、つまり北奥羽の地を越えた異民族の地である蝦夷地（日の本）までをも体制のもとに包摂しようとしたとした(98)。この提言は後に「奥羽・日の本仕置」という学術用語を生み出し、「北方史」のなかに南部信直を位置づける一契機になった。

第三に、九戸政実の蜂起について。奥羽仕置後、九戸政実らが糠部郡内で起こした蜂起（奥羽仕置反対一揆）は、それまで「九戸政実の乱」「九戸の乱」など「乱」の一字を付して表記されていた。しかし、藤木氏は、「九戸一揆」

という文言でこれを表記し、学術用語として定着させることになった。[99] 藤木氏は、「色部文書」所収の天正十九年二月二十八日付・同三月十七日付の南部信直書状[100]を新たに用い、「郡中も一揆等令蜂起」「郡中悉侍百性（姓）等共、京儀《きょうぎ》雖嫌申候心底候」の文言に注目。奥羽仕置後、奥羽で起こった蜂起の総称を「奥羽一揆」、各地の蜂起を「仙北一揆」、「藤島一揆」、「大崎・葛西一揆」、「和賀・稗貫一揆」とすべて地域名に「一揆」を付して表記した上で、「九戸一揆」の表記を用いた。「九戸一揆」の文言は意図的に採用されたもので、勧善懲悪主義や三戸南部氏中心史観を克服・相対化する道を切り開いた。

第四に、「公儀」論について。「公儀」論の端緒は、一九六〇年代の石母田正氏「国家史のための前提について」（一九六七年）[101]である。一個の事実上の政治権力が、どのようにして社会に外見上超越する「公権力」になったか、というマルクス主義国家論の視点で国家史を提言した。これを機に一九七〇年代以降、中世史研究においては、国家論の一環として「公儀」論が論議されるようになった。

また、勝俣鎮夫氏の喧嘩両成敗法（「領国平和令」）研究[102]は、紛争解決の一手段としての私戦（自力救済権）を制限・否定し、公的権力・国家権力である大名権力（公儀）が自己の裁判権の中にこれを強制的に吸収していくことを明らかにしたもので、「惣無事令」論の確立に大きく影響を与えた。藤木氏は、前掲南部信直書状（「色部文書」）にある「京儀」に着目し、蜂起が九戸政実単独のものでなく、侍から百姓身分までをも含む、全階層規模の「京儀」への抵抗を背景にしていたことを提言した。また、「京儀」を関白・中央政権と解釈した上で、これを個々の領主を超越し、対立・紛争を中立・公平に調停する権力・統一政権の意に解釈した。[103] ここに、信直研究を「公儀」論へ接続させる道が開かれた。

（2）諸城破却

藤木久志氏は、前掲「中世奥羽の終末」[104]で、天正十九年の奥羽再仕置（第二次奥羽仕置）後の奥羽領主層の居城について、独立した「戦国大名」の本拠地から、「秀吉の代理」として地域支配を貫徹させるための「豊臣政権の支城」に転換させるねらいがあったとした。南部氏については、それまでの居城三戸城にかわり、「上方《かみがた》の工法」による補強を加えた福岡城（九戸政実の旧居城九戸城）を領国支配の新たな拠点として信直に引き渡したとした。

小林清治氏は、右の藤木説を踏まえ、「『奥羽仕置』と城わり」（一九七九年[105]）で、信直宛の「天正十八年豊臣秀吉『覚』五か条」のうち第四条の「諸城破却」規定について、以下のように論じた。①天正十八年の奥羽仕置段階では、大名居所一城の原則は必ずしも貫徹しなかったこと、②翌天正十九年の奥羽再仕置段階で「諸城破却」が行われたこと、③その実態は、主要な城は存置し、それ以外は破却するものであったこと、④存置された城は中央権力の手で再普請されたこと、⑤南部領の場合も奥羽再仕置の結果、主要な城を残して、その他は破却されたこと。

右の藤木・小林両氏の指摘は、戦国期と豊臣政権期の城郭の比較研究と、「上方の工法」の解明を要請するものであり、一九八〇年代以降の中世城館研究（考古学・城郭史研究）と文献史学の連携につながっていく。

（3）「戦国大名」論

小林清治氏は「大名権力の形成」（一九七八年[106]）において、「戦国大名」概念の基準を次のように規定した。①検地とこれにもとづく貫高制による軍役体系・知行制を成立させていること、②主従制（知行制）の最高主体であること、③軍事的に他者に服属せず軍事指揮権の最高主体であること、④独自の所領と「家」を形成して大名の「家中」に包摂されない「簱下」を、軍事的に従属させていること。明記はされていないが、一九七〇年代までの戦国大名研究の成果を踏まえた定義である。[107]

小林氏は、この「戦国大名」概念を踏まえ、「検地と貫高制を指標とする限り、北奥羽には大名権力は成立しなかった」として、戦国期の北奥羽の諸領主を「戦国大名」概念から除外し、信直については「国人領主」と見なしていた。[108]また、「南部氏」権力を、三戸氏を「宗家」として、独立的領主である八戸氏・九戸氏らによって構成される「連合体」と規定し、「一族の分立情況」「同族並立」の状態にあったとした。ここから小林氏は、「南部氏」権力の「おくれ」「大名権力の未熟さ」を導き出し、これを「家父長的関係」を維持する領主―在家関係（在地の基礎構造）からも推定した。基礎構造については安良城氏の学説が採用され、一次史料による検証はなされていないが、それまでおもに近世史研究の側から「戦国大名」「国人領主」と自明視されてきた戦国末期の三戸氏（南部信直）は、小林氏の概念規定を受け、その領主制の厳密な段階を問われることになった。

なお、「一族の分立状況」「同族並立」を「大名権力の未熟さ」とする見方は、以後の南部氏研究に強い影響を与えることになったが、この段階では、個々の独立的領主である八戸氏・九戸氏らの領主制をどうとらえるかという視点が設定されていなかった。背景には、「一族」を統合した「戦国大名」を理念型とする見方が存在した。この南部氏「一族」の概念規定は戦前以来なされておらず、その使用の妥当性と適用範囲、「家中」との差異、そして軍事指揮権の問題は、一九九〇年代にいたるまで検討・解明されずに経過することになる。

（4）知行安堵と検地

奥羽仕置の知行安堵原則と検地方法について、藤井譲治氏は「豊臣体制と秋田氏の領国支配―幕藩権力成立の前提―」（一九七一年[109]）で、南部信直に発給された「天正十八年豊臣秀吉朱印状『覚』五か条」について、新たな解釈を付け加えた。①第一条の「南部七郡」は「当知行」安堵であること、②第三条の「検地」は「指出検地」で、当該期の「奥羽の在地構造」が「豊臣政権の手では変え得ない段階」であったため直接把握を放棄せざるを得なかったこと、③この在地の掌握放棄の代替として、豊臣政権―奥羽諸大名―家臣という重層的ヒエラルヒーを形成することで豊臣体制内に奥羽諸大名を位置づけたこと、④太閤検地は「当知行」安堵と統一的軍役賦課の基準設定の手段であったこと。

右の藤井氏の奥羽仕置に関する検地論は、村田修三氏の貫高制＝在地不掌握説と親和性がある。それまでの奥羽仕置研究では、所領の安堵原則について厳密に記述したものはなく、単に所領を安堵されたととらえられていたが、藤井氏は南部領を含めた奥羽の所領安堵を「当知行」と明記した。また、検地の方法も厳密に規定されてこなかったが、これを「指出検地」とした。この後、藤木久志氏も奥羽仕置の「太閤検地」を、豊臣政権による直接検地ではなく「指出検地」であったと指摘した(110)。検地の方式と所領安堵は、政権・権力体の本質に関わるものであるが、その本格的議論は一九八〇年代以降、「惣無事令」論と関連づけられて行なわれることになる。

五、「幕藩制国家論」と「惣無事令」論の展開――一九八〇年代

「幕藩制構造論」が、領主階級の軍事的編成や封建的ヒエラルヒー編成、レーエン制的な主従関係を中心に幕藩制権力を論じる傾向にあり、「封建国家」に関する理論的検討が十分に行われていないという反省が、一九七〇年代以降、近世史研究の側から出されていた(111)。この結果、近世史研究においても、石母田正氏の国家論(112)をもとに一九七〇年代から一九八〇年代にかけて、統一政権の公的性格、支配の正統性を問う国家論（「幕藩制国家論」）が盛行し、個別

領主権力を超えた国家公権についての研究（「公儀」論等）が進んだ[113]。

また、藤木氏は「惣無事令」論の総括として『豊臣平和令と戦国社会』（一九八五年[114]）を著し、「惣無事」（戦国大名間の交戦権の剝奪）と「国分《くにわ》け」（豊臣政権の裁判権による領土紛争解決）を豊臣政権の全国統合の基調と意義づけた。

一九八〇年代の信直研究は、「幕藩制国家論」と「惣無事令」論の成果が奥羽仕置論・「北方史」研究のほか、中世城館研究等に援用され、多様な研究視点が設定されることになった。

（1）「惣無事令」論と「奥羽仕置」論の深化

渡辺信夫氏の「天正十八年の奥羽仕置令について」（一九八二年[115]）は、それまでの「奥羽仕置」論を総括した上で以下の根本的問題点を指摘し、奥羽仕置及び南部信直の研究史を画する重要文献となっている。

第一に、「惣無事令」と奥羽仕置の関連性について[116]。渡辺氏は、伊達・最上両氏の事例から、「惣無事令」発布以前の領国は安堵されたが、同令発布以後に獲得した所領は没収される原則であったとし、「惣無事令」を豊臣政権による奥羽諸領主の所領安堵認定の基準と見なした。ただし、渡辺氏は、「諸大名の知行は等しく、本領安堵を基本」としたと記しながら、北羽戸沢氏の場合は「当知行」とし、津軽氏については天正末期に主家の南部信直から離反して奪取した旧南部領の津軽地域が果たして「本領」なのかなど、「本領安堵」原則の適用面で疑問が見られる。また、信直の所領に関して、「天正十八年豊臣秀吉『覚』五か条」中の第一条の「南部七郡」については吉田東伍氏の説を採らず、糠部・鹿角・岩手・閉伊・志和・和賀・稗貫の七郡説を提示。その上で、志和・和賀・稗貫の三郡は「私戦禁止令」（惣無事令）以後に獲得した領地であったが、「私戦禁止令の一般性よりも個別的政治的情勢が優先」されて安堵されたとした。「個別的政治的情勢」の内容とこれを示す史料は提示されていないが、右の三郡は「本領安堵」

原則があてはまらない所領と見なされ、「惣無事令」原則から外れる事例を認める最初期の提言となった。

第二に、「太閤検地」について。[117] 渡辺氏は、それまでの奥羽仕置研究において、奥羽両国全域で行われた「太閤検地」が「直接検地」であると自明視されてきたことを指摘。その上で、実際には、豊臣政権の奉行による「直接検地」は、所領没収地と「大名権」が確立していない弱小の大小名領のみで施行され、「大名権」の確立している大名に対しては検地権をも含む大幅な権限を認め、「直接検地」を行わなかったとした。

渡辺氏は、この権限を「自分仕置権」という学術用語ではじめて表記し、これを認められた大名として「最上・伊達および南部の三大名」をあげた。ただし、渡辺氏は南部氏を、九戸政実らの一族を統制できず「大名権が確立していなかった」とも記しており、戦国期段階の「大名権」の確立をめぐり二つの評価を下している。後者の評価は、「一族の分立状況」「同族並立」から南部氏の領主制の段階規定（「大名権力」の未熟さ）を行った、前述の小林清治氏の学説が論拠とされていた。

右の渡辺氏の「天正十八年の奥羽仕置令について」と藤木久志氏の『豊臣平和令と戦国社会』は、一九七〇年代から奥羽仕置研究を本格化させていた小林清治氏の見解に影響を与えることになった。小林氏は「奥羽仕置と伊達政宗」（一九八七年）[118]で、藤木・渡辺両氏の論の重要な共通項として、大名に対する「本領安堵」を指摘した上で、これを信直宛の「天正十八年豊臣秀吉『覚』五か条」の解釈に適用し、「南部七郡」を「本領安堵」の地と明記した。

一九七〇年代までの「豊臣政権論」、「北方史」、「奥羽仕置」論、「惣無事令」論、「公儀」論の成果を吸収し、戦国期から豊臣政権期までの北奥羽の領主の政治的動向を一貫して追ったのが、次の遠藤巖氏の二論文である。

「北奥羽の戦乱―南部氏と秋田氏と津軽氏と」（一九八八年）[119]は、天文期から天正末期にいたるまでの南部氏・秋田（安藤）氏・津軽氏ら北奥羽の諸領主間の複雑な連合と紛争を明快に解明した上で、「惣無事令」と奥羽仕置の関連性、

「豊臣大名」化の過程を丁寧に整理した。また、それまで奥羽における領主権安堵の条件とされてきた小田原参陣について、「小田原参陣の有無は仕置推進のなかで持ち出された一つの論法」であったとし、必ずしも決定的要因とはならなかったとした。

「九戸政実の乱―戦国最後の大反撃」（一九八八年）[120]では、「南部内七郡」について前述した吉田東伍氏・渡辺信夫氏らの二説を退け、糠部・鹿角・岩手・閉伊・斯波・遠野・久慈の七郡説を新たに提示。その上で、糠部・鹿角・岩手・閉伊・久慈の五郡は南部の「本領」、斯波郡・遠野保は「惣無事令」発令後に信直が斯波・遠野両氏から奪取したものであるが、津軽と比内郡に対する権利を放棄させられたかわりに、豊臣政権から領有を黙認された土地であるとし、この二つの所領群を奥羽仕置による安堵地とした。和賀・稗貫二郡については、奥羽仕置時、新「郡主」未定の「無主地」であったが、翌天正十九年の奥羽再仕置の際、「惣無事令」発令後に失った津軽と比内郡のかわりに新たに給与された土地である、とした。北奥における仕置＝知行割（国分け）で「無主地」を初めて発見した意義は大きく、右の「南部内七郡」についての新説提示後、しばらくは渡辺説との併存状態が続いたが、現在は遠藤説が定説化した。

（2）「惣無事令」と「幕藩制国家論」

高木昭作氏は、領主の組織であるヒエラルヒーを国家的支配機構と同一視する見方を批判し、自力救済を否定された個別領主権力は、領主的土地所有を体制化する際、「既成の伝統的な国家の枠組」を利用したこと、また国家公権である「公儀」の執行機関・軍隊として位置づけられたことを主張した[121]。この「幕藩制国家論」をもとに高木氏は、「近世日本における身分と役―峯岸賢太郎氏の批判に答える―」（一九八〇年）[122]・「『公儀』権力の確立」（一九八一年）[123]・

「『秀吉の平和』と武士の変質―中世的自律性の解体過程―」（一九八四年[124]）・「幕藩体制の成立と近世的軍隊」（同年[125]）・「『惣無事』令について」（一九八五年[126]）の五論文を著し、次のように信直に論及した。

「私戦」を禁止することによって近世的支配体制の根幹を創出したのが「惣無事」令で、同令は奥羽仕置の目的であったとして藤木氏の学説を確認。その上で、信直宛の「天正十八年豊臣秀吉『覚』五か条」のうち第三条（検地・蔵入地強化）と第四条（諸城破却）は、関白に任命されて国土の領有者となった豊臣秀吉を頂点とする、「平和ないし秩序維持の機関」として「近世大名南部氏」を強制的に創設するための条項であったとした。

一九七〇年代、東アジア世界の変動・再編のなかに日本を位置づけ、そこから蝦夷地を含む異国・異域との外交・通交関係を軸とした「日本型華夷秩序」の視点から国家を理解する「北方史」が、「幕藩制国家論」の一環として提示されていた[127]。一九八〇年代、この「北方史」の観点から南部信直について初めて論及したのが、弘前大学の長谷川成一氏である。それまで東北地方の大学では、岩手大学が南部氏中心に研究を進め、東北大学は東北を俯瞰した上で南部氏を位置づける研究を進めていた。長谷川氏は、「北奥」という視点を意識的に設定し、南部氏と津軽氏を比較・関連させせて、次の三つの論著を著した。

「近世初期北奥大名の領知高について」（一九八三年[128]）は、太閤蔵入地は津軽領に設定されていたが、南部領には設定されていなかったことを明らかにした。また、「天正十八年の奥羽仕置と北奥・蝦夷島」（一九八八年[129]）・「津軽為信論―津軽為信と全国政権―」（一九八八年[130]）では、豊臣秀吉朱印状の解釈にもとづき、豊臣政権が「津軽・宇曾利・外浜」を出羽・陸奥両国に含めず、国家領域の外の地・異域である「日の本」（蝦夷島）に隣接する境界地域として認識していたことを確認。その上で、南部信直はその境界領域の宇曾利、津軽為信は津軽・外浜を領地にもつ領主で、奥羽仕置により両氏を服属させることで豊臣政権は異域・境界領域を国内に編成していったことを明らかにした。

また、長谷川氏は「惣無事令」と奥羽仕置の関連性についても論じた。①「北奥大名」南部信直の知行（「南部内七郡」）の石高は約十万石で、天正十九年の五月から十月までの間に確定したこと、②天正十七年に津軽為信が行った南部氏からの独立戦争は「惣無事令」に違反する「私戦」であったが、豊臣秀吉への鷹献上という臣従行為を通じて領知没収の危機を回避したこと、以上の諸点を提示した。右のうち②も、「惣無事令」原則の例外的事例を認める提言の一つである。

（3）「取次」論

一九六〇年代の「豊臣政権論」のなかで提示された政権内の派閥抗争論や「取次」論を踏まえながら、幕藩制国家の性格理解のため、上部構造（法・官僚制・軍制などの国家装置）あるいは豊臣政権の構造の解明に取り組んだのが、山本博文氏である。

山本氏は、「家康の『公儀』占拠への一視点―幕藩制成立期の『取次』の特質について―」（一九八四年[131]）・「豊臣政権における『指南』について―浅野長政と伊達政宗―」（一九八九年[132]）において、「取次」（「指南」「奏者」）を「諸大名への命令伝達や個々の大名を服属させ後見するといった諸機能を果たし、かつそのような役割を公的に認められ期待される政権の最高級メンバー」と概念規定。その「取次」を、「大大名」と「側近」（出頭人型）の二つに類型化し、「大大名」は大名領国の体制変革を図る存在ではないこと、一方の「側近」は大名に対する内政指導権や軍事指揮権など広範な権限を持ち、秀吉の意を大名らに伝達して統制する地位にあったことを明らかにした。

山本氏は右の定義を踏まえ、「取次」は、「大大名」から「側近」へ転換するというシェーマを提示した。奥羽の場合、全国統一過程期は「大大名」の上杉景勝・徳川家康が「取次」を担っていたが、天正十八年の奥羽仕置後は蒲生氏郷が、そして文禄二年以後は、豊臣秀吉の命により若狭国から甲斐国へ移封された「側近」の浅野長吉が、南部信直・伊達政宗・宇都宮国綱・那須氏・那須衆・成田氏長ら関東・陸奥の諸領主の「東国『取次』」に命じられたと論じた。信直については、天正十五年以降、「大大名」の前田利家が「奏者」（取次）に近い地位にあったが、やがて後景に退き、文禄二年に「側近」の浅野長吉に転換したとした。

なお、山本氏は、朝尾直弘氏が前掲「豊臣政権論」で提言した派閥（「強硬派」「東国宥和派」）について、「政権自体に確立した政策がない」としてその存在を消極的にしか認めていない。これは、豊臣政権の「中枢が機構として成立しておらず」、「すべてが秀吉に直結する体制」「絶対者秀吉に極度に収斂していく体制」とする見方によっており(133)、「取次」と派閥各派を関連させていない。

政権中枢機構の未整備については、すでに大島正隆氏が「中央機構」の「過渡期的症状」を、豊田武氏が「行政機構の未整備」を指摘していたが、両氏ともその「過渡的症状」「未整備」こそが政権内の「文治派」「武断派」奉行との個別的「外交」を必然化させた、としていた(134)。また、藤木氏は、大島氏と朝尾氏の成果を踏まえ、「宥和派」「強硬派」という派閥の存在を前提に、有力大名や奉行を「奏者」と定義づけていた(135)。山本氏の論文は、朝尾氏の学説の批判の上に成り立っているが、奥羽の具体的事例を踏まえた大島・藤木両氏の学説には触れていない。「取次」「奏者」と派閥を関連させる研究は、一九九〇年代に引き継がれることになる。

（4）伏見作事板

伏見城の作事に用いられる「伏見作事板」の廻漕と奥羽諸領主との関係を初めて論じたのは戦前の大島正隆氏で、廻漕役を豊臣政権に対する「軍役」としていた(136)。この成果を「幕藩制国家論」の視点で発展させたのは、長谷川成一氏・中川和明氏であった。

長谷川氏は「文禄・慶長期津軽氏の復元的考察」（一九八四年[137]）で、豊臣秀吉朱印状等の一次史料の分析から、「九戸一揆」鎮圧時の軍役編成が新たな領知高にもとづいていたこと、慶長の役（丁酉倭乱）の際に北奥羽の諸領主は派兵軍に編成されず、「公儀」の城である伏見城の作事に用いる杉板（伏見作事板）の廻漕を「軍役」として賦課されていたことを明らかにした。

中川和明氏は、長谷川氏と大島正隆氏の成果を踏まえ、「伏見作事板の廻漕と軍役」（一九八五年[138]）・「豊臣政権の城普請・城作事について」（一九八八年[139]）で、以下の諸点を明らかにした。①慶長元年（一五九六）から同四年までの間、津軽氏は、秋田氏・仙北衆・由利衆ら北羽の領主とともに「隣郡之衆」に編成されて伏見作事板（指月伏見城の作事用材）の廻漕を行っていたこと、②その廻漕役が、伏見築城の普請役の一環として石高制に依拠して賦課されていたこと、③慶長元年閏七月の京畿大地震（慶長伏見地震）による指月伏見城の倒壊を機に、普請・作事が同城から伏見山（木幡山）伏見城に変更されたこと、④慶長元年の慶長の役の際、西日本の諸大名は朝鮮出兵、東日本の諸大名は木幡山伏見城の普請・材木調達という「軍役」の全国的分担関係が成立していたこと、⑤北奥羽の領主のなかで唯一南部信直だけが「隣郡之衆」に編成されず、慶長二年・同三年、単独で木幡山伏見城の作事用杉板の廻漕を命じられていたこと。

この木幡山伏見城の作事板の廻漕役をめぐる南部信直の特殊性は、二〇〇〇年代、「取次」前田利家との関係の分析によって具体的に解明されることになる。

（5）中世史研究と南部氏

一九七〇年代までの「戦国大名」論の総括の一環として、戦国期東北地方の大名研究をまとめた『東北大名の研究』（一九八四年）[140]が刊行された。同書を編集した小林清治氏は、「南部・葛西・留守などの陸奥大名に関する業績」を収録できなかったと記したが、これは当時の南部氏研究が大名論、あるいは戦国期の領主制を論じる段階に到達していなかったことを示している。

一九七〇年代までの南部信直研究は、「惣無事令」発令後や奥羽仕置後を論じ、信直を「幕藩制構造論」「幕藩制国家論」のなかに間接的にしか位置づけてこなかった。このため、南部信直を「豊臣大名」「近世大名」と規定することで論の構築は十分であったというのが実態であった。「戦国大名」「国人領主」としての南部氏権力の構造や領国支配の実態を分析することは研究史上、要請されていなかった。

こうした近世史中心の南部氏研究に大きな転換をもたらしたのが中世史研究で、吉井功兒氏の「中世南部氏の世界―両南部歴代当主の再検討と北奥の戦国領主―」（一九八七年）[141]である。吉井氏は、近世編纂物による研究手法を排し、一次史料にもとづく南部氏（三戸氏）当主の存否確認を厳密に行った。この結果、天文期以前の南部氏当主を実質的に否定し、同時期以降の当主南部晴政と南部信直の実在を確認した上で、その領主制を論じた。その際に援用されたのが、「戦国大名」概念を否定した上で、独立的な領主（「戦国領主」）を戦国期の基本的領主、その「戦国領主」の「連合体」の上に存在する領主を「戦国期守護」と捉える、一九七〇～一九八〇年代の矢田俊文氏の学説であった[142]。

吉井氏は、戦国期の南部氏権力について、家督である三戸氏を実質的な「北奥守護」、「一族」の八戸・九戸・石川・大浦・田子ら諸氏を「戦国領主」として措定し、三戸氏のもとに彼ら「戦国領主」が結成した「連合体」を「南部氏」とする仮説を提示した。また、信直の時期、三戸氏・九戸氏・大浦氏は「戦国大名領の形成途上」にあったが、信直と大浦氏（津軽為信）のみが「豊臣大名」として成立した、として豊臣政権期までの見通しを立てた。

それまで戦国期南部氏の研究は、八戸・九戸ら諸氏の性格を三戸氏との比較から「半独立」「独立的」と曖昧なまとらえることで終えてきた。「北奥守護」という概念の論拠及び権原、内容が明示されず、また矢田氏が否定した「戦国大名」概念を用いるなどいくつかの課題はあるが、吉井氏の提言は、諸氏を戦国期の基本的領主と明確にとらえ、その領主制を定義づけたことに大きな意義があり、一九九〇年代、戦国期の南部氏権力研究に影響を与えることになる。ただし、一次史料である書状の年代比定がなされず、戦国時代後期という広い時間設定となったため、戦国末期の南部信直については詳しく論じられていなかった。この課題は、信直文書等の正確な年代比定を要請するものであり、一九九〇年代以降、基礎的研究が進められることになる。

(6) 南部信直文書集の刊行と地域史研究

南部信直文書収集の成果として、森嘉兵衛・森ノブ『岩手県戦国期文書 I』(一九八二年)[143]、森ノブ『岩手県戦国期文書 II』(一九八七年)[144]が刊行された。両書は、当時把握されていた南部信直発給文書をすべて翻刻・掲載し(両書で合計一四六通と認定)[145]、また多くの書状の年代比定を試みた。信直文書の総合的把握により信直の時系列的分析をはじめて可能にした点に同書の最大の意義があり、現在にいたるも信直研究の基礎史料集として活用されている。ただし、当時の信直研究の遅れから、信直文書として認められない文書や重複掲載が数通あり、年代未比定・誤比定もみられた[146]。また、料紙の紙質・形状、署判、封式等の情報も盛り込まれていなかった。古文書学による信直文書研究は、二〇〇〇年代に進展することになる。

小井田幸哉氏の『八戸根城と南部家文書』(一九八六年)[147]は、長年地域において南部氏研究を手堅く続けていた氏の一大成果で、「遠野南部家文書」所収の信直文書四通を掲出して解説を加え、それ以外の一九通の信直書状についても簡略な説明と年代比定を行っている。数通の書状に年代比定の誤りが見られるが、その詳細で丁寧な解説は、現在にいたるも信直文書研究のテキスト的な地位を占めている。

同氏の「南部町で発見の南部信直書状（断簡）」（一九八五年）[148]は、新出史料がほとんどないなか、地元で新たに発見された文禄五年（慶長元年）八月十三日付信直書状について、前掲『岩手県戦国期文書Ⅰ』[149]および前掲大島正隆氏の「北奥大名領成立過程の一断面―比内浅利氏を中心とする考察―」[150]の成果を踏まえて年代比定と内容分析を行い、以下の通り、貴重な史実を明らかにした。①「大閤□《（太閤様）》御父子」（豊臣秀吉・秀頼）周辺で死者が出た事件が、慶長元年閏七月十三日に起こった慶長伏見地震とこれにともなう指月伏見城の倒壊であったこと、②当時、信直の嫡子利直が伏見参勤中であったこと、③文禄四年の「浅利騒動」で延期されていた、信直の次女と出羽秋田（安藤）実季の弟英季の祝言が翌慶長元年に行われた可能性が高いこと、以上の諸点である。前述した通り、慶長二年、南部利直は「取次」前田利家を介して、木幡山伏見城の作事に用いられる伏見作事板の廻漕役を、慶長二年正月二十五日付の豊臣秀吉朱印状で命じられた。その半年前の指月伏見城の倒壊直後の状況と北奥羽の南部・秋田両氏の具体的動向を、右の一通の信直書状が明らかにした。

（7）中世城館研究と「諸城破却」

史跡整備を目的に、国史跡「根城跡」（八戸氏の居城、青森県八戸市）と同「浪岡城跡」（北畠浪岡氏の居城、青森市）の発掘調査が、一九七八年から同時に開始された。一九八〇年代は、全国各地で教育委員会による中世城館の発掘調査が本格化した時期であり、そのなかで両史跡は、中世城館研究の先駆的事例として全国的に著名になる[151]。その研究史的系譜は、以下の二つに分かれる。

第一の系譜は、小林清治氏「『奥羽仕置』と城わり」[152]の指摘を受けたものである。八戸市博物館の栗村知弘氏は「天正期の根城~破却（城破り）の実態について~」（一九八九年）[153]で、第一六期（戦国末期）の根城本丸跡の発掘調査（考古学）から、「天正十八年豊臣秀吉『覚』五か条」の第四条にある「諸城破却」の実態を次のように明らかにした。①防禦上で重要な虎口の門・橋・柵などの破壊、②主要な堀の埋め立て、③本丸縁辺部の土塁の撤去、④本丸への登り口の道のつけ替え、以上の諸点である。

そして、これを踏まえ「破却」とは、「城の防禦上の重要な施設を破壊し、城としての機能」を失わせることが目的であったと明快に論じた。栗村氏は、「発掘調査の成果と、史料をつき合わせること」をめざしたと記していたが、右論文は、「破却」に関する文献史学・考古学両分野連携の端緒、また「破却」の実態を明らかにした先駆的研究として、古典的論文に位置づけられている。

なお、栗村氏はもう一つ、重要な点を指摘していた。それは、「破却」後の第一七期（近世初期）、根城の本丸内に新たに掘立柱建物が建造され、八戸氏が城内での生活を継続していたことである。それまでの「諸城破却」研究は、一次史料の不足から、奥羽再仕置後の破却の実施事実を確認することで分析を終え、「家中」の妻子の城下移住の有無については明らかにしていなかった。文献史学が論じていなかった部分を考古学が解明した、重要な指摘であった。ただし、本丸に居住していたのが八戸氏の妻子かどうかは遺構・遺物からは明確に断定できないため、一次史料による厳密な分析が文献史学側の課題として残された[154]。また、当時、南部領の「破却」事例は根城跡のみであり、普遍化のため他の事例の蓄積を要請するものであった。

第二の系譜は、城郭史研究（縄張り論）である。中世城館研究は、村田修三氏が「城館調査と戦国史研究」（一九八〇年）[155]で、中世の城館遺跡を「地域史」と「在地構造」分析の史料として活用することを提唱したのを機に、一九八〇年代、活発化し始めていた。村田氏は『図説中世城郭事典　第三巻』（一九八七年）[156]において、戦国期の北奥に所在した浪岡城等を含む東北地方の中世城郭を「辺境」型とし、その特徴として、縄張りが「粗放」であること、台地に展開する各曲輪が「相互に独立的で、内外・主副の秩序が読み取れない」ことを指摘した。

この村田氏の「辺境」型概念に対し、工藤清泰氏は「浪岡城（北奥）」（一九八九年）[157]で批判を加えたが、北奥の中世城館の発掘と研究は緒についたばかりで、具体的事例の蓄積も理論も乏しかったのが実情であった。また、村田氏の「辺境」型概念自体も中世城館の類型論にとどまっていた。中世城館研究から戦国末期の南部信直権力を見通す研究は、次の一九九〇年代、村田氏の提言に対する批判という形で出されることになる。

六、「惣無事令」論・「奥羽仕置」論の転換——一九九〇年代

一九九〇年代は、「豊臣政権論」「幕藩制国家論」の一環として進められてきた南部信直研究を克服する動きが見られるようになる。背景の第一は、研究史への疑義・批判で、重厚に蓄積されてきた奥羽仕置研究の現状確認と問題点の提示、藤木久志氏の「惣無事令」論への批判である。第二は、新たな研究方法を切り開く動きで、古文書学と中世城館研究にもとづく権力論である。この第二の研究は、「豊臣政権論」「幕藩制国家論」のなかで南部信直に関説するというスタイル、あるいは政策基調論・領主編成論を克服し、信直それ自体を研究主体に置く、いわば信直研究の自立化を促すことになる。

（1）奥羽仕置研究の総括と「自分仕置権」

一九九〇年度に開催された東北史学会のシンポジウム「奥羽―一揆・仕置―」[158]は、重厚な研究蓄積をもつ奥羽仕置論・「惣無事令」論を総括して、奥羽仕置について新たな提言を行った。ただし、研究史の整理を行い、研究段階を確認するなかで、南部信直について研究史上の問題点が明らかになった。

右シンポジウムで「問題提起―『奥羽仕置』に関する研究史の整理と課題―」（一九九一年）[159]を報告した遠藤基郎氏は、豊臣政権から「自分仕置権」を認められたとされていた三大名（最上・伊達・南部）のうち、南部氏を挙げていなかった。また、「豊臣政権と奥羽の領主―中小領主の動向を中心に―」（一九九一年）[160]を報告した若松正志氏は、「戦国大名」あるいは「地域の統一」を果たした有力な領主として伊達・最上・南部の三氏らを挙げながら、南部氏を含む北奥羽の領主を「中小領主」概念で把握した。渡辺信夫氏は前掲「天正十八年の奥羽仕置令について」[161]で、信直を「大名権」を確立して政権から「自分仕置権」を認められた三大名の一人としながら、「大名権が確立していなかった」とも記していたが、これが当時の研究史整理に反映されていた。

また、小林清治氏は「シンポジウムへのコメント」（一九九一年）[162]において、戦国期奥羽の「独立領主」を「大名」（大領主）・「郡主」（中領主）・「国人」（小領主）の三階層に区分し、適用地域については、北奥羽は「郡主」「国人」、南奥羽は「大名」「郡主」が至当であると新たに提言した。小林氏は前掲「大名権力の形成」（一九七八年）[163]で南部氏の「大名権力の未熟さ」を提言し、「戦国大名」と認めていなかったが、一九九〇年代段階においても南部氏を「大名」と見なしていなかったことが確認される。

なお、小林氏による右の「郡主」用語はおそらく初出で、「大名」「郡主」「国人」の相違及び内容、論拠、適用対象が示されなかったため、南部氏を「郡主」「国人」のいずれに判断したのか未詳である。本シンポジウムの開催時点では認識されていなかったが、一九九〇年代初頭においても南部信直権力の内実がほとんど未解明であったことを示すものであった。

（2）「惣無事令」論の相対化

藤木久志氏の「惣無事令」論は前掲『豊臣平和令と戦国社会』（一九八五年）[164]で確立され、中近世移行期研究に大きな影響力を持った。しかし、一九九〇年代に入り「惣無事令」は、年次比定、意義づけ、「法令」概念の解釈、法令の存否等、多様な方向から新たな提言や批判を受けるようになった[165]。「惣無事令」をめぐる論争には、多数の論者が直接的・間接的に関わったため論著は膨大な量になり、また論争は長期に及んだため論争史を形成したが、学説の当否等を含め、最終結論が出ないまま現在に至っている。このため本章では、南部氏に関説した粟野俊之氏の研究に限定して、藤木氏「惣無事令」論批判を確認する。

粟野氏は「東国『惣無事』令の基礎過程―関連史料の再検討を中心として―」（一九九三年）[166]において、藤木久志氏が天正十五年に比定した「関東・奥両国迄惣無事之儀」の文言を記す十二月三日付の豊臣秀吉直書[167]を、天正十四年であると主張した。また、北奥羽については、「惣無事」令は確認されていないが、「発給されなかったことを意味するものではなく、別の形で豊臣政権の意図は伝達されていた」とも、「関東・奥羽のすべての領主に出されたものではない」とも記した。記述の揺れは、北奥羽で見出されていなかった「惣無事令」の存在を推定したことから発生していた。

また、「豊臣政権の所領安堵政策―天正十八年の『奥羽仕置』を中心として―」（一九九三年）[168]では、奥羽仕置の所領安堵方針は「当知行」安堵で、天正十八年時点の領有関係により決定されたとした。これを踏まえ、津軽為信の場合は旧主家である南部氏の所領から割き取った津軽を、南部信直の場合は残る「南部七郡」を「当知行」地として安堵されたとした。また、「惣無事令」発令後に獲得した地域は、「私戦禁止令という一般性よりも政治情勢が優先」されたとして例外的事例で処理した。これは、渡辺信夫氏が前掲「天正十八年の奥羽仕置令について」で記していた「私戦禁止令の一般性よりも個別的政治的情勢が優先」された、という一文の引用と考えられ、推論の域を出ていない。

小林氏は前掲「シンポジウムへのコメント」（一九九一年）[169]において、津軽氏による南部領からの独立は「惣無事令」に違反する行為であったが、「釈明運動によって解決する体のもの」であると論じた。天正十四年以後に南部・秋田・津軽の三氏が関与した武力紛争を例外的事例とする提言はすでに一九八〇年代から個別に出されており、右の小林氏の提言は、「惣無事令」発令後の北奥羽の領主間の武力紛争が、すべて「惣無事令」の例外的事例として処理できることを確定させる意味をもった。また、小林氏は、奥羽仕置による知行安堵こそが奥羽における中世と近世を区分する画期であることを確認したが、これは「惣無事令」発令を中世と近世を分かつ画期とした藤木説以前の研究段階に戻すことを意味した。「惣無事令」論に対する、事実上の批判と見なすことができる。

一九七〇年代、藤木氏により東北地方に発令されたとされた「私戦停戦令」は、一九八〇年代に入ると全国政策・法令としての「惣無事令」へと発展し、奥羽仕置はこの「惣無事令」の帰結として位置づけられることで研究史上、大きな転換が行われた。ただし、「惣無事令」論の提言とその理論化にともない、奥羽仕置も再定義を迫られ続けた。特に南部氏など北奥羽の個別領主に「惣無事令」論を適用させ、奥羽仕置における所領安堵方針と接続させる際、原則から外れるものは、例外的事例として処理される論述形式が目立つようになっていった。一九九〇年代は、この例外的事例処理が、奥羽の時代区分（中世から近世への画期の年次）、奥羽仕置における所領安堵方式の解釈（「本領安堵」か「当知行」か）に影響を与えるようになった。藤木氏の「惣無事令」論の登場により、南部信直は、「惣無事令」の帰結である奥羽仕置で「豊臣大名」化した典型的大名とされてきた。この「惣無事令」論にもとづく奥羽仕置をめぐる意義づけの揺らぎは、信直の「豊臣大名」化の過程の再考を迫るものであった。しかし、一九九〇年代以後の「惣無事令」論に関する長い論争のなかで、「惣無事令」と奥羽仕置を関連づける研究は行なわれず、現在にいたっている。

（4）青森県史編纂事業と史料論

一九九六年、青森県の歴史を「北方世界」の歴史（北方史）の中に積極的に位置づけることを編纂方針の中心に据えた青森県史編纂事業が始まった(170)。

この青森県史編纂の過程で筆者（当時、近世部会調査研究委員）は、森嘉兵衛氏が前掲『五戸町誌　上巻(171)』で紹介した「五戸・木村文書」（木村秀政家文書）と、同文書群から流出した「池野藤兵衛氏所蔵文書」「岩手県立博物館所蔵木村文書(172)」中の信直文書を総合し、原「木村文書」の復元と古文書学にもとづく権力分析を行った（「南部信直・利直発給文書の一考察―五戸『木村文書』の古文書学的分析―」一九九七年(173)）。

右論文は、南部信直発給文書を古文書学から論じた最初期のもので、渡辺信夫氏の前掲『幕藩制確立期の商品流通』の成果を踏まえ、信直の直轄領（蔵入地）支配について試論を提示した。具体的には、蔵入地（五戸新田村）代官を務めていた木村秀勝宛の南部信直文書がほぼすべて書状であること、料紙の形態が折紙・竪紙であること、署判がほぼ全て印判（黒印）であること、以上の諸点を明らかにした。また、それまで奥羽仕置論、「惣無事令」論のもとで研究が集中していた天正末期ではなく、文禄・慶長初期に時期を設定し、書状を信直権力の経済的基盤を解明できる史料として位置づけた。

ただし、「盛岡藩政の確立化」を「初期藩主」の発給文書から解明する、と記していたように、豊臣政権期及び家産制の視点を欠いていた。また、古文書学の知識の不足、木村氏の来歴の誤認等、多数の修正箇所を有していた。一九八〇年代後半以降、近世史料論（近世古文書学）の確立の必要性が本格的に提言され[174]、近世初期大名の書状研究が発表され始めていたが[175]、豊臣政権期の大名書状の研究はほぼ未開拓の分野であった[176]。右の拙稿は、この豊臣政権期大名書状研究の一つと見なすことができる。南部信直研究の自立化の一つ目は、この古文書学による研究から始まった。

同じ頃、瀬戸薫氏は「前田利家と南部信直」（一九九九年[177]）を発表した。前田利家が奥羽仕置以前の天正十四年から信直の「取次」を務めていたこと、「木村秀政家文書」に記された木村秀勝が天正十七年に南部信直の使者として前田利家のもとへ派遣されていたことは、南部側の史料ですでに確認されていた。瀬戸氏は、「尊経閣文庫所蔵文書」に所収されている、南部領田名部湊からの逃亡船の拿捕を命じた天正十五年四月二十一日付の前田利家黒印状と、木村秀勝が金沢から帰国する際に前田利家から与えれた天正十七年八月二十一日付の過所（黒印状）を紹介した。瀬戸氏論文の重要性は、前田家側の「尊経閣文庫所蔵文書」（前田利家発給文書）から、南部氏に対する利家の「取次」行為の過程を初めて明らかにした点にあった。右の筆者及び瀬戸氏の論文は、二〇〇〇年代、「取次」前田利家と南部信直の関係性の解明を準備することとなる。

（5）「九戸一揆」の専論

小林清治氏は、「九戸一揆」の専論を二本発表した。「九戸一揆と伊達政宗」（一九九四年[178]）は、伊達政宗が九戸政実の一揆蜂起を「無事」（調停）によって解決しようとしていたことを確認した。戦前以来、「九戸一揆」は、豊臣政権軍によって「成敗」「征伐」されたという単線的・結果論的記述がとられていたが、一揆鎮圧の直前まで「無事」の道も残されていたことが明らかになった。また、奥羽再仕置後に領地替えを命じられて南部領と領境を接することになった伊達氏が南部氏の内政に干渉し始めたことが明らかとなり、両氏の対立の始期を確認するものであった。

「九戸合戦―中世糠部郡の終末―」(一九九七年)[179]は、豊臣政権が「九戸合戦」(九戸一揆)鎮圧戦に奥羽諸領主と蝦夷が島の蠣崎氏を動員することで、全国の領主の動員体制を完結させたと意義づけた。また、落城後の九戸城について、「九戸合戦」の鎮圧にあたった蒲生氏郷の書状と浅野長吉の書状土代・案(『浅野家文書』[180])から、①落城後の九戸城(「福岡城」に改称)は普請を施され「南部方居城」として南部信直に引き渡されたこと、②浅野長吉の指示のもとで蒲生氏郷が石垣を用いて普請を行ったこと、③九戸城には「本丸」「小丸」「外丸」の曲輪があり、普請は「本丸」「小丸」に施されたこと、以上の諸点を確認した。一九七〇年代に藤木久志氏が明らかにしていた「上方の工法」を『浅野家文書』から具体的に示すものであった。ただし、その「上方の工法」がどのような築城技術であったのかは、文献史学だけでは限界があり、後述の中世城館研究によって解明されることになる。

(6) 戦国期南部氏と一揆論

一九九〇年代までの戦国史研究の成果を踏まえ、一次史料にもとづき、中世史の側から戦国期南部信直の権力構造について本格的に言及したのが、菅野文夫氏である。菅野氏は「三戸南部氏と糠部『郡中』」(一九九五年)[181]・「室町の秩序と戦国の争乱」(一九九九年)[182]において、以下の諸点を提示した。①戦国期の一戸・三戸・八戸・九戸・久慈らの諸氏は、紛争の「無事」(仲裁)を相互間で行い得る「自立した一族」で、それぞれ独自の「一家」(=家中)を保持していたこと、②彼ら諸氏は対等な立場の領主で、「一揆的な結びつき」「領主間の連合体」を形成し、一次史料にある「郡中」がこの集団を指す呼称であること、③戦国末期の南部信直の時期、三戸氏は、独立領主の八戸氏を従属させることで「一家」から「一家中」という権力体に移行し「戦国大名化しつつあった」こと、④南部信直は自力で「郡中」全体を「一家中」に再編できないまま奥羽仕置を迎えたこと。

それまでの研究は、独立領主である八戸氏・九戸氏らも三戸氏の庶流も「一族」と表記しながら、その「分立状況」にもとづいて政治的・経済的な研究概念である領主制の段階を論じていた。菅野氏は、吉井功兒氏の前掲「中世南部氏の世界」[183]のほか、市村高男氏の「洞」研究[184]、一揆研究等の戦国史研究の成果を踏まえ、一次史料に記された「郡中」「一家」「一家中」を初めて用語化し厳密に分析することで、戦国期南部氏の権力論を一新した。信直研究の自立化の二つ目は、この中世史研究側の一揆論から起こった。

ただし、当時の南部氏研究は、一次史料（書状）の正確な年代比定を可能にする研究段階にいたっていなかった。このため、一戸・七戸・八戸・九戸ら諸氏によって構成される「一家」「一家中」が、戦国史研究で用いられる学術用語の「家中」[185]とどのように関連させることができるのか、という新たな課題を明示することとなった。南部氏をめぐる「家中」は、次の中世城館研究のなかで確認されることになる。

（7）中世城館研究と「家中」論

国史跡「根城跡」「浪岡城跡」は一九九〇年代に入り、「鮮明な中世社会像を描くための豊富な情報」を提供する城郭、城郭史研究（縄張り論）・考古学・歴史地理学・文献史学・建築史学等の「学際的研究」を可能にした中世城郭という評価を得ることになる[186]。

千田嘉博氏は「戦国期城郭・城下町の構造と地域性」（一九九〇年）[187]で、根城・浪岡城等の東国城館を、村田氏の前掲「城の分布」[188]の「辺境」型を踏まえて城郭史研究（縄張り論）の視点から分析。主郭を中心としていないため「求心性」に乏しく、各曲輪「相互の独立性」が高いプランで軍事性と屋敷地としての性格を色濃く持つため、「東国館屋敷型城郭」（東国群郭型城郭）という分類名称を提言した。また、「近世大名と領国支配―織豊系城郭体制の成立―」（一九九六年）[189]では、右の提言を権力論へと発展させ、①中世城郭の基調は「並立型城郭」であったこと、②「並立型城郭」の築造主体である「大名」とその「家臣」との関係または権力構造は、「大名による家臣団支配がきわめてゆるやかで、封建領主としての権力が内部で分立状態」であったこと、③天文期を画期に「求心型城郭」が出現したこと、④「求心型城郭」の築城主体は「大名を頂点とした求心的な権力機構」「大名による一元的な権力」であること、以上の諸点を提言した。

小野正敏氏は、右の千田氏の学説と、小島道裕氏の成果（「戦国期城下町の構造」一九八四年）[190]を踏まえ、「城下町、館・屋敷の空間と権力表現」（一九九七年）[191]・『戦国城下町の考古学　一乗谷からのメッセージ』（一九九七年）[192]で、根城及び八戸氏の権力構造を論じた。小野氏は、根城内の複数の独立した曲輪（中館・沢里館・岡前館等）と、八戸氏の数名の「重臣」（新田・中館・沢里・岡前・西沢・田中の諸氏）が参加する年頭儀式の席次を関連づけ、戦国期の根城は、個々の独立した曲輪の主（重臣）の「イエの論理」がはたらく「求心性」の弱い構造で、戦国期八戸氏権力は「一揆的集合体」「一揆的結合」「連合政権」であったと結論づけた。

なお、千田氏は九戸城についても論及し、「典型的な東国館屋敷型の城郭」であったが、天正十九年の奥羽再仕置で蒲生氏郷が織豊系に改修（本丸大手門に石垣づくりの食い違い虎口を施工）したことで「求心的」な「織豊系城郭」に変容したことを明らかにした[193]。関豊氏は、一九八九年度から本格的発掘が行われた国史跡「九戸城跡」の本丸跡・二ノ丸跡の成果をもとに「九戸城から福岡城へ」（一九九五年）[194]・「史跡九戸城跡（福岡城跡）について」（一九九九年）[195]を発表。本丸・二ノ丸の石垣が野面積（穴太積）で、虎口が桝形虎口であることから、改修後の九戸城は「織豊系城郭」であったとして千田氏の説を確認した。

千田氏が提言した「東国館屋敷型城郭」論と「織豊系城郭」論の意義は、それまで「諸城破却」研究、「九戸一揆」研究でしか論じられてこなかった根城・九戸城を、中世城館研究のなかに位置づけ、権力論にまで発展させた点にある。文献史学ではほぼ全く分析されてこなかった南部領内の戦国期城郭の研究は、信直期の八戸氏・九戸氏の権力を解明する有効的手法を提供した。ただし、千田氏の学説を南部氏に適用する場合、あるいは考古学・城郭史研究（縄張り論）と文献史学を連携させる場合、いくつかの課題が見られた。

第一は、三戸氏の居城の性格について。奥羽再仕置後、新たに三戸氏（南部信直）の居城となった「織豊系城郭」の福岡城（旧九戸城）が「求心的城郭」であったことは解明されたが、その前の戦国期の居城三戸城が「並立的城郭」であったかどうかは現在にいたるも明らかにされていない。つまり、九戸城が「並立的城郭」から「求心的城郭」に転換したことは明らかになったが、三戸氏の居城が「並立的城郭」から「求心的城郭」へ転換したことは証明されていないということである。千田氏は、「武田氏系城郭」「後北条氏系城郭」「伊達氏系城郭」という文言を用いているが、これは大名が領国内の城郭の築城について一定の支配力（いわゆる築城権）を有していたことを示す用語と考えられる。しかし、一九九〇年代、戦国期南部領の城館研究においては、「南部氏系城館」という研究用語は用いられておらず、「東北北半の城館」「東北北部の城館」「北東北中世城館」「東北北部大型城館」「東北地方北半の中世城郭」[196]等、多種多様な表記が用いられていた。表記の不統一は、戦国期南部領の城郭の性格を一定の基準で示す研究概念・用語が成立していなかったことを意味する。

第二は、権力構造である。曲輪配置から「大名」―「家臣」関係を導き出しているが、①いわゆる「大名」概念を八戸氏へ適用できるかどうか、②根城の場合、主郭（本丸）以外の複数の曲輪に住んでいるのは主郭の主の庶流らであり、これを「家臣」一般に広げることはできないのではないか、③一城郭の分析から、八戸氏・九戸氏らを含んだ「南部氏」権力は明らかにできないのではないか、などの問題がみられる。一城郭内の曲輪配置を分析対象とし、庶流との関係が問われているため、主郭に居住する主を「大名」ではなく「当主」とし、「戦国大名」論ではなく主郭の「当主」の「家中」論に転換させることで千田・小野両氏の成果はきわめて有効的になる。戦国期「家中」論は、一九八〇年代以降、戦国史研究（文献史学）の分野で急成長を遂げた分野であったが、[197]千田・小野両氏の成果は、文献史学にもとづく戦国期南部氏研究が「家中」を論じていなかったことを浮彫にするものであった。文献史学からの戦国期南部氏の「家中」論は、次の二〇〇〇年代にはじめて提示されることになる。

右の戦国期南部領の城館研究は、その本質理解のためには主郭の意義づけが必須であることを示すものであったが、これを解き明かす試論自体は一九九〇年代、南部地域の中世城館研究者らによって提言されていた。本堂寿一氏は「一五―一六世紀の城館跡を訪ねて」（一九九五年）[198]で、一戸氏の居城であった一戸城跡が、独立的曲輪の集合体で、東北北部の大型城館に共通した曲輪配置であることを確認した。小山彦逸氏は「北東北中世城館跡の特徴と研究現状―縄張り調査と発掘調査の成果から―」（一九九五年）[199]で、南部領の中世城館のうち領域支配の拠点について、以下の諸点を提示した。①「多曲輪群構造」の城郭（「領主居住型平山城」）であったこと、②主曲輪（主郭）に注目した場合、主曲輪を中心に複数の曲輪が同心円状に配置される形態（九戸城、一戸城、浪岡城、浄法寺城等）と、主曲輪を端に配置して複数の曲輪がこれに連なる形態（根城、七戸城）に分類されること、③同じ築城方法・技術（「南部氏的技法」）を用いていたこと。

右の指摘は、文献史学が独立的領主と判断してきた有力領主層の居城である一戸城・七戸城・八戸根城・九戸城が、主曲輪を中心とした「多曲輪群構造」（群郭式城郭）をとる戦国期拠点城郭であることを確認し、勢力の優位さを考古学から立証することとなった。ただし、ここでも主曲輪の性格、あるいは主曲輪の当主の権力の性格は示されていなかった。松岡進氏は「領域権力」「権力体の構造」の理解のためには、個別城館ではなく、「郡」単位での「城館群の体系」の分析を提唱していた。(200) これを南部領に適用する場合、一般の郡域に相当する「戸」と、これを含む糠部「郡」を分析地域として設定した「城館群」の体系の解明を求めるものであった。

七、自治体史編纂事業と史料論——二〇〇〇年代

二〇〇〇年代、青森県史編纂事業の成果が資料集として公刊され始めた。この時期は、同事業の中世部会・近世部会所属の研究者らが、編纂過程で実見した一次史料から得られた知見をもとに、古文書学と一揆論を基軸に据えて南部信直研究の自立化をさらに進めた。具体的には、権力論、「家中」論、「九戸一揆」研究、「取次」論、「奥羽仕置」論等、多様な視点で分析が行なわれた。また、中世城郭研究では、一九八〇年代以来の考古学・城郭史研究（縄張り論）を踏まえ、「南部氏関連城館」の主曲輪研究、「織豊系城郭」としての福岡城（旧九戸城）の研究を進めた。

一九六〇年代末に網野善彦氏は、同年代の中世史研究を総括して、「各地方での研究の進展が、多くの成果をもたらした反面、研究が各地の大学に依存し、そこを中心にすべてが進められる傾向を生み出している」(201)と記していた。信直研究も、一九五〇年代から一九六〇年代前半にいたるまで、岩手大学・岩手史学会・岩手県史編纂の三者が連携することで基礎的成果をあげたが、その後は学界の研究テーマに沿う形で、また大学中心の研究スタイルが長く続いた。二〇〇〇年代は、東北各地の大学がリーダーシップを発揮しながらも、これに自治体史編纂、各地の教育委員会が進める中世城館研究が連携するスタイルを成立させ、堅実な資料収集と精緻な研究手法にもとづき、新たな成果を

生み出し始めた。

(1) 青森県史編纂と史料論による南部氏研究の進展

青森県史編纂の過程で貴重な発見があった。大正六年(一九一七)に「南部文書」(旧「斎藤文書」で「遠野南部文書」から流出した文書群[202])として影写されて以降、原本の所在が不明となっていた南部信直文書三一通が、一九九九年六月、南部利昭氏(旧盛岡藩主家)の所蔵文書の中から再発見された。この再発見の経緯、「遠野南部家文書」と「斎藤文書」の関連性については、翌年、菅野文夫氏が「南部利昭氏所蔵『斉藤文書』について」(二〇〇〇年[203])所収の「解題」で紹介した。

菅野氏は、この再発見された文書を含めた南部信直文書を古文書学から分析し、「南部信直発給文書とその周辺―戦国末期武家文書の〝略押〟―」(二〇〇一年[204])を発表した。同論文は、信直発給文書に関する初めての総合的分析で、以下の諸点を指摘・解明し、研究史を画する重要な文献に位置づけられる。①信直文書(総点数を一三七通[205]と認定)は、判物に対して花押・印判を据えた書状が圧倒的に多いこと、②花押が、正式な花押(外交書状と宛行状)と略式の花押(近親者宛書状・家臣宛書状)に使い分けられていたこと、③信直の略式花押は、戦国期に糠部郡内の領主間で通用していた略式の署判を継承したものであったこと、④戦国期の南部氏は印判を用いた形跡がなく、豊臣政権への服属を機にこれを用い始めたこと、⑤「九戸一揆」鎮圧後に略式花押の使用をやめ、印判を用いるようになったこと、⑥案文や写の判断基準とされる署判の「判」について、信直の場合はこれを正式な署判の一つとして用いており、「判」を記した文書が正文であること。

菅野氏はまた、右の諸点を権力論へと発展させ、信直の略式花押が領主間の「一揆的」関係を示すこと、南部氏

（信直権力）が「九戸一揆」終結後、戦国期の「一揆的」権力から「近世大名」権力へと転換したことを提言した。前掲「三戸南部氏と糠部『郡中』」[206]で明らかにした、戦国期南部氏＝「郡中」（一揆的結合）説を古文書学から裏づけることに成功している。

遠藤巖氏は同年、「安藤氏と南部氏」（二〇〇一年）[207]を著し、二〇〇〇年代にいたるまでの南部氏と、同氏と密接に関わる北羽安藤（秋田）氏に関する中世史研究を総括した。そのなかで遠藤氏は、「南部内七郡」の比定地に関する研究状況と自説（糠部・鹿角・岩手・閉伊・斯波・遠野・久慈の七郡説）の論拠を再確認するとともに、古文書学の手法による菅野氏の「判」に関する指摘を、「信直による領内支配の在り方に関するところまで実態を解明」したと高く評価した。森ノブ氏も「斎藤文書の行方（二）」（二〇〇一年）[208]で、菅野氏の「判」に関する説に賛同するとともに、「これから正本による研究が深められていく」として、以後の信直研究の進展を見通した。こうした評価を背景に菅野氏の「判」や略式花押に関する提言は受け入れられ、定説化した。

なお、菅野氏自身が「年代比定も不十分」であったと記したように、無年号書状の多くが年代未比定であったため、各種の花押・略式花押・印判（黒印）の使用期間の確定、これを踏まえての信直権力の推移の解明が課題として残された。また、信直が印判を据えた文書は、印判状（公式文書）よりも、書状（私状）が多くを占めている。私状を素材に、「一揆的」権力から「近世大名」権力の成立過程をいかに導き出すのか、という課題が新たに設定されることになった。以上の二つの課題は、二〇一〇年代以降の研究により解明されることになる。

久保田昌希氏は「中近世移行期における中央権力と『北奥』～南部と津軽、九戸一揆から関ヶ原合戦～」（二〇〇七年）[209]で、永原慶二氏の「戦国大名」概念（室町幕府―守護体制からの自立、広域地域の支配、中小領主層の在地性を否定しないままの家臣化、「公儀」の掌握）等を基準に、南部氏の領主制を次のように論じた。①「南部の史料は手紙が多く、年号がわからないものが多」いこと、②このため南部氏が「国人」であったのか「戦国大名」であったのか判断が難しいこと、③ただし、南部氏権力は「戦国大名」と見なすことができること。久保田氏は一九七〇年代以降、今川氏を中心に戦国大名研究を牽引してきた。久保田氏のこの指摘は、二〇〇〇年代の段階で、南部氏の領主制の段階規定のためには、多数を占める書状の正確な分析が必要であることを客観的に確認するものであった。

右の一次史料にもとづく研究と並行して斉藤利男氏は、「盛岡南部氏関係近世前期歴史編纂物・書上類、史料解題」（二〇〇一年）[210]を著し、一九五〇年代前半以来、進められていなかった南部氏関係の近世編纂物の基礎的研究を行った。斉藤氏は、「三戸南部氏（中略）が伝える中世文書は、皆無に等しい」ことを確認した上で、十七世紀後半に作成された歴史書類は史料批判を行った上で用いることができるとした。特に重視したのが、天正十五年の前田利家への遣使、同十八年の奥羽仕置、同十九年の「九戸一揆」等、信直の重臣北信愛が自ら関与した事績を記した『北信愛覚書』（慶長十七年〈一六一二〉六月完成）であった。斉藤氏は、①直筆本（北家嫡家保有）はすでに一九四五年の戦災で焼失したが、その忠実で良質な写本が『北松斎手扣』（もりおか歴史文化館収蔵）であること、②『北松斎覚書』等をもとに作成された良質な歴史書が『信直記』（もりおか歴史文化館収蔵、元禄十年〈一六九七〉書写）であること、③『信直記』をもとに『南部根元記』等が編纂されたこと、以上の諸点を書誌学的に解明した。それまでの南部氏研究で多く利用されていた近世編纂物は『南部根元記』であったが、斉藤氏は『北松斎手扣』及び『信直記』が研究上、参考になり得ることを明らかにし、以後の研究手続きに影響を与えることになった。

右の菅野氏や斉藤氏の蓄積等を踏まえ、「糠部の南部氏一族と、その家中に伝えられた家伝文書」の採録を企図した『青森県史　資料編　中世1　南部氏関係資料』（二〇〇四年）[211]が刊行された。同書は、「南部光徹氏所蔵遠野南部家文書」、「盛岡市教育委員会所蔵南部利昭氏旧蔵文書」（旧「斎藤文書」）、「川嶋亮太氏所蔵野田家文書」、「五戸町図書館所蔵五戸木村文書」等所収の南部信直文書等を体系的（家分け）に収録し、これに料紙の形態・紙質、署判、法量等の書誌情報を加えて翻刻した。また、遠野南部家関係の家譜（『八戸家伝記』『源氏南部八戸家系』等）のほか、十八通の信直文書写を収録する『宝翰類聚』、『北松斎手扣』『信直記』等の近世編纂物を全文翻刻した。信直文書の全点収録にいたらず、また当時の研究段階からすべての無年号書状の年代比定までには及んでいないが、中近世移行期南部氏研究の基礎的史料をほぼすべて整えたことに大きな意義がある。また、同年、『浪岡町史　第二巻』[212]が、翌二〇〇五年は『新青森市史　資料編2　古代・中世』[213]・『青森県史　資料編　中世2　安藤氏・津軽氏関係資料』[214]が刊行された。大浦（津軽）氏、秋田安藤氏、北畠浪岡氏、蠣崎氏等に関する資料が網羅され、戦国期・豊臣政権期の信直を「北奥羽」の歴史的展開のなかに位置づけることを可能にした。

（2）古文書学にもとづく「取次」論

二〇〇一年、『青森県史　資料編　近世1　近世北奥の成立と北方世界』が刊行された。近世部会長の長谷川成一氏はその編纂の経緯について、「北からの日本史の再構築」をめざす一九八〇年代の学界の状況を踏まえ、「北奥を中心とした近世領主権力の成立」等に視点を据えたと述べている。[215]

同書編纂の調査研究員であった筆者は、編纂過程で得られた知見にもとづき「南部利直の初期黒印状について」（二〇〇二年）[216]を著した。文禄二年（一五九三）から慶長八年（一六〇三）にかけて南部信直の嫡子利直が発給した初期黒印状を古文書学にもとづいて分析したもので、以下の諸点を確認・解明した。①豊臣政権期の信直は権力体を機構として成立させていなかったため、家老（年寄）連署奉書を発給せず直書で政務を執っていたこと、②信直は自身の領国不在期、利直（当時の実名「利正」）を留守居に任じて政務を代行させていたこと、③留守居の際に利直が用いていた印判（黒印）の印文が「利正」であること、④「利正」を刻んだ印判が、当時前田利家が用いていた印判の形状・印文を模倣していたこと、⑤「利正」の一字「利」が、元服の際に烏帽子親の前田利家から与えられたものであること、⑥慶長二年正月二十五日、豊臣秀吉が利直に対して伏見（木幡山伏見城）作事杉板の廻漕役を命じた朱印状の発給に、前田利家が「取次」として関与していたこと。

筆者は、右の論文と、大島正隆氏・朝尾直弘氏の派閥抗争論、長谷川成一氏・中川和明氏の伏見作事板研究の成果をもとに、「南部信直と『取次』前田利家—伏見作事板の賦課をめぐって—」（二〇〇三年）[217]を著した。無年号の南部信直書状及び豊臣秀吉朱印状の年代比定を行った上で、時期を文禄・慶長初期、素材を小幡山伏見城の作事板の廻漕、視点を「取次」前田利家に据え、以下の諸点を指摘した。①山本博文氏が「取次」について提言した「大大名」型から「側近」型へという図式[218]が、天正十四年から慶長三年までの南部氏に対する「大大名」前田利家の「取次」行為から成り立たないこと、②伏見作事板の廻漕を命じる慶長二年・同三年の豊臣秀吉朱印状発給の背景の一つに、文禄二年から慶長三年にかけて北羽秋田領内で起こった「浅利騒動」をめぐる政権内の「集権派」（長束正家等）と「分権派」（浅野長吉、前田利家等）間の派閥抗争があったこと、③もう一つの背景として、文禄四年の豊臣秀次事件以後の「集権派」による全国的集権体制の強化があったこと、以上の諸点である。

ただし、右の論文は秀次事件後、「太閤権力」の下に編成された前田利家と派閥との関係を論じ切れていないという問題点があった。朝尾直弘氏は、一九六〇年代に提示した派閥抗争論を発展させ、一九七〇年代には派閥と中央権力主体を明確に関連づけて、以下の諸点を明らかにしていた。①豊臣政権期（第一〜四期）のうち、豊臣秀次（秀吉の甥）が関白に就任した天正十九年十二月から文禄四年八月までが、第三期の「政権構想」の動揺期であること、②この時期、豊臣家中心の政権構想をもつ「集権派」が「太閤権力」豊臣秀吉と、一方で大名たちの自主性を一定程度認める「分権派」が「関白権力」豊臣秀次とそれぞれ結びつき、「二重権力」の状態を生み出したこと、③この「二重権力」が実子秀頼の誕生、朝鮮出兵の挫折により崩壊していくこと、④豊臣秀次の自害（秀次事件）後の文禄四年八月から慶長四年閏三月頃までが第四期の「太閤権力」樹立の時期で、外様有力大名・五大老クラスの大名のほか、吏僚大名・五奉行が明確に国家権力の機構を構成するようになったこと[219]。拙稿は、右の④の指摘が踏まえられていなかった。

なお、前述した通り、山本博文氏は豊臣政権を、「中枢が機構として成立しておらず」、「絶対者秀吉に極度に収斂していく体制[220]」と判断し、派閥の存在を消極的にしか認めていない。文禄四年八月以降の「太閤権力」を国家権力機構と見なす朝尾氏の「太閤権力」論とは大きな隔たりがあることは一目瞭然であり、中央政権自体の分析を要請するものであった。

（3）「九戸一揆」研究の深化

二〇〇〇年代、菅野文夫氏は、自身が明らかにした戦国期南部氏の権力論（「郡中」＝一揆論）を「九戸一揆」研究に適用させた論文を積極的に発表した（「戦国大名への歩みと郡内諸氏」「統一政権と糠部・久慈郡」〈二〇〇〇年[221]〉・「九戸一揆の一断面」〈二〇〇二年[222]〉・「戦国期糠部の一断面」〈二〇〇六年[223]〉・「川嶋氏所蔵文書中の九戸一揆関係文書について」〈二〇〇九年[224]〉）。

菅野氏は、一戸・三戸・四戸・七戸・八戸・九戸など「戸」の地名由来の名字を名乗ることができる領主を糠部郡の最上層と認める政治的秩序が、中世を通じて同郡内の基底にあった、として一戸氏ら諸氏を「『戸』の領主」と表記した。それまで糠部郡内の独立領主ととらえられてきた領主を、「戸」という領域と政治的地位を基軸に概念化を図ったもので、以後、「『戸』の領主」は、中世南部氏研究上の学術用語として定着することになる。また、戦国期糠部郡内の領主間結合（「郡中」）は多極的様相であったが、一戸氏嫡流の滅亡、四戸氏の没落、八戸氏の三戸氏への臣従化、その一方で三戸氏・九戸氏の抬頭と「戦国大名への道」、そして信直の三戸氏の家督相続とこれによる三戸・九戸両氏間の二極対立という段階を経て、「九戸一揆」に至ったとした。戦国期南部氏権力の構造である「郡中」を静態的にとらえず、小林清治氏の「二つの南部」説[225]を踏まえながら、これを変容するものとして動態的に描くことで、「九戸一揆」にいたる道筋の解明に成功している。

菅野氏はまた「九戸一揆」時の糠部郡内の「中規模領主」の動向を初めて本格的に分析し、「中規模領主」が三戸氏に対して庶子を出仕させたり、正妻らを人質として差し出す一方、九戸氏等とも姻戚関係をもっていたことを明らかにした。「中規模領主」の政治的対応は、戦国期の服属領主（旗下、外様国衆等）に一般的に見られる両属性であり、「中規模領主」を服属させている「戸」の領主の性格規定を行なう際の基準となる。さらに、九戸政実の蜂起の表記についても論及し、「九戸政実の乱」といった呼称の嚆矢は『南部根元記』で、「乱」という表記・見方は「盛岡藩の公式的歴史観」であるため、「九戸一揆」を用いることを妥当とした。それまで多く用いられていた近世編纂物は『南部根元記』であったが、斉藤氏が紹介した前掲『北松斎覚書』『信直記』への移行を促すこととなった。

（４）「奥羽仕置」論の到達点

小林清治氏は、自身の「奥羽仕置」研究を大成した『奥羽仕置と豊臣政権』（二〇〇三年）[226]・『奥羽仕置の構造―破城・刀狩・検地―』（同年）[227]を著した。奥羽全域を網羅し、重厚かつ詳細、正確な研究で、「奥羽仕置」論の到達点を示している。小林氏はこの二著のなかで、南部信直について以下の諸点を新たに提示した。

第一に、「一揆」について。小林氏は、九戸政実・南部信直（三戸氏）それぞれが自らの同族連合を形成していたとし、これを「一族一揆」という用語で初めて表記した。また、九戸氏・三戸氏らは相互に連携して地域的連合も結成し、これを菅野氏の説により「郡中」と表記した。なお、小林氏は、九戸政実らを「国衆」という文言で初めて表記し、この「国衆」の「一揆結合」が主君三戸氏を推戴することで「戦国大名」南部氏が成立したとした。[228]

それまでの研究は、三戸・九戸ら諸氏がそれぞれ抱える庶流（タテの関係）も、南部氏嫡流三戸氏と連合関係（ヨコの関係）にある九戸氏ら諸氏も皆一様に「一族」としてきた。小林氏は、「一族」を前者に限定し、後者を「国衆」の地域的「一揆」結合のメンバーとした上で、その「一揆」結合から「戦国大名」へと南部氏権力は転化したとした。「一族の分立状況」から南部氏の「大名権力の未熟さ」を導き出した小林自身の一九七〇年代の学説は、「戦国大名」論として止揚されることになった。ただし、小林氏の学説を継承していくにあたり、後学の者には次の点が宿題として残された。①戦国末期の「国衆」家の内部構造を「一族一揆」[229]だけで論じることが有効かどうかという点で、「家中」論の問題である。②小林氏自身も用いていた「国人」[230]と「国衆」概念をどのように区別し、戦国史研究で用いられる学術用語「戦国大名」や「国衆」論[231]とどのように接続させるのか、という点である。全国的な戦国期領主論と比較検討することで、戦国期南部氏は学問的に普遍的な事例となると考える。

第二に、「自分仕置権」について。[232]小林氏は、渡辺信夫氏が提言した「自分仕置権」[233]について、同氏の定義を確認しながら、以下、独自の説を提言した。①伊達・最上両氏は「大名権力」の確立度よりも、奥羽仕置における「執行補佐」という立場に基づいて「自分仕置権」を認可されたこと、②南部氏は、九戸政実らの動向による領内不安定を考慮して「自分仕置権」を自ら豊臣政権へ申請し、これに対し秀吉は旧南部領であった津軽を津軽為信に安堵したのと引換えにこれを「特例」として認可したこと、以上を踏まえ③「弱小で権力の確立の未熟な大名領にのみ直轄検地を行ったとするのは結果論的評価」であること。

右の小林氏の提言は、一九八〇年代に「自分仕置権」と南部氏との関連性を説いた渡辺氏の学説の揺れが、「大名権」の確立度に基準を置いていたことに由来すると判断し、実質的にこの基準を批判するものであった。ただし、右の小林氏の提言を裏づける一次史料はなく、推定の域にとどまった。また、渡辺氏は小林氏の学説（「大名権」の確立度）[234]にもとづき「自分仕置権」概念を提言していたため、その「大名権」の確立度を小林氏自身が分析基準から外すことは、事実上、「自分仕置権」概念自体の存立を問うものであった。

第三は、「諸城破却」について[235]。小林氏は根城の事例等から、「破却」は「居住機能におよばなかった」ことを確認し、「破却は在地領主（大名家臣）の大名居住地への集住に必ずしも帰結」せず、「『在府』とは在郷からの完全な移転ではなくほぼ恒常的な参勤在府の体制」であったと提言した。「在府」を大名城下への集住ではなく、「ほぼ恒常的な参勤在府の体制」とする指摘は重要で、今後の福岡城（旧九戸城）研究に参考にされるべきものである。ただし、信直宛の「天正十八年豊臣秀吉『覚』五か条」中の第四条の「諸城破却」は、「家中」の妻子の人質政策であり、家臣の「在府」政策に直結しない。在府は、側近や直臣団の拡大、官僚機構の整備等の問題として考察されるべきものと考えられる。

(5)「家中」論

一九九〇年代にいたるまで、三戸・八戸・九戸ら諸氏がそれぞれ独自に形成した「家中」の解明に、文献史学が本格的に取り組んだ形跡はない。前述したように、一九九〇年代、「戦国大名」論として取り組みながら、実質的には諸氏の「家中」論を提示していたのは中世城館研究であった。文献史学の分野では、二〇〇〇年代にようやくその端緒が開かれた。

斉藤利男氏は「躍動する北の世界」（二〇〇〇年）[236]で三戸氏の「家中」に論及し、これを「一族」（北・東・田子・毛馬内・石亀）と「直臣団」（石井・桜庭・奥瀬）の二つに分類、表記した。時を同じくして、菅野文夫氏も前掲「戦国大名への歩みと郡内諸氏」（二〇〇〇年）[237]で同じく三戸氏の「家中」の解明を試み、『南部根元記』にもとづき、第一グループ＝「御一族」（北・南・毛馬内・楢山・石亀）、第二グループ＝「甲州御譜代」（桜庭・石井）、第三グループ＝小領主及び中小規模領主の庶子（あるいは「一門」「譜代の家臣」「中規模の領主」）に分類・表記した。ただし、両氏が用いた文言は、近世編纂物に記された家格、普通名詞、階層性や勢力の規模を示す文言等が混在している。現在においても、三戸氏の「家中」を復元できる一次史料は見出されておらず、近世編纂物をもとに記述することの難しさを示していた。

筆者は「近世初期八戸家（根城南部家）の知行所について」（二〇〇五年）[238]で、元和七年（一六二一）時の八戸氏の支配帳（分限帳）から、同氏の「家中」と所領の実態について、以下の諸点を提示した。①「御一家」「御親類」「御内」「台飯衆」「新山衆」[参]「外様給人」「中間」の家格が存在していたこと、②八戸領一万二五〇〇石のうち八戸氏当主の蔵入地（直轄領）は約四一〇〇石で、中核部分が居城（根城）周辺に所在したこと、③最高の家格である「御一家」四氏のうち中館・岡前・沢里の三氏が根城内の曲輪（中館・岡前館・沢里館）の主で、所領は、中館氏が五〇〇石、岡前氏が二七〇石、沢里氏が一八〇石余であったこと、④「御一家」の筆頭新田氏の居城新田城は、根城内にはなく八戸領南西部の新田村に所在し、所領は二九〇〇石であったこと。

奥羽仕置から約三〇年後の実態であるが、戦国後期の史料も参考にしての結論であり、戦国末期・豊臣政権期の状況を推定することは可能である。所領規模の観点から言えば、当主家の所領は庶流の中館・岡前・沢里の諸氏に比して圧倒的である。また、新田氏の勢力は当主家に近いが、同氏は根城内に曲輪を持たず、独立した居城を構えていた。千田氏が提言した「東国館屋敷型城郭」[239]は、一城館内の曲輪配置から築城主体の権力構造や力量の解明を試み、「等質な結合体」という結論を導き出したが、再考が必要であろう。主曲輪の主（当主）の厳密な位置づけを要請するものであった。

（6）「南部氏関連城館」研究

二〇〇〇年代の南部領の中世城館研究は、蓄積された発掘成果をもとに、戦国期南部領の城館群の基礎的内容を固めた。

根城跡の発掘にあたっていた佐々木浩一氏は「扇の要―東北地方北部における中世城館の曲輪配置―」（二〇〇二年[240]）で、一九八〇年代に村田修三氏が提言していた「辺境」型を批判し、主曲輪（「扇の要」[241]）を「城主が居住する曲輪」と定義した上で、一戸城・七戸城・八戸根城・九戸城等は、主曲輪を基準に他の曲輪を画一的に配置していた、として曲輪配置の規則性を提言した。また、『日本の遺跡19　根城跡』（二〇〇七年[242]）では、①山城は存在せず、段丘など比較的平坦部に所在すること、②複数の曲輪によって「並列」に構成されていること、③主曲輪の配置から、地域を統治する拠点（一戸城・七戸城・浪岡城・浄法寺城）と南部氏の本城タイプ（根城）の二つに分類できること、以上の諸点を「南部氏関連城館」に共通する特徴とした。小山彦逸氏は、一九九一年から本格的な調査が始まった国史跡「七戸城跡」の主曲輪とされる北館の成果を「発掘された七戸城―発掘調査の成果と周辺の空間―」（二〇〇三年[243]）で発表し、七戸城が「領域支配型」の拠点であることを確認した。

以上により、一戸城・七戸城・八戸根城・九戸城が糠部郡内の戦国期拠点城郭であることと、主曲輪の意義および曲輪配置に共通性があることが確認され、「南部氏関連城館」[244]の基礎的内容が固まった。

ただし、南部信直期の「南部氏関連城館」の本質解明に必須となる戦国期の三戸城（三戸氏の居城）の本格的な調査は二〇〇四年に開始されたばかりであったため[245]、いずれの論者も言及していなかった。三戸氏は、天文八年（一五三九）に聖寿寺館（段丘上の平坦部に所在）が焼失したのを機に、居城を同城から三戸城（山城）に移したとされている[246]。全国的に見た場合、この天文期は、「並立型城郭」である「館屋敷型城郭」の中から「求心型城郭」が現われたとも、地域の拠点城郭が平地の城館から山城へと移ったともされている[247]。斉藤利男氏は前掲「躍動する北の世界」（二〇〇〇年）[248]で、「三戸御古城之図」をもとに、三戸城の城郭プランは「集権的な構造」で、聖寿寺館から一段と「権力集中」を進めたとした。しかし、「三戸御古城之図」は、元和六年（一六二〇）十二月に居城を盛岡城から一時的に移した際、新たに大規模に普請・作事が施された三戸城を描いたもので、戦国期・豊臣政権期の縄張りを反映した可能性は低い[249]。信直期の「南部氏関連城館」の総合的解明は、三戸城の考古学的成果に待たれることとなった。

二〇〇三年、国史跡「九戸城跡」の二の丸跡の発掘調査が終了した。これを踏まえ千田嘉博氏は、九戸城跡（福岡城跡）の専論「織豊系城郭としての九戸城」（二〇〇四年）[250]を著した。本論文の意義は、豊臣政権による改修後の九戸城が、本丸の穴太積の石垣と追手門の外桝形虎口等を備えているため、「織豊系城郭プラン」の影響を受けて成立したことを再確認したことにある。また、千田氏は、①文禄・慶長年間、城下の「在府小路」に家臣の三分の一を交代で在府させていたこと、②南部信直が本丸ではなく隣接する「松の丸」に居住していたこと、③独立した曲輪（石沢館・若狭館）があること、以上の諸点を指摘。これを踏まえ、改修後の旧九戸城（福岡城）は、本丸を核とした「求心的」城郭にならず在地の中世的城郭要素を残しているため、豊臣政権期の信直を「連合的な権力の相対的有力者」であったと結論づけ、前掲「近世大名と領国支配―織豊系城郭体制の成立―」の記述に一部修正を行なった。ただし、右の①②③を裏づける一次史料は現存しないため、「松の丸」「石沢館」「若狭館」の発掘成果が期待される。

一九九五年、「九戸城跡」の二ノ丸跡から、深傷を負った十数体の人骨が発掘された。米田穣氏は「九戸城二ノ丸跡出土人骨の同位体分析」（二〇〇八年）[251]で、その人骨が、九戸落城に伴うものである可能性が高いことを指摘した。また、百々幸雄氏は「九戸城二ノ丸跡出土人骨」（二〇〇八年）[252]で、人骨の刀傷跡は九戸落城時のもので、「被葬者が武装を解いた籠城者であったことを想像させる」と指摘した。

「九戸一揆」の中心にいた九戸政実・櫛引清長らが、降伏して浅野長吉の陣所に降ったのち、豊臣秀次の陣所がある旧大崎領栗原郡三迫まで連行され処分されたことは、一次史料等からすでに判明していた。しかし、九戸城に残されたものが、二ノ丸または三の丸で殺戮されたことは近世編纂物にしか記されておらず、右の科学的研究は、これが事実である可能性を示すものであった。「天正十八年豊臣秀吉朱印状『覚』五か条」中の第五条にある「成敗」の実態を、犠牲者の視点から初めて視覚的に明らかにするものであった。戦前、大島正隆氏は「全国統一勢力」（豊臣政権）を、「新しく奥羽の天地に割りこんできた巨大な力」[253]と表現していた。南部信直研究の基点である奥羽仕置と豊臣の「平和」[254]は、生き残り、文書を伝えた「近世大名」南部信直側だけでなく、「巨大な力」により犠牲にあい、関連する文書を消滅させられた人々の実態を可能な限り掘り起こすことで客観的に、また深部から理解することができるはずである。

おわりに――本書の編集方針と収録論文の位置づけ

以上、戦前から二〇〇〇年代にいたる南部信直研究を確認し、研究の系譜関係、重要な成果の内容と研究史上における意義、現時点における研究の到達段階を記した。また、戦国史研究と近世史研究についての学界の動向を追うことで信直研究の背景をとらえ、他の学問領域である考古学・城郭史研究の成果も採り入れることで文献史学が明らかにしていなかった分野を捕捉した。

右の作業は、「はじめに」で記したとおり、北奥を支配した南部信直の研究の足跡をたどり、またその「豊臣大名」化の過程を明らかにすることで、近世国家成立期の領域権力の有り様を提示するという、本論集の目的を明確にするための前提である。収録した論文は、すべて本論集の目的に沿う貴重な研究成果である。なお、収録論文の選定基準は、単著未収録、絶版の私家版、入手しづらい論文を優先するとされているため、すべての重要文献を収録できなかった。これについては、本総論の各章でその概要と意義を記することで理解を補っている。

本論集は、二〇〇〇年代までの信直研究を三つのテーマで分類し、編成した。そして、この各テーマによる研究の端緒あるいは画期となった論著、代表的な論著を合計一三本収めさせていただいた。各論著の内容の詳細については、本総論の各部を参照していただき、以下、各部の意図と論著の概要を記したい。

「第1部　戦国期信直権力の研究」は、豊臣政権期の信直権力の特徴を鮮明にするため、戦国期南部氏権力を明確にできる論文を収めた。いずれの論著も中世史研究・戦国史研究の成果で、学界の潮流や研究の系譜関係を丁寧に記した上で、戦国末期の信直権力の構造および領主制の段階、北奥羽の南部・津軽・安藤三者間の複雑な対立関係を分かりやすく明らかにした論文である。

「第2部　豊臣政権期の南部信直と九戸一揆」は、信直が豊臣政権の庇護のもとで権力を確立・維持したをことを明確にできる論文を収めた。「豊臣大名」「近世大名」南部信直の成立の画期が天正末期の「奥羽仕置」であるという古典的学説のほか、「南部内七郡」に関する三つの学説、文禄・慶長初期に南部家が外交によって家を維持していたこと、これを可能にした人物が「取次」前田利家であったこと、その外交の場が伏見であったことが明らかになる。また、信直研究のなかで常にとり上げられてきた「九戸一揆」に関する論文も収めた。「九戸一揆」は、戦国最後の合戦、あるいは豊臣秀吉の天下一統の最終戦として著名であるものの通史的な記述にとどまり、一揆鎮圧に関する軍事指揮権と指揮系統など、基本的なことが現在でも未解明である。奥羽仕置後は、あらわな戦争ではなく、「無事」（仲裁）による勢力拡大策に転じた伊達政宗の政略等が理解できる専論を収めた。

「第3部　史料論と南部信直研究」は、一次史料が少ない南部氏研究にとって欠かせない近世編纂物の研究成果と、豊臣政権期の信直権力を古文書学から解明した論文を収めた。良質な近世編纂物が『北松斎覚書』で、同書をもとに成立した歴史書類の系譜関係を明らかにした論文。信直文書の正文（原文書）を実見した上で古文書学により分析を加え、また無年号の信直書状の正確な年代比定を行なうことで中近世移行期の南部氏権力の構造とその変化、直轄領支配を明らかにした論文を収録した。

なお、本書は、総論も収録論文も、二〇〇〇年代までしか扱っていない。本総論末の**【参考文献一覧】**を見ていただければ一目瞭然であるが、二〇一〇年代から二〇二五年にかけての信直研究は、南部信直発給文書の古文書学研究、この成果を踏まえた蔵入地支配研究、戦国末期の信直権力論、「九戸一揆」論で、そのほとんどに筆者が関わっている。拙稿の研究史上の位置づけを現段階で筆者自身が行なうのは、客観性に欠けるとの判断に立ち、本論集の収録論著と解説を二〇〇〇年代までにとどめた。ご了承していただければ幸いである。

註

（1）南部光徹氏所蔵（『新編八戸市史　中世資料編　編年資料』八戸市、二〇一四年、六二二、以下同書は『新編八戸市史』と略記）。

（2）ルイス・フロイス著、松田毅一・川崎桃太訳『完訳フロイス日本史⑤「暴君」秀吉の野望—豊臣秀吉篇Ⅱ』（中央公論新社、二〇〇〇年、以下同書は、ルイス＝フロイス『日本史』と略記）一五四頁。
（3）南部光徹氏所蔵（『新編八戸市史』六二七）。
（4）ルイス＝フロイス『日本史』一九二頁。
（5）岩手県立図書館所蔵『宝翰類聚』（『新編八戸市史』六二〇）。
（6）ルイス＝フロイス『日本史』一四五頁。
（7）国立国会図書館所蔵『太閤記』巻第一三（『新編八戸市史』六一六）。
（8）南部光徹氏所蔵（『新編八戸市史』六二五）。
（9）ルイス＝フロイス『日本史』一五四頁。
（10）ルイス＝フロイス『日本史』四〇頁、四四頁。
（11）「光台寺文書」（桑田忠親『太閤書信』地人書館、一九四三年、六七、のち東洋書院から一九九一年に復刻）。
（12）「妙法院文書」（前掲註（11）桑田氏著書、六八）。
（13）「小山文書」（前掲註（11）桑田氏著書、七〇）。
（14）ルイス＝フロイス『日本史』（四一頁）は、「関白の許へ伺候して、礼《レイ》、すなわち恭順の意を表していた」と記している。
（15）小林清治『奥羽仕置と豊臣政権』（吉川弘文館、二〇〇三年）三～四頁。
（16）吉田東伍「戦国以後江戸時代の奥州」（日本歴史地理学会編『奥羽沿革史論』仁友社、一九一六年）。本書第2部Ⅰ。
（17）前掲註（16）吉田氏論文、三七四～三九四頁、四三二頁。なお、吉田氏は「奥羽に於ても、其の発達の現象が著はれて居るに相違ない、（中略）大きな意味に於ける文明史は、勿論、経済のことも文化のことも取り扱ひます る」と記している。吉田東伍氏や喜田貞吉氏らが明治三十二年（一八九九）に結成し、『奥羽沿革史論』（前掲註（16））を刊行した「日本歴史地理学会」が、民間アカデミーに属していたことは、門脇禎二「官学アカデミズムの成立」（歴史学研究会・日本史研究会編『日本歴史講座　第八巻　日本史学史』東京大学出版会、一九六九年）一七八～一七九頁。

(18)　前掲註（16）吉田氏論文、三八四～三八六頁、三九五～三九六頁。
(19)　前掲註（16）吉田氏論文、三八八～三九〇頁、三九二頁。
(20)　もりおか歴史文化館収蔵（『新編八戸市史』五一八）。なお、本史料は、近世において盛岡藩主家（戦国期は三戸氏・三戸南部家）に伝来してきたもので、「盛岡南部家文書」「南部利昭氏所蔵文書」「南部伯爵家文書」等の文書名で呼称されてきた。
(21)　前掲註（16）吉田氏論文、三九二～三九六頁。
(22)　小林清治「解説」（同編『戦国大名論集　2　東北大名の研究』吉川弘文館、一九八四年）四五二頁。
(23)　田中義成『豊臣時代史』（明治書院、一九二五年）二二〇～二六九頁。
(24)　東京帝国大学の官学アカデミズムについては、前掲註（17）門脇氏論文、一六四頁。田中義成氏が、官学アカデミズムに属し、実証史学を堅持したことは、家永三郎「研究史」（『日本史研究入門　Ⅰ』東京大学出版会、一九五四年）二〇頁、杉山博「南北朝時代」（同前）一三四頁、金井圓・逆井孝仁「近世史研究解説　一　政治・経済（一）近世前期」（『岩波講座　日本歴史13　近世5』岩波書店、一九六四年）二九二頁、脇田修「近世社会成立の歴史的意義」（『シンポジウム　日本歴史　10　織豊政権論』学生社、一九七二年）一〇～一一頁、北島万次「解説」（藤木久志・北島万次編『論集　日本歴史6　織豊政権』有精堂、一九七三年）三四六頁。
(25)　前掲註（23）田中氏著書、二四三頁、二六〇～二六一頁、二六九頁。
(26)　鷲尾順敬『南部家文書』（吉野朝史蹟調査会、一九三九年）。
(27)　前掲註（24）杉山氏論文、一三一頁。
(28)　前掲註（26）鷲尾氏著書、一～七頁。
(29)　大島正隆①「秋田家文書による文禄・慶長初期北国海運の研究（一）」（『社会経済史学』第一一巻三号、一九四一年）。同②「秋田家文書による文禄・慶長初期北国海運の研究（二）」（同四号、同年）。なお、両論文とも、執筆者は、指導教官の古田良一氏の名義となっている（大島氏①論文、九六頁）。のち同『東北中世史の旅立ち』（そしえて、一九八七年に収録）。
(30)　大島正隆「北奥大名領成立過程の一断面―比内浅利氏を中心とする考察―」（東北帝国大学国史学会編『喜田博士追悼記念国史論集』大東書

館、一九四二年、のち前掲註(29)大島氏著書に収録)。

(31) 朝尾直弘「近世の政治と経済(I)」(『日本史研究入門 Ⅲ』東京大学出版会、一九六九年)一九八頁。なお、小林清治氏は、「大島が堅持した社会主義思想乃至マルクス主義は、彼の研究業績のなかに直接には投影されていない」(小林清治「大島の学問について」前掲註(29)大島氏著書、三〇〇頁)と記している。しかし、「中世から近世初期にかけての農業生産力の増大と、商業の生長による流通圏の拡大、その封建支配体制に反映せる必然的進行」(前掲註(30)大島氏論文、二二三頁)という記述に、マルクス主義(史的唯物論)の影響を見て取ることが可能である。

(32) 前掲註(29)大島氏①論文、八三~八八頁。同②論文、九二~九六頁。

(33) 前掲註(30)大島氏論文、一五九~一六〇頁、一八七頁、二一八~二二三頁。

(34) 前掲註(30)大島氏論文、二〇五頁等。大島氏が用いた「南部伯爵家文書」とは、旧盛岡藩主家文書(三戸南部家または盛岡南部家文書)と推定され、現在もりおか歴史文化館収蔵である。東京大学史料編纂所影写本「南部文書」(明治二十二年〈一八八九〉影写、原蔵者:南部利淳氏〈当時、東京市麹町区〉)。

(35) 前掲註(30)大島氏論文、一七八頁等。大島氏が用いた「南部男爵家文書」とは、「遠野南部家文書」(八戸南部家文書)と推定され、現在の南部光徹氏所蔵文書である。東京大学史料編纂所影写本「南部文書」一・二・三(明治二十三年〈一八九〇〉影写、原蔵者:南部行義氏〈岩手県遠野市、当時、西閉伊郡遠野町〉)。

(36) 前掲註(29)大島氏①論文、八七頁等。大島氏が用いた「陸前斎藤文書」(以下、「斎藤文書」)とは、東京大学史料編纂所影写本「斎藤文書」一・二・三(明治二十三年〈一八九〇〉影写、原蔵者:斎藤連太郎氏〈宮城県石巻市、当時牡鹿郡石巻村〉)と推定される。「斎藤文書」は、本来「遠野南部家文書」(前掲註(35))であったが、影写当時、何らかの理由で斎藤氏の所蔵となっていた。同文書は影写後、遠野南部家(当主南部義信氏〈岩手県遠野市、当時上閉伊郡遠野町〉)の所有に帰すことになり、大正六年(一九一七)に影写された(東京大学史料編纂所影写本「南部文書」四・五・六・七)。なお、その後、時期は未詳であるが、旧「斎藤文書」の一部は盛岡南部家に移り、現在、もりおか歴史文化館収蔵となっている。「斎藤文書」の伝来過程については、『青森県史 資料編 中世1 南部氏関係資料』(青森県、二〇〇四年、以下、同書は『青森県史 中世1』と略記)三六一~三六三頁（斉藤利男氏による解題）、菅野文夫「解題」（細井計・菅野文夫・高橋清明「南部利昭氏所蔵『斉藤《マヽ》文書』について」『岩手史学研究』八三号、二〇〇〇年）一一三〜一二二頁を参照。

（37）南部光徹氏所蔵（『新編八戸市史』六二八）。前掲註（30）大島氏論文、一九七〜二〇〇頁。

（38）前掲註（22）小林氏編著、四四〇頁。

（39）前掲註（24）金井・逆井両氏論文、二九一頁。

（40）前掲註（24）脇田氏論文、一四〜一六頁。

（41）『岩手史学研究』（一号、一九四八年）七八〜七九頁。岩手大学創立五十周年記念誌編集委員会『岩手大学五十年史』（岩手大学、二〇〇〇年）九頁。

（42）前掲註（22）小林氏編著、四四一頁。

（43）太田孝太郎氏の経歴は、『岩手史学研究』（八号、一九五一年）八七頁。なお、太田氏は、岩手銀行頭取、岩手日報社取締役社長等の経歴をもつとともに（盛岡市ホームページ「太田孝太郎」）、歴史に造詣が深く、南部叢書刊行会編（代表者：太田孝太郎氏）『南部叢書』（第一〜一〇冊、南部叢書刊行会、一九二七〜一九三〇年）等の編纂に関わった。

（44）草間氏の経歴は、『岩手史学研究』（八号、一九五一年）八七頁。

（45）及川氏の経歴は、『岩手史学研究』（二号、一九四八年）七三頁、同（八号、一九五一年）八七頁。

（46）田中氏の経歴は、『岩手史学研究』（二号、一九四八年）七三頁。

（47）及川儀右衛門「葛西氏と南部氏との交渉（下）」（『岩手史学研究』八号、一九五一年）二四〜二七頁。

（48）草間俊一「南部藩の歴史について」（『岩手大学学芸学部研究年報』第三巻第一部、一九五一年）二一〜二四頁。

（49）金子定一①「末期の和賀家と伊達政宗（上）」（『岩手史学研究』七号、一九五一年）四四〜四六頁。同②「末期の和賀家と伊達政宗（下）」（同八号、同年）六一〜六二頁。

（50）田中喜多美「信直に反抗し続けた九戸政実」（『岩手史学研究』二〇号、一九五五年）二四〜三七頁。

（51）太田孝太郎・草間俊一「南部根元記考」（『岩手史学研究』一三号、一九五三年）二六〜三四頁。

(52) 草間俊一「元文本南部根元記考」(『岩手大学学芸学部研究年報』第四巻第一部、一九五二年)一三〜一六頁。
(53) 田中喜多美「北尾張守信愛覚書の史的価値」(『岩手史学研究』一一号、一九五三年)二一〜二六頁。本書第3部I。
(54) 田中喜多美「南部藩古文書宝翰類聚所収文書に就いて」(『岩手史学研究』一九号、一九五五年)二三〜二八頁。
(55) 草間俊一「書状より見た南部信直の晩年」(『岩手大学学芸学部研究年報』第五巻第一部、一九五三年)一七〜二一頁。本書第2部IV。
(56) 田中喜多美『盛岡南部家信直利直関係文書其他目録　第一集』(岩手県、一九五八年)。
(57) 安良城盛昭①「太閤検地の歴史的前提(1)」(『歴史学研究』一六三号、一九五三年)。同②「太閤検地の歴史的前提(2)」(同一六四号、同年)。
(58) 安良城盛昭「太閤検地の歴史的意義」(『歴史学研究』一六七号、一九五四年、のち同『幕藩体制社会の成立と構造』御茶の水書房、一九五九年に収録)。
(59) 前掲註(57)安良城氏②論文、一一〜一二頁。前掲註(58)同氏論文、一三〜一四頁、一七頁、二三頁。
(60) 前掲註(57)安良城氏①論文、一三頁。なお、安良城氏が参考にした森嘉兵衛氏の研究は、次の通りである。小野武夫・森嘉兵衛『旧南部領に於ける名子制度』(法政大学政経学会、一九三三年)。森嘉兵衛「旧南部領九戸郡に於ける一地主の研究—奥羽農耕村落生成の研究—(一)」(『社会経済史学』第八巻六号、一九三八年)。同「近世農民解放の社会経済史的意義—奥羽地方を中心として—」(社会経済史学会編『農民解放の史的考察』日本評論社、一九四八年)。森嘉兵衛・木下彰『名子制度と農地改革』(農政調査会、一九五一年)。
(61) 前掲註(57)安良城氏②論文、二一頁。
(62) 前掲註(58)安良城氏著書、五〜七頁。前掲註(31)朝尾氏論文、一八六頁、一九六頁。
(63) 前掲註(31)朝尾氏論文、一八八頁。
(64) 鈴木良一『豊臣秀吉』(岩波書店、一九五四年)。
(65) 鈴木良一「織豊政権論」(『日本歴史講座　第四巻　中世篇(二)』河出書房、一九五二年)九三〜九四頁。

（66）前掲註（64）鈴木氏著書、七四～七五頁、一一三～一一四頁、一一六頁、一八八頁。前掲註（65）同氏論文、八六頁、九五～九八頁。

（67）豊田武「織豊政権」（歴史学研究会・日本史研究会編『日本歴史講座　第三巻　中世―近世』東京大学出版会、一九五六年）一九五～一九六頁。

（68）『岩手県史　第三巻　中世篇下』（岩手県、一九六一年）。

（69）『岩手県史　第五巻　近世篇2』（岩手県、一九六三年）。

（70）盛岡領内で作成された近世の歴史書・系譜は、南部信直の家督継承の年次を複数記している。このため従来の研究では、残存する最初期の南部信直発給文書（天正十年）と近世編纂物が記す年次から、天正十年と推定してきた。これに対し筆者は、近年新たに見出された史料にもとづき、天正九年であることを提言した（拙稿「文禄・慶長初期における南部領五戸新田村代官所について―設置年代の確定と景観的復元―」（『東北文化研究室紀要』第五八集、二〇一五年、一七頁、三一頁）。

（71）森嘉兵衛『日本の武将　66　津軽南部の抗争―南部信直―』（人物往来社、一九六七年、のち『中世武士選書35　南部信直―戦国の北奥羽を制した経略家』〈戎光祥出版、二〇一六年〉として復刊）。

（72）森嘉兵衛『九戸地方史　上巻』（九戸地方史刊行会、一九六九年、のち『森嘉兵衛著作集　第八巻　日本僻地の史的研究―九戸地方史　上』法政大学出版局、一九八二年に収録）一三三～一三五頁。

（73）森嘉兵衛監修『五戸町誌　上巻』（五戸町、一九六七年）六一一～六一八頁。

（74）安良城盛昭『幕藩体制社会の成立と構造　増補版』（御茶の水書房、一九六四年）二八二頁。

（75）前掲註（31）朝尾氏論文、一八六～一八七頁、一九七頁。前掲註（24）北島氏論文、三四九頁。三浦俊明「近世都市論」（『日本史を学ぶ3　近世』有斐閣、一九七六年）九九頁、一〇三頁。永原慶二・朝尾直弘・芝原拓自・原秀三郎「はしがき」（同編『日本経済史を学ぶ（下）近世』有斐閣、一九八二年）一頁。三鬼清一郎「織豊政権」（『日本歴史体系　8　幕藩体制の成立と構造（上）普及版』山川出版社、一九九六年、初出一九八四年）三四～三六頁。

（76）藤木久志「豊臣政権論の二三の問題―大島正隆氏の論文の紹介―」（『国史談話会雑誌』六号、一九六三年、三五～四〇頁、のち

同『戦国大名の権力構造』吉川弘文館、一九八七年に収録）。

(77) 朝尾直弘「豊臣政権論」（『岩波講座　日本歴史9　近世1』岩波書店、一九六三年）一七三〜一七五頁。

(78) 山口啓二「豊臣政権の成立と領主経済の構造」（『日本経済史体系　3　近世上』東京大学出版会、一九六五年、のち同『幕藩制成立史の研究』校倉書房、一九七四年に収録）九〇〜九五頁。

(79) 前掲註（30）大島氏論文、一九七〜一九九頁、二二〇〜二二二頁。

(80) 前掲註（64）鈴木氏著書、一八八頁。前掲註（65）同氏論文、九八頁。

(81) 前掲註（77）朝尾氏論文、一七三〜一七四頁。

(82) 竹井英文『列島の戦国史7　東日本の統合と織豊政権』（吉川弘文館、二〇二〇年）二三六頁。拙稿「北奥羽の戦国世界」（東北大学日本史研究室編『東北史講義【古代・中世篇】』筑摩書房、二〇二三年）一六四〜一六五頁。

(83) 藤木久志「統一権力と東北大名」（豊田武編『東北の歴史　上巻』吉川弘文館、一九六七年）三八四〜四一〇頁。

(84) 大島正隆「奥羽に於ける近世大名領成立の一過程—最上義光と伊達政宗—」（『文化』第八巻二号、一九四一年、のち前掲註（29）大島氏著書に収録）。

(85) 前掲註（83）藤木氏論文、三八六〜三八九頁、四〇七頁。

(86) 山口徹「小浜・敦賀における近世初期豪商の存在形態—幕藩体制の成立に関連して—」（『歴史学研究』二四八号、一九六〇年、のち同『日本近世商業史の研究』東京大学出版会、一九九一年に収録）。

(87) 前掲註（86）山口氏論文、四〜六頁。

(88) 渡辺信夫『幕藩制確立期の商品流通』（柏書房、一九六六年）一〜二頁、一一〜一二頁、六五〜七四頁、八〇〜八三頁。

(89) 山口啓二「豊臣政権の構造」（『歴史学研究』二九二号、一九六四年、のち前掲註（78）山口氏著書に収録）三七〜三八頁。

(90) 黒川直則「守護領国制と荘園体制—国人領主制の確立過程—」（『日本史研究』五七号、一九六一年）。同「中世後期の領主制について—」（『日本史研究』六八号、一九六三年）。藤木久志「戦国法形成過程の一考察—非分国法系大名法について—」（『歴史学研究』三二三号、一九六七年）。勝俣鎮夫「相良氏法度についての一考察」（宝月圭吾先生還暦記念会編『日本社会経済史研究　中世編』吉川弘文館、一九六七年）。
(91)　藤木久志『日本の歴史　第15巻　織田・豊臣政権』（小学館、一九七五年）。
(92)　藤木久志「中世奥羽の終末」（小林清治・大石直正編『中世奥羽の世界』東京大学出版会、一九七八年）。
(93)　藤木久志「『関東・奥両国惣無事』令について」（杉山博先生還暦記念会編『戦国の兵士と農民』角川書店、一九七八年、のち同『豊臣平和令と戦国社会』東京大学出版会、一九八五年に収録）。
(94)　前掲註（92）藤木氏論文、二二四～二二七頁。前掲註（93）藤木氏論文、二二六～二二七頁。
(95)　前掲註（92）藤木氏論文、二二〇～二二一頁。
(96)　前掲註（82）拙稿、一六八～一七五頁。
(97)　前掲註（92）藤木氏論文、二二五～二二六頁。
(98)　前掲註（92）藤木氏論文、二三〇頁、二三〇頁。
(99)　前掲註（91）藤木氏著書、二五三～二五四頁。前掲註（92）藤木氏論文、二二四～二二七頁。なお、「九戸一揆」概念の成立過程については、拙稿「『九戸一揆』再考」（江田郁夫編『【アジア遊学294】秀吉の天下統一　奥羽再仕置』勉誠社、二〇二四年）二二〇～二二四頁。
(100)　「色部文書」（『新編八戸市史』五三六、五四〇）。
(101)　石母田正「国家史のための前提について」（『歴史評論』二〇一号、一九六七年）六三頁。
(102)　勝俣鎮夫「戦国法」（『岩波講座　日本歴史8　中世4』岩波書店、一九七六年、のち同『戦国法成立史論』東京大学出版会、一九七九年に収録）一九三頁、二〇一～二〇三頁。
(103)　前掲註（91）藤木氏著書、二五四頁。前掲註（92）藤木氏論文、二二五頁、二二七頁、二二六～二二七頁。
(104)　前掲註（92）藤木氏論文、二二一頁、二二八頁。
(105)　小林清治「『奥羽仕置』と城わり」（『福大史学』二八号、一九七九年）六～八頁。
(106)　小林清治「大名権力の形成」（前掲註（92）小林・大石両氏編著に収録）二〇〇頁、二〇六頁。

(107) 小林清治氏の「戦国大名」および「家中」「旗下」概念は、明記はされていないが、河合正治氏の「戦国大名としての毛利氏の性格」(『史学研究』五四号、一九五四年、二六～三五頁)をもとにしたと推定される。「貫高制」については、「戦国大名」が、軍役・段銭の賦課の基準とし、また在地不掌握の段階で領主階級を結集させ、早期に厖大な支配体制をつくることを可能にする知行形態・土地制度と定義づけた村田修三氏の学説(「戦国大名研究の問題点」『新しい歴史学のために』九四号、一九六四年)がもとになっていると推定される。

(108) 前掲註(106)小林氏論文、二〇二頁。なお、同論文で小林氏は、北奥の南部氏の領主制の段階を明記してはいないが、「国人領主」(＝在地領主制)から「戦国大名」に推転するというシェーマで中世の領主制を理解しているため、戦国期の南部氏の領主制を「国人領主」と考えていた可能性が高い(小林「戦国争乱の展開」『岩波講座　日本歴史8　中世4』岩波書店、一九七六年、一三頁)。

(109) 藤井讓治「豊臣体制と秋田氏の領国支配—幕藩権力成立の前提—」(『日本史研究』一二〇号、一九七一年)一六～二〇頁。

(110) 前掲註(91)藤木氏著書、二五二頁。前掲註(92)藤木氏論文、二二二頁。

(111) 浅見隆・落合延孝「幕藩制国家論の問題点」(『現代歴史学の成果と課題Ⅱ　2　前近代の社会と国家』青木書店、一九八二年)七九～八二頁。

(112) 前掲註(101)石母田氏論文、八五頁。同「解説」(『日本思想体系21　中世政治社会思想　上』岩波書店、一九七二年)五六六頁。

(113) 前掲註(111)浅見・落合両氏論文、八〇頁。原昭午「兵農分離と幕藩制」(原秀三郎・峰岸純夫・佐々木潤之介・中村政則『体系・日本国家史3　近世』東京大学出版会、一九七五年)一〇七～一一二頁。白川部達夫「総説—幕藩制国家論の展開」・「『公儀』論の展開」(村上直編『日本近世史研究事典』東京堂出版、一九八九年)二～四頁、一四～一七頁。

(114) 前掲註(93)藤木氏著書。

(115) 渡辺信夫「天正十八年の奥羽仕置令について」(『日本文化研究所研究報告』別巻一九集〈『東北文化研究室紀要』通巻第二三集〉、東北大学日本文化研究所、一九八二年)。

(116) 前掲註(115)渡辺氏論文、四頁、六～八頁、一〇～一一頁。なお、渡辺氏が提示した「南部内七郡」の比定地は、『岩手県中世

文書　下巻』（岩手県教育委員会、一九六八年、No.九一註）において、仮説として提言されている。

(117) 前掲註（115）渡辺氏論文、一〇～一一頁、一四～一六頁。

(118) 小林清治「奥羽仕置と伊達政宗」（『福島県歴史資料館研究紀要』九号、一九八七年）三頁、一九頁。

(119) 遠藤巖「北奥羽の戦乱―南部氏と秋田氏と津軽氏と」（小林清治・米原正義編『戦乱の日本史［合戦と人物］第8巻　戦国の群雄〈西国・奥羽〉』第一法規出版社、一九八八年）九七～九八頁。本書第1部Ⅰ。

(120) 遠藤巖「九戸政実の乱―戦国最後の大反撃」（前掲註（119）小林・米原両氏編著に収録）九九～一〇〇頁。本書第2部Ⅱ。

(121) 高木昭作①「『秀吉の平和』と武士の変質―中世的自律性の解体過程―」（『思想』七二一号、一九八四年、のち同『日本近世国家史の研究』岩波書店、一九九〇年に収録）一一頁。同②「幕藩初期の国奉行制について」（『歴史学研究』四三一号、一九七六年、のち同『日本近世国家史の研究』収録）一五頁。同③「幕藩初期の身分と国役」（『歴史学研究』別冊特集、一九七六年度歴史学研究会大会報告、一九七六年、のち同『日本近世国家史の研究』収録）九五～九六頁。

(122) 高木昭作「近世日本における身分と役―峯岸賢太郎氏の批判に答える―」（『歴史評論』四四六号、一九八七年、のち前掲註（121）高木氏著書に収録）九八～一〇〇頁。

(123) 高木昭作「『公儀』権力の確立」（深谷克己・加藤栄一編『講座日本近世史1　幕藩制国家の成立』有斐閣、一九八一年、のち前掲註（121）高木氏著書に収録）一九八～二〇二頁。

(124) 前掲註（121）高木氏論文①、一九頁。

(125) 高木昭作「幕藩体制の成立と近世的軍隊」（前掲註（121）高木氏著書、一九八九年）三二二～三二四頁。

(126) 高木昭作「『惣無事』令について」（『歴史学研究』五四七号、一九八五年度歴史学研究会大会報告、一九八五年、のち前掲註（121）高木氏著書に収録）三～四頁。

(127) 佐々木潤之介「序説　幕藩制国家論」（前掲註（113）原氏他著書）一〇二頁。前掲註（111）浅見・落合両氏論文、八四頁。紙屋敦之「東アジア世界と幕藩制国家―世界史の中の日本近世」（前掲註（113）村上氏編著）六～七頁。菊池勇夫「幕藩制国家と異民族支配」（同）二一四～二一五頁。浪川健治「北方史」（同）二〇八～二〇九頁。

(128) 長谷川成一「近世初期北奥大名の領知高について」(『日本歴史』四一七号、一九八三年)四五頁、四七~四八頁。
(129) 長谷川成一「天正十八年の奥羽仕置と北奥・蝦夷島」(同編『北奥地域史の研究―北からの視点―』名著出版、一九八八年)一八~二二頁、三九頁。
(130) 長谷川成一「津軽為信論―津軽為信と全国政権―」(『弘前の文化財シリーズ　第十四集　―津軽藩初期文書集成―』弘前市教育委員会、一九八八年)七九~八一頁。
(131) 山本博文「家康の『公儀』占拠への一視点―幕藩制成立期の『取次』の特質について―」(『歴史学研究』五三〇号、一九八四年、のち同『幕藩制の成立と近世の国制』校倉書房、一九九〇年に収録)一一~一五頁。
(132) 山本博文「豊臣政権における『指南』について―浅野長政と伊達政宗―」(『論集きんせい』一一号、一九八九年、のち前掲註(131)山本氏著書に収録)二〇~二三頁。
(133) 前掲註(131)山本氏論文、三頁。前掲註(132)同氏論文、二六~二七頁。
(134) 前掲註(30)大島氏論文、二二二頁。前掲註(67)豊田氏論文、一九五~一九六頁。
(135) 前掲註(83)藤木氏論文、三八九~四一〇頁。
(136) 前掲註(29)大島氏①論文、八四~八五頁。
(137) 長谷川成一「文禄・慶長期津軽氏の復元的考察」(同編『津軽藩の基礎的研究』国書刊行会、一九八四年)七三頁、一〇一~一〇五頁。
(138) 中川和明「伏見作事板の廻漕と軍役(一)」(『弘前大学　國史研究』七八号、一九八五年)一~二頁。同「伏見作事板の廻漕と軍役(二)」(同七九号、同年)六五~六六頁、七九~八〇頁。
(139) 中川和明「豊臣政権の城普請・城作事について」(『弘前大学　國史研究』八五号、一九八八年)八~九頁、一七~二〇頁。
(140) 前掲註(22)小林氏編著、四四〇頁。
(141) 吉井功兒「中世南部氏の世界―両南部歴代当主の再検討と北奥の戦国領主について―」(『地方史研究』二〇五号、一九八七年)三三頁。

(142) 矢田俊文「戦国期甲斐国の権力構造」(『日本史研究』二〇一号、一九七九年、のち同『日本中世戦国期権力構造の研究』塙書房、一九九八年に収録)。

(143) 森嘉兵衛・森ノブ『岩手県戦国期文書　Ⅰ』(岩手県文化財調査報告書　第七十三集、岩手県教育委員会、一九八二年)。

(144) 森ノブ『岩手県戦国期文書　Ⅱ』(岩手県文化財調査報告書　第八十三集、岩手県教育委員会、一九八七年)。

(145) 現在、南部信直発給文書は、正文・写を含めて合計一四〇通(偽文書は除外)確認されている(拙稿「不染斎俊恕書状(根城八戸家宛)の年代比定」『弘前大学　國史研究』一四一号、二〇一六年、二三頁、三五頁)。

(146) 拙稿「南部信直発給文書の基礎的研究」(斉藤利男『南部光徹氏所蔵「遠野南部家文書」の調査・研究』平成一九年度～平成二一年度科学研究費補助金　研究基盤(B)研究成果報告書、二〇一〇年)六九頁。

(147) 小井田幸哉『八戸根城と南部家文書』(八戸市、一九八六年、のち同書名〈国書刊行会、一九八九年〉で復刊)四〇〇～四三六頁。

(148) 小井田幸哉「南部町で発見の南部信直書状(断簡)」(『ふるさとなんぶ』八号、南部町教育委員会、一九八五年)一～九頁。本書第2部Ⅴ。

(149) 前掲註(143)『岩手県戦国期文書　Ⅰ』所収の南部信直文書。

(150) 前掲註(30)大島氏論文。

(151) 橋口定志「戦国期城館研究の問題点」(『季刊　考古学』二六号、雄山閣出版、一九八九年)二八頁。工藤清泰「浪岡城(北奥)」(同)六〇頁。

(152) 前掲註(105)小林氏論文、六～八頁。

(153) 栗村知弘「天正期の根城～破却(城破り)の実態について～」(『八戸市博物館研究紀要』五号、一九八九年)一〇頁、一四～一五頁。

(154) 天正末期から慶長初年の根城城主八戸氏の当主は、近世に編纂された『三翁昔語』等の記述から八戸政栄とされてきた。しかし、一次史料の分析から、政栄はすでに隠居して「大殿様」と呼称されていたこと、天正十六年から文禄四年までの当主は八戸直栄

（政栄の嫡子）で、「御館」と呼称されていたことが明らかになっている（前掲註（145）拙稿、二九～三〇頁）。
（155）村田修三「城館調査と戦国史研究」（『日本史研究』二一一号、一九八〇年）一〇四頁。
（156）村田修三「城の分布」（村田修三編『図説中世城郭事典　第三巻　近畿二　中国　四国　九州』新人物往来社、一九八七年）九頁。
（157）前掲註（151）工藤氏論文、六〇頁。
（158）一九九〇年度東北史学会シンポジウム「奥羽―一揆・仕置―」の問題提起・報告・質疑応答・総合討論要旨・コメントについては、『歴史』（第七六輯、一九九一年）に収録。
（159）遠藤基郎「問題提起―『奥羽仕置』に関する研究史の整理と課題―」（前掲註（158）『歴史』）四五頁。
（160）若松正志「豊臣政権と奥羽の領主―中小領主の動向を中心に―」（前掲註（158）『歴史』）五三頁、五八頁。
（161）前掲註（115）渡辺氏論文、七～八頁、一四～一五頁。
（162）小林清治「シンポジウムへのコメント」（前掲註（158）『歴史』）一〇六頁。
（163）前掲註（106）小林氏論文、一九三頁。
（164）前掲註（93）藤木氏著書。
（165）藤木氏「惣無事令」論の概念形成過程の詳細については、竹井英文『織豊政権と東国社会「惣無事令」論を越えて』（吉川弘文館、二〇一二年）一～三二頁。
（166）粟野俊之「東国『惣無事』令の基礎過程―関連史料の再検討を中心として―」（永原慶二編『大名領国を歩く』吉川弘文館、一九九三年、のち粟屋俊之『織豊政権と東国大名』吉川弘文館、二〇〇一年に収録）二五六～二六三頁。
（167）秋田県公文書館所蔵「多賀谷将監隆経并組下檜山給人家臣家蔵文書」十二月三日豊臣秀吉朱印状写（『新編八戸市史』四二五）。
（168）粟野俊之「豊臣政権の所領安堵政策―天正十八年の『奥羽仕置』を中心として―」（『戦国史研究』二六号、一九九三年、のち前掲註（166）粟野氏著書に収録）三～四頁、七～一〇頁。
（169）前掲註（162）小林氏論文、一〇六頁。

(170)「青森県史の概要」（青森県史デジタルアーカイブスシステム）。
(171) 前掲註（73）森氏監修『五戸町誌　上巻』、六一一～六一八頁。
(172)「池野藤兵衛氏所蔵文書」「岩手県立博物館所蔵木村文書」については、前掲註（1）『新編八戸市史』資料解題（四五五～四五六頁）。
(173) 熊谷（西野）隆次「南部信直・利直発給文書の一考察―五戸『木村文書』の古文書学的分析―」（『青森県史研究』一号、一九九七年）五六～五九頁、六二～六四頁。本書第3部Ⅱ。
(174) 大野瑞男「近世古文書学の課題」（『歴史評論』三八九号、一九八二年）一七頁。高木昭作「近世史研究にも古文書学は必要である」（永原慶二・稲垣泰彦・山口啓二編『中世・近世の国家と社会』東京大学出版会、一九八六年）三八四～三九一頁。
(175) 木村礎「内藤忠興書状一斑」（『明治大学刑事博物館年報』一一号、一九八〇年）一六頁、二六～二八頁。児玉幸多「序」（日本歴史学会編『概説古文書学　近世編』吉川弘文館、一九八九年）三頁。舟沢茂樹「藩主判物・朱印状・黒印状」（同）一二八～一三二頁。神崎彰利「細川忠興書状から」（藤野保先生還暦記念会編『近世日本の政治と外交』雄山閣出版、一九九三年）一〇九～一二六頁。
(176) 岩澤愿彦「書状・消息」（『日本古文書学講座　第6巻　近世編Ⅰ』雄山閣出版、一九七九年）六六～七六頁。
(177) 瀬戸薫「前田利家と南部信直」（『市史かなざわ』五号、金沢市、一九九九年）五〇～五三頁。本書第2部Ⅵ。
(178) 小林清治「九戸一揆と伊達政宗」（『福大史学』五八号、一九九四年）一三～一八頁。本書第2部Ⅲ。なお、同論文以前に、同じ天正十九年七月二十一日伊達政宗朱印状「覚」（『伊達家文書』所収）を用いて、政宗の仲裁行為に言及していたのは、前掲註（68）の『岩手県史　第三巻　中世篇下』（七〇〇～七〇四頁）と前掲註（49）の金子氏②論文（六一～六二頁）である。ただし、『岩手県史　第三巻　中世篇下』は、同「覚」の年代を天正十八年としていた。
(179) 小林清治「九戸合戦―中世糠部郡の終末―」（大石直正監修・青森県六戸町編『北辺の中世史―戸《へ》のまちの起源をさぐる―』名著出版、一九九七年）一六一～一六五頁。
(180)「浅野家文書」天正十九年九月十日蒲生氏郷書状・同年九月十三日浅野長吉書状土代・同年九月十四日浅野長吉書状案（『新編八

戸市史』五九〇、五九一、五九二)。

(181)菅野文夫「三戸南部氏と糠部『郡中』」(『岩手大学文化論叢』第三輯、一九九五年)五五～五八頁。本書第1部Ⅱ。

(182)菅野文夫「室町の秩序と戦国の争乱」(『県史3　岩手県の歴史』山川出版社、一九九九年)一五二～一五四頁、一六四頁。

(183)前掲註(141)吉井氏論文、三三頁。

(184)市村高男「東国における戦国期在地領主の結合形態―「洞」の検討を通して―」(『歴史学研究』四九九号、一九八一年、のち同『戦国期東国の都市と権力』思文閣出版、一九九四年)。なお、明記されていないが、菅野氏が南部領内の領主間の紛争解決方法として指摘した「中人制」は、前掲註(102)の勝俣氏論文(一七七～一七九頁)を参考にしたと考えられる。松浦義則氏は、藤木久志氏の「戦国法形成過程の一考察―非分国法系大名法について―」(『歴史学研究』三二三号、一九六七年)等をふまえ、戦国期毛利氏の「家中」には、族縁的結合・主従制結合のほかに「一揆結合」が要素として含まれていることを明らかにしている(「戦国期毛利氏『家中』の成立」広島史学研究会編『史学研究五十周年記念論叢　日本編』福武書店、一九八〇年、二六一～二七九頁)。

(185)現在、菅野文夫氏と筆者による研究から、「一家」「一家中」ともに、三戸氏を南部氏の「家督」として推戴する、一戸・三戸・八戸・九戸氏等によって結成される族的集団と考えられるようになっている(菅野文夫「戦国時代の八戸」『新編八戸市史　通史編Ⅰ　原始・古代・中世』八戸市、二〇一五年、四〇一～四〇四頁。拙稿「豊臣政権期の八戸」同、四二一～四二三頁。同「北奥の戦国争乱」遠藤ゆり子編『東北の中世史4　伊達氏と戦国争乱』吉川弘文館、二〇一六年、一六〇頁)。

(186)萩原三雄「結びにかえて―中世城館跡研究の課題と展望―」(石井進・萩原三雄編『中世の城と考古学』新人物往来社、一九九一年)五八三～五八五頁。

(187)千田嘉博「戦国期城郭・城下町の構造と地域性」(『ヒストリア』一二九号、一九九〇年、のち同『織豊系城郭の形成』東京大学出版会、二〇〇〇年に収録)一〇二～一〇五頁。

(188)前掲註(156)村田氏論文、九頁。

(189)千田嘉博「近世大名と領国支配―織豊系城郭体制の成立―」(大塚初重・白石太一郎・西谷正・町田章編『考古学による日本歴史5　政治』雄山閣、一九九六年、のち前掲註(187)千田氏著書に収録)九二～九三頁、九九頁。

(190)　小島道裕「戦国期城下町の構造」(『日本史研究』二五七号、一九八四年)五一〜五五頁。
(191)　小野正敏「城下町、館・屋敷の空間と権力表現」(『国立歴史民俗博物館研究報告』第七四集、一九九七年)一七〇〜一七二頁。
(192)　小野正敏『戦国城下町の考古学　一乗谷からのメッセージ』(講談社、一九九七年)二三〜三一頁。
(193)　前掲註(189)千田氏論文、一二四頁。
(194)　関豊「九戸城から福岡城へ」(細井計編『図説　岩手県の歴史』河出書房新社、一九九五年)一三八〜一三九頁。
(195)　関豊「史跡九戸城跡(福岡城跡)について」(『中世城郭研究』一三号、一九九九年)二二一〜二二五頁。
(196)　工藤清泰「東北北半の城館―中世後期における―」(前掲註(186)石井・萩原両氏編著書)五〇七〜五一〇頁では「東北北半の城館」「東北北部の城館」、小山彦逸「北東北中世城館跡の特徴と研究現状―縄張り調査と発掘調査の成果から―」(『中世城郭研究』九号、一九九五年)二八一頁では「北東北中世城館」、本堂寿一「一五―一六世紀の城館跡を訪ねて」(前掲註(194)細井氏編著書)一四一頁では「東北北部大型城館」、前掲註(195)関氏論文(二二三頁)では「東北地方北半の中世城郭」が用いられている。「南部氏系城館」を意識的に用いたのは二〇一〇年代と見られ、『南部氏系城館～青森県・岩手県の城館系譜～』(二〇一一年岩手考古学会第四三回研究大会資料集、二〇一一年)がある。ただし、東北地域の中世考古学界において、二〇一〇年代以降、この「南部氏系城館」が学術用語として定着した形跡は見られない。
(197)　一九八〇年代の戦国期「家中」論は、前掲註(184)の松浦氏論文のほか、矢田俊文「戦国期毛利権力における家来の成立」(『ヒストリア』九五号、一九八二年、のち前掲註(142)同氏著書)、池享「戦国大名権力構造論の問題点」(『大月短大論集』一四号、一九八三年、のち同『大名領国制論』校倉書房、一九九五年に収録)がある。
(198)　前掲註(196)本堂氏論文、一四一〜一四二頁。
(199)　前掲註(196)小山氏論文、二八二〜二八六頁。
(200)　松岡進『戦国期城館群の景観』(校倉書房、二〇〇二年)一八頁。
(201)　網野善彦「中世前期の社会と経済」(前掲註(31)『日本史研究入門　Ⅲ』)九一頁。
(202)　前掲註(35)(36)。

(203) 前掲註(36)菅野氏「解題」、九〇頁、一一三〜一一七頁。
(204) 菅野文夫「南部信直発給文書とその周辺—戦国末期武家文書の〝略押〟—」(『岩手大学教育学部研究年報』第六〇巻二号、二〇〇一年)三七〜五九頁。本書第3部Ⅲ。
(205) 二〇二四年段階で、南部信直発給文書(写を含む)は一四〇通確認されている(前掲註(145)拙稿、二三頁、三五頁)。
(206) 前掲註(181)菅野氏論文。
(207) 遠藤巖「安藤氏と南部氏」(『岩手の古文書』一五号、二〇〇一年)一八頁、二三頁。
(208) 森ノブ「斎藤文書の行方(二)」(『岩手の古文書』一五号、二〇〇一年)二六頁。
(209) 久保田昌希「中近世移行期における中央権力と『北奥』〜南部と津軽、九戸一揆から関ヶ原合戦〜」(『研究紀要』第五二集、青森県高等学校教育研究会地理歴史科・公民科部会、二〇〇七年)五頁。本書第1部Ⅲ。
(210) 斉藤利男「盛岡南部氏関係近世前期歴史編纂物・書上類、史料解題」(『市史研究あおもり』四号、二〇〇一年)八二〜九〇頁。
(211) 斉藤利男「あとがき」(前掲註(36)『青森県史　中世1』、二〇〇四年)。
(212) 『浪岡町史　第二巻』(浪岡町、二〇〇四年)。
(213) 『新青森市史　資料編2　古代・中世』(青森市、二〇〇五年)。
(214) 『青森県史　資料編　中世2　安藤氏・津軽氏関係資料』(青森県、二〇〇五年)。
(215) 長谷川成一「はじめに」(『青森県史　資料編　近世1　近世北奥の成立と北方世界』青森県、二〇〇一年)。
(216) 拙稿「南部利直の初期黒印状について」(『岩手史学研究』八五号、二〇〇二年)二〜一五頁、一七〜一八頁。
(217) 拙稿「南部信直と『取次』前田利家—伏見作事板の賦課をめぐって—」(『地方史研究』三〇五号、二〇〇三年)九五〜九六頁。本書第2部Ⅶ。
(218) 前掲註(131)山本氏論文、一一〜一五頁。前掲註(132)同氏論文、二〇〜二三頁。
(219) 朝尾直弘「豊臣政権論」(前掲註(24)『シンポジウム　日本歴史　10　織豊政権論』)一五三〜一五六頁。
(220) 前掲註(132)山本氏論文、二六〜二七頁。

(221)　菅野文夫「戦国大名への歩みと郡内諸氏」「統一政権と糠部・久慈郡」(『二戸市史　第一巻　先史・古代・中世』二戸市、二〇〇〇年)六〇二頁、六七七頁。
(222)　菅野文夫「九戸一揆の一断面」(『岩手大学文化論叢』第五輯、二〇〇二年)一三九～一四三頁。
(223)　菅野文夫「戦国期糠部の一断面」(細井計編『東北史を読み直す』吉川弘文館、二〇〇六年)一七一～一七二頁。
(224)　菅野文夫「川嶋氏所蔵文書中の九戸一揆関係文書について」(『岩手大学文化論叢』第七・八輯、二〇〇九年)四七～四九頁。
(225)　前掲註(106)小林氏論文、一七三頁。
(226)　前掲註(15)小林氏著書(二〇〇三年)。
(227)　小林清治『奥羽仕置の構造―破城・刀狩・検地―』(吉川弘文館、二〇〇三年)。
(228)　前掲註(15)小林氏著書、一六～一八頁、三八五頁。
(229)　「一族一揆」「国人一揆」については、福田豊彦「国人一揆の一側面―その上部権力との関係を中心として―」(『史学雑誌』第七六編一号、一九六七年、のち同『室町幕府と国人一揆』吉川弘文館、一九九五年に収録)二一三頁、笠松宏至「解題」(前掲註(112)『日本思想体系21　中世政治社会思想　上』五四六頁)、石母田正「解説」(同、六〇二頁)。
(230)　前掲註(162)小林氏論文、一〇六頁。
(231)　黒田基樹『戦国大名と外様国衆』(文献出版、一九九七年)。同『戦国大名領国の支配構造』(岩田書院、一九九七年)。同『戦国期東国の大名と国衆』(岩田書院、二〇〇一年)。
(232)　前掲註(15)小林氏著書、一七四～一七五頁、四二四頁。
(233)　前掲註(115)渡辺氏論文、一四～一五頁。
(234)　前掲註(106)小林氏論文、一九三頁。
(235)　前掲註(227)小林氏著書、四三頁、五二～五三頁。
(236)　斉藤利男「躍動する北の世界」(『県史2　青森県の歴史』山川出版社、二〇〇〇年)一五五～一五六頁。
(237)　前掲註(223)菅野氏論文、五九六～六〇二頁。

(238) 拙稿「近世初期八戸家（根城南部家）の知行所について」（『はちのへ市史研究』四号、二〇〇六年）五～二二頁。
(239) 前掲註（187）千田氏論文、一〇二～一〇五頁。前掲註（189）同氏論文、九二～九三頁、九九頁。
(240) 佐々木浩一「扇の要―東北地方北部における中世城館の曲輪配置―」（『―市川金丸先生古稀記念献呈論文集―海と考古学とロマン』市川金丸先生古稀を祝う会、二〇〇二年）二九七～三〇七頁。
(241) 佐々木氏が用いた「扇の要」は、村田修三「浪岡城」（村田修三編『図説中世城郭事典　第一巻　北海道　東北　関東』新人物往来社、一九八七年、三六頁）にある、北館を「主郭とし扇形に諸郭を配置する形」という、浪岡城についての表記を踏まえたものと推定される。
(242) 佐々木浩一『日本の遺跡19　根城跡　陸奥の戦国大名南部氏の本拠地』（同成社、二〇〇七年）三一頁、三六～三七頁。
(243) 小山彦逸「発掘された七戸城―発掘調査の成果と周辺の空間―」（七戸町教育委員会編『中世糠部の世界と南部氏』高志書院、二〇〇三年）六九～七〇頁、七七頁。
(244) 戦国期南部領の城館について佐々木氏は、前掲註（240）論文（二〇〇二年）では「東北地方北部における中世城館」という表記を用いていたが、前掲註（242）（二〇〇七年）では「南部氏関連城館」という表記に切り替えている。この後、前掲註（196）『南部氏系城館～青森県・岩手県の城館系譜～』（二〇一一年）のように「南部氏系城館」という学術用語も提示されたが、現在、戦国期城館研究では「南部氏関連城館」という表記が定着していると考えられる。
(245) 『三戸町埋蔵文化財調査報告書　第15集　三戸城跡―発掘調査総括報告書―』（青森県三戸町教育委員会、二〇二一年）。なお、三戸城は、翌二〇二二年三月に国史跡の指定を受けた。
(246) 『祐清私記』（南部叢書刊行会編『南部叢書　第三冊』歴史図書社、一九七〇年）二六六～二六七頁。
(247) 前掲註（187）千田氏著書、二〇四頁。村田修三「城の発達」（村田修三編『図説中世城郭事典　第二巻　中部　近畿一』新人物往来社、一九八七年）一四頁。
(248) 前掲註（236）斉藤氏論文、一五六～一五八頁。
(249) 拙稿「元和・寛永前期の三戸城―南部利直の移徙と普請・作事―」（『東北文化研究室紀要』第六一集、二〇二〇年）四～五頁。

(250) 千田嘉博「織豊系城郭としての九戸城」（『史跡九戸城跡環境整備事業報告書』岩手県二戸市教育委員会、二〇〇四年）一〇〇～一〇四頁。

(251) 米田穣「九戸城二ノ丸跡出土人骨の同位体分析」（百々幸雄・竹間芳明・関豊・米田穣『骨が語る奥州戦国九戸落城』東北大学出版会、二〇〇八年）六五頁。

(252) 百々幸雄「九戸城二ノ丸跡出土人骨」（前掲註（251）百々幸雄他著書）一一四～一一八頁。

(253) 前掲註（30）大島氏論文、一五九頁。

(254) 藤木久志氏は、『豊臣平和令と戦国社会』（前掲註（93）序）において、自身の意図を超え、「具象とかけ離れた惣無事令や平和令の語の独り歩き」が行われている、として注意を促していた。藤木氏は、戦国大名間紛争＝国郡境目相論の解決手段である交戦権の剝奪（惣無事令）と境界紛争の豊臣裁判権による解決（国分）を、豊臣政権の全国統合の「基調」あるいは「政策」ととらえていた。「惣無事令」に関する論争史の成果を踏まえつつも、大島正隆氏の成果を踏まえた藤木氏の「惣無事令」と豊臣の「平和」に関する提言は、南部氏を含めた北奥羽の中近世移行期を理解するための貴重な学説と判断する。

【参考文献一覧】

〔史料〕
鷲尾順敬『南部家文書』（吉野朝史蹟調査会、一九三九年）
田中喜多美『盛岡南部家信直利直関係文書其他目録　第一集』（岩手県、一九五八年）
森嘉兵衛監修『五戸町誌　上巻』（五戸町、一九六七年）
『岩手県中世文書　下巻』（岩手県教育委員会、一九六八年）
青森県立図書館編『解題書目　木村文書』（五戸町教育委員会、一九七三年）
森嘉兵衛・森ノブ『岩手県戦国期文書　Ⅰ』（岩手県文化財調査報告第七十三集、岩手県教育委員会、一九八二年）
森ノブ『岩手県戦国期文書　Ⅱ』（岩手県文化財調査報告第八十三集、岩手県教育委員会、一九八七年）

二戸市歴史民俗資料館編『九戸の戦関係―文書集』（二戸市教育委員会、一九九一年）
二戸市歴史民俗資料館編『九戸の戦関係―軍記、記録集』（二戸市教育委員会、一九九一年）
『青森県史　資料編　近世1　近世北奥の成立と北方世界』（青森県、二〇〇一年）
『青森県史　考古4　中世・近世』（青森県、二〇〇三年）
『青森県史　資料編　中世1　南部氏関係資料』（青森県、二〇〇四年）
『青森県史　資料編　中世2　安藤氏・津軽氏関係資料』（青森県、二〇〇五年）
『新青森市史　資料編2　古代・中世』（青森市、二〇〇五年）
『青森県史　資料編　中世3　北奥関係資料』（青森県、二〇一二年）
『新編八戸市史　中世資料編』（八戸市、二〇一四年）
『青森県史　資料編　中世4　金石文・編さん物・海外資料・補遺』（青森県、二〇一六年）

〔論文・著書〕
吉田東伍「戦国以後江戸時代の奥州」（日本歴史地理学会編『奥羽沿革史論』仁友社、一九一六年）
田中義成『豊臣時代史』（明治書院、一九二五年）
小井川潤次郎「根城の城あと」（『奥南新報』一九二六年）
大島正隆「『檜山御前』に就いて」（『郷土』第四巻五号、一九四〇年）
大島正隆「秋田家文書による文禄・慶長初期北国海運の研究（一）」（『社会経済史学』第一一巻三号、一九四一年）
大島正隆「秋田家文書による文禄・慶長初期北国海運の研究（二）」（『社会経済史学』第一一巻四号、一九四一年）
大島正隆「北奥大名領成立過程の一断面―比内浅利氏を中心とする考察―」（東北帝国大学国史学会編『喜田博士追悼記念国史論集』大東書館、一九四二年）
及川儀右衛門「葛西氏と南部氏との交渉（上）」（『岩手史学研究』七号、一九五一年）

金子定一「末期の和賀家と伊達政宗（上）」（『岩手史学研究』七号、一九五一年）
及川儀右衛門「葛西氏と南部氏との交渉（下）」（『岩手史学研究』八号、一九五一年）
金子定一「末期の和賀家と伊達政宗（下）」（『岩手史学研究』八号、一九五一年）
草間俊一「南部藩の歴史について」（『岩手大学学芸学部研究年報』第三巻一部、一九五一年）
田中喜多美「中世期」（『盛岡市史　第二分冊　中世期』盛岡市役所、一九五一年）
草間俊一「元文本南部根元記考」（『岩手大学学芸学部研究年報』第四巻一部、一九五二年）
鈴木良一「織豊政権論」（『日本歴史講座　第四巻　中世篇（二）』河出書房、一九五二年）
安良城盛昭「太閤検地の歴史的前提（1）」（『歴史学研究』一六三号、一九五三年）
安良城盛昭「太閤検地の歴史的前提（2）」（『歴史学研究』一六四号、一九五三年）
田中喜多美「北尾張守信愛覚書の史的価値」（『岩手史学研究』一一号、一九五三年）
太田孝太郎・草間俊一「南部根元記考」（『岩手史学研究』一三号、一九五三年）
草間俊一「書状より見た南部信直の晩年」（『岩手大学学芸学部研究年報』第五巻一部、一九五三年）
安良城盛昭「太閤検地の歴史的意義」（『歴史学研究』一六七号、一九五四年）
鈴木良一『豊臣秀吉』（岩波書店、一九五四年）
田中喜多美「南部藩古文書宝翰類聚所収文書に就いて」（『岩手史学研究』一九号、一九五五年）
田中喜多美「信直に反抗し続けた九戸政実」（『岩手史学研究』二〇号、一九五五年）
豊田武「織豊政権」（歴史学研究会・日本史研究会編『日本歴史講座　第三巻　中世―近世』東京大学出版会、一九五六年）
小林清治『伊達政宗』（吉川弘文館、一九五九年）
山口徹「小浜・敦賀における近世初期豪商の存在形態―幕藩体制の成立に関連して―」（『歴史学研究』二四八号、一九六〇年）
八戸市社会経済史研究会編『概説八戸の歴史　上巻2』（北方春秋社、一九六一年）
森嘉兵衛監修『岩手県史　第三巻　中世篇下』（岩手県、一九六一年）

朝尾直弘「豊臣政権論」（『岩波講座　日本歴史9　近世1』岩波書店、一九六三年）

加藤章「藩政の確立―南部藩―」（『歴史教育』第一一巻一一号、一九六三年）

藤木久志「豊臣政権論の二三の問題―大島正隆氏の論文の紹介―」（『国史談話会雑誌』六号、一九六三年）

森嘉兵衛監修『岩手県史　第五巻　近世篇2』（岩手県、一九六三年）

田中喜多美「南部藩」（児玉幸多・北島正元監修『物語藩史　第一巻』人物往来社、一九六四年）

山口啓二「豊臣政権の構造」（『歴史学研究』二九二号、一九六四年）

山口啓二「豊臣政権の成立と領主経済の構造」（『日本経済史大系　3　近世上』東京大学出版会、一九六五年）

渡辺信夫『幕藩制確立期の商品流通』（柏書房、一九六六年）

鳴海健太郎「近世における下北半島の海運―日本海の海運を中心として―」（福井県立図書館・福井県郷土誌懇談会編『日本海海運史の研究』福井県郷土誌懇談会、一九六七年）

藤木久志「統一権力と東北大名」（豊田武編『東北の歴史　上巻』吉川弘文館、一九六七年）

森嘉兵衛『日本の武将　66　津軽南部の抗争―南部信直―』（人物往来社、一九六七年）

渡辺信夫「南部・津軽両藩と若越海運」（福井県立図書館・福井県郷土誌懇談会編『日本海海運史の研究』福井県郷土史懇談会、一九六七年）

村上直「初期豪商田中清六正長について」（『法政史学』二〇号、一九六八年）

森嘉兵衛『九戸地方史　上巻』（九戸地方史刊行会、一九六九年）

朝尾直弘「幕藩制国家論の諸問題」（『歴史の理論と教育』二一号、一九七〇年）

宮崎道生『県史シリーズ2　青森県の歴史』（山川出版社、一九七〇年）

藤井譲治「豊臣体制と秋田氏の領国支配―幕藩権力成立の前提―」（『日本史研究』一二〇号、一九七一年）

森嘉兵衛『県史シリーズ3　岩手県の歴史』（山川出版社、一九七二年）

田中喜多美「盛岡藩」（児玉幸多・北島正元監修『新編物語藩史　第一巻』（新人物往来社、一九七五年）

藤木久志『日本の歴史　第15巻　織田・豊臣政権』（小学館、一九七五年）
脇田修「近世都市の建設と豪商」（『岩波講座　日本歴史9　近世1』岩波書店、一九七五年）
小林清治「戦国争乱の展開」（『岩波講座　日本の歴史8　中世4』岩波書店、一九七六年）
高木昭作「幕藩初期の国奉行制について」（『歴史学研究』四三一号、一九七六年）
高木昭作「幕藩初期の身分と国役」（『歴史学研究』別冊特集、一九七六年）
沼館愛三『みちのく双書　第三十三集　南部諸城の研究（草稿）』（青森県文化財保護協会、一九七六年）
小林清治「大名権力の形成」（小林清治・大石直正編『中世奥羽の世界』東京大学出版会、一九七八年）
小林清治「戦国期東北の動向」（『地方文化の日本史　5　地方文化の新展開』文一総合出版、一九七八年）
田中喜多美「南部信直公」（『奥羽史談』六八号、一九七八年）
沼館愛三『みちのく双書　第三十四集　津軽諸城の研究（草稿）』（青森県文化財保護協会、一九七八年）
藤木久志「『関東・奥両国惣無事』令について」（杉山博先生還暦記念会編『戦国の兵士と農民』角川書店、一九七八年）
藤木久志「中世奥羽の終末」（小林清治・大石直正編『中世奥羽の世界』東京大学出版会、一九七八年）
小林清治「『奥羽仕置』と城わり」（『福大史学』二八号、一九七九年）
高木昭作「『公儀』権力の確立」（深谷克己・加藤栄一編『講座日本近世史1　幕藩制国家の成立』有斐閣、一九八一年）
渡辺信夫「天正十八年の奥羽仕置令について」（『日本文化研究所研究報告』別巻一九集、一九八二年）
長谷川成一「近世初期北奥大名の領知高について」（『日本歴史』四一七号、一九八三年）
長谷川成一「陸奥国における太閤蔵入地試論―津軽地方を中心に―」（『文経論叢　人文科学篇』三号、弘前大学人文学部、一九八三年）
森嘉兵衛『岩手をつくる人々　古代―近世篇（中巻）』法政大学出版局、一九八三年）
加藤章「近世における系図と南部藩家臣団の成立」（前沢隆重・加藤章・樋口政則・山本實編『南部藩　参考諸家系図　第一巻』国書刊行会、一九八四年）
小林清治編『戦国大名論集　2　東北大名の研究』（吉川弘文館、一九八四年）

高木昭作「『秀吉の平和』と武士の変質―中世的自律性の解体過程―」(『思想』七二一号、一九八四年)
高島成侑「東北地方北部の中世城郭にみられる掘立柱建物跡について」(『八戸工業大学紀要』第三巻、一九八四年)
長谷川成一「文禄・慶長期津軽氏の復元的考察」(長谷川成一編『津軽藩の基礎的研究』国書刊行会、一九八四年)
山本博文「家康の『公儀』占拠への一視点―幕藩制成立期の『取次』の特質について―」(『歴史学研究』五三〇号、一九八四年)
加藤章「南部藩家臣団の経済的基盤」(前沢隆重・加藤章・樋口政則・山本實編『南部藩　参考諸家系図　第二巻』国書刊行会、一九八五年)
小井田幸哉「南部町で発見の南部信直書状(断簡)」(『ふるさとなんぶ』八号、南部町教育委員会、一九八五年)
高木昭作「『惣無事』令について」(『歴史学研究』五四七号、一九八五年)
中川和明「伏見作事板の廻漕と軍役(一)」(『弘前大学　國史研究』七八号、一九八五年)
中川和明「伏見作事板の廻漕と軍役(二)」(『弘前大学　國史研究』七九号、一九八五年)
藤木久志『豊臣平和令と戦国社会』(東京大学出版会、一九八五年)
小井田幸哉『八戸根城と南部家文書』(八戸市、一九八六年)
大島正隆『東北中世史の旅立ち』(そしえて、一九八七年)
小林清治「奥羽仕置と伊達政宗」(『福島県歴史資料館研究紀要』九号、一九八七年)
七宮涬三『陸奥　南部一族』(新人物往来社、一九八七年)
高木昭作「近世日本における身分と役―峯岸賢太郎氏の批判に答える―」(『歴史評論』四四六号、一九八七年)
藤田俊雄「根城廃城以後の建物について」(『八戸市博物館研究紀要』三号、一九八七年)
細井計「盛岡築城年代考」(『岩手史学研究』七〇号、一九八七年)
村田修三「浪岡城」(村田修三編『図説中世城郭事典　第一巻　北海道　東北　関東』新人物往来社、一九八七年)
村田修三「城の分布」(村田修三編『図説中世城郭事典　第三巻　近畿二　中国　四国　九州』新人物往来社、一九八七年)
吉井功兒「中世南部氏の世界―両南部歴代当主の再検討と北奥の戦国領主について―」(『地方史研究』二〇五号、一九八七年)

朝尾直弘『体系日本の歴史　8　天下一統』（小学館、一九八八年）
遠藤巖「北奥羽の戦乱―南部氏と秋田氏と津軽氏と」（小林清治・米原正義編『戦乱の日本史［合戦と人物］第8巻　戦国の群雄〈西国・奥羽〉』第一法規出版社、一九八八年）
遠藤巖「九戸政実の乱―戦国最後の大反撃」（小林清治・米原正義編『戦乱の日本史［合戦と人物］第8巻　戦国の群雄〈西国・奥羽〉』第一法規出版社、一九八八年）
遠藤巖「戦国大名小野寺氏―稙道・輝道関連史料の検討―」（『秋大史学』三四号、一九八八年）
今野真「いわゆる『奥羽仕置』の一断面―二通の豊臣秀吉朱印状を中心に―」（『仙台工業高等専門学校研究紀要』一八号、一九八八年）
中川和明「豊臣政権の城普請・城作事について」（『弘前大学　國史研究』八五号、一九八八年）
長谷川成一「天正十八年の奥羽仕置と北奥・蝦夷島」（長谷川成一編『北奥地域史の研究―北からの視点―』名著出版、一九八八年）
長谷川成一「津軽為信論―津軽為信と全国政権―」（『弘前の文化財シリーズ　第十四集―津軽藩初期文書集成―』（弘前市教育委員会、一九八八年）
加藤章「南部氏」（『地方別　日本の名族―東北編Ⅰ』新人物往来社、一九八九年）
工藤清泰「浪岡城（北奥）」（『季刊　考古学』二六号、雄山閣出版、一九八九年）
栗村知弘「天正期の根城～破却（城わり）の実態について～」（『八戸市博物館研究紀要』五号、一九八九年）
小林清治「奥羽仕置と米沢」（『米沢史学』五号、一九八九年）
西沢睦郎「色部氏と奥羽仕置」（『福大史学』四六・四七合併号、一九八九年）
橋口定志「戦国期城館研究の問題点」（『季刊　考古学』二六号、雄山閣出版、一九八九年）
長谷川成一「津軽氏」（『地方別　日本の名族―東北編Ⅰ』新人物往来社、一九八九年）
山本博文「豊臣政権における指南―浅野長政と伊達政宗―」（『論集きんせい』一一号、一九八九年）
遠藤巖「戦国大名下国愛季覚書」（羽下徳彦編『北日本中世史の研究』吉川弘文館、一九九〇年）
小林清治「奥羽仕置の歴史的意義」（『福大史学』四八・四九合併号、一九九〇年）

千田嘉博「戦国期城郭・城下町の構造と地域性」(『ヒストリア』一二九号、一九九〇年)
高木昭作『日本近世国家史の研究』(岩波書店、一九九〇年)
藤木久志「奥羽刀狩事情―付、廃刀令からの視点―」(羽下徳彦編『北日本中世史の研究』吉川弘文館、一九九〇年)
山本博文『幕藩制の成立と近世の国制』(校倉書房、一九九〇年)
吉井功兒「八戸信長と同政栄―八戸南部家督の再検討―」(『戦国史研究』二〇号、一九九〇年)
遠藤基郎「問題提起―『奥羽仕置』に関する研究史の整理と課題―」(『歴史』第七六輯、一九九一年)
工藤清泰「東北北半の城館―中世後期における」(石井進・萩原三雄編『中世の城と考古学』新人物往来社、一九九一年)
栗村知弘「南部氏による北奥の制覇」(盛田稔・長谷川成一編『図説　青森県の歴史』河出書房新社、一九九一年)
栗村知弘「発掘された根城の全貌」(盛田稔・長谷川成一編『図説　青森県の歴史』河出書房新社、一九九一年)
小林清治「シンポジウムへのコメント」(『歴史』第七六輯、一九九一年)
中川和明「『伏見普請役之帳』について―豊臣政権の軍役論―」(滝澤武雄編『論集　中近世の史料と方法』東京堂出版、一九九一年)
長谷川成一「統一政権と北奥」(盛田稔・長谷川成一編『図説　青森県の歴史』河出書房新社、一九九一年)
藤木久志「シンポジウムによせて―二つの発言を敷衍して―」(『歴史』第七六輯、一九九一年)
若松正志「豊臣政権と奥羽の領主―中小領主の動向を中心に―」(『歴史』第七六輯、一九九一年)
渡辺信夫「奥羽仕置と地域―シンポジウム雑感―」(『歴史』第七六輯、一九九一年)
石井進「中世と考古学」(石井進監修『北の中世―史跡整備と歴史研究』日本エディタースクール出版部、一九九二年)
市村高男「戦国期東国の城郭と城下町」(石井進監修『北の中世―史跡整備と歴史研究』日本エディタースクール出版部、一九九二年)
高橋與右衛門「発掘された中世の建物跡」(石井進監修『北の中世―史跡整備と歴史研究』日本エディタースクール出版部、一九九二年)
浪川健治『近世日本と北方社会』(三省堂、一九九二年)
粟野俊之「東国『惣無事』令の基礎課程―関連史料の再検討を中心として―」(永原慶二編『大名領国を歩く』吉川弘文館、一九九三年)
粟野俊之「豊臣政権の所領安堵政策―天正十八年の『奥羽仕置』を中心として―」(『戦国史研究』二六号、一九九三年)

小林清治『秀吉権力の形成―書札礼・禁制・城郭政策』（東京大学出版会、一九九四年）
小林清治「九戸一揆と伊達政宗」（『福大史学』五八号、一九九四年）
藤田達生「国分と仕置令―豊臣政権の統一政策―」（『ふびと』四六号、一九九四年）
入間田宣夫「戦国の覇権をめざして」（細井計編『図説　岩手県の歴史』河出書房新社、一九九五年）
小山彦逸「北東北中世城館跡の特徴と研究現状―縄張り調査と発掘調査の成果から―」（『中世城郭研究』九号、一九九五年）
菅野文夫「三戸南部氏と糠部『郡中』」（『岩手大学文化論叢』第三輯、一九九五年）
関豊「九戸城から福岡城へ」（細井計編『図説　岩手県の歴史』河出書房新社、一九九五年）
細井計「南部信直・利直の盛岡城下建設」（細井計編『図説　岩手県の歴史』河出書房新社、一九九五年）
本堂寿一「一五―一六世紀の城館跡を訪ねて」（細井計編『図説　岩手県の歴史』河出書房新社、一九九五年）
千田嘉博「近世大名と領国支配―織豊系城郭体制の成立―」（大塚初重・白石太一郎・西谷正・町田章編『考古学による日本歴史5
　政治』雄山閣、一九九六年）
森ノブ「斎藤文書の行方」（『岩手の古文書』一〇号、一九九六年）
小野正敏「城下町、館・屋敷の空間と権力表現」（『国立歴史民俗博物館研究報告』第七四集、一九九七年）
小野正敏『戦国城下町の考古学　一乗谷からのメッセージ』（講談社、一九九七年）
熊谷隆次「南部信直・利直発給文書の一考察―五戸『木村文書』の古文書学的分析―」（『青森県史研究』一号、一九九七年）
小井田幸哉「南部信直公ご夫妻の墓塔―青森県文化財に指定―」（『ふるさとなんぶ』二〇号、一九九七年）
小林清治「九戸合戦―中世糠部郡の終末―」（大石直正監修・青森県六戸町編『北辺の中世史―戸のまちの起源をさぐる―』名著出版、
　一九九七年）
羽下徳彦「肥前名護屋陣と伊達政宗」（『市史せんだい』八号、一九九八年）
長谷川成一『近世国家と東北大名』（吉川弘文館、一九九八年）
八木光則・三浦陽一「盛岡城跡の発掘調査」（『中世城郭研究』一二号、一九九八）

菅野文夫「室町の秩序と戦国の争乱」（『県史3　岩手県の歴史』山川出版社、一九九九年）
関豊「史跡九戸城跡（福岡城跡）について」（『中世城郭研究』一三号、一九九九年）
瀬戸薫「前田利家と南部信直」（『市史かなざわ』五号、金沢市、一九九九年）
細井計「近世社会の成立」（『県史3　岩手県の歴史』山川出版社、一九九九年）
菅野文夫「戦国大名への歩みと郡内諸氏」（『二戸市史　第一巻　先史・古代・中世』二戸市、二〇〇〇年）
熊谷隆次「南部信直書状の年代比定について―五戸『木村文書』所収の信直書状―」（『青森県史研究』四号、二〇〇〇年）
小林清治「『奥羽仕置』と豊臣権力」（『織豊期研究』二号、二〇〇〇年）
斉藤利男「躍動する北の世界」（『県史2　青森県の歴史』山川出版社、二〇〇〇年）
千田嘉博『織豊系城郭の形成』（東京大学出版会、二〇〇〇年）
長谷川成一「近世北奥世界の開幕」（『県史2　青森県の歴史』山川出版社、二〇〇〇年）
細井計・菅野文夫・高橋清明「南部利昭氏所蔵『斉藤文書』について」（『岩手史学研究』八三号、二〇〇〇年）
粟野俊之『織豊政権と東国大名』（吉川弘文館、二〇〇一年）
遠藤巖「安藤氏と南部氏」（『岩手の古文書』一五号、二〇〇一年）
菅野文夫「南部信直発給文書とその周辺―戦国末期武家文書の〝略押〟―」（『岩手大学教育学部研究年報』第六〇巻二号、二〇〇一年）
栗村知弘・佐々木浩一「根城跡　近世家臣団編成と秀吉諸城破却令」（藤木久志・伊藤正義『城破りの考古学』吉川弘文館、二〇〇一年）
斉藤利男「盛岡南部氏関係近世前期歴史編纂物・書上類、史料解題」（『市史研究あおもり』四号、二〇〇一年）
長谷川成一「奥羽大名の肥前名護屋在陣に関する新史料について―文禄二年五月『誓紙一巻』の紹介と若干の考察―」（『市史ひろさき』一〇号、二〇〇一年）
藤田達生『日本近世国家成立史の研究』校倉書房、二〇〇一年）
森ノブ「斎藤文書の行方（二）」（『岩手の古文書』一五号、二〇〇一年）
菅野文夫「中世南部氏の道」（細井計編『街道の日本史6　南部と奥州道中』吉川弘文館、二〇〇二年）

菅野文夫「九戸一揆の一断面」（『岩手大学文化論叢』第五輯、二〇〇二年）
熊谷隆次「南部利直の初期黒印状について」（『岩手史学研究』八五号、二〇〇二年）
熊谷隆次「九戸一揆と肥前名護屋への出陣」（『新編　弘前市史　通史編2（近世1）』弘前市、二〇〇二年）
熊谷隆次「豊臣政権への軍役」（『新編　弘前市史　通史編2（近世1）』弘前市、二〇〇二年）
佐々木浩一「扇の要―東北地方北部における中世城館の曲輪配置―」（市川金丸先生古希を祝う会編『―市川金丸先生古希記念献呈論文集―海と考古学とロマン』市川金丸先生古希を祝う会刊行会、二〇〇二年）
曽根勇二「秀吉政権による東国支配の一断面―文禄年間の『時分柄』について―」（大野瑞男編『史料が語る日本の近世』吉川弘文館、二〇〇二年）
細井計「奥羽仕置と南部信直」（細井計編『街道の日本史6　南部と奥州道中』吉川弘文館、二〇〇二年）
市村高男「中世七戸から見た南部氏と糠部」（七戸町教育委員会編『中世糠部の世界と南部氏』高志書院、二〇〇三年）
遠藤巖「戦国南部七戸雑考」（七戸町教育委員会編『中世糠部の世界と南部氏』高志書院、二〇〇三年）
小山彦逸「発掘された七戸城」（七戸町教育委員会編『中世糠部の世界と南部氏』高志書院、二〇〇三年）
工藤清泰「北奥の中世城館」（『白い国の詩　特集［東北の中世］北奥の中世城館』五五七号、東北電力株式会社、二〇〇三年）
熊谷隆次「南部信直と『取次』前田利家―伏見作事板の賦課をめぐって―」（『地方史研究』三〇五号、二〇〇三年）
小林清治『奥羽仕置と豊臣政権』（吉川弘文館、二〇〇三年）
小林清治『奥羽仕置の構造―城郭・刀狩・検地―』（吉川弘文館、二〇〇三年）
佐々木浩一「七戸城北館の役割り―曲輪配置と建物から―」（七戸町教育委員会編『中世糠部の世界と南部氏』高志書院、二〇〇三年）
遠藤巖「浪岡御所北畠氏の盛衰」（『浪岡町史　第二巻』浪岡町、二〇〇四年）
小林清治「南と北の戦国争乱」（大石直正・小林清治編『陸奥国の戦国社会』高志書院、二〇〇四年）
千田嘉博「織豊系城郭としての九戸城」（『史跡九戸城跡環境整備事業報告書』岩手県二戸市教育委員会、二〇〇四年）
長谷川成一『弘前藩』（吉川弘文館、二〇〇四年）

長谷川成一「奥羽仕置と東北の大名たち」（『白い国の詩　特集［東北の近世］奥羽仕置と東北の大名たち』五六九号、東北電力株式会社、二〇〇四年）
池上裕子「伊達政宗を通してみた豊臣政権」（成蹊大学文学部国際文化学科編『国際文化研究の現在―境界・他者・アイデンティティ』柏書房、二〇〇五年）
小和田哲男『戦争の日本史15　秀吉の天下統一戦争』（吉川弘文館、二〇〇六年）
菅野文夫「戦国期糠部の一断面」（細井計編『東北史を読み直す』吉川弘文館、二〇〇六年）
熊谷隆次「近世初期八戸家（根城南部家）の知行所について」（『はちのへ市史研究』四号、二〇〇六年）
細井計「盛岡藩政史研究の三つの課題」（細井計編『東北史を読み直す』吉川弘文館、二〇〇六年）
工藤清泰「八幡の館―勝山館・浪岡城・根城―」（長谷川成一・関根達人・瀧本壽史編『北方社会史の視座　第一巻　歴史・文化・生活』清文堂、二〇〇七年）
久保田昌希「中近世移行期における中央権力と『北奥』～南部と津軽、九戸一揆から関ヶ原合戦～」（『研究紀要』第五二集、青森県高等学校教育研究会地理歴史科・公民科部会、二〇〇七年）
熊谷隆次「九戸一揆と情報―南部利直の上洛をめぐって―」（長谷川成一・関根達人・瀧本壽史編『北方社会史の視座　第一巻　歴史・文化・生活』清文堂、二〇〇七年）
佐々木浩一『日本の遺跡19　根城跡　陸奥の戦国大名南部氏の本拠地』（同成社、二〇〇七年）
百々幸雄「九戸城二ノ丸跡出土人骨」（百々幸雄・竹間芳明・関豊・米田穣『骨が語る奥州戦国九戸落城』東北大学出版会、二〇〇八年）
米田穣「九戸城二ノ丸跡出土人骨の同位体分析」（百々幸雄・竹間芳明・関豊・米田穣『骨が語る奥州戦国九戸落城』東北大学出版会、二〇〇八年）
菅野文夫「川嶋氏所蔵文書中の九戸一揆関係文書について」（『岩手大学文化論叢』第七・八輯、二〇〇九年）
遠藤巖「南部家と高野山遍照光院」（斉藤利男『南部光徹氏所蔵「遠野南部家文書」の調査・研究』平成一九年度～平成二一年度科学研究費補助金　研究基盤（B）研究成果報告書、二〇一〇年）

熊谷隆次「南部信直発給文書の基礎的研究」（斉藤利男『南部光徹氏所蔵「遠野南部家文書」の調査・研究』平成一九年度～平成二一年度科学研究費補助金　研究基盤（B）研究成果報告書、二〇一〇年）
若松啓文「俊恕書状雑考」（斉藤利男『南部光徹氏所蔵「遠野南部家文書」の調査・研究』平成一九年度～平成二一年度科学研究費補助金　研究基盤（B）研究成果報告書、二〇一〇年）
小山彦逸「青森県の南部氏系城館」（岩手考古学会『南部氏系城館～青森県・岩手県の城館系譜～』岩手考古学会第43回研究大会資料集、二〇一一年）
菅野文夫「南部氏の歴史―戦国期の糠部―」（岩手考古学会『南部氏系城館～青森県・岩手県の城館系譜～』岩手考古学会第43回研究大会資料集、二〇一一年）
関豊「岩手県の南部氏系城館―九戸城跡を中心に―」（岩手考古学会『南部氏系城館～青森県・岩手県の城館系譜～』岩手考古学会第43回研究大会資料集、二〇一一年）
竹井英文『織豊政権と東国社会　「惣無事令」論を越えて』（吉川弘文館、二〇一二年）
小山彦逸「北奥羽地方における一国一城令破却後の城跡利用の一断面―史跡七戸城跡北館曲輪の発掘調査事例から―」（『研究紀要』一八号、青森県埋蔵文化財調査センター、二〇一三年）
千葉一大「豊臣政権と北奥大名南部家」（山本博文・堀新・曽根勇二編『偽りの秀吉像を打ち壊す』柏書房、二〇一三年）
中野等「豊臣政権の関東・奥羽政策」（『茨城県史研究』九七号、二〇一三年）
熊谷隆次「奥羽仕置と稗貫氏―『稗貫家譜』の分析から―」（『弘前大学　國史研究』一三七号、二〇一四年）
藤田達生『天下統一　信長と秀吉が成し遂げた「革命」』（中央公論新社、二〇一四年）
大石泰史編『全国国衆ガイド　戦国の〝地元の殿様〟たち』星海社、二〇一五年）
菅野文夫「戦国時代の八戸」（『新編八戸市史　通史編Ⅰ　原始・古代・中世』八戸市、二〇一五年）
熊谷隆次「豊臣政権期の八戸」（『新編八戸市史　通史編Ⅰ　原始・古代・中世』八戸市、二〇一五年）
熊谷隆次「文禄・慶長初期における南部領五戸新田村代官所について―設置年代の確定と景観的復元―」（『東北文化研究室紀要』第

五八集、二〇一五年）
中村隼人「中世南部氏城館の特異性」（『日本建築学会東北支部研究報告集　計画系』七八号、二〇一五年）
熊谷隆次「北奥の戦国争乱」（遠藤ゆり子編『東北の中世史4　伊達氏と戦国争乱』吉川弘文館、二〇一六年）
熊谷隆次「不染斎俊恕書状（根城八戸家宛）の年代比定」（『弘前大学　國史研究』一四一号、二〇一六年）
高橋充「奥羽仕置」（高橋充編『東北の中世史5　東北近世の胎動』吉川弘文館、二〇一六年）
中村隼人「中世南部氏の建築文化」（『日本建築学会東北支部研究報告集　計画系』七九号、二〇一六年）
飯村均・室野秀文『東北の名城を歩く　北東北編　青森・岩手・秋田』（吉川弘文館、二〇一七年）
熊谷隆次「南部信直の元服書について」（『古文書研究』八四号、二〇一七年）
千葉一大「南部と前田」（『青山史学』三五号、二〇一七年）
千葉一大「『なこやより、信直』―奥羽大名がみた「唐入」とその影響―」（『弘前大学　國史研究』一四二号、二〇一七年）
熊谷隆次「豊臣政権期南部領の三斎市について」（『駒沢史学』九四号、二〇二〇年）
熊谷隆次「元和・寛永前期の三戸城―南部利直の移徙と普請・作事―」（『東北文化研究室紀要』第六一集、二〇二〇年）
滝尻侑貴「南部氏の正月行事にみる領主関係」（久保田昌希編『戦国・織豊期と地方史研究』岩田書院、二〇二〇年）
竹井英文『列島の戦国史7　東日本の統合と織豊政権』（吉川弘文館、二〇二〇年）
飯村均・室野秀文『続・東北の名城を歩く　北東北編　青森・岩手・秋田』（吉川弘文館、二〇二一年）
熊谷隆次・滝尻侑貴・布施和洋・柴田知二・野田尚志・船場昌子著『戦国の北奥羽南部氏』（デーリー東北新聞社、二〇二一年）
熊谷隆次「戦国末期南部信直権力と外交―南慶儀・楢山義実を中心に」（斉藤利男編『戦国大名南部氏の一族と城館〈戎光祥中世織豊期論叢3〉』戎光祥出版、二〇二一年）
熊谷隆次「豊臣政権期における南部信直の蔵入地支配について」（『地方史研究』四〇九号、二〇二一年）
熊谷隆次「南部信直書状と蔵入地代官」（『歴史』第一三八輯、東北史学会、二〇二二年）
長谷川成一『郷土歴史シリーズNo.６　津軽為信　戦国を駆け抜ける髭殿と呼ばれた初代藩主』（弘前市博物館、二〇二二年）

兼平賢治『家からみる江戸大名　南部家　盛岡藩』（吉川弘文館、二〇二三年）
熊谷隆次「北奥羽の戦国世界」（東北大学日本史研究室編『東北史講義【古代・中世篇】』筑摩書房、二〇二三年）
熊谷隆次「『九戸一揆』の歴史的意義―『日本史探究』の授業を深めるために」（『歴史地理教育』九六一号、二〇二三年）
熊谷博史「南部家における奥羽仕置・再仕置と浅野家の縁」（江田郁夫編『【アジア遊学294】秀吉の天下統一　奥羽再仕置』勉誠社、二〇二四年）
滝尻侑貴「南部一族にとっての再仕置」（江田郁夫編『【アジア遊学294】秀吉の天下統一　奥羽再仕置』勉誠社、二〇二四年）
熊谷隆次「『九戸一揆』再考」（江田郁夫編『【アジア遊学294】秀吉の天下統一　奥羽再仕置』勉誠社、二〇二四年）
竹井英文・齋藤慎一・中井均編『東北中世の城』（高志書院、二〇二四年）

第1部

戦国期信直権力の研究

I　北奥羽の戦乱――南部氏と秋田氏と津軽氏と

遠藤　巖

中央でわき上がった下剋上の嵐は、遠く北の果てまで吹き荒れた。秋田氏祖の湊実季、松前氏祖の蠣崎慶広、津軽氏祖の大浦為信らが熾烈な謀略合戦を繰り返し、それぞれの地位を確立していく過程をたどる。

一、特殊な室町的秩序の地

広大な陸奥《むつ》・出羽《でわ》両国のなかでも、和賀《わが》・稗貫《ひえぬき》・閉伊《へい》以北の陸奥諸郡（現・岩手県中部以北と青森県）と、由利《ゆり》・雄勝《おかち》以北の出羽諸郡（現・秋田県）とは、歴史的にも自然的にも以南とは区別される地域であったが、この本州の北のさいはて、北奥羽の地においても、永禄《えいろく》末年のころから、戦国の争乱は一段と激しさを増すようになっていた。読者にはあまり知られていない歴史的土地柄なので、まず、その群雄の争乱する前段階、十五世紀後半から十六世紀前半の、北奥羽における室町的秩序を紹介かたがた一瞥《いちべつ》しておくことにしよう。

室町幕府は、奥羽両国には守護《しゅご》を設置せず、奥州探題《たんだい》・羽州探題と京都扶持衆《ふちしゅう》に指名した有力国人《こくじん》とのかみ合わせをもって、秩序を維持しようとしていた。北奥の糠部《ぬかのぶ》南部《なんぶ》氏、遠野保《とおののほ》阿曽沼《あそぬま》遠野氏、稗貫・和賀郡の中条《なかじょう》系稗貫・和賀氏、北羽の雄勝郡小野寺《おのでら》氏、秋田《あきた》郡の下国《しものくに》安東《あんどう》湊《みなと》氏らは、京都扶持衆であったと見うけられる。

京都扶持衆とは、将軍足利《あしかが》家から、探題でも左右できない郡主の地位を保証され、また京都屋地《やち》などに在京代官を常駐させながら、恒常的な「公方《くぼう》召之御馬」などの貢進《こうしん》や探題の動向を含む北奥羽情勢の報告を義務づけられ、上洛の際は将軍直謁見も許され、将軍の偏諱《へんき》や特定の官途《かんと》も与えられる、という立場の者たちであった。一方、奥州探題は志田《しだ》郡大崎《おおさき》城による斯波《しば》大崎氏、羽州探題は最上《もがみ》郡山形《やまがた》城による斯波最上氏であり、ともに幕府三職家の筆頭斯波武衛《ぶえい》家の一族である。その斯波一族の苗字《みょうじ》の地たる北奥斯波郡高水寺《こうすいじ》城には、斯波御所《しばごしょ》と称される斯波氏がおり、これまた独自の地歩を占めていた。

もう一つ、津軽《つがる》海峡を挟んで蝦夷島《えぞがしま》に面する北奥羽には、蝦夷沙汰のための特殊な制度が設けられていた。中国明《みん》王朝の冊封《さくほう》制度と深くかかわって室町幕府体制を維持する将軍足利家にとって、蝦夷を異民族と見なして服属下に置くことは必須の政治課題であり、そのために、北奥津軽と北羽秋田の二ヵ所に沙汰の拠点を置き、蝦夷系譜に連なるとする安倍《あべ》姓下国《しものくに》安東氏を「日《ひ》の本《もと》（＝蝦夷）将軍」としながら、かつ幾重にも国家的規制を加えていたのである。

十五世紀後半に津軽で糠部南部氏との確執に敗れた十三湊《とさみなと》の「日の本将軍」下国安東氏が、やがて出羽檜山《ひやま》城によって、なお蝦夷島に置いた代官下国一族や蠣崎《かきざき》氏らを通じて関税・軍役などを徴収し続けたことは、よく知られているが、これは、檜山城主下国安東氏の私的な実力だけによるのではなく、津軽も糠部南部氏勢力一色に塗りつぶされたのではない。「日の本将軍」の立場は、一つは京都扶持衆とみられる一族の秋田湊城主湊安東氏を通じ、もう一つは津軽波岡《なみおか》城によることになる北畠《きたばたけ》波岡氏を介して、京都と深く関与し、保証されており、津軽の糠部南部氏もまたこの仕組みのもとにあった。

実際に、北畠波岡氏は、鎮守府《ちんじゅふ》将軍北畠顕家《あきいえ》の血筋を引く家柄として、波岡御所と称し、政庁まがいの堂々たる波岡城を構え、遠く伊勢《いせ》国にあって朝廷にも一定の地位を占めた伊勢国司家北畠氏とも連携を保ちながら、津軽田舎《いなか》郡

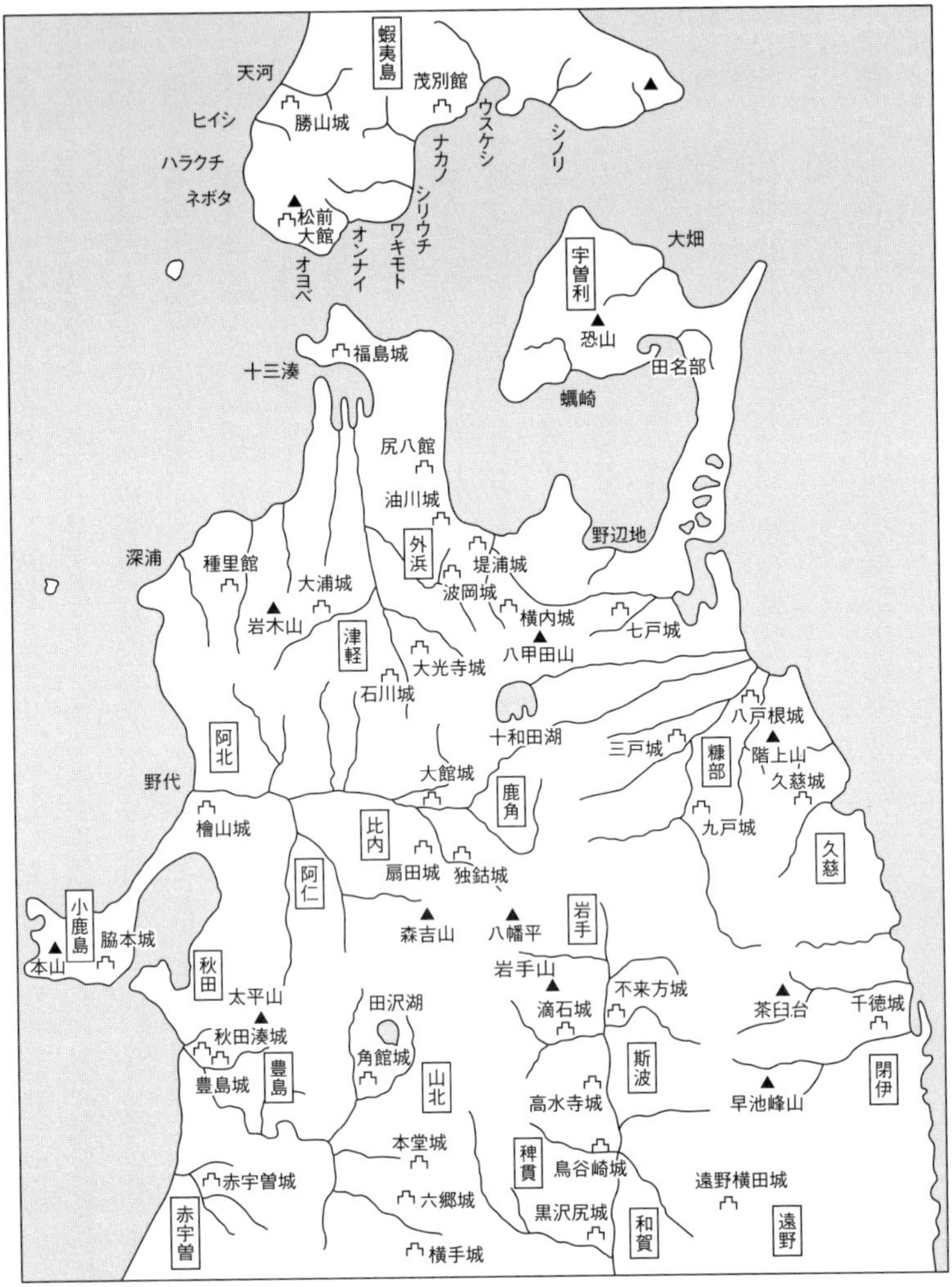
蝦夷島
天河
茂別館
勝山城
ヒイシ
ハラクチ
ネボタ
ウスケシ
ナカノ
シノリ
シリウチ
松前大館
ワキモト
オンナイ
オヨベ
大畑
宇曽利
恐山
田名部
蠣崎
福島城
十三湊
尻八館
油川城
野辺地
外浜
堤浦城
深浦
種里館
大浦城
波岡城
横内城
七戸城
岩木山
津軽
八甲田山
大光寺城
石川城
八戸根城
十和田湖
三戸城
糠部
阿北
階上山
野代
大館城
鹿角
久慈城
檜山城
比内
九戸城
扇田城
独鈷城
阿仁
久慈
岩手
小鹿島
森吉山
八幡平
脇本城
本山
秋田
岩手山
不来方城
太平山
田沢湖
茶臼台
千徳城
滴石城
秋田湊城
角館城
斯波
豊島城
豊島
山北
閉伊
高水寺城
早池峰山
本堂城
稗貫
鳥谷崎城
赤宇曽城
遠野横田城
六郷城
黒沢尻城
赤宇曽
和賀
遠野
横手城

北奥羽地図

から十三湊および外浜《そとはま》北半部に一定の基盤をもっていた。下国安東氏との関係から出羽国司家とも称し、津軽における室町的秩序のかなめ的存在であった。そのもとに、糠部南部氏の津軽・外浜掌握の拠点として、津軽平賀《ひらが》郡の大光寺《だいこう じ》城、津軽鼻和《はなわ》郡の大浦《おおうら》城、および外浜の堤浦《つつみがうら》城などが配されていた。

概していうと、北奥羽は蝦夷沙汰の拠点であり、駿馬《しゅんめ》・砂金・鷹・鷹羽および北海産物などを恒常的に幕府に進納する地である、という枠づけが、ことのほか強く押しつけられた地域であった。

二、台頭する若い勢力

さて、南奥羽で伊達《だて》氏天文《てんぶん》の乱を軸に熾烈《しれつ》な争乱が繰り広げられていたころ、北奥羽でも、次代を担う若い力がつぎつぎと台頭しはじめていた。伝統的な家柄に生まれた若い城主のなかから、あえて伝統を破ろうとする者が現れ、永禄末年からの本格的な下剋上《げこくじょう》の引き金をなす。その前者の代表が、糠部三戸《さんのへ》城主南部晴政《はるまさ》とその養子信直《のぶなお》や出羽檜山城主下国愛季《ちかすえ》らであり、後者の下剋上の代表が、のちの津軽藩祖となる津軽大浦為信《おおうらためのぶ》や、出羽角館《かくのだて》城主戸沢道盛《とざわみちもり》らであった。

南部晴政（一五一七〜八二）は、初名を彦三郎安政《やすまさ》といい、天文八年（一五三九）二十三歳のとき、将軍足利義晴《よしはる》から偏諱を受けた（『大館常興日記』）。すでに父祖の代に、三戸城下に一族を東《ひがし》家・南《みなみ》家・北《きた》家として結集し、三戸家の糠部南部一族宗家《そうけ》としての立場を固めていたが、晴政の名のりの年、有力一族の八戸《はちのへ》根城《ねのじょう》主八戸南部家で当主夭《よう》逝《せい》や内訌《ないこう》が相次いだこともあり、さらに勢力を強めた。弟（叔父ともいう）高信《たかのぶ》を大将として天文九年に斯波御所斯波経詮《つねあき》らと合戦し、岩手郡《いわてぐん》滴石《しずくいし》まで勢力を伸ばし、さらに鹿角《かづの》・津軽支配を強化するために、高信を津軽石川《いしかわ》城主

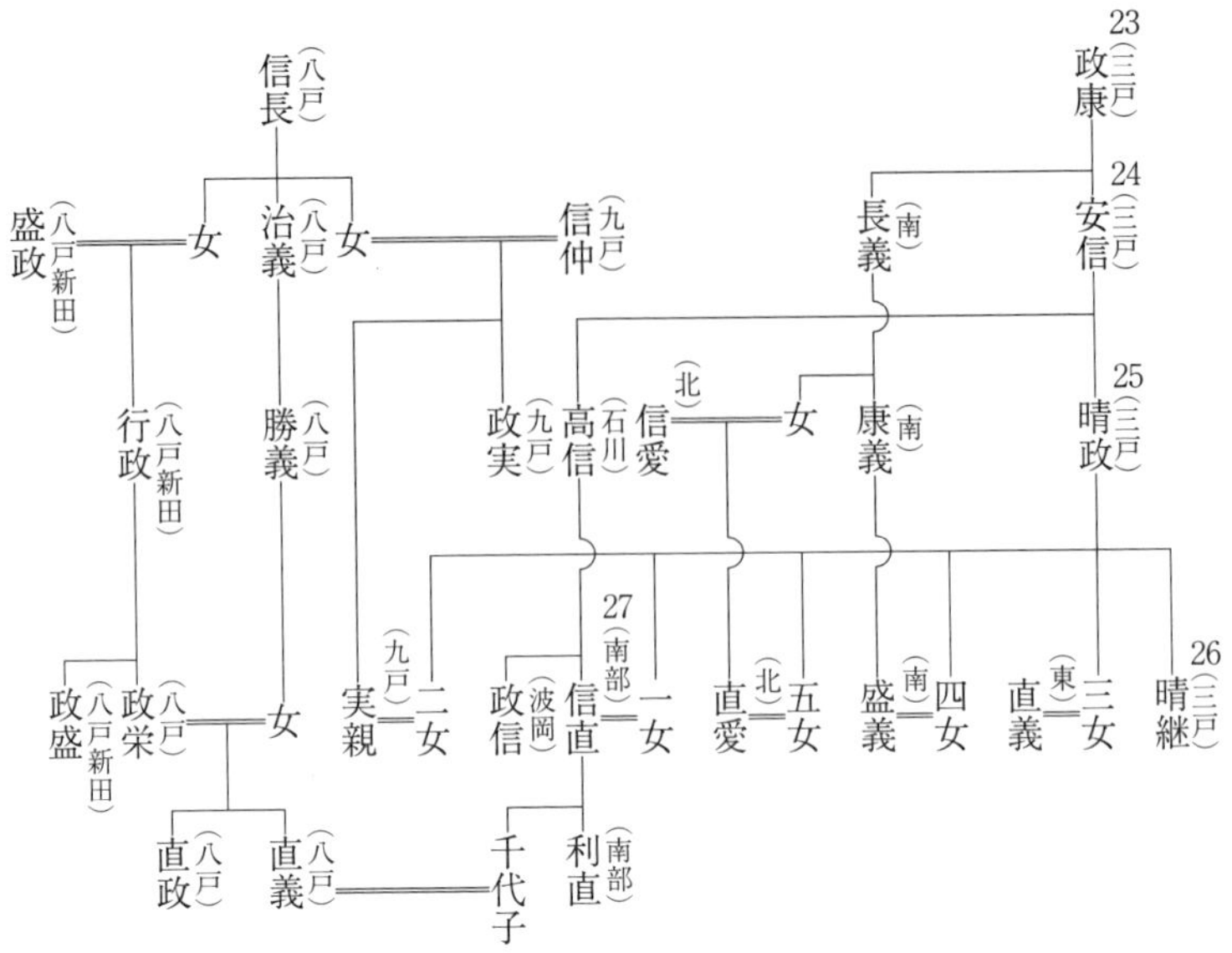

南部氏略系図　数字は当主の代数を表す

として据え置き、大光寺城の支えとした。外浜の堤浦城を南方の山城横内《よこうち》城に移し、一族北弾正《だんじょう》を送りこんだのも、このころであった。

ただ、晴政はなかなか男子に恵まれず、高信の子息田子《たっこ》九郎信直（一五四六〜九九）を長女の婿とし、永禄八年（一五六五）ごろに後継者に指名したが、晩年に世嗣《よつぎ》の晴継《はるつぐ》（鶴千代・彦三郎、一五七〇〜八二）をもうけるや、元亀《げんき》三年（一五七二）ごろに信直を廃嫡《はいちゃく》、鶴千代を家督として、南部内訌の原因となった。津軽の大浦為信が不羈《ふき》をあらわにしたのもこのころであり、八戸南部家伝存の『南部家文書』も、晴政・信直の深刻な対立と津軽対策とを赤裸々に伝えている。信直が北信愛《きたのぶちか》（一五二三〜一六一三）や八戸政栄《まさよし》（一五四四〜一六一〇）らの支持を得て、三戸城主に就いたのは、天正《てんしょう》十年（一五八二）の晴政父子の死後、三十七歳のときであった。信直の青壮年期は辛酸をなめ尽くした日々であったかにみえるが、これがやがて大輪の花を咲かせることになる。

一方、下国愛季（一五三九〜八七）は、檜山城主下国舜季《きよすえ》と秋田湊城主堯季《たかすえ》娘との次男に生まれた。以下、下国安東・

湊安東は、当時の表記に従って、下国・湊として記す。幼い愛季にとって、外祖父も父も巨大な存在であった。

外祖父の堯季は、左衛門佐入道洪郭《こうかく》・鉄船庵《てつせんあん》といい、庵主名に示されるような強固な船団をもっていたらしい。大坂石山本願寺《いしやまほんがんじ》まで末寺蝦夷島浄願寺分の蝦夷錦とみられる錦を送り届け、供養合力銭《ごうりきせん》を献じ、また庄内《しょうない》騒乱に仲介者として力量を発揮している（『石山本願寺日記』「千葉湊文書」）。ただ、堯季も男子に恵まれず、外孫友季《ともすえ》（愛季兄、初名春季）を養子としたが、折り合いが悪く、天文十三年友季の死後、同じく外孫小鹿《おが》九郎茂季《しげすえ》（愛季の弟）を養子とし、天文十九年天寿をまっとうした。父の「日の本将軍」舜季も、天文十九年には蝦夷島を巡察し、蠣崎季広《すえひろ》（一五〇七～九五）を代官として、この地の「夷狄商船往還法度《いてきしょうせんおうかんはっと》」を施行し、季広六女と湊九郎茂季との婚儀をまとめたりしたが（『新羅之記録』）、天文二十三年に死没した。愛季は弱冠十五歳で檜山城主となったのである。

しかし、弘治《こうじ》二年（一五五六）十八歳のとき、早くも越前《えちぜん》の朝倉義景《あさくらよしかげ》（二十四歳）と通好を結び、かつ家臣清水治《しみずじ》郎兵衛《ろべえ》に命じて城下の湊野代《のしろ》の新たな町づくりに着手する（「八戸湊文書」『渟城家歴代帳』）。庄内《しょうない》の屋形《やかた》武藤大宝寺《むとうだいほうじ》氏の一族砂越《さごし》入道宗順《そうじゅん》・也足軒《やそくけん》の娘を正室に迎え、永禄五年には也足軒を通じて前年関東管領《かんれい》就任の越後《えちご》上杉輝虎《うえすぎてるとら》（三十三歳）とも結託する。小鹿島沖を通過する越後・庄内などの船の安全は、愛季の保証下にあると見なされていた（「八戸湊文書」「千葉湊文書」）。この海の領主たる基盤を保ちながら、さらに領国大名への途《みち》を強引に歩みはじめた。永禄五年の比内《ひない》郡独鈷《どっこ》城主浅利則祐《あさりのりすけ》の謀殺と則祐弟勝頼《かつより》の比内長岡《ながおか》城主取り立てが、その手はじめであった。そして同十三年には、弟の秋田湊城主湊茂季に対する湊家臣下刈右京《しもがりうきょう》・川尻中務《かわしりちゅうむ》らの謀叛《むほん》と豊島《としま》郡豊島城主畠山《はたけやま》刑部少輔重村《しげむら》（入道久真《きゅうしん》）の加担に際し、出兵して畠山豊島氏を屈服させ、茂季を豊島城に移して、ついに愛季自ら檜山・秋田湊の両城を併合するに至った（「大島正隆採集文書」など）。

この間、波岡御所全盛期を誇った波岡中将具永《ともなが》は、弘治元年に死没し、その跡目を継いだ孫の中将具運《ともゆき》も、永禄五年に叔父の川原御所具信《とものぶ》と対立して、互いに戦死し、具運の遺孤《いこ》三郎顕村《あきむら》（具愛、一五五八～七八）が波岡城主となる。顕村はまもなく下国愛季の娘を正室に迎え、岳父を頼みとしたが、頽勢《たいせい》は覆うべくもなかった。

三、下剋上の立役者

この情勢をみて、津軽でいちはやく独立の気運をあらわにしたのが、大浦為信（一五五〇～一六〇七）であった。永禄十一年十九歳のとき、津軽大浦城主南部大浦信濃守為則《ためのり》の女婿《じょせい》として、城主の地位を後継するが、為則の弟武田守信《もりのぶ》の子とか（「津軽氏系図」）、南部七戸《しちのへ》系久慈《くじ》治義《はるよし》の子とか（「南部久慈氏系図」）いい、系譜の定かでない人物である。大浦城主自体は、天文十五年波岡具運作成の『津軽郡中名字』に「鼻和郡ハ大浦ノ屋形南部信州源盛信《もりのぶ》」と記され、盛信の跡に南部家から入嗣した南部左京亮《さきょうのすけ》政信《まさのぶ》、その子為則と継がれてきたように、津軽における南部方の一守将として、鼻和郡に一定の勢力をもっていた。為信も、天正十八年に豊臣秀吉《とよとみひでよし》から正式に独立を公認され、津軽氏を苗字とするまで、南部右京亮とか大浦右京亮とか称されている（『南部家文書』『伊達家文書』）、南部方の一守将であった。

しかし、為信は、城主就任早々に、同年庄内尾浦城主襲封の一つ年下の大宝寺義氏《だいほうじよしうじ》（一五五一～八三）と好誼《こうぎ》を通じ、矢継ぎ早に津軽各地切り取りの合戦に打って出た。南部晴政から津軽の固めとして送り込まれていた石川城主南部石川高信《いしかわたかのぶ》をいっきに攻略したのは、元亀二年為信二十二歳のときであり、周辺の豪族たちから一躍津軽の梟雄《きょうゆう》と目されることになった。天正四年には大光寺城に南部方の城代滝本《たきもと》播磨守重行《しげゆき》を打ち破り、同六年にはついに波岡御所顕村を攻め殺す。大光寺城攻めのとき、あえて厳寒の正月の時期を選び、「雪船橇《そり》等相用得、鎗ハ弐間柄巳上ヲ持タシメ」と伝えられるように（「工藤家記」）、深雪に埋もれる津軽の風土さえも利用する、知略と決断力の持ち主でもあった。

同じころ、出羽仙北《せんぼく》地方でも、下剋上の嵐が吹き荒れていた。京都扶持衆として仙北三郡から由利郡に至るまでの秩序維持の要にあった雄勝屋形小野寺氏の当主自身が、本城を雄勝郡から平鹿《ひらか》郡に移し、支配を強化する。平鹿沼館《ぬまだて》城主小野寺中宮亮稙道《たねみち》、平鹿横手《よこて》城主小野寺遠江守《とおとうみ》輝道《てるみち》の父子の時期である。稙道・輝道の名のりがともに将軍足利義稙《よしたね》・義輝《よしてる》からの偏諱によるように、なお京都でも一定の評価を受けていたが、稙道は天文十五年横手城主横手佐渡守光盛《みつもり》や古代以来の仙北の名社金沢八幡社の衆徒金乗坊《こんじょうぼう》らの抵抗にあって戦死し、子息輝道（?～一五九七）は岳父の庄内大宝寺義増《よします》らの後援を得て、横手氏を討ち、横手城に本拠を移してしゃにむに仙北諸士強圧に乗り出していた。横手氏は鎌倉期の地頭平鹿（平賀）氏の流れをくむ一族とみられる。

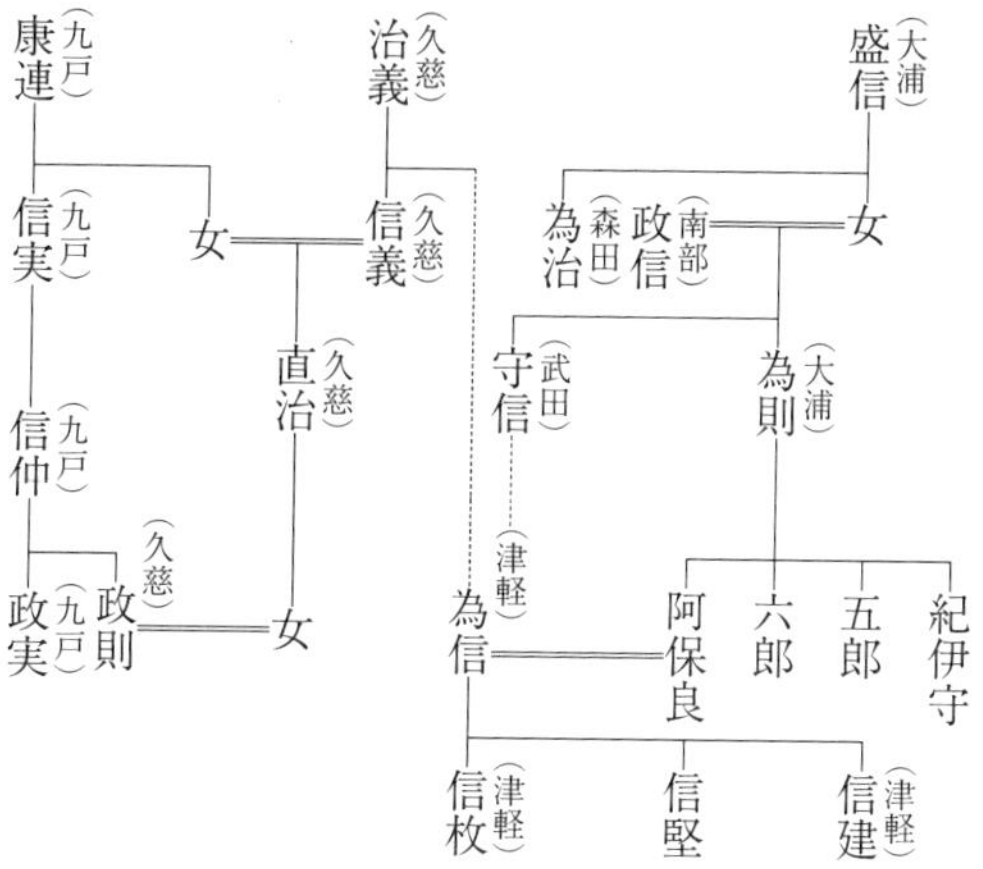

津軽氏略系図　点線は不明であることを表す

仙北山本《やまもと》郡の六郷《ろくごう》城主六郷弾正道行《みちゆき》（政国、一五四二～一六〇四）、本堂《ほんどう》城主本堂伊勢守道親《みちちか》（朝親、?～一五八二?）、角館城主戸沢飛騨守道盛（一五二四～七八）らは、いずれも小野寺氏偏諱によるとみられる名のりをもつが、いずれも時局への対応に必死であった。六郷氏は二階堂《にかいどう》一族、本堂氏は和賀一族といい、横手氏と同じく鎌倉期地頭以来の流れをくむ名門であるが、戸沢氏はまさに時代の申し子的存在であった。

戸沢氏は、近世の出羽新庄《しんじょう》藩主時代に作成した『戸沢家譜』などには、陸奥国岩手郡滴石の戸沢村を苗字の地とする平氏であり、十五世紀初頭に角館城主になったとして、それ以後の詳しい系譜と事歴を記されているが、多少の傍証を得られるのは道盛の父祖からであり、裏づけのとれる確実な記事も道盛の子光盛《みつもり》の代以後である。要するに、素性は未詳である。山本郡神宮寺八幡社の長享《ちょうきょう》三年（一四八九）棟札《むなふだ》に記された「大檀主平朝臣飛騨守盛政《もりまさ》」が、道盛の祖父であったろうか。この父祖以来の基盤に立って、小野寺氏と対抗し、山本郡の大半と平鹿郡中部にわたる地に北浦《きたうら》郡という独自の領域を築き上げたのが、道盛であった。古代以来の出羽仙北三郡（雄勝・平鹿・山本）は、押領《おうりょう》による割拠状態をもって、小野寺領上浦《かみうら》郡、六郷・本堂領中《なか》郡、戸沢領北浦郡の三郡を指すことにもなった。道盛の死後、幼主が相次ぐが、北浦郡主の地位は動かず、やがて豊臣秀吉から小野寺氏以上の領知石高を安堵《あんど》されることになる。その基盤を固めたのが道盛であった。駿馬育成と鉱業に力を入れた領主でもあった。

四、合従連衡と上洛使

争乱の時代は、提携と離反もまためまぐるしく繰り広げられた。北奥羽でも例外でなかったし、それも北奥羽社会だけに限定されるものでもなかった。

永禄年間における庄内尾浦城主大宝寺氏と仙北横手城主小野寺氏や檜山城主下国氏、下国氏と湊氏や波岡城主波岡氏、湊氏と蝦夷島蠣崎氏という婚姻関係の一例をみてきたが、また、豊島城主畠山重村の正室は角館城主戸沢道盛の妹、道盛の生母は仙北楢岡《ならおか》城主楢岡長信《ながのぶ》の娘、楢岡氏正室も道盛正室も本堂城主本堂氏の娘という一例も挙げうる。

いったん合戦となると、かなり影響し合う連合戦線を反映する婚姻関係であった。それだけでなく、下国愛季が麾下《きか》に服した比内独鈷城主浅利氏や豊島城主畠山氏の娘を側室としたように、他氏制圧の手段でもあったし、また、愛季が岳父砂越氏を通じて関東管領上杉輝虎と好誼を通ずる、というようにも作用する。

糠部の南部氏は、一族・同族間の婚姻関係が顕著であったが、それでもたとえば、永禄七年ごろに在京し、将軍家相伴衆《しょうばんしゅう》武田信虎《のぶとら》と親近して、将軍足利義輝や正親町《おおぎまち》天皇の能楽に召されて笛を吹き、天台座主《てんだいざす》梶井宮門跡《かじいのみやもんぜき》応胤《おういん》法親王から一枚起請《いちまいきしょう》を拝領し、その旨をこまごまと糠部に伝える、南部但馬守信長《のぶなが》のような人物もいた（『南部家文書』）。南奥羽や関東・北陸だけでなく、京都の動向も、戦国の北奥羽を埒外《らちがい》に置くことはなかったのである。

天正元年十五代将軍足利義昭《よしあき》を追放した織田信長《おだのぶなが》の威勢は、北奥羽にまでいちはやく伝わった。

翌年ただちに信長のもとに上洛使《じょうらくつかい》を送ったのが、下国愛季であった（「千葉湊文書」）。この使節は、以後毎年のように秋田と京都の間を往復する。『信長公記《しんちょうこうき》』に「津軽之南部宮内少輔」と記された人物である。近世松前《まつまえ》藩の記録『新羅之記録《しんらのきろく》』では「愛季郎従南部宮内少輔季賢《すえかた》」、『秋田家文書』『秋田藩採集湊矩季《のりすえ》家蔵文書』でも「秋田家家人」として明記する、愛季の家臣であった。

愛季家臣なのに、「津軽之南部」として京都で受けとめられていたのは、なに故か。単に津軽にいた南部一族で愛季家臣になった者というだけでは、解釈できないであろう。実は永禄十二年に、上洛して朝廷の老貴族、内蔵頭《くらのかみ》山科《やましな》言継《ときつぐ》を訪問した「津軽之南部弥左衛門」こそ（『言継卿記』）、五年後のこの宮内少輔季賢と同一人物であったとみられる。天文年間までまがりなりにも残存した蝦夷にかかわる津軽の室町的秩序のなかで、波岡御所と山科家のルートで朝廷・幕府との一つのラインが形成されていたが、その伝統に立った上洛使であった。南部晴政や下国愛季、波岡顕村および津軽の風雲児大浦為信さえも、観念的には承認し合う意味を込めての「津軽之南部」呼称であったとみられるのである。

織田信長は、天正三年十一月に嫡子信忠《のぶただ》の秋田《あきた》城介《じょうのすけ》補任《ぶにん》を得たのち、同五年に愛季の叙位任官《じょいにんかん》を強く推薦する。朝廷では、愛季の「勅勘《ちょかん》之先蹤《せんしょう》」という先祖の蝦夷系譜づけを問題にしたが、従五位下に叙位し、同八年には従五位上・侍従にも任じた（「壬生家文書」『秋田家文書』）。

奥羽で侍従から左中将までの貴族のシンボルルートを認められてきたのは、これまでは波岡御所だけであった。のちに豊臣秀吉政権下で、天正十八年に佐竹義宣《さたけよしのぶ》、翌年に伊達政宗《だてまさむね》と最上義光《もがみよしあき》（一五四六～一六一四）が、「羽柴《はしば》」賜姓《しせい》と「侍従」任官をもってその特別の地位を保証されたように、奥羽武将の侍従任官は特別の意味が込められていた。愛季がその中間に位置する。天正五年に嫡子業季《なりすえ》（一五六六～八二）を秋田湊城主に据えたとはいえ、元亀元年以来檜山・湊両安東一族を統合してきたことや、天正六年に波岡御所が滅亡したことなども、かかわっての措置であったとみられる。天正九年の愛季の上洛使は、「阿喜多《あきた》之屋形下国」の使節と記されている（『信長公記』）。

ところで、天正六年の南部宮内少輔の上洛のとき、蠣崎季広の四男右衛門大夫氏広《うじひろ》も同道して信長に拝謁し、信長から「御切紙」などを賜ったという（『秋田藩採集奥村立甫家蔵文書』）。その最中に、越後では上杉謙信《けんしん》（輝虎）が死没して御館《おたて》の乱が勃発《ぼっぱつ》し、津軽では大浦為信が波岡御所を滅亡させ、下国愛季勢ともまっこうから対決するようになった。庄内尾浦城主大宝寺義氏をはじめ、角館城主襲封直後の戸沢盛安《もりやす》（一五六六～九〇）、陸奥遠野城主遠野孫次郎（阿曽沼広郷《ひろさと》）らが、各個に相次いで安土《あづち》城の織田信長に使節を送り、鷹・馬を献上したのは、天正七年からであった（『信長公記』など）。横手城主小野寺輝道も安土城留守居役の信長側近千福遠江守と緊密な連絡を取っている（『千福文書』）。北奥羽の地では、天正六年ごろから、越後や上方の情勢を見据えながら、新たな連合関係の組みかえと熾烈な合戦とが繰り広げられることになった。特に大宝寺義氏は、大浦為信や小野寺輝道と手を結び、下国愛季や元亀二年山形城主襲封の最上義光らに果敢に戦いをしかけたのであった。

五、湊合戦北奥羽を巻き込む

天正十年六月織田信長の京都本能寺《ほんのうじ》の変の急報に接した下国愛季は、ただちに使節を丹羽長秀《にわながひで》と羽柴秀吉のもとに送った。波岡御所滅亡を聞いて自ら津軽に出馬して以来、津軽出兵を繰り返し、平賀郡茶臼山《ちゃうすやま》で大浦勢と激突し、深《ふか》浦《うら》口では大浦方与同の者を平定し、また鹿角でも南部勢と戦い、この年春から由利北上工作を続ける庄内大宝寺勢とも対処していた、その最中のことであった。この間も、織田信雄《のぶかつ》・柴田勝家《しばたかついえ》・村井貞勝《むらいさだかつ》および夕庵《せきあん》・長清《ちょうせい》・祐阿《ゆうあ》らの信長側近とも頻繁に書簡を交していた愛季は（『秋田家文書』）、長秀・秀吉の力量を早くも認識していたのであろう。目配りはさすがであった。

翌十一年正月、由利郡新沢《あらさわ》などで庄内・秋田両軍主力が激突し、やや秋田方優勢のうち、同三月「悪屋形」として豪勇敢さを恐れられた大宝寺義氏は、腹心前森蔵人義長《まえもりくらんどよしなが》の謀叛を受け、あっけない最期をとげた。三崎《みさき》峠を越えて庄内酒田《さかた》まで出馬した愛季は、やがて檜山城に還《かえ》り、比内扇田《おうぎた》城主浅利勝頼を和睦に事寄せて謀殺する。平安末期以来の陸奥国比内郡を出羽国秋田郡比内として編入し、比内大館《おおだて》城に家臣和田内膳《わだないぜん》らを派遣して固めとした。南部・大浦勢の争う津軽や鹿角の経略に焦点を絞ったといえようか。

ちょうどこのころ、天正十年正月に南部信直が三十七歳で糠部三戸城主となった。愛季もまた同六月に嫡子業季に先立たれ、次子実季《さねすえ》（一五七六～一六五九）を秋田湊城主とした。蝦夷島の蠣崎季広が三十五歳の慶広《よしひろ》（一五四八～一六一六）に松前大館《おおだて》城主の地位を譲ったのも、この年である。仙北でも、大宝寺氏没落により、翌年に小野寺輝道は

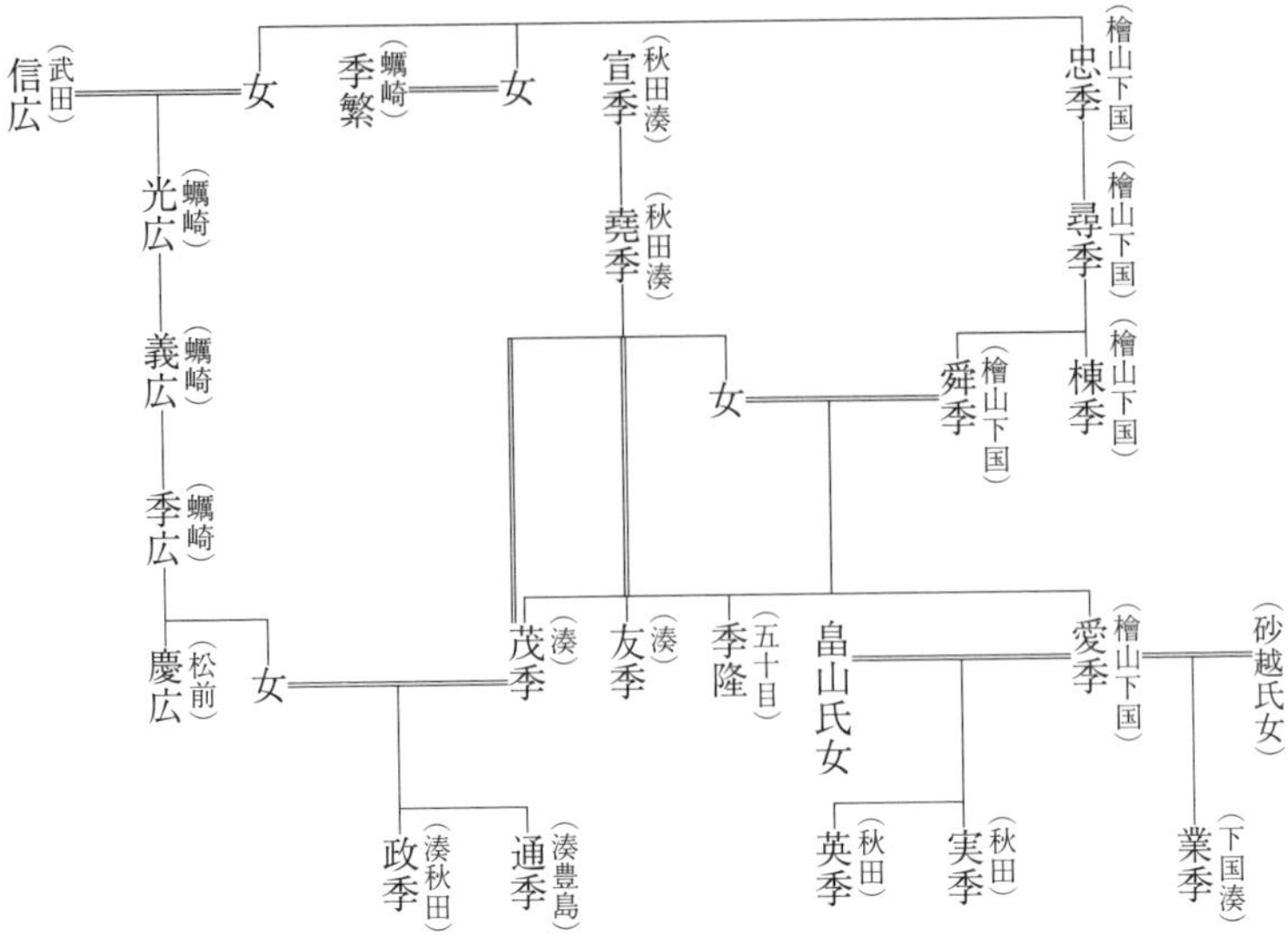

下国秋田氏略系図　縦二重線は養子関係を表す

隠居し、十八歳の小野寺義道《よしみち》（一五六六〜一六四五）を横手城主とした。やがて豊臣秀吉権力と応対する北奥羽大名の当主たちは、この年にほぼ顔ぶれをそろえている。

大浦為信も必死であった。津軽に逃れてきた浅利頼平《よりひら》（久義、勝頼のいとこ）を援《たす》け、仙北角館城主戸沢盛安《もりやす》と連携して秋田勢を牽制《けんせい》しながら、毎年のように頼平に軍勢をそえて比内侵攻を繰り返し、その一方で、天正十三年三月に外浜油川《あぶらかわ》城を攻略して、ついに外浜一帯の領有化にまで着手した。浅瀬石《あせいし》城や田舎館《いなかだて》城および大光寺城や波岡城など、大浦・南部・下国各勢力入り乱れての合戦は、津軽全土を巻き込んだ観があった。

同じく、南部信直も津軽奪回だけに全力を投入したのではない。むしろ晴政二女の婿九戸実親《くのへさねちか》を討ち、一戸政連《いちのへまさつら》を追放するなど、内政に力を入れ、鹿角・岩手・閉伊各郡の支配を強化し、斯波詮直《あきなお》勢と合戦を続け、同十四年に岩手郡滴石を掌中に収め、同十六年にはついに名門の斯波御所を滅亡させた。閉伊郡に檜山義実《ならやまよしざね》・桜庭光康《さくらばみつやす》らの腹心を送り込み、遠野保の名門阿曽沼遠野氏も麾下に服属させた。しかも、老臣北信愛を前田利家《まえだとしいえ》のもとに送って、豊臣秀吉への執り成しを依頼し、同十五年夏には早くも豊臣大名としての約定を取りつけてさえいたのであった。

　この最中、「斗星の北天に在るにさも似たり」ともたとえられた下国愛季が、同十五年九月、戸沢勢との合戦に出馬した仙北淀川《よどがわ》の陣中で病没する。享年四十九歳、世嗣実季わずか十三歳である。翌年夏、小野寺家をめぐる仙北一帯の不穏に乗じて、秋田勢はまたもや淀川まで出陣したりしたが、この間に、実季の年長のいとこで、もと秋田湊城主茂季の子息、豊島城主九郎通季《みちすえ》（高季）が、戸沢氏や南部氏と結託し、同十七年二月、秋田湊城主実季を急襲することになった。実季は、檜山城に籠城《ろうじょう》すること五ヵ月あまり、ようやく勝利を収めた。世にこれを湊合戦（湊騒動）という。

　実季方に加担したのは、赤宇曽《あかうそ》治部少輔ら由利勢や蝦夷島蠣崎慶広らであるが、由利勢の背後には、前年八月に最上勢を庄内から一掃した越後の本庄繁長《しげなが》勢の支援があり、また津軽の大浦為信も今回は実季と手を結んだ。南部信直が、実季方の比内大館城守将のうち五十目《ごじゅうのめ》兵庫季兼《ひょうごすえかね》を抱き込んで和田内膳を殺し、阿仁《あに》方面まで南部勢を送り、比内全郡を制圧しようとしていたからでもあった。北奥羽全体を巻き込む大争乱の様相を帯びた合戦だったのである。

　折しも、南奥羽で伊達政宗《まさむね》が会津《あいづ》攻略を断行したのも、同十七年六月であった。

六、北奥羽太閤仕置

　天正十三年関白《かんぱく》となり、同十五年十二月関東・奥羽に対して惣無事令《そうぶじれい》を発していた豊臣秀吉は、この奥羽の北と南の動向を聞いて、激怒した。十六年夏ごろに下向させた上使金山宗洗斎《かなやまそうせんさい》を通じて、惣無事令の意趣と秀吉の威光は伝わっているはずであった。十七年夏に上洛した南部信直の使者木村秀勝《きむらひでかつ》から、信直と湊実季らの上洛臣従の意向を聞いたばかりでもあった。その直後の湊合戦の通報であった。実季の所領を没収して太閤蔵入地《くらいりち》とし、上杉景勝《かげかつ》と南部信直に所務をゆだねる、と語ったといい、その情報は信直や最上義光のもとにもただちに伝わった（『南部家文書』『松沢氏所蔵文書』）。

実季は、石田三成《いしだみつなり》を頼みとして必死の中央工作に乗りだした。庄内領有をめぐって対立し、秀吉の裁決を仰いでいた最上義光と本庄繁長の両者にさえも、仲介の労を依頼した。実季方で奔走した使節が湊宮内大輔と湊右近《うこん》であったが（『本間美術館所蔵文書』）、前者はかの「津軽之南部」季賢、後者は波岡御所滅亡後に愛季家臣となった北畠季慶（慶好、波岡顕村いとこ）であった。その甲斐あってか、「湊安東太郎」実季が領知安堵の秀吉朱印状を交付されたのは、天正十八年二月二十二日であった（『秋田家文書』）。「関東・出羽・奥州・津軽の果て」「ひのもとまでの置目《おきめ》」を行うという秀吉の命令は（「本願寺文書」など）、もはや脅しごとではなかった。十八年三月秀吉自ら京都を出発し、七月五日には小田原《おだわら》に入城し、さらに奥州に向かい、同二十六日には宇都宮に入城、八月九日から十二日まで会津黒川《くろかわ》城に在城し、矢継ぎ早に仕置《しおき》を断行した。これを第一次仕置とする。続いて、九戸政実《まさざね》の乱などの鎮圧後、第二次仕置を行う。あらゆる抵抗を許さず、秀吉権力にとって必要な北奥羽支配体制を強圧的に創出したのである。

まっ先に小田原攻めの秀吉のもとに馳せ参じたのは、角館城主戸沢盛安、次いで津軽の大浦為信であるというが、北奥羽仕置には、小田原陣への馳参《ちさん》の有無が必ずしも決定的要因とはならなかった。南部信直父子に従って小田原に参向した彼《か》の湊通季が、秀吉への出仕を願っても許されず、宇都宮城でようやく秀吉に面謁した実季は、陸奥比内郡の出羽秋田郡編入の既成事実さえ公認され、同じく宇都宮まで馳せ参じた大崎義隆《よしたか》は、やがて全所領を没収されてしまう。確かに、和賀・稗貫氏らは小田原不参のかどで所領を没収され、いちはやく参陣した大浦為信は南部氏らの主張をはねのけて、津軽・合浦《がっぽ》（外浜）一円の領有を認められたが、小田原参陣の有無は仕置推進のなかで持ち出された一つの論法であった。

秀吉は、第一次仕置を具体化するため、仙北地方に上杉景勝と大谷吉継《おおたによしつぐ》、秋田・津軽地方に前田利家と木村常陸介《きむらひたちのすけ》重茲《しげこれ》ら、和賀・稗貫両郡などに浅野長吉《あさのながよし》らを、それぞれ検地奉行として派遣した。奉行らは、下向した各地の主な領主の城ごとに、村落領主クラスまで召し寄せ、くまなく申告させた各領分の野帳《やちょう》ごとに点検を加え、統一基準で石《こく》盛《もり》に換算し石高《こくだか》制に切りかえるという、いわゆる指出《さしだし》検地を断行した。これが年末までには京都で集計再点検され、御前帳《ごぜんちょう》に仕立てられて、その一部が各領主に改めて朱印状として交付された。こうして各領知の範囲も強制的に指定されたのである。

これを北羽にみると、湊実季、戸沢光盛（兄盛安急死による）、小野寺義道《よしみち》、六郷道行、本堂道親や、赤宇曽治部少輔・仁賀保挙誠《にかほたかのぶ》・岩屋朝盛《いわやとももり》・内越《うてち》・祢々井《ねのい》・石沢《いしざわ》・下村《しもむら》・滝沢《たきざわ》・潟保《かたのぶ》らの由利衆、および稲庭《いなにわ》氏ら小野寺一族や金子《かねこ》氏、六郷一統衆《ろくごういっとうしゅう》らも、領知安堵朱印状を交付された。この小領主クラスまでの領知安堵といい、そのほとんどが旧領知の三分の一を太閤蔵入地《くらいりち》に設定されたことといい、全国的にもあまり類例をみない仕置であった。大陸侵攻をすでにスケジュールに組んでいた秀吉政権は、この仕置を通じて、北羽の豊富な金と、軍船にもすぐ適用できる秋田杉とを、ぬれ手に粟さながらに掌握しようとしたのであった。

このような北羽仕置をみると、南部信直が七月二十七日に宇都宮城で交付された、秀吉朱印状に記載の「南部内七郡」安堵とは（『南部家文書』）いったいどの郡だったのか。やはり問題を秘めているように思われる。これらの点は、次項で少しく検討を加えることにしよう。

ともかく、もはや北奥羽の戦国争乱は終わった。第二次仕置によって、湊安東実季は、中世を通じて担ってきた蝦夷系譜安東氏による蝦夷沙汰を解かれ、蝦夷沙汰は蠣崎氏の任務とされた。中世・終焉《しゅうえん》を告げる象徴的な事例であった。

湊実季が秋田氏、蠣崎慶広が松前氏、大浦為信が津軽氏を、それぞれ正式に苗字とするのは、これ以後である。

北奥羽の戦乱をいささか中央との関係にこだわりながら叙述しすぎたかもしれない。しかし、あまりにも研究の遅れている分野であるだけに、今後の具体化のための目安として、あえて紹介してみた。秋田氏・津軽氏という表題も、戦国争乱の立役者名としては必ずしも妥当ではないが、合わせて諒《りょう》とされることを願う。

Ⅱ　三戸南部氏と糠部「郡中」

菅野文夫

はじめに

建武政権下に陸奥守北畠顕家の主宰する〝奥州小幕府〟のもとで、糠部郡奉行として活躍したのが南部師行である。甲斐国南部郷を名字の地とし、鎌倉初期の光行を祖とする南部氏が、糠部郡を中心として陸奥国北部に勢力を扶植しはじめるのは、よく知られているようにこの時期のことである。くだって天正十八年（一五九〇）、南部信直が奥州仕置で豊臣政権下の大名の座を獲得し、近世盛岡藩の祖となったことも周知の事柄である。

ただし、師行の子孫は近世になって遠野に移封されるまで八戸に拠っており、その家系は一般に八戸南部氏と称される（以下、たんに八戸氏と称する）。他方、信直の出自は三戸南部氏（三戸氏）である。「南部根元記」に代表される近世の史書や系譜類は、三戸氏をもって始祖光行以来の嫡流となし、糠部郡内の他氏はその庶流ないし被官であったかのごとく描く(1)。八戸氏の家伝類ですら、建武政権期・南北朝期においては優勢だった八戸氏が、室町期には頽勢をしめすかのように述べている(2)。もっとも八戸氏が盛岡藩の家臣団に編成されたことからすれば、これは当然のことだろう。

しかし、これまでの室町・戦国期研究の蓄積をもってすれば、もちろん、こうした議論をそのままに受け容れるわけにはいかない。すでに伊藤喜良氏によって探題大崎氏を核とする奥州の室町的秩序の様相が解明されており、小林清治氏の伊達氏を中心とする奥羽戦国期の政治過程についての研究がある。さらに遠藤巖氏の一連の論攷によって、室町・戦国期の奥羽についての認識は一層の前進を遂げた(3)。

とはいえ南部氏についていえば、なお検討を要する論点が山積しているのも事実である。とりわけ悩ましいのは、三戸氏と八戸氏の相互の関係である。はたして、室町期に糠部郡を代表する領主の地位はいずれのものだったのか(4)。また戦国期に三戸氏が優勢だったことは確かだが、それにいたる政治過程とその勢力の内実は如何。

もちろん、この点に関しても先学の重要な指摘があり、また近年では、吉井功兒氏の意欲的な論攷がある(5)。氏は、八戸・三戸双方の歴代を子細に検討し、室町期においては南部氏一族の宗主権を有したのが八戸氏だったが、十六世紀半ばの晴政の代にいたって三戸氏が八戸氏を凌駕したことを述べ、また戦国末期のこの地域の政治構造を、八戸・九戸氏らを含む「戦国領主が三戸を頂点とする連合体を形成していた」と構想した。これらの所論は、南部氏についての研究に新風をふきこんだものとして、高く評価されるべきだろう。本稿はこれらの研究の驥尾に付しつつ、なお残されたいくつかの問題を論じることを意図している。

一、八戸氏と室町的秩序

先述のように、南北朝動乱の終息にあたっていちはやく足利方についた三戸氏が、宮方に固執していた八戸氏にかわって優勢になるとするのが、八戸家の家伝類のいうところである。だがそれを裏付ける確かな史料は皆無といってよい。そもそも久しく宮方にあったという理由だけで、室町幕府体制下での地位を低下させた武士は、一般的には少ないのではあるまいか。奥州でいえば白川結城氏にせよ葛西氏にせよ、かつての威勢を著しく減衰させた形跡はほとんど見あたらない。八戸氏にしても、事情は同様と考えるのが自然だろう。

家伝類は、糠部郡奉行師行の弟政長の孫にあたる政光の代に、三戸守行の説得によって幕府に帰降したと記す。(6) しかしその甥で八戸氏の家督をついだ二郎光経は、応永十四年（一四〇七）に、奥州探題大崎満持より修理助任官の推挙状をあたえられている。(7) 興味深いのは「看聞日記」同二十五年（一四一八）八月十日条で、(8)「関東大名南部上洛、馬百疋、金千両室町殿へ献之云々」とある。足利義満に謁見し、多くの馬と金を貢進した「関東名南部」は八戸光経か、あるいはその後見役としてなお健在であった叔父の政光ではなかろうか。同二十九年（一四二二）に光経を薩摩守に昇進させる口宣案が出されているが、(9) これは四年前の上洛・将軍謁見の結果と考えれば自然である。さらに永享四年（一四三二）には、光経嫡子長安が左近衛将監から遠江守に昇任し、長安の二人の男子守清・清政がともに刑部丞に任官しており、(10) いずれにせよ八戸氏がその地位を低下させた形跡はみあたらない。

むしろ、「看聞日記」にみる上洛・将軍謁見の事実からすれば、八戸氏は室町幕府の支配体制のなかで京都扶持衆の地位についていたと想定される。遠藤巖氏は、将軍への馬・鷹・砂金等の貢進と上洛は京都扶持衆としての義務であり、上洛して将軍に謁見することはその特権であったとするが、(11) 応永二十五年の上洛は、まさにそのような八戸氏の立場を前提としてなされたと考えられるのである。

遠藤氏によれば、京都扶持衆による馬などの貢進はある程度定期化されており、幕府はそのために京都との往還路に所領を保障していたらしい。文明十六年（一四八四）、南部三郎行親が「越中国田中保惣領方五分之一」の返付を求め、幕府は「殊御馬進上之事」によってこれを認めている。(12) もっとも残念なことに行親なる人名は、八戸・三戸いずれの系図類にも見あたらない。八戸氏の庶家である新田氏より入嗣した八戸政経は後に行吉と改名しており、(13) この政経の弟に政親なる人物がいる。さらに政経の四代前に新田行親の名がみえる。他方、三戸系の南部系図には南北朝期の守行以降「行」の字を用いた人名は見あたらず、「親」の字も使われていない。もとより近世の系図を穿鑿するのは不毛な作業だろうが、南部三郎行親は三戸氏ではなく、八戸氏ないし新田氏に探すべき人物と思われる。

次に掲げる奥州探題大崎教の書状は、八戸氏のこうした地位をより積極的に示すものといえよう(14)。

両国へ被成綸旨候、是又珍重候、同事書書写遣之候、

内裏段銭之事、先度被仰出候、然者太田大炊助使節候、定近々其方へ可下着候、速沙汰候者、可目出候、恐々

謹言、

六月十一日　　　　教兼（花押）

八戸河内守殿

宛所の八戸河内守は前述の政経で、奥州探題が造内裏段銭の微収を命じ、またこれに関する綸旨が奥羽両国に出されたことを伝えたものである。嘉吉三年（一四四三）九月、南朝の尊秀王の一党が前大納言日野有光と共謀して土御門内裏に押し入り、神璽・宝剣を奪って火を放つという事件があり、十二月には内裏造営事始の儀式が行われ再建がはじまった(15)。宝徳二年（一四五〇）四月には「先度被仰之処」の「内裏料大隅・薩摩・日向三箇国段銭」を督促する旨の将軍家御教書が、守護島津忠国に宛てられており、これ以前に守護を通じて諸国に段銭を課せられたようである(16)。陸奥国においても、石川荘の石川氏に対して「早相懸知行分、可被究済之由」を命じた幕府奉行人奉書が同四年（一四五二）七月に出されている(17)。これには「造内裏段銭事、先度被仰探題訖」とあって、この段銭が奥州探題を通じて賦課されたことがわかる。八戸政経宛ての大崎教兼書状はこれらと一連のものであり、宝徳四年を降るものではなかろう(18)。

ところで、探題大崎氏がこの時期に国人に対する段銭徴収権・官途推挙権などを梃子として、陸奥国における室町幕府体制のかなめの役割を果たしたのはすでに通説となっている[19]。探題から段銭を賦課された個々の領主内部についても、事情は同様だろう。池享氏は安芸国毛利氏を例にとって、自立しつつある庶家に対して惣領が優位を保つためには、「庶家を幕府より命じられた軍役奉公に動員する権限」や、「幕府より賦課された段銭等を諸家に配分し徴収する権限」を確保する必要があったことを指摘する[20]。とすれば、右の大崎教兼書状が八戸政経にあてられていることは、政経が南部氏一族の惣領的な地位にあったことの証左となろう。

もっとも、南部氏一族の惣領という表現には、いささか問題もある。八戸氏はともかくも、それ以外の南部光行の子孫とされる諸氏が、糖部郡に移り住んだ時期をしめす確かな史料はない。三戸氏は明徳年間以降の移住とされるが[21]、それ以外の一戸・四戸・九戸氏などについては不明としかいいようがない。そもそもこれらの諸氏が光行の子孫と称されること自体、近世の系図類の創作の可能性が濃厚であり、糠部郡における南部氏一族の惣領制を論じるのは、いきおい慎重にならざるを得ない。

むしろ室町期の糠部郡を中心とする領主たちの関係は、地域的な一揆的な秩序によって保たれていたものと考えるべきだろう。幕府の支配が浸透する十四世紀末から十五世紀初頭は、奥羽の各地でも領主間の一揆的な結びつき形成された時代である[22]。八戸氏においても、「遠野南部家文書」のなかに弘和二年（一三八二）に政光宛ての一揆契状があり、永徳四年（一三八四）には長経にあてて二通の一揆契状が出されている[23]。これら一揆契状を取り交わした相手はこの地域の中小領主と思われ、地域的な領主間の秩序が形成されつつある様子を窺うことができる。その範囲はこの前後の政治史の経緯から推察して、おそらく糠部郡内にとどまらず、久慈郡、鹿角郡、および津軽の一部にまたがった広域的なものだったろう。建武政権期以来の郡奉行・国代という伝統的権威をもった八戸氏こそが、この一揆結合の盟主であり、そうした在地における地位が室町幕府体制下における京都扶持衆の地位を支えた現実的な根拠ではあるまいか。

二、三戸晴政の抬頭

すでに紹介したように、吉井功兒氏は三戸氏と八戸氏の地位が逆転するのを三戸晴政のころとするが、これはおおむね正鵠を得たものだろう。三戸氏が確かな史料に登場するのは晴政の時代以降で、その最初の史料が次に掲げる『大館常興日記』天文八年（一五三九）七月十五日条であることも、すでに明らかにされているとおりである(24)。

摂州より常興と豆州両人へ折紙存之、奥州南部彦三郎御礼申上、御字之事候、無別儀被思食候、乍去存分可申上候由、被仰出之云々、尤無別儀御事と存候、もと、、より南部事承候、御馬など進上候て一段輩見候、いかにも可然奉存候旨、書付て言上仕候也、

南部彦三郎はこの時足利義晴の晴の字を授与され、晴政と名乗ることになる。大館常興が「もと、、より南部事承候」と返答したのは、ただに三戸と八戸とを区別しなかったに過ぎない。同時期に南部氏のなかでほかに将軍偏諱を受けたものは見あたらず、この偏諱授与は、かつて八戸氏が保持していた京都扶持衆の地位が三戸氏に移ったことを如実に物語るできごとである。

よく知られたことだが、このころ八戸氏では家督の夭折と内紛がかさなった。同じ天文八年に義継が若年にして病死し、義継伯父の田中宗祐が自ら家督を継ぐことを主張し、郎従を率い八戸城を武力制圧した。この事件は、宗祐の叔父にして一族の菩提寺大慈寺の正棟東堂の説得によって大事にいたらずにすみ、結局義継の弟勝義が八戸氏を相続

したという。「八戸家系」の記すところだが、事実に近いものだろう。勝義もまた天文十七年（一五四八）に二四歳で死去したことになっており、さらにいえば義継の父治義についても、その事跡は明らかでなく、おそらくは短命であったと推定される。十五世紀末から十六世紀はじめにかけて、このような事情によって八戸氏は昔日の勢力を維持できなくなったのだろう。

京都扶持衆の地位がこのように交替したことは、下剋上そのものである。冒頭に紹介した小林氏、遠藤氏の論攷は十五世紀初頭が奥羽における室町幕府体制の解体と戦国争乱の開始を告げる画期であることを明快に述べているが、糠部においてもまたこのようなかたちで室町的秩序は崩壊しつつあった。

それにしても、三戸氏が将軍偏諱を拝領できた具体的な契機は、八戸氏の衰退という一般的な事情だけで説明されるものではない。三戸氏が積極的に幕府と結びつきをもとうとした形跡を探すべきだろう。その意味で、次の二点の史料に着目したい。

A

奥州南部殿御知行之内、従糠部之郡中、熊野之参詣引導、京都まて千多ツ（先達）を申付候条、無別儀（可脱カ）同道有候、出国之儀、兎角申候ハヽ、京都ニをゐてせいはい可致候、仍右状如件、

大永五年六月廿七日　坂東や富松

氏（花押）

法眼秀栄（花押）

快弘（花押）

さか見殿　衆中

B
奥州一戸住人
安倍丹後守
工藤名宮如
とき名宮如
南部与九郎
畠山式部
工藤弥八
おい田大炊助
京今熊野ふせん
天文七年七月十一日
那智郡実報院

Aは五戸の「多門坊文書」に残されたもので、「糠部之郡中」より京都までの熊野参詣の先達を相模殿なる人物に申し付けた文書である(25)。宛所の相模殿は、この文書を伝えた五戸の多門坊の院主たる修験と考えて大過なかろう。Bは「米良文書」のなかの一通で、一見してわかるように旦那交名である(26)。

AとBのあいだには多少年代の開きがあるが、それでも大永から天文年間のはじめにかけて、この地域からどのようにして紀伊国熊野山に参詣するか知ることできよう。糠部郡から京都までは在地の修験である多門坊（相模房）が引導し、京都からは今熊野社の先達（Bでは豊前房）が紀伊までひきつれる、といった経路が想定される。

ところで、Aの三人の連署者のうち法眼秀栄は、陸奥国白川郡の八槻別当大善院にあてられた永正年間の文書にもしばしば姿をみせる。一例をあげれば、永正二年（一五〇五）七月二十三日付けで秀栄は善順なる僧と連署して奉者となり、「今度石川衆熊野参詣之間道先達之事」を「先年任御下知之旨、可有引導由被仰出候処也」と大善院に伝えている。(27) 大善院は白川氏の熊野先達となっており、ここから秀栄が、当時熊野修験を管轄した聖護院門跡配下の人物であることがわかる。したがってAも、奉書形式の正式な補任状ではないにせよ、聖護院として相模房に先達を命じた文書であり、こうしてなされた熊野参詣の結果Bの旦那交名が編まれたのだろう。

Aで注目されるのは、いうまでもなく秀栄らとならんで連署している「坂東や富松氏（花押）」である。もはやこれがかの富松氏久であることは、多言を要しないだろう。

坂東屋富松についてはすでに先学の緻密な論攷がある。(28) 室町・戦国期に、京都・摂津を拠点に金融・商業活動を展開したこと、聖護院門跡の配下にあって坂東からの熊野参詣者に便宜をはからっていたこと、さらに伊達氏や白川氏などの奥羽諸氏の官途補任・将軍偏諱拝領などにおいて、幕府との交渉をとりもつ実務的な仲介役として活躍したこと、等々が知られている。

興味深いのは、富松の奥羽諸将にたいする活動が、足利義晴が細川高国に擁立されて将軍となった大永元年（一五二一）から二年にかけてとくに活発に展開されていることである。小林清治氏は、義晴―高国政権が「伊達・白川そしてさらに他の奥州諸家に対しても坂東屋富松を使として御代始御礼のことを督促し、あわせて官途申請を受け容れる用意のあることを伝え」、これに応えた伊達稙宗が陸奥国守護職に補任され、白川義綱が左兵衛佐となったことを明らかにしている。(29) このとき白川義綱が上洛させた使者が「白川一家熊野先達職を世襲した八槻大善院」であったのは、偶然ではなかろう。八槻大善院と富松をむすぶ熊野修験のつながりが、白川氏と幕府との交渉で大きな役割を果たしたのである。糠部郡の三戸氏にとって、白川氏における大善院と同様な役割を果たしたのが多門坊ではなかろうか。

いささか想像を逞しくすれば、以前より奥羽と京都を往復していた富松は、大永年間の歴訪では北奥まで足をのばし、各地の熊野修験との結びつきをいっそう確かなものにしていった。Ａ「多門坊文書」はそうした活動の結果であろう。もちろん富松がみたものはそれだけではない。かつての京都扶持衆八戸氏の衰えつつある姿と、新興勢力三戸氏の抬頭を伝聞し、あるいは目のあたりにしたのかもしれない。「南部殿御知行之内」とあるが、この「南部殿」はすでに八戸氏ではなく三戸氏を指していたのだろう。一方、三戸氏もまた、多門坊―富松のルートを通じて、幕府とのむすびつきを得ようとした。やや後のものだが、文禄三年（一五九四）に三戸南部信直は多門坊にたいして路地通用の印判状を与えるなど、手厚い保護を加えている(30)。多門坊の所在地五戸は当時三戸氏の庶流で浅水城に拠る南氏の支配地域と想定される。天文八年の晴政偏諱拝領は、このような事情で実現したと考えてよかろう。

三、三戸氏の家中と諸氏

大永から天文年間にかけて三戸氏と八戸氏の地位が逆転したことを述べたが、だからといってただちに三戸氏がこの地域で圧倒的な地位を占めたわけではない。伝統的秩序の解体は諸氏の内紛と、諸氏間の抗争を激化させ、糠部郡を中心とする地域は本格的戦国争乱の時代を迎えるのである。

まず、勢力を拡大しつつある三戸南部氏だが、その直属の家臣団組織たる家中の範囲は過大に評価されるべきではない。

少しく時代が降るが、天正十年（一五八二）に三戸晴政が死去し、程なく嗣子晴継も十三歳にして急死した。家督相続をめぐり一門・家臣が三戸城に参集し評定となったが、「南部根元記」はその参加者を、「御一族東中務少輔・南遠江守・北左衛門佐・石亀紀伊守・七戸彦三郎・毛馬内靫負頭、其外石井伊賀守・桜庭安房守・楢山剣帯・吉田兵部少輔・福田掃部介・葛巻覚右衛門等の諸士」と記す。[31] この記事は、当時の三戸直属の家臣団、すなわち家中の実態をおおむね正直に伝えたものだろう。

「系胤灌考」・『南部藩参考諸家系図』などによれば、三戸晴政周辺の系譜はおよそ右上のようになろうか。[32] もとより近世の系譜類をもとに論じるのはきわめて危うい議論になるが、北・南・石亀・毛馬内・楢山の諸氏が晴政にはなはだ近い親類であることは確かだろう。また「南部根元記」が「諸士」とする石井伊賀守・桜庭安房守はともに三戸に居館を持ち、吉田兵部少輔は六戸上吉田村、福田掃部介・葛巻覚右衛門は九戸郡福田・葛巻を名字の地とするようだが、[33] いずれにせよ村落領主レベルの小身だろう。東氏だけは北氏などに比して早い段階で三戸嫡流から別れたと伝えられるが、確証はない。ともかくも、三戸氏の家中が晴政の近親と膝下の地域の小領主という、きわめて限定された範囲で構成されていることは間違いない。

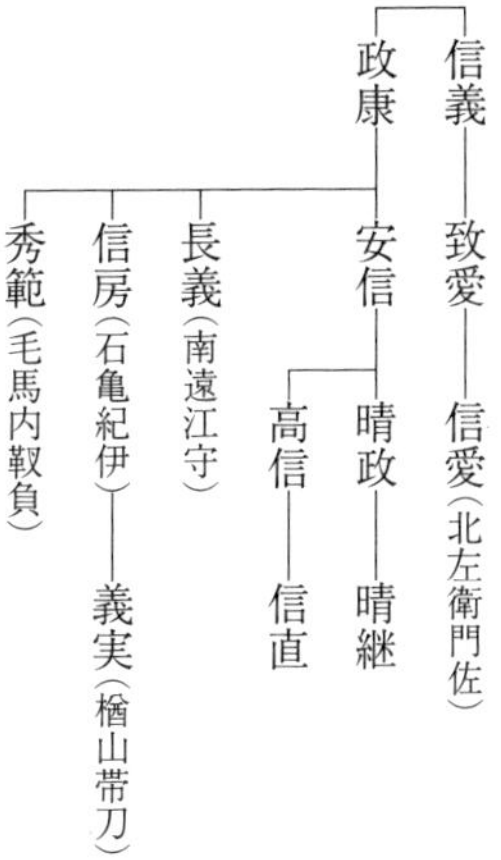

三戸晴政周辺系図

ところで、信直が三戸家の家督を相続するまでには、相当に紆余曲折があった。そもそも晴政の在世中の永禄年間、男子のない晴政はいったんは女婿の信直を養嗣子と定めた。ところが永禄十三年（一五七〇）に晴政に実子晴継（鶴千代）が生まれたため、晴政は信直をうとんじ、家中では晴政派と信直派に別れて激しい対立抗争が展開された。東氏は晴政にしたがい、北・南氏は信直を推してこれと対抗し、両派は諸氏にそれぞれ援助を求め、群内の大乱となる(34)。

このとき晴政がもっとも期待したのが八戸氏であって、自ら書状をしたため八戸政栄に援軍を依頼している。たとえば「遠野南部家文書」年欠七月二十一日書状には、「返々申候、急度被出御馬候者、可畏入候」とある(35)。なお本状には「斯波殿より預候文、披見之ためニ差越候、いか、御返事可申候哉、御意見承候は、可為祝着候」とも記されており、志和郡の御所斯波氏よりの書状を政栄に回送するとともに、その扱いについての意見を求めている。ここに、三戸・八戸両氏の、相互に自立した領主間の同盟関係を窺うことができるが、次の十月十六日付八戸政栄宛晴政書状写は、当時の八戸氏のありかたをいっそう明らかにしている(36)。

態致音信候、四戸殿人馬別ニ被立馬、見吉、森之越へ被致打立、かせき被申候、自其御方も、ぬさ口成共、何方成共、御出事被成候者、可為本望候、七戸にも五戸米田口無透御憑候由承候、先日以参侘入候時も頂奉公候、一家同意と承候つる始末と申、畢竟頼入候、新田殿へ別紙可申候へとも相替儀無之候き、同意申入候、急度御出事候ハ、、可為本望候、恐々謹言、

拾月十六日　　　　　晴政

八戸殿　参る

返々申候、其口より急度御出事候ハ、、可畏入候、

四戸・七戸氏が晴政側の軍勢としてすでに出陣していること、新田氏にも出陣を申し入れたことを述べ、政栄にも出陣することを求めている。「御出事被成候者、可為本望候」とか、「其口より急度御出事候ハ、、可畏入候」といった表現から、晴政が八戸氏を自立した同盟者として扱っていることは明らかだが、ここでこだわってみたいのは「一家同意」の文言である。この「一家」はあるいは三戸・八戸双方を含むより上位の家中を指すとの解釈も成り立ちそ

うだが、そうではあるまい。

この書状に登場する人びとのうち、「新田殿」は八戸氏家督にとって最もちかしい庶流である。八戸氏嫡流が絶えた場合、しばしば新田氏よりの養嗣子がその跡を継いでおり、政栄自身夭折した勝義の女婿として新田家より入嗣したのである。(37)七戸氏は近世の系譜類の正統的な説明では、南部氏の祖光行の六男七戸太郎三郎朝清におこると伝える。しかしすでに『岩手県史』が指摘しているように、これらの系図を子細に検討すれば、ある段階で嫡流が絶え、八戸新田氏より養嗣子を得ており、また先に述べた室町初期の八戸政光の子が入嗣した形跡もある。(38)系図の穿鑿よりももっと確かなことは、八戸氏の家伝文書である「遠野南部家文書」に、実は八戸氏嫡家ではなく七戸氏宛の書状が多く含まれていることである。

あるいは、七戸家国が天正末年のいわゆる九戸政実の乱に参加して絶えたとき、嫡流として七戸氏の文書を八戸氏が引き継いだのではなかろうか。(39)さらに四戸氏だが、この家の主流は当時櫛引氏に移っていた。十六世紀前半の櫛引将監の室は八戸政栄の祖父新田政盛の女、将監の女は政盛嫡子行政に嫁ぎ八戸政栄を生むなど、(40)度重なる婚姻関係によって事実上八戸氏の一族とみなされていたと思われる。櫛引氏は永禄から元亀年間にかけて一時的に八戸政策と対立抗争があったが、その背後には三戸家中東氏の関与があり、(41)晴政自身が八戸氏の衰退を助長すべく画策した可能性もあろう。

以上からすれば、つまるところ右の晴政書状に登場するのはすべて八戸氏一族と考えられる。「一家同意と承候つる始末と申、畢竟頼入候」とあるのは、〝八戸家中が一致して晴政につくことに同意していると聞いているので、嫡流の政栄もはやく出陣していただきたい〟、との意であり、この「一家」は八戸嫡家と新田・七戸・四戸（櫛引）によって構成されている八戸家中を意味していると解釈される。八戸氏もまた内部に矛盾をはらみつつも独自の家中を保持しており、三戸家の内訌に対しては「一家同意」のもとで行動していたのである。すでに八戸氏は永禄十年（一五六七）に政栄が晴政の偏諱をうけるなど[42]、弱体化のなかで三戸氏へ従属する傾向をみせていたが、基本的には自立した一族としての立場を堅持していた。それゆえに先に少しく触れたように、晴政は政栄に対して軍勢催促を要請する際は、家臣に出陣を命じるかたちをとることができず、あくまで同盟者への依頼の形式をとらざるを得なかったのである。

晴政・信直の対立抗争は、結局のところ、信直の廃嫡、晴政の勝利というかたちで収束した。このころ東政勝は次のような書状を七戸氏にあてているが、そこから三戸・八戸氏以外の諸氏の動向を窺うことができる[43]。

返々申候、珍敷事候者、重而自是可申述候、

如仰良久不申談候条、内々無御心元存候処ニ、預御音問候、毘入候、仍而無事之儀蒙仰候、九郎殿親父之時より、諸事一戸ニ被申合候始末ニ候ニ間、何趣も身躰相任申度と被申候付而、自一戸、久慈へ被仰合候而、三戸へ和談之儀御取合可有之由承候、然間一戸江州田子へ被罷越候へとも、何共到来未承候、当方よりハ難儀ニ及候とて、何方へも無事之儀不被憑候之間、家督之方へハ、自何方も不被承候間不被存候、三戸へ之御状則届申候、宅而心底之通御返事可被申候、然者家督へ御奉公として藤島へ警固被成候事、我々も可然存候、此来も不相替、三戸・七戸御同意ニ御懇候ハん事肝要ニ存候、珍敷事候者、自是重而可申述候、恐々謹言、

九月廿七日　　　東政勝　判

本書は宛所を欠くが、末尾の部分に「此末も不相替、三戸・七戸御同意ニ御懇候ハん事肝要ニ存候」とあることなどから、七戸氏に宛てられたものだろう。前述した「遠野南部家文書」中の七戸氏文書である。「九郎殿」は信直のことで、その父高信の代より「諸事」を申し合わせてきた一戸氏に「無事之儀」について仲裁を依頼することになっ

た。一戸氏は久慈氏に相談し、三戸の晴政と「和談之儀」を取り合う予定である、等々のことが記されている。諸氏をまきこむ戦乱となった三戸氏の家督争いにおいて、中人の役割を果たしたのが一戸氏と久慈氏であった。このことは両氏が三戸家中に包摂されず、これと対等な立場の領主であったことを物語る。中人制が、領主間の一揆的な結びつきにおいて一般的な紛争解決の手段であったことは、多言を要しないだろう。

糠部郡を中心に、久慈氏が拠る久慈郡をも含むこの地域で、三戸晴政は相対的に優勢な地位を確立しつつあったが、いまだ諸氏を自己の家中に編成できるほどの圧倒的な地位を得るにはほど遠い状況にあった。南北朝末期に形成された諸氏間の一揆的な結びつきは、その内容を変質させつつも基本的にはなお健在であり、三戸氏はそのなかの有力な一員という地位にとどまっていたというべきだろう。

九戸氏もまた、この一揆結合の主要な構成員であったことはいうまでもない。永禄六年（一五六三）の「光源院殿御代当参衆并足軽以下衆覚」に、「関東衆」として南部大膳亮とならんで九戸五郎の名がみえる(44)。前者は三戸晴政、後者は九戸政実で、九戸氏が三戸とならんで幕府からこの地域を代表する武士と見なされていたことは、すでに指摘されているとおりである(45)。小林清治氏によれば、足利義輝が三好長慶と和睦して入京した翌年の永禄二年（一五五九）に、坂東屋富松を将軍帰洛御礼催促の使者として奥州諸氏のもとに遣わしたという(46)。三戸氏が京都扶持衆の地位を得た既述の経緯を念頭に置けば、富松はこのときも熊野修験のルートを通して糠部の情勢を収集し、九戸氏が擡頭するさまを把握したのではなかろうか。こうして「当参衆并足軽以下衆覚」に九戸氏の名が載ることになったのではあるまいか。

九戸政実が、ときとして三戸氏を凌ぐほどの勢力拡大につとめたことは、先学の指摘もあり、ここでは触れない。ただ「祐清私記」は天正元年（一五七三）に三戸晴政と九戸政実とのあいだに合戦があり、八戸政栄が中人となって和議が成立し、政実からは弟弥五郎中務が三戸に遣わされ、晴政の「姫達の内にても寵愛甚だし」という次女が、政実嫡弟実親に輿入することとなった[47]。これは明らかに対等な人質の交換である。十八世紀前半の史書の説くところだが、当時の情勢からしていかにもありそうなことといえる。三戸・九戸の力関係を彷彿とさせる逸話である。

四、糠部の「郡中」

三戸・八戸氏などの諸氏が内部に深刻な矛盾をもち、同時に相互に抗争をくり返しつつも一揆的な秩序を維持していたことを述べたが、この結びつき自体は何と称されるべきだろうか。

信直が三戸家督をついだ天正十年頃は、大浦為信の津軽制圧はほぼ決定的となっており、糠部郡の諸氏は撤退せざるを得ない状況に陥っていた。このとき三戸家の重臣南慶儀は信直の意を承けて八戸氏に書状を送り、事態の打開策につき相談している。

たとえば「遠野南部家文書」年欠六月六日付八戸政栄宛て書状では、浜口・鹿角口の情勢が三戸に伝わっていないことを嘆くとともに、「三戸にハ郡中我々存分之様ニ無候事、詫言ニ被存候、無底意七・九戸へ御談合候者、可為専一候」と述べている[48]。「郡中」がまとまっていないことが津軽への対応の遅れの原因であり、そのためにも八戸氏から七戸氏・九戸氏に談合し、一致協力した行動が必要だというのである。この「郡中」は、南氏の属する三戸氏と宛所の八戸氏、さらに文面に登場する九戸氏などを含みこむ存在ということになる。

同文書年欠八月八日八戸新田殿宛南慶儀書状案にも、「於于此末、郡中何色ニ御座候共、新敷中事候へとも、不相替被懸御詞候様ニ、御調御意見所仰候」という文言が見える。津軽の問題について「郡中」の諸氏がどのような対応をとろうとも、三戸・八戸氏はともに共同して行動しようと、というわけである。この「郡中」こそが、この地域の諸氏の一揆的なつながりをさす呼称ではあるまいか。いわば「郡中」一揆である。

したがって、その内実は、糠部郡にとどまらない。前述の三戸氏の内訌に中人としての役割を果たした久慈氏の本拠久慈郡は、天正末年においても地域区分としては明瞭に糠部郡とは区別されていたが[49]、もちろんこの「郡中」の一部であり、久慈氏自身その有力な構成員だったろう。秋田安藤氏との戦場となった鹿角郡の諸氏も、これに含まれるものが多くいたことだろう。「郡中」とはそのような広がりをもった諸領主の連合体であり、たんなる糠部郡中の略称ではあるまい。

返々申し入れ候、精重而可申述候、こし文恐入候、

幸便之条一書申入候、光日ハ掃部助殿ニ預御伝語候、早朝ニ被罷帰候条、不存候而御返事不申候、三戸ニハ津軽之時宜、余儀にハ不被存候へとも、皆々之御時宜様々之様ニ申成候条、三戸其方計にてハ難相調候キ、皆々一家中御底意をも被承候而、御物談可申合と被存候キ延慮ニ候、此境郡中不合点被相延候而ハ、於向後難成候へく候哉、此口へハ如何共時宜不聞得候、其口聞得候ハヽ、承度存候、恐々謹言、

（切封墨引）

六月一日　　　　　慶儀　判

南

八戸殿　御宿所　　　　弾正少弼　慶儀

同時期に八戸政栄に宛てられた南慶儀書状である[50]。〝三戸としては津軽のことを軽視しているわけではないが、皆々の意見が異なっており、三戸だけでは計らいがたい〞と、これまであげた書状と同様、対応に苦慮している様子

が窺われる。ところで宛所の八戸氏に対しては「皆々一家中御底意をも被承候而、御物談可申合と被存候キ延慮ニ候」と「一家中」としての相談を求めているが、他方で「此境郡中不合点被相延候而ハ、於向後難成候へ候哉」と「郡中」の動向には不安の念を漏らしている。ここにある「一家中」とは前後の文脈から、もはや八戸の家中のみではなく、八戸氏を含みこむところの三戸氏の家中と解してよかろう。

これより前、天正初年頃の東政勝書状案では、八戸氏が晴政の依頼をうけて津軽に通じる七戸の藤島を警固したことを「家督へ御奉公」と表現しており、八戸氏が三戸氏に対する従属の度合いをつよめている様子を窺わせる。(51)このような傾向は信直期になっていっそう進展したと思われ、もともと八戸家中であった櫛引清長や七戸家国が九戸政実に接近してゆく契機も、そのような八戸嫡家への不満があったのではないかと想像される。それはともかく、これまでの戦国史研究の蓄積は、有力な家が、他氏の家中をそのままに包摂しつつより高次の家中を構築するさまを解明している。(52)三戸氏が八戸氏を「一家中」として扱うようになったことは、三戸氏が戦国大名化しつつあったことのあかしといえよう。

しかしこの書状は、そのような三戸氏の家中をもってしても、「郡中」にとってかわるどころではなく、そこでの主導権すら必ずしも保持していなかったことも、物語っている。信直はその後秋田安東氏と戦い、また志和御所斯波氏を滅亡させるなど、外征の面で活躍を続けるが、ついに自力で「郡中」を家中に再編することはできなかった。それは豊臣政権による奥羽仕置をまってはじめて可能になったのである。

むすびにかえて

室町幕府体制下での京都扶持衆の地位は、八戸氏が一貫して保持していた。しかし十六世紀前半晴政の時代に、この地位は三戸氏に奪われる。これこそが、この地域でも下剋上の嵐が吹きあれたことの端的な表現といえよう。しかし三戸家中は晴政の近親と中小領主に限定され、他の諸氏を家中に包摂しより上位の、戦国大名としての家中を構成するにはいたらない。糠部郡を中心とする地域の政治秩序は、戦国末期においても依然として「郡中」という諸領主間の一揆的なむすびつきが基本であった。

以上が本稿の述べたところである。検討できたのは、ごくわずかの事柄に過ぎない。例えば「郡中」という語が史料の上に登場するのは戦国期のことだが、この結び付きはおそらく南北朝末期に遡ると思われる。したがって室町期の南部氏について、八戸氏の主導的な地位を指摘するのをもってこと足れりとするわけにはいかないだろう。

また、戦国期についても検討できたのは「郡中」の内部のことがらに限定され、津軽や出羽方面との外征の問題はとりあげられなかった。大浦氏や秋田安東氏との関わりについては、すでに遠藤巖氏の明快な叙述がある。(53)「郡中」の構造とこの時期の奥羽北部の政治史の推移がどのように関わるのか、この点もまた今後の課題とせざるを得ない。

いずれにせよ、南部氏の歴史の骨格部分を荒削りに素描したに過ぎず、しかも憶測を重ねてのことで、いきおい仮説を提示するにとどまらざるを得なかった。ただし、南部氏の歴史を解明する上で、避けて通ることのできない論点をとりあげたつもりではある。大方の叱正を乞う次第である。

註

（1）「南部根元記」（『南部叢書』第二冊）。

（2）「八戸家系」「八戸家伝記」（ともに鷲尾順敬『南部家文書』吉野朝史蹟調査会、一九三九年）。

（３）伊藤「国人の連合と角逐の時代」、小林「大名権力の形成」（ともに大石直正・小林編『中世奥羽の世界』東京大学出版会、一九七八年）など。また、遠藤巖「戦国大名小野寺氏」（『秋大史学』三四、一九八八年三月）、同「北奥羽の戦乱―南部氏と秋田氏と津軽氏と―」（『戦乱の日本史〔合戦と人物〕』八巻、第一法規出版株式会社、一九八八年六月）、同「京都御扶持衆小野寺氏」（『日本歴史』四八五号、一九八八年一〇月）など。

（４）なお、最近刊行になった『仙台市史』「資料編一・古代中世」の「解題」が、「遠野南部家文書」をもって「中世奥州南部氏本宗家の文書である」（五三六頁）と明言しているのが注目される。

（５）吉井功兒「中世南部氏の世界―両南部歴代当主の再検討と北奥の戦国領主について―」（『地方史研究』二〇五号、一九八七年）、また同「八戸信長と同政栄―八戸南部家督の再検討―」（『戦国史研究』二〇号、一九九〇年八月）。

（６）前掲「八戸家系」、「八戸家伝記」。

（７）「遠野南部家文書」応永十四年四月二十八日大崎満持挙状（『岩手県中世文書』中巻五一号）。なお、この挙状は小井田幸哉『八戸根城と南部家文書』（八戸市、一九八六年三月）二七一頁にも掲載されている。小井田氏の著書は「遠野南部家文書」の主要なものを、鮮明な写真と有益な解説を付して収録した好著であり、以下の論述でも同書所載頁を小井田二七一頁と略述して掲げる。

（８）続群書類従完成会『看聞御記』。

（９）「遠野南部家文書」応永二十九年八月十九日口宣案（『岩手県中世文書』中巻五六号、小井田二八二頁）。

（10）「遠野南部家文書」永享四年十月十四日口宣案（『岩手県中世文書』中巻五九号、小井田二八五頁）、同年同日口宣案（同六〇・六一号、小井田二八六頁）。

（11）前掲遠藤「京都御扶持衆小野寺氏」、一一頁。

（12）「諸状案文」年欠（文明十一年）三月六日某書状（『岩手県中世文書』下巻一七号）。

（13）前掲「八戸家系」。

（14）『岩手県中世文書』中巻八八号、小井田二九〇頁。

（15）前掲「看聞日記」同年九月二十三日条、十二月十三日条。

(16)「薩藩旧記」宝徳二年（一四五〇）四月二十日将軍家御教書（『鹿児島県史料・旧記雑録前編二』）。

(17)「遠藤白川文書」宝徳四年（一四五二）七月五日室町幕府奉行人奉書（『福島県史』七巻「古代・中世資料」四九―四二、四六四頁）。

(18) 本書を宝徳四年のものとしたのは、伊藤信「大崎氏の歴史特集」（『宮城の文化財』五五号、一九八三年一〇月、九頁）で、本稿は伊藤氏の所説にしたがっている。

(19) 前掲伊藤喜良論文、一五三頁以降参照。

(20) 池「大名領国制の展開と将軍・天皇」（『講座日本歴史四・中世二』東京大学出版会、一九八五年二月、二三六頁）。なお、河合正治「南北朝内乱期における武家社会の変化」（同著『中世武家社会の研究』吉川弘文館、一九七三年五月、一六六頁）も参照。

(21) 前掲吉井論文、二八頁。

(22) 前掲伊藤喜良論文、一二六頁以降参照。

(23)「遠野南部家文書」弘和二年（一三八二）四月三日沙彌道重一揆契状（『岩手県中世文書』上巻三三号・小井田二六〇頁）、至徳四年（一三八七）三月二十九日前信濃守清継一揆契状（同三六号・小井田二六五頁）、同年三月晦日近江守清長一揆契状（同三七号、小井田二六五頁）。

(24) 続史料大成『大館常興日記』。

(25) 本書は、及川儀右衛門「奥州中世豪族の熊野結縁」で「五戸・細川文書」として紹介されたものである（『岩手史学研究』三四号、一九六〇年六月）。なお、『岩手県史』三巻（一九六一年十月）一〇七〇頁に「紺野博氏採訪五戸多門坊文書」の名称で掲載されており、本書の引用は『岩手県史』に拠った。

(26)『岩手県中世文書』中巻一二〇号。

(27)「八槻文書」永正二年七月二十三日秀栄・善順連署奉書（『福島県史』七「古代中世資料」所収「八槻文書」五九号）。また、永正六年（一五〇九）八月三日秀栄・善順連署奉書（同六三号）、同年八月二十四日秀栄幸書（同六四号）参照。

(28) 小林宏『伊達家塵芥集の研究』（創文社、一九七〇年）、永原慶二「「頤神軒存奭算用状」についての覚書」（『山崎吉雄教授還暦記念論文集』同刊行会、一九七二年）、新城美恵子「坂東屋富松氏について—有力熊野先達の成立と商人の介入—」（『封建社会研究』二号、一九八一年）、小林清治「坂東屋富松と奥州大名」（『福大史学』四〇号、一九八五年一一月）、同「坂東屋富松と奥州大名…補考」（『福大史学』四四号、一九八七年十二月）、石倉孝祐「中世後期における聖護院在地支配の展開」（『神道宗教』一四五号、一九八一年十二月）、綿貫友子「中世後期陸奥国における熊野信仰」（『日本文化研究所研究報告別巻』二九集、東北大学文学部、一九九二年三月）。なお、綿貫氏よりは有益なご教示を得た。とくに記して謝意を表する次第である。

(29)　前掲小林「坂東屋富松と奥州大名」、六頁。

(30)　「多門坊文書」文禄三（一五九四）年四月二日南部信直印判状（『県史』三巻一〇七二頁）。

(31)　ただし『南部叢書』は「根元記」増補本により、この評定の参加者に種市中務・浄法寺修理・久慈備前・野田掃部を含むとしており、「祐清私記」（『南部叢書』第三冊、三七六頁）もこれらを加えるが、後述するように久慈氏らは三戸家中に包摂されていたとは思われない。また「八戸家伝記」には八戸政栄もこのとき臨席していたように描くが、無理があろう。

(32)　「系胤譜考」（盛岡市中央公民館所蔵）、『南部藩参考書家系図』（国書刊行会、一九八四年十二月）。

(33)　前掲系図類、および『岩手県史』三巻を参照。

(34)　『岩手県史』三巻五〇—五二〇頁、小井田三三三—三五八頁参照。

(35)　『岩手県中世文書』中巻二六八号、小井田三三九頁。

(36)　『岩手県中世文書』中巻二六九号、小井田三四三頁。

(37)　前掲「八戸家系」、「八戸家伝記」。

(38)　『岩手県史』三巻六四一頁。

(39)　「遠野南部家文書」のうち、年欠四月十日南部但馬守信長書状（『岩手県中世文書』中巻九三号、小井田三一四頁）、七月二十六日東政勝書状（同二七〇号、小井田三四五頁）、九月二十七日東政勝書状案（同二七五号、小井田三五五頁）などは八戸氏嫡家に宛てられたものではなく、七戸氏宛の書状であると思われる。

(40)　前掲「八戸家系」参照。

(41)『遠野南部家文書』年欠八月六日東民部大夫書状案（『岩手県中世文書』中巻二七一号、小井田著三二九頁）。
(42)「遠野南部家文書」永禄十年九月吉日名字宛行状（岩手県中世文書」中巻二一四号）。なお小井田三二八頁参照。
(43)「遠野南部家文書」『岩手県中世文書』、中巻二七五号、小井田三五五頁。
(44)新訂増補国史大系『後鑑』巻三四三、「義輝将軍記」十七、同年五月是月条。
(45)前掲小林「大名権力の形成」、一七三頁。遠藤巖「九戸政実の乱」（『戦乱の日本史八』「戦国の群雄〈西国・奥羽〉」、第一法規、一九八八年）、一〇〇頁。吉井前掲論文三一頁、などを参照。
(46)前掲小林「坂東屋冨松と奥州大名・補考」一〇頁。
(47)前掲「祐清私記」三〇八、三一七頁。
(48)「遠野南部家文書」年欠六月六日南慶儀書状（『岩手県中世文書』中巻二八〇号、小井田三七三頁）。なお、本書およびの史料は弘前市史』〈資料編一古代・中世編〉（弘前市、一九九五年一月）では天正十年から同十二年のものとされており、本稿はこの年代比定を参考にしている。
(49)「盛岡南部文書」天正十八年七月二十七日豊臣秀吉朱印状（『岩手県中世文書』下巻九一号）にある「南部内七郡」については以前より議論のあるところだが、遠藤巖氏が明らかにしたように糠部・鹿角・岩手・閉伊・志和および久慈郡と遠野保とするのが妥当だろう（前掲遠藤「九戸政実の乱」九九頁）。このことからも、久慈郡が地域区分としてはなお糠部や閉伊と別個の扱いをされていることは明瞭である。
(50)「遠野南部家文書」（『岩手県中世文書』中巻二七八号、小井田三六七頁）。
(51)年次九月二十七日東政勝書状案「遠野南部家文書」（『岩手県中世文書』中巻二七五号、小井田三五五頁）。
(52)市村高男「東国における戦国期在地領主の結合形態」（『歴史学研究』四九九、一九八一年十二月）などを参照。
(53)前掲遠藤「北奥羽の戦乱」参照。

Ⅲ

中近世移行期における中央権力と「北奥」
――南部と津軽、九戸一揆から関ヶ原合戦

久保田昌希

はじめに

中央の歴史と地方の歴史といわれるようになって久しいが、近年特に、地方史（地域史・郷土史）はさかんになっている。地域の視点で見る歴史が重要になっており、地方の事象を取り扱って、それを深めていく研究が多くなっている。

このように、地方史研究がさかんになっているが、地方史を研究するというのは、地方文書により、民衆の視点から歴史を見ることである。これは歴史学研究の大きな転換期であった。

しかし、網野善彦氏も「二〇世紀はもっとも歴史史料、とりわけ民衆史料が失われた時代」と述べているように、多くの歴史史料がなくなっていった。こうした状況に歴史学界は地方文書の整理・保存をするようになった。その一つとして、自治体史編纂を行うようになった。しかし、特に小規模自治体の場合、その後の収集資料がいかに整理、保存そして公開されるかが課題である。

一、「戦国」という時代

一般的に教科書では、応仁の乱から天正十八年（一五九〇）の秀吉による小田原平定が戦国時代といわれている。この地域では小田原平定までではなく、天正十九年の九戸一揆の鎮圧までが戦国時代とされる。関東では応仁の乱ではなく、むしろ享徳の乱が戦国時代の始まりとされる。

その戦国時代に生きた人々は、その時代を「戦国時代」と認識していたかどうかという疑問がある。武田信玄の「甲州法度」（一五条）には「耽乱舞、遊宴、野牧、川狩等、不可忘武道、天下戦国之上者、抛諸事、武具用意可為肝要」と「戦国」という言葉が出ている。また、慶長の始め頃、宣教師たちが編纂した『日葡辞書』に「戦国」という言葉が「戦争している国、または、戦争の起こっている国」というように出ている。これらは時代概念を示しているものではなく、「戦時下」「戦時下におかれている国」という意味で使われている。

しかし、永正期には『後法成寺尚通公記』においては「抑、世上之儀、□如戦国之時、何日成安堵思哉」と書いてある。ここでの「戦国」は中国の戦国時代を指している。当時の関白近衛尚通は、自分が生きていたこの激変期を「戦国」と認識していた。「戦国の世」という概念と認識は、人々に広まっていたと考えられる。

二、あらためて戦国時代（中近世移行期）とは

戦国時代というのはどういった時代かというのをまとめると、世界的規模での交通網の形成、統一国家の形成と国

外進出、民衆の成長、現代社会の基本的な要素の整備、地域意識・社会の形成が始まった時代であった。戦国武将が群雄した時代でもあったが、中世社会と決別し、近世へと移行する大きな歴史的転換期でもあったのである。

三、戦国大名とは何か

戦国大名をどのように規定するかというと、永原慶二氏は「（イ）国政の形式としてともかく日本国の統一政権としての形をととのえていた室町幕府―守護体制から離脱・自立にふみだし、（ロ）独自に多数の旧荘園・公領などをふくむひろいまとまりのある地域の支配権を主張し、（ハ）そのなかに割拠する国人・地侍など中小領主層の多くを、その在地性を否定しないまま家臣化するとともに、（ニ）検地や段銭・棟別・夫役などの賦課を通じて土地・人民に対する「公儀」＝公権力として上級領主権の掌握をめざしたもの」と規定している。さらに「自立した外交権」を加えるべきであろう。今川仮名目録などでも戦国大名の領国を「国家」、日本全国のことを「天下」と表現している。なので、それらから戦国大名の国家というのは軍事を優先する国家であり、「地域的軍事国家」と考える。

津軽や南部は戦国大名であるか、という視点での研究はなされていない。というのも南部の史料は手紙が多く、年号がわからないものが多く、津軽（大浦氏）の史料は伝説や伝承といったものが多く、国人層であったのか戦国大名であったのかの判断はなかなか難しいが「戦国大名」と考えてよいだろう。

四、「北奥」戦国史の展開

現在の青森県一帯は、天文・永禄期は下国安藤・浪岡御所北畠・南部の三つの勢力があり、それが元亀・天正前半になると大浦と南部が浪岡地域を争奪し、それと下国安藤の三勢力と変化した。その後、天正後半になるとその三勢力に対して豊臣政権の圧力がかかるようになる中で、安藤氏の勢力は衰え、津軽と南部の二勢力となる。慶長期になると今度は豊臣から徳川への対応が問題となる。

五、南部氏と津軽氏

南部氏と豊臣政権との接触に関して初めて出てくるのは天正十四年の秀吉の朱印状である。南部と秀吉との接触に関しての史料は、前田利家書状が多い。豊臣秀吉の九州平定には行かなかった利家が南部を仲介している。また、当時、南部は馬の有効な供給地であったため、それを外交手段として、馬を秀吉のもとへ送っているという記述もある。ちょうど、天正十四年とは秀吉が妹の旭姫を家康に嫁がせ、家康が秀吉へ従属するなど、政治的な流れでは、世が秀吉へと傾くところである。そういう状況を見て南部信直が秀吉へ接触するというのは、南部信直の先見性である。

一方、大浦氏（津軽氏）は天正十三年の外浜油川城を攻略するなど、勢力を拡大していったが、大浦氏（津軽氏）と秀吉との接触が初めて出てくるのは、南部より少し遅れて、天正十七年の為信から秀吉への書状である。津軽も秀吉へのパイプを作ろうとするのである。

秀吉の領主安堵の条件が上洛から、小田原参陣へと変更されるが、それとその後の秀吉への謁見・臣従行為が問題となる。南部信直は宇都宮城にて本領安堵を認められる。津軽の方は直接、秀吉に謁見して認められた。通説では小田原参陣が領主安堵の絶対条件であったとされるが、近年の研究では必ずしもそうではないようである。それでも、他の多くの安堵された領主が小田原参陣を果たしたのも事実ではある。

津軽為信の豊臣大名化について、南部側は秀吉に訴えるが、裁定の結果、南部の訴えは認められず、津軽は秀吉に認められることとなる。これは、秀吉による南部への統制策なのではないかとも考えられる。

六、九戸一揆

九戸一揆については「九戸合戦は一口にいって、南部一族が本貫地甲斐から移動し、糠部の古代権力と妥協しつつつくった九戸氏という伝統的な勢力と、これと対立する信直に代表される新しい勢力との接触であり糠部における政権交代の決定的瞬間であった。」（『概説八戸の歴史上２』一九六一年）などさまざまな評価がいろいろな研究者によりされている。

九戸一揆は豊臣政権への根本からの反抗、異議申し立てであったのではないか。また、領主の混乱に乗じて、寺社なども分裂していく現象もあった。この一揆に対しては、豊臣秀次を総大将にし、徳川家康などの多くの大名が参加し、天正十九年九月に鎮圧される。

むすびに

奥羽への外部からの圧力に対して、南部・津軽両氏は当時の中央政権に従属した。それを背景にして、南部は一揆的結合を「タテ」専制権力へ向けて、主従制的関係を強化した。一方、津軽は、南部の格下的存在から、一気に豊臣大名化、南部からの「独立」に成功しており、豊臣政権もそれを認めた。この津軽氏の例は全国的に見ても希有な事例であった。

【付記】　本稿は、平成十九年八月十六日に開催された、青森県高等学校教育研究会地理歴史科公民部会総合研究大会における、日本史分科会での講演の概略である。今回の再録に際し、あらためて当日のメモを確認し、一部につき加除訂正した。

第2部

豊臣政権期の南部信直と九戸一揆

I 戦国以後江戸時代の奥州

吉田東伍

はじめに

連日の間、諸先生の講演がありまして、今日は最終日の最終時間で、私が何か申さなければならぬという番に当たったので、早速に自分の考えのあるところを申し、いささか諸君の御参考に供して、この講演会をまっとうしたいと思うのであります。掲げてある如く「戦国以後江戸時代の奥州」、実は奥羽と申せばなおよろしいが、広く東北地方を指した意味であります。

一、中世の奥州

実は奥羽

戦国以後と申しますと、足利乱世でありまして、それ以来、明治の初めまでの年代として考えれば、この間に四、五〇〇年の長さがあるので、江戸時代というだけでも三〇〇年ありまして、その江戸は日本歴史の上から考えると最も大切な時代で、雲を天上にながめる如き上古や、中世とは大いに違う。また年代も随分長いのでありまして、例えて申すならば、前九年・後三年などと申しましても合わせて十二年でありますが、この戦国以後を切りつめて三、四〇〇年と致しても、二時間もしくは、四時間で述べるということは、非常に快速な速力で以て進んでもなかなかやり通すわけに行かぬのであります。

しかし、極《ごく》の大要だけを述べるとして、あたかも青森―東京間の最大急行の汽車のように、ところどころの駅々を飛ばさなければならぬ。停車場をいちいち立寄って行くことはできない。それ故に、飛々《とびとび》に各時代の要点だけを申し述べるということにする。また、その各時代について、東北の各地方のことをいちいち各方面にわたっては容易でありません。よって、私はその内を選択しまして各時代の一方面のことをあげて、異同のある特質を詳らかにしたいと思います。その方面というのは地物の性質、文明の性質、あるいは歴史上の現象としての性質の上から選択を加えまして、特に経済の方面、もしくは産業方面から観察してみたいと思うのであります。

すなわち、日本の近世三〇〇年の発達というものは、いわゆる文化に俟つもの多かったに相違ないけれども、また一方においては国民の富、すなわち人民の生活の程度が段々昂《たかま》ったということが、この日本をして今日あらしめたに相違ありません。で、その近世日本の経済上の発達は、取りも直さず日本の大部分を占めるところの奥羽においても、その発達の現象があらわれているに相違ない、その点に就きまして特に話をしてみたいと思うのであります。

であるが故に、大きな意味における文明史はもちろん、経済のことも文化のことも取り扱いますが、今日私は文学あるいは学問、芸術という方面のことはまずおきまして、特に物質経済、すなわち富あるいは生活ということに関連したことの三、四〇〇年について最大急行の速さで以て申したい。例えて申すならば、最大急行の汽車が中間の小なる駅を五つも六つも停車場をおきまして、ただ大いなる都会、もしくは交通上必要なる駅にのみ、五分間とか十分間くらい停車するという方法で講演する。

また、その大きな停車場においては、当該地方の物産の標本が一通り陳列されて、旅客に注目をさせれば、その物産の標本を以て、この地方にどういう物が出るという概略を了解し、かつは富の大小、生活の高下を知り得る。それと同じく、各時代における重なる物質上もしくは、経済上におけるところの例話をば標本的に申したいのである。なお、ほかの言葉で申しますれば、見世物の絵ビラ、あるいはパノラマというものがありますが、かの絵ビラやパノラマの鮮やかなようには、私の拙弁では面白く御覧に入れることはできないが、まずその心掛けでお話したいと思うのです。

戦国より統一まで

そのところで、前席に藤田明先生が南北朝の争乱、すなわち足利幕府の初期のころまでお話になりましたから、その足利幕府の海内統一は困難であった事情も分かっております。そこで、その京都室町の幕府もいよいよ始末がわるくて、遂に戦国という有り様になり、日本六十余州の政治組織、殊に経済組織、社会組織にいかなる変動があったかと考えねばならぬ。

しかして、私の急行列車は如何なるところから出発して、どういう場所を通過するかと問うと、戦国よりして統一までということを第一の線路にしたいのであります。言い換えて申すと、足利将軍の勢力も持ちきれなくなり、四海乱世になりまして、いわゆる戦国時代の現象となり、百有余年の末には、信長、秀吉、家康などといいます人の力によりまして、また統一される。これはこの三人の出ました時代に当たって、いわゆる時代の要求が日本の統一を欲したのでもあります。

すなわち、英雄の出づることをば希望したのでもあろうが、とにかく天正に至り、乱後の風雲に乗じて、これらの三人が統一の功績を立てました。その戦国の乱れがまた、統一となるところの根本の要領を理解したいということが、私の講演の主意である。そのところで、その統一ということは、後にまわして詳しくお話致しますが、まず戦国というのはどういう有り様であったかと問うと、戦国とは中世における荘園制度の破壊であるから、荘園のことも一言する。

そもそも中世の日本は、政治組織の上におきまして京都の王室の権勢が衰えて、王室の力で直接に日本全国を御進退になることがなくなりましたが、しかしながら、人民の階級の上に貴《とうと》いも賤しいも、あるいは公家であり武家であるという階級が、一種の方法として社会間におけるところの結合の要素になっていた。

日本の社会には、この要素があったために縦《よし》んば京都の王政、文武百官の律令制度が衰えましても、全体の社会は崩れは致しませなんだ。かつ、経済上から考えますると、王朝時代のいわゆる律令政治におきましては、支那風の律令を採り用いましたがために、人民の大利害をなすところの生活の上、ないしは租税や徴発や産業において、あるいは実際社会下級の人民の要求と相応せんところの不都合なることもあったか知れません。取りも直さず、私田私民の団結たる荘園という仕組みのものが、かえって日本人の希望に合ったのかも知れません。

一方から申せば、荘園なる私田は王法の破壊で、公民主義の敵でありますが、しかしながらその王法なるものは元来、支那大陸の隋、唐の制度、郡県政治を移しましたもので、立派な中央集権ではあれど、必ずしも日本固有のものではない。上古の国造《くにのみやつこ》県主《あがたぬし》の代は、むしろ封建に類似していた。

上古の封建政体、中世の荘園制度

しかるに、彼様《あのよう》なわけで、奈良朝・平安朝の王法の崩れが、日本を復古せしめて、むしろ封建政治に近いところの荘園制度になしました。しかして、この荘園制度になるについては、諸国の武士の勃興がその先駆けとなります。この武士の標本は、平泉で申せばすなわち藤原の三衡、三衡の人々が、出羽奥州五十四郡に散在する庄および牧を支配して、農業・牧馬・採金を行った。すべて中古の産業なるものは、直接に諸国の荘園の地頭たる武士どもの世話によって百姓が営めども、庄の持ち主すなわち本家、領家は、京都の貴族、上方《かみがた》の寺社方である。従って京都における公卿や、諸方の大社大寺の人々は、庄園の年貢・すなわち借地料を京都へ運ばせる、それをば武士が世話する。それで以て、公家も僧、神主も裕《ゆた》かに歌を詠んだり、経文をあげたり音楽をやったりしたという状態であったろう。

　しかし、民《たみ》百姓と権門勢家の中間なる武士も、中々の利益がある。平泉の三衡の豪奢が、すなわち地頭たる武士の利得の結果であろうと思う。このことは前々の先生もお話しずみの次第であろうが、平泉の堂塔は如何なる生活の力によったかと問えば、私田私民主義の庄園が最も早く奥羽に実行され、三衡はこれによって平泉の御館《みたて》を造りあげた。

　宇治の平等院も京の三十三間堂も、三衡の如き武士どもの京年貢によってこそ、公家が建立した者ですから、皆同一の原因から出たのです。すなわち、庄園の私民制は国家公民制の反対であるが、中世の花は皆この庄園の捧物《ささげもの》である。

　また、武家・武士のみが庄園の利益を得たものではない。かの藤原氏の繁栄はもちろん、王室の院中政治というものも、まったく庄園の上に立脚したものである。すなわち王室はもちろん、宮様あるいは寺々、昔の言葉で、院宮《いんきゅう》権門《けんもん》と申します。この院宮権門の貴族が、海内散在の庄園の持ち主で、人民はこれを本家・領家と仰ぎ、武士の階級でその田地の支配権を握って人民に接しておりますから、その庄園の持主は多く京都方面にある。

　ただし、八省百官や国司郡司は有名無実で、公民関係は無い、私民関係で上方々面の貴族・あるいは寺々を、本家・領家と仰いでいた。そういう有り様で、公家、武家、百姓、換言すれば上流の貴族、中流における武士、下における平民、貴賤階級の生活上の実際が、まったく庄園の上に築き上げられて中世数百年を経過した。

しかし、人間という者にはその本能に強弱がある。平等にいつまでも治まって行くものではありません。人間には面々の強い弱いがあるのみならず、時々の変化があり、盛衰がある。また、一世の英雄でも子孫必ずしも偉《えら》くなるものでない、王侯将相豈《おうこうしょうそうあに》種あらんやで、随分卑賤なる階級の者が、大才力を抱いていれば、その人必ずしも上を凌ぐにあらざるも、上に立つ者が力の衰える場合に下がこれに代わるのはやむを得ぬ。そういう次第で以て、武士の力と公卿の力、ないし、百姓の風情の下賤なるものと武士との間には、始終競争があったに相違ない。でありますから、これが段々年を経ると、どうしても社会階級の勢力に、幾多の更迭を経なければならぬ。

社会階級の変化

彼の藤原氏も平等院の建築で盛代の形見《かたみ》を残し、奥州の藤原氏も平泉に古跡をとどめ、鎌倉におきましては高時ら北条一門の滅亡で鎌倉武士も名残となり、続いて南北朝の乱となったが、競争は代一代に烈しくなります。初め武士階級を生んだ庄園の性質も変化して、段々と武士の大将たる地頭一人の所有物とすることになります。庄園の地頭の下剋上《げこくじょう》と申して、下の者が上の者を凌ぐ現象が、南北争乱以後、連《つが》りに現れた。これは、決して土民が一揆徒党して地頭に抵抗する場合のみの形容詞でありません。蓋し、下剋上ということも、時代の変遷の間には、無くてはならぬことであったろうと思います。

私は、近頃朝鮮へ参ってみましたが、朝鮮は礼儀の国と申して、上下の区別がはなはだ厳格であるのみならず、またよく、文教主義の中央集権で治まっていたが、その社会組織は両班《りょうはん》あるいは両班《やんばん》とも申す貴族が都鄙に散在して、官吏大臣大将・文武の者は両班中から出る、上に李王を戴いて、下に農商の平民を抑えて社会を形造る、そして牢として抜くべからざる勢力を定めて、数百年維持していたが、さてもその国の全体の上から観察すると、この両班なる者は一升桝の中の小なる朝鮮という民族の抑えとなり、儒教を強制しては、礼儀の国と誇ったまでは結構だが、しかし、それがために民族の発達を妨害した。朝鮮民族として、ほかの日本に対し、支那に対し、殊に世界に対する上から考えると、まったく弱い人民を造ることに労したという結果になっている。

下剋上の勢、戦国時代

朝鮮人は平和を好み穏やかであって、日本の南北朝、戦国時代のような乱暴の国ではない。内心はとにかく表面は平和な好《よ》い国である。ただし、戦場に弱いが党派の争いには強い両班である。政府の乗っ取り、争いは常にありましたけれども、人民が怒って両班の階級を倒すなんということは朝鮮に未だかつて無い。そういう国は自国一国としては鎖された場合にはよいけれども、広い世界と競争する上には、どうしても強い人民、強い子供でなくては、国の未来は維持ができぬ。

ちょうど、朝鮮は日本の殷鑑となったものか、反射鏡としたものか、朝鮮の文教の漸く振った時代が日本の戦国であります。足利の室町幕府が無能力なため許りではなく、武士も人民も長くグズグズしておれぬから、人間の能力を発揮して、津々浦々までも入り乱れた状態、すなわち以前の鎌倉武士の子孫の者の間のみならず、百姓町人も鋤鍬を以て刀剣に代わる、競争がなかなか烈しくなる。あるいは、一郡一城を取るあるいは、一国を併呑して我一人の領分となし、最早、京都に一向に貢物を運ばぬ、畏れ多いが院の御庄、皇室の御頭分に対しても、貢物を運ばぬという勢となりました。

いわゆる、下剋上の時代、今日の二十世紀も恐らくは一種の下剋上の戦乱時代であろう。欧州のカイゼル乱も決して尋常一様のことではない…。

かくの如くにして、公家や寺社に取って代わったのが武家で今の大名華族の祖先で、それを御先祖の槍先の手柄と申します。右の如くして、武家はすべての関係を公家と絶ちました。公家、ないし京都の天台・真言の寺々などが、戦国時代以来、すこぶる衰えた。が、京都の公家の衰微は必ずしも田舎の衰微ではありません。田舎の衰微でなかったが故に、日本も、諸国に始めて大きな都会が出来た。

例えば、西で申せば大内の山口とか、坂東で申しますれば小田原の北条というようなものが出来た。しかし、大内亡びて毛利代わり、上杉・武田が北条と競う。そういう形で英雄が多く出で、十人・二十人と出来て、それが段々と押しつ撓《た》める間に、日本統一の希望もまた現われます。

二、近世の奥州

近世の封建

「こういうように、いつまでも争っておっては不可《い》ぬ《か》」ということを英雄も自覚しまして、信長・家康などという一段、勝れた英雄の下に統一された。さりながら、社会組織も政治組織も、戦国以前のそれと仕方は違うのである。庄園制度という複雑な領家、地頭、給人などというものでなく、一人で一家中を押さえ、一地方の土地人民を領分とするという単純な藩封制度である。

足利氏は元々、庄園制度の上に組み立てられた幕府であります。その幕府の下における武家は、皆公家の庄牧の地頭であったが、戦国以後の北条、毛利、信長、秀吉のやり方は、何でも我が武力で以て、一切土地人民を切り取りに取る。ただ、自分に服従する者へ、領分として相当の土地人民一切を与えてやるので簡単です。中昔の如く、百姓の年貢を若干を取って、その中より京都に運んで上分《じょうぶん》を済ますのではない。すべて、十か村でも百か村でも切り取り次第ということにして、一国一城を我力で切り取ったものは、完全に自分のものにするという方法で、これを一円進止の領分と申します。これを近世の学者は封建制度という言葉を使って言い現わしますが、封建諸侯なる言葉は支那の三代の昔の治体であるから、日本におけるそれと類似しているだけのことで、内容までことごとく適応している言葉ではない。よく似ているによって、漢語を使うが便利故に、その言葉で言い現わしている。

かるが故に、日本の封建なるものは、上古における国造県主の政治と、中世における庄園制度、近世における江戸時代の藩封諸侯、いずれにも通用せられる、三つの封建時代があると申してもよい。しかも、この三つの封建制度の内容は一致しておらぬ、すなわち経済の上・社会の上、その他・家と人との関係、また皇室に対する関係などからしまして、内容において、若干の相違があろう。

私が今日むねと話しを致そうと欲する江戸時代の封建なるものは、一円進止の一国一城主義である。領主もしくは城主、国主の権力が、最も発達した時代であろう。従ってある意味からいえば、小なる王国の割拠が沢山出来た、三〇〇の小王国が日本国内に出来た。しかるに、その半独立の形状を備えた三〇〇諸侯を、江戸なる幕府で治め付けて行ったというのが、近世の珍しい成績であると私は思う。これは支那の周の封建にも無いのであります。日本の封建は地方分権のように見えますが、地方分権と中央集権というものが都合好く調和されております。

江戸時代の特色はそこにある。一口に申せば封建時代であって、諸侯という者は三〇〇もありまするが、徳川家なるものは鎌倉や室町に比較すれば卓然として優れている。ほとんど帝王と同じように主権を握っておったものです。

しかしこれは、家康の独創ではない。時代の趨勢を利用して信長と秀吉が統一事業を試みました。その事業の完成者に過ぎぬ。戦国から統一までの大意は、以上で尽くしたつもりでありまするが故に、さらに天正、文禄、慶長ごろにおける奥羽地方の大名の盛衰興亡を論じて、中世の庄園地頭と近世の領分諸侯の異同のあるところを話そうと思います。

大小名の興敗

大名と小名、この言葉は源平盛衰の昔から漠然と用いられて、田舎武士の分限の大小を指す名目ですが、大名と小名の区別は判然あるのではございませぬ。

しかし、考えるまでもなく、大きな大名の側にいる小さな大名は、自然の勢でその成風に従うは止むを得ぬことであろう。ご承知の通り、今日の欧羅巴《ヨーロッパ》には瑞西《スイス》、白耳義《ベルギー》、丁抹《デンマーク》などという国があり、いずれも一独立国、バルカン半島にも数多の王国があるいうことになっておりますが、一朝実力の競争が爆発したるカイゼルの戦争において、白耳義などは忽然となくなってしまった。いわゆる小名なるものはその類であろう。

これを天正年中の出羽・奥州の形勢で申すと、海道筋で岩城・相馬。岩城は常陸の佐竹の保護をうけていた。仙道筋では白河、田村、須賀川（二階宮）、皆小名である。田村は伊達へ同盟した。伊達は今の伊達・信夫から出羽の置賜郡を根拠としました。伊達政宗はなかなかの強者《ごうのもの》で、会津葦名氏を亡ぼし、仙道・海道はもちろん、宮城郡の留守氏をも降伏せしめている。それから葛西氏でありまます、北上川流域を占めている。次に大崎氏、これは今、宮城県になっている栗原、玉造の五郡で、葛西氏の八郡と相対抗していた大名です。それから北へ参ると三戸《さんのへ》の南部氏で、領分は糠部《ぬかのぶ》五郡に鹿角《かつの》、津軽であった。それから出羽の方を見ますれば、大きな諸侯は、安東秋田氏であります。すなわち阿部の後胤、第一の旧家、仙北筋に小野寺という家があります。今の仙北平鹿・雄勝の三郡に渉り詳細に分からぬ。それから最上には昔の出羽探題の後胤の最上源氏がおります。さらに大泉庄内に入れば大宝寺という家があった。しかしながら、これらの大名の傍には、数多の小名があります。

それを特にこの平泉地方で考えまするると、あるいは時の勢に従って葛西に付くとか、あるいは大崎へ従う、また南部に付くという形勢の武士、半独立の豪族がある。これを被官《ひかん》とも申している。すべてこれら小豪族は、強弱常無く、縦横連衡《れんこう》の勢であったと思われる。我々の記憶によると、平泉の河東なる磐井郡におった葛西の被官に千葉氏という者が長坂におりました。葛西清重とともに文治の昔、この地方へ下向した武士の末で小地頭の流れだろう。また柏山という家が胆沢郡に在ったようであります。

それからなお、盛岡の方へ参りますれば、斯波郡には、足利御所《ごしょ》と唱えられて、大崎・最上の本家が残っています。御所というは僭上《せんじょう》ながら、当時の風で、足利の一族であるから、貧究しても尊称を帯びておりましたが、南部氏に亡ぼされる。これにまた、伊達家の分かれだという者が稗貫郡にいる、相並んで多田源氏の者は和賀郡にいて、ともに地頭ながら郡司に準ずる姿で稗貫氏、和賀氏と唱えられていたが、斯波氏と同運命です。閉伊郡へ参りますると、遠野には阿曾沼氏がある、下野の小山党の者です。海岸の閉伊郡には多田源氏の閉伊氏がいます。盛岡には、その昔は不来方《こずかた》と唱えて、城主の工藤という家がある、昔の伊豆の工藤の分かれで岩手郡へ移ってから、津軽辺へ跨がりまして一族が繁栄している。雫石《しずくいし》に戸沢という家が残っている。その戸沢の一族が分裂して山を越えて仙北に行き、また新庄へ移った、すなわち今日の戸沢子爵の先祖です。

さて、そんなわけで大大名の外に小大名が沢山あったことが明白に想像されるが、これらの大小名は皆鎌倉武士の末孫で、文治五年（一一八九）に平泉の泰衡亡滅後に、地頭としてその先祖が入部したのであろう。それが南北朝の争乱後は、ドサクサに紛らかして、その庄園郷牧の年貢をば、本家領家へも京参りさせず、遂に一領一城の主となり、強きは独立し弱きはほかに結託し、以て各自の存在を謀ったものであろう。

　また、これら大小名の一族や家臣の中にも、独立していわゆる下剋上を行いましたから、至るところの村里や、山川の要害には城跡を残している。この城跡を見るに、皆締りもない一時的陣地で、恐らくはこれに立て籠って五〇人、三〇人、あるいは一〇〇人、二〇〇人と、甲の村の武邊《ぶへん》ものが煽動すれば、この村でも勇士が出てこれと取り合うくらいの程度でありまして、今日の意義の築城には無論、あてはまってはおりますまい。

天下の統一

　それにしても、至るところの村里に土着の武士がいて、長い間の戦国状態を継続したことは、郷土地誌の城跡や種々の伝説で分かる。奥羽各地もこの如き形勢であったところへ、豊臣秀吉の上方《かみがた》における天下統一、四海混同の政策が着々成功致しまして、小田原の北条におよぼしたのが天正十八年（一五九〇）。この小田原征伐というものは、取りも直さず奥羽平定ということになるのであります。

　また、奥羽平定は、今日の思想で考えてみると、いわゆる世界政策であるこの時分の世界を日本国中と見れば、その小さい意義の小世界である。その小世界を混同することに、秀吉は力を用いまして、甲から乙と、東西南北を平定しました。その四海混同の際に方ってどういう事柄が起こったか。これを奥羽地方に引きあてて見れば、第一の事件は伊達政宗に対する処置振り、これが最大なるものであります。続いては奥筋における南部氏の保護に注目せねばならぬ。

　一体、南部信直は、信長時代から京都の有様を僅かに人々の伝手《つて》によって承知しておったので、その伝手というのは伯楽《はくらく》や・鷹飼・金買い、これらが奥羽の物産商人で、この者どもの伝手によって京都の様子を知るほか、僧侶や山伏の修行者から、上方の本寺・本山の手づるで、田舎の末寺末派にも何かしらのある位で、ほかにあまり多くの交渉の無いのが、当時の奥州です。また信直という人は温厚な人であります。伊達政宗のような人ではない、であるが故に信直は律義に自分の持っている三戸を固く守って、失わぬ様にするというくらいの考えらしかった。

　しかるに、一族の内にはなかなか英雄もある、津軽に大浦為信、また近く九戸政実、こういう野心のある才物がいた。三戸南部は本家ではあるが、信直のやり方は因循である、幸いにして八戸南部が南北時代の対立をくり返さずして屈伏していたが、九戸と津軽が信直に叛いて、独立を謀った。それがために南部家に一騒動が起こったのであります。この結果はどうなったかというと、もちろんご承知の通りである。津軽為信が信直よりも先駆けをしまして京都の方へ申し込んで周旋した。秀吉の方では、何でも奥は松前蝦夷《えぞ》ヶ島まで混同するのが志望であるによって千客万来、よいお客が来たというので、直に「それならば、お前の領分、津軽を安堵させる、四万五〇〇〇石は為信に下さる」という朱印を賜ったものらしい。

　しかし、南部信直は何故にその被官に先んじなかったか、信直という人は信長時代から京都の様子にも注意し、秀吉にも早く手入れをした、殊に加賀の前田利家を頼んでいた証跡が明白である。蓋し、信直その人の性格も、利家の如き温厚なる律義の人である。すでに温厚律義である故に、奇変の才略に乏しい。すなわちそれが故に津軽為信に一足飛びの抜け駆けの競争に負けた勢となった。そんな事情からして三戸の大《おお》南部はその被官たるところの大浦津軽家に先んぜられたものであるから、後世に至るまで、盛岡藩と弘前藩には一種の悪感情を残したのも、止むを得ぬことでありました。

天正十八年、十九年の兵乱

かくの如き次第で、豊臣関白秀吉の四海混同政策は、直ちに大小名の興敗となり、天正十八年から十九年に亘りまして、秀吉の代官たる浅野弾正が奥羽筋を廻り、その政策の実行を勉め、続いて徳川家康、前田利家、上杉景勝の三人が、同じく秀吉の命を承けまして奥羽筋をスッカリ巡廻致しました。その間に廃滅された者は、白河口の白河結城氏、葛西、大崎、由利、小野寺などである。この磐井・胆沢地方は、定めし葛西の領分であったろうと思う。したがって葛西に随従した小大名・被官は、皆頼るところを失い亡びたのである。木村伊勢守という上方武士が、新たにこの地方の領主となったが、葛西の残党はその威令に服従せぬ。

また、伊達政宗なんという陰謀をもやり兼ねぬ英傑が、傍にいる。政宗は祖先伝来の根拠地たる伊達、信夫、および新たに征服したる宮城や会津の土地をば削り取られて、残念に思っていたに相違無い。すなわち諸方の残党・先亡を煽動した。その当時の言葉で先亡ということは、亡国の残党である、その土地の前の持主でありましてそれが所々に出没して新領主に叛抗する。葛西、大崎はもちろん、仙北一帯の先亡の乱が起こった、天正十八年から十九年に渉っての騒動です。

そのほか、南部信直の一族、被官たる九戸政実も、大浦為信に真似《まね》た者らしく、土匪の様な騒動を起こします。土匪は、今日の台湾ばかりの出来事でない。昔も今も、如何なる時代にも変革の際にはあることであります。それがために、天正十八年・十九年に、京都の方からしまして大軍の討手を繰り出してやって来ます。

蒲生氏郷の如きは会津の新領土から来る、豊臣秀次は総大将として馳下りましたが、何にしろ烏合の土匪、蜂起の先亡で、そのうち内に治りが付きまして、葛西、大崎の旧領分を政宗に与えて一段落つきます。すなわち、鎌倉以来の旧家であった葛西なども全く滅びて、政宗の陰謀が成功した姿です。昔から葛西に随従して来たところの北上川筋、および本吉・気仙の小大名、今野《こんの》・熊谷などの跡を絶ちましたのは、皆この時であろう。しかして稗貫、和賀、閉伊一帯の地は、南部領と決定せられます。

近世封建の精神

南部信直は前に申す如く津軽を失うことになりましたが、さらに北上川筋に領地を得る、すなわち得失相償っている。全体、南部の領分は糠部《ぬかのぶ》が先祖以来の土地であります。糠部というのは馬淵川の水域の方でありまして、北上川の水域で無い。あの御堂峠の中山を越えて、いわゆる北上分水嶺より以北の糠部五郡が、南部本来の領分であった。それを今度、岩手郡から紫波・稗貫・和賀・花巻までの地を一円に領分と決定せられます。

岩手郡、閉伊郡の武士は早くより南部に随従した形跡もあるが、新しき意義の封建諸侯としてその土地人民を征服統治したものでない。それが、天正十八年の豊臣秀吉の混同政策の下に、全く南部の領分となる。稗貫、和賀、遠野（西閉伊）の三箇所は純粋の新領地であります。すなわち初め七郡頂戴すべきものが、斯波（志和）稗貫、和賀とも、合わせて十郡頂戴することになる。また、その釣り合いとして、一方の伊達の領分も増加して、花巻鳥谷《とや》が崎で、伊達と南部が境界を分かつことになりました。

さて、この際においてこの如き与奪、易置の遣り方は、すなわち近世封建の新主義である、昔の地頭や守護の制度と大に違います。中世の庄園を基礎とした近世封建、すなわち天正慶長以後、慶応に至るまでの攻治、政体の大眼目。それが天正十八年前後において、秀吉により最も明白に定まったと言わねばならぬのでありますから、これに秀吉の文書を仮りまして近世江戸時代の政体を説明をしてよろしいのであります。彼の徳川家康という人は、秀吉に代わっただけのことでありまして、すでに社会の上にも変化なく、政治上、そのほかの状態において、すべて秀吉を踏襲しているに外ならぬ。秀吉は天正十八年七月に南部信直に対してこういう書付を与えました。

第一箇条は、

一、南部七郡の事、天膳大夫（信直）覚悟に任す可き事、

と書き出し、七郡はいわゆる北郡、三戸、二戸、九戸（久慈）鹿角、閉伊、岩手であろう。覚悟に任せるということは、その人の心次第に任せる、勝手次第に任せるというのであろう。

この意義を考えれば、七郡の土地人民は皆信直の物である、中世の如き京都の本所、領家への年貢も送るに及ばぬ。ほとんど絶対の私有物として、完全に土地人民を封与する所の精神を、この文言の中に認めねばならぬ、それが第一条で、次に第二条に、

一、信直妻子、在京可ㇾ仕事、

信直の妻や子供をば、京都へ呼び寄せて置き、すなわち秀吉への人質《ひとじち》にすること。この人質が発達して、参勤交代となります。江戸時代では、江戸屋敷、秀吉の時は京の伏見、または大阪屋敷と申しますが、その御屋敷に大名の一族の者が人質として置かれた。豊臣ないし、徳川家に対して、諸侯心服の誠を表して、その実を厚くするところの大切な機関です。

それをばこれには「信直妻子、在京可ㇾ仕事」という文言で以て、その意味は概略ながらも、よく見せてあるのであります。その次の第三条は、

一、知行方一々検地、台所入、丈夫に召置、在京之賄、相続候様に可㆓申付㆒候、

信直の知行《ちぎょう》として与えた土地は一々検定するぞ、全体の土地の検定、明治時代で申せば明治九年以後に行われました、地租改正。地租改正とは違いまするが、趣意は矢張り一つである。田畠、宅地、山野までを一々に調べまして、竿入をして、土地の収穫、すなわち徴収の負担力を考えまして、畑、宅地まで米で見積りこれを石盛《こくもり》と申し、その中

から若干の米をば年貢《ねんぐ》として取ろうという事をば、一々に実地に細かく極めるのが検地であります。

この検地のことは、天正の末に秀吉が日本を統一するとともに、普く海内に行った田制であって、これが秀吉の偉大なる政治上の創設で、彼の古今に卓絶の成績もこれにあろう。徳川家はこの検地の制度をそのままにして、三〇〇年の泰平を維持していたものであります。日本の財政、民政、ないし経済の上に重大な事件として、天正検地ほど偉い重大な法令は、日本の歴史のあまり多くはないのです。

かの秀吉は、単に兵力を以て日本を統一した人でない。土地の竿入れ、石高の積りを普く行って、田地は皆諸侯に与えつつ、官民ともに安全に耕作し、かつは徴税するという行政上の遣り方が誠に偉いところです。すなわち、山崎の合戦や小牧山の合戦において勇武あったのみではありませぬ。彼が経済上、政治上における独特の才能は、中世の庄園制度破壊後の善後策として石高《こくだか》制を以て日本を中興したものである。秀吉は南部家七郡の領分に対して田畠を一枚一枚検地を命じました。しかしてこの方法の効果として、南部家の歳入、すなわち年貢が確実になり、間違いの無いように年々租税を召し置くこともできた。

今の言葉で申せば、「政府の歳入が確実になる」、昔の言葉でそれをば「台所入が丈夫になる」とこういって、さらに巧みに在京の妻子の賄《まかない》を言い草にしている。妻子を京都へ引寄せるのも全く秀吉の発明と言うべき新法である。その新法を右手に行いつつ、左の手に検地を行い「百姓から取る税法をチャンと明らかにして行けば、諸大名の台所の歳入は確実になる。それで以て京都の方への諸賄《しょまかない》をば支えて行けば、立派に在京しておれる、困ることはないぞ、安楽に京都で遊んでおられる、結構なことだからそうなさい」、とこれに言外の味もあるらしい。第四箇条は、

一、家中の者共相抱へ候城々、悉令二破却一、則其妻子は三戸へ引寄可レ申事、

家中とは、一家中と申しまして、君臣の関係を結んだ者が一家族の関係となることであります。中世鎌倉時代の武士

の君臣関係は、まだこれまで進んでおらぬ。今は旧制を止めて、一家の主従を一家中として一城の下に君臣の義を固くさせる。それについては、これまでの如く城が多くあって、家中の武士が分かれては、治安に妨害になる、今日あるいは一家中ながら別に城を持っているものがなお、あるならば、その者どもの持っている城々はことごとく破却せしめ、南部の本城三戸一つにして、方々の小大名・被官の城は壊しなさいという趣意です。

彼の九戸政実が乱を起こしたのも、福岡城の破却、妻子の三戸へ行かねばならぬことに、直接に原因するところがあるらしい。政実の乱は十九年の春です。政実の乱は余事としても、とにかく、すべて城というものを壊させ、一領一国には必ず一城とし、七郡の南部領内の武士の妻子を三戸に引寄せて一家中とすること、この一点でも近世封建の特色が分明である。すでに秀吉は信直の妻子を京登りさせた如く、南部の領分七郡・ないし十郡の家中の者を、皆三戸へ集めて置け、各自村々に散在して昔の鎌倉・室町時代の如き武士では、家中という者ではないというのです。すなわち、豊臣秀吉は家中制度の創造者、強制者であります。

さて、この家中制度というものは、日本の兵力を強くする上に利であったか害であったかという議論は、別にあることであります。とにかく、秀吉は天正・文禄年間の当面の急務として、一領内の武士を集めて城下で一家中として養わせ、村々へ分かれて土着させせぬ。村々には代官として郡方《こおりかた》を遣わすくらいにして、すべて一括して、一国一領の中心地へ集中せしむる方策を行った。この四箇条が、取も直さず近世封建制度の大精神、江戸大名制度の眼目で、みな秀吉の意中から発生したのであります。これに段々と尾が付き、鰭が付き、枝葉ができて、徳川時代のいわゆる封建制度なるものを、形作ったのであります。

金山を取公す

それからなお、天正十八年十月の古文書にも、当時秀吉の号令の精神眼目が見えるものがある。それは、南部大膳太夫信直が、葛西先亡の武士たる江刺兵庫頭重恒という人に与えた手紙であります。江刺兵庫頭は葛西の被官で、半独立の小大名であった。もっとも祖先は葛西氏の一族で鎌倉武士であった。それが戦国時代にはいわゆる小大名になりまして江刺郡を抱えていたが、葛西家が亡びた時、南部の家臣として相続を謀った人です。すなわち、南部大膳大夫がこの人に対して手紙をやって、当時の事情を説いている。その文句は長いが、ただ大意だけを平たい言葉で申しますれば、「この度秀吉関白殿下から、諸国の金山は皆公儀の物である」という御法度《ごはっと》が下った…。

これは考えるとこういうことになります。土地人民は諸侯の領分に渡されても、金山の如きは公儀の物、すなわち国家の物ですという心で、これはいわゆる中央集権と封建割拠の調和にも努めた所以である。秀吉は、海における船の法度、あるいは交通に係る道中の法度、あるいは金山法度など、こういう制度は、前の時代頃には極めて区々であったものを統一しまして、一方に領分における諸侯の政治を自由にするとともに、また地下の埋蔵物たる採鉱の権利を公儀に収めた。すなわち、江刺の旧領分内から砂金が出ております。奥羽筋には諸方に砂金が出る、その砂金もみな殿下へ差上げよとの号令により、一旦は江刺からも若干献上を致した。

ところが、役議もすんで六匁御返しになったと言ってある「この献上により、金山奉行も喜んで帰京されるし、信直自分も満足仕候」と書いて、次に「天下の物山も河も両ながら領主の物に無之候」と書いている。山でも河でも、皆我々が領分であるとしても考えられるが、実は関白殿下の物であるから、その中の田地だけを頂戴致して何万石と石高を書いてあれば、石高以外の産物は、当然諸侯の物であるまいと解釈しているらしい。ここに権利と義務が表裏に調和されております。郡県主義と封建主義が一緒に調和してる。すなわち、この信直の書面では「山も河も両ながら領主の物に無レ之候」と言い、秀吉の朱印状に「七郡は信直の覚悟に任せる」と有って、矛盾の調和である。こういう矛盾らしいことは多く今日の法律にもあるが、江戸時代にもこの類が多くあった。

それから「筑前殿」……この筑前守と申すは前田利家のことであります。「筑前殿の越中の矛盾の金山も御奉行相つき候」と言っている。それから「佐度、越後、甲斐、信濃、何れの国も其分に候」と書いて、諸国の金山はみな豊臣家の公儀の物である、奥州ばかりでない、越後佐渡は上杉景勝の国であります。それから甲斐国は徳川家康の物であります。信濃半ばは徳川家の物、半ばは上杉景勝、こういう訳で、家康も景勝も利家も、みな金山の事に付いては秀吉の新法令を奉じている、「我等手前ばかりに限らず候」と書いて、江刺に対して「金山まで取上げられる事は、日本全体がそういう事である、我々ども計りで無い」と説諭している。この辺の語気に信直の気性も想われる様である。政宗の如き才智の人ではない、しかし温厚な人である、「尚々」と繰返して追而書もあります。

尚々、金山の御役相済候て、可レ然存候、定めて下々は何かと可レ申、葛西等輩中の有様御覧候はば分別あるべく候、云々

金山の砂金役の事が済んで、私もとにかく、喜ばしく存じている、定めて下々の者は何かかれこれ言うかも知れぬが、一体葛西の一同の人々が、一両年前まで諸郡に大に蔓延《はびこ》っておった者だが、あの葛西の亡滅した有様を御覧なさい、天下の大勢は既にこうなっておる。能《よ》く能《よ》く分別なさって、江刺の一族衆は三戸の家中となり、神妙に服従なさいと説いている。もしもグズグズすると、ほかの葛西の等輩のような目に遭いますぞということを、尚々書にさらに痛切に書いていています。こういう状態は、如何にも天正十八年から十九年頃の政体変革の際の有り様であろう。この精神が、取りも直さず徳川家康に続いて行われ、十五代連綿として日本の封建の形をなしたと言ってよかろうと思います。

三、奥州の産業開発

江戸時代、すなわち我らの近き三〇〇年間における、広き意味の文明史上の条件の中で、産業、あるいは実業方面のことをば、特にこれをお話致して、江戸時代の講演を終えたいと思います。文明史上の条件は、文学、宗教、工芸、美術、いろいろありますが、その巨細のことに亘っては、お話もできそうにありません。よって、産業開発という点に付いて多く試みたいと思います。

不毛の開拓

まず第一に農業であります。日本はご承知の通り、「農を以て国を建つる」という諺《ことわざ》が著名になっている如く、古代の産業と称すべきナリワイはまったく農業で、百姓も皆この農民で農民がほとんどすべての人民でありました。従って、農業上の政治や方策も、昔からいろいろある。しかしながら、最も大切でしかも基礎になるべきものは、土地の開拓、すなわち不毛地を開いて田地にすることである。これは多く、水の溜まったものを切り落す、あるいは水の無いところへ溝を引いて来て、不毛地に灌ぐ如き事業であります。

これを近く岩手県の地方で申せば、慶安年中、江戸の三代将軍、四代将軍の頃、盛岡藩南部家のことで、信直の次の利直、その次の重直の時分であったろうと思います。紫波郡に鎌津田《かまつだ》甚六という者が、三万石ばかりの土地を開いたと申します。すなわち鎌津田某の灌漑の土木工事によりまして、紫波郡に三万石の田地が開けたというのでありま す。それから、和賀郡に紫野という用水堀を、奥寺某が開鑿した。金山の下財《げざい》、すなわち鉱夫を連れてきて、今で言うトンネルでありましょう、水穴を掘ったのです。今日は土木工事も大いに発達したが、昔金山の採鉱法も極めて幼稚なもので、下財が穴を掘ると申しても極めて幼稚であった。その時代において早くもトンネルのようなものを掘りまして、そうして十箇村に灌いだと申します。これは一、二の例話ではあるが、三〇〇年前の状態を知る上の必要条件であります。

なお、著名な話は、胆沢郡に寿庵堀がある。伊達政宗の臣下で、慶長年中の天主教信者の一人、ヨハネ後藤（寿庵）という西洋知識と信仰を有した者が、すなわち寿庵濠を開いた。これは近く平泉に接した地方のことだから、今日も来会者諸君のご承知のことであろう。全体、この地方には岩井川の照井堰《てるいせき》または茂伊羅堰、衣川用水などもあるが、それはズッと昔に早くできたものと思われます。それにしても、江戸時代に及んでさらに改修したものであろう。これを要するに、日本の農業の進歩というのは、上古・中世よりも多くは天正、慶長以後に著しく発達している。近世の著しい農業改良が、諸国の例でありますから、おそらくこの地方における田地の開拓ということも、戦国時代以前にはその例少なく、奥羽は至るところに不毛地が多かったのが、戦国時代以後になって、面目を一新したのである。

取りも直さず、仙台藩の領分、盛岡藩の領分と定まりましたるその初めの頃、すなわち慶長から元禄時代頃に当たって、盛んに奥羽地方の開拓も行われたので、用水、排水の方法によって、多くの美田が増加したものだろうと思われます。南部領の七戸あたりでは、幕末になって漸く三本木野を開いたが、その功労者は新渡戸伝という人である。三本木の新渡戸の如きは五、六〇年前のことで、十分に分かっているが、至るところの田地は皆三本木の開発と同じく、ある人の力によってなされたものです。

私は「郷土の歴史の第一頁には村里《むら》の創立《たちはじまり》を説く」とするならば、その村の常立《とこたち》の尊は、必ず農夫たる場合が十中八九であると考える。いわゆる草分《くさわけ》の移住者は多くの場合に農民である。すなわち「村里は田地の開発により、田地は用水による」という原則は、至るところの村々に応用されてあるのです。しかし、その初め人力で出来た濠も、他年あるいは天然のために破れることもありますから、村落を維持し農業を継続するには、時々、先祖が造って遺したものをよく修繕せねばならぬ。修繕を怠れば壊れるということを承知しておらぬと、何時かその先祖が、先祖のことを忘れた子孫に水害を与えるのであります。すなわち、用水が洪水になったり、堤防が破れて民家を覆すということは、前に申す如く、その功労者の遺した歴史を忘れた罰であるといわねばならぬ。その様な例は、至る所にあろうと思います。

また、この田地開拓の例は、一方から考えると直ちに地方の富の如何にかかわるのです。すなわち、盛岡藩南部家の領分において、石高の増加がどういう割合で増加したかということを考えるのも、田地の石高である。諸大名それぞれの家の富と強さの歴史に関係がある。なおも大きく推し及ぼせば日本の国富増進の歴史は、第一に農業歴史である。近世の日本の進歩は、大部分は江戸時代に開墾された田地の力であると結論致されてある。

今これに南部領、もしくは仙台領の例よりも、殊に顕著なる例として、津軽のことを考えますると、津軽は天正・慶長年中に、四万五〇〇〇石という石高で、取りも直さず四万五〇〇〇石の収穫すらなかったほどの小藩でありました。それが段々と増加して、天保の頃には二〇万石と申します。この津軽はとにかく、年々の気候の甚だしき不順のために、平均の収穫をば見積り仕兼ねる地方ですから、少なくとも二〇万石、豊作となると四〇万石の米が取れたということである。今日はどういう統計になってるか、最も詳密な統計が自ら現われているから、明白な計算もできましょう。それはそれとして、江戸時代の薄弱なる材料によれば、幕末において二〇万石。ないし、四〇万石という極度の数が見えております。

しかるに、この津軽が慶長の昔に四万五〇〇〇石しか収穫がなかったことを考えると、これに江戸幕政の間において増加の大なりしことを知らねばならぬ。しかも、南部の領分はどうであったかと問うと、これは一〇万石というのが天正慶長の検地高であります。その一〇万石の禄が二、三〇〇年間にどれほどに増加したかと考えると、大略三〇万石、すなわち津軽の比例になりませぬ。津軽は非常な比例で増進し、豊年には一〇万石も輸出したが、南部は津軽の割合に増進せなんだ、輸出米もほとんど無かったことを承知せねばならぬ。

その次においてなお、南部と比例して、仙台伊達家の領高は六〇万石、これが表高でありまして、天正慶長の古い検地の数量であります。その高が土地の開拓と農業の改良により、段々増加しましたものと見えて、幕末には百余万石の実力があるとしてあります。百余万石の実力は何によって増加したかというと、取りも直さず、北上川流域の沿岸に広大なる田地が開かれたために相違ない。そこに四〇万石の増加を見たので、年々仙台米とし三〇万石ずつ輸出したと申します。彼の石巻から登米、磐井、胆沢までの、北上川流域の左右における不毛地が田地になったために、四〇万石が三〇〇年間に増加したと断言して差し支えないと思います。

養蚕と織物

さて、かくの如くに見渡して考えると、土地の力の増加することは、なかなか広大なものです。しかし、その増加の比例はどうであるかと尋ねると、領分別に概略を申せば、津軽が最も優れていた。その次は仙台領であるが南部領はその割合に増加しなかったように思う。これは比例の大数の上でありまして、細かい数は分かりませぬ。まあ大体から言えば右様なわけであります。

次に、農家の副業は如何、副業は東北地方に発達したろうかと考えると、東北は一体に振るわぬ。江戸時代の日本は、農家で養蚕を勉め、また木綿をうえて、絹や太物を出し、遂に立派な商工業を発達せしめた地方もある。すなわち養蚕業織物業勃興のために、三〇〇年間に頗る模様を変えました。昔、長崎における貿易の著名な船来品は白糸《しらいと》と申しまして、ただいまの生糸のことである。その生糸が多くは支那から来て、南京糸を以て日本の絹織物を造ったというのが、古の状態でありました。日本は昔から養蚕の国ではない、むしろ三〇〇年以前における貿易の状態は、生糸輸入国でありました。

しかるに、江戸時代に関東の諸国に糸が出来、奥州でも伊達・信夫に養蚕が盛んになり、上方では三丹地方に養蚕が行われ、続いて諸大名が各領分の国産奨励という政治の結果がそのところに現れまして、東西の諸方に立派な織物ができるようになってから後は、支那糸を必要とせざるのみならず、京の西陣、あるいは桐生、足利、そのほか至る所に織物が出ることとなり、一旦、港を開いて世界と交易する時になると、今度は日本にあり余った物を外国へ持ち出して、亜米利加へ持ち出し、仏蘭西へ持ち出すということになったのは、すなわち二〇〇年間の一大変化でありまず。ご承知の通り、目下日独戦争の打撃は何であるかというと、生糸貿易の上に、一時的の現象ではあろうが、打撃を受けているように、今日の日本では生糸が重要物産として第一の品となっているが、昔はそうでなかった。かかる相違は、すなわち歴史上の現象で、これが歴史の説明を必要とする所以である。

日本は農業国でありますが、最近世の二、三〇〇年間に、農家の副業たる養蚕というものの発達からして、遂には世界の工業とまでも進んで来たのであります。

であるから、日本は一方に農業立国たると同時に、一方に工業立国でなければ、世界的産業の上に日本の立場が安全で無いということを論ぜられてあります。

そこで、奥羽地方のことを考えると、伊達・信夫と米沢をば論外として、今、仙台・南部の旧領分の事を考えると、どうも養蚕、織物、ともに振わなかったようであります。仙台の領分でも信達・信夫に近接の方面にはやや盛んなようでも北上川流域には振るわぬ。最も仙台の城下には、お殿様の官営で仙台平《ひら》という袴地があった。大名がよそへ進物、お土産物にする位には発達したが、真の民営の商工業ではない。南部の鉄瓶と申しますけれども、これも古いものではありませぬ。例の釜石鉄山が幕末に発見せられまして後、多少出来ましたけれども、茶人の賞玩で名の高いに似ず、実力はない。

まだまだ、海内一同に必要とするほどの鉄が出たでもなく、鉄瓶だけでは、矢張り国民の工業としてさほど大なるものにはなっておらなかった。漆器の如きも、会津の若松藩では同じ奥羽地方でありますけれども、国産としてやや特色あるものに進んだ、蝋燭や陶器もある。しかも、名あるところの南部の浄法寺椀や、平泉の秀衡椀の遺っている北上川水域には、漆器も進歩しなかったように思う。要するに、商工業及び、農家の副業には特に申すべきものは無かったと言わなければならぬ。

牧畜

さりながら、これも農家の副業の一種でありますが、牧畜だけは大声に申したい。これには、南部家の旧領分は全国敵なしという位に輝きたる歴史も持っております。また、如何にも盛んなものであります。南部家は、本来馬淵川水域の主で、かの糠部という地方が本領であった。

鎌倉時代の中世としても、糠部には国郡制度が敷かれていない、大宝令や延喜式の地方制度は、もちろんこの糠部に敷かれていないが、代わりに一種の牧場制度でありました。すなわち、一戸から九戸まで戸という牧地を分けまして、一の戸毎に東西南北に四つの門を分かちまして、九戸四門の牧場制がある。これは平安朝時代の誰の計画にできたか。

あるいは、平泉三衡の時代に、その手によってできた牧場制か、今日の史料では確かと分らぬが、糠部をば一戸から九戸に分けて、さらに閉伊に亘って郡郷制度が敷かれずして、むしろ、牧馬本位に政治が敷かれた。すなわち、農業立国の体ではなく、牧馬時代の姿である。かるが故に、この糠部竝に閉伊についての古文書、旧简に、田の高や、畑の高や、町数などを呼んだ書付はないように思います。やがて、中世の南部領は、牧馬国であった。年貢はすなわち、貢馬《くめ》で米穀ではなかったらしい。農業地方でなくして、まったくの牧馬の地方であった。

原始の蝦夷の牧馬の時代を、中世の農業時代にも維持された特別の国でありました。しかし、それは室町時代までのことであって、室町時代以後に至るというと、もちろん農業も立派に起こりましたであろう。牧馬よりも農業の方が一般に有利であるということになったに相違ありませぬから、自然の必要から開発されて、田地も多くなり、遂にはかの天正十八年、十九年の検地には、南部信直の領分として、初めて検地されたろうと想像される。

戦国時代以前は範囲外としてこれを措き、近世の牧馬制、盛岡藩の馬政如何と顧みるに、これも一般の土地制度が、中世のものを近世に変革したと同様に一変したに相違ない。しかしながら、その牧馬に関する古来の例を逐って、近世の馬政に推し移ったものであろう。大略を申すと、南部領内の馬はすべて政府のものである。官のものである故、人民のものでないというのが、牧馬上の原則である。これはすなわち、古代の九戸四門の古代の糠部の法をば、近く江戸時代の盛岡藩に遺された物と思われます。他国ではそんなことはありませぬ。

他国の馬には一定の持主があるが、南部領内の馬には持主があるが、それは飼主で、真の主はお殿様であります。この意義は馬の専売法を施行維持するがためのことですから、良い馬は貢馬、すなわち馬取《うまとり》の時に献上せよ。悪い馬は勝手に使ってもよろしい、また他国へ出してもよろしいが、他国へ出す際には許を得ねばならぬ。代銭の歩合幾らだけをば持主、すなわち飼主に与えるが、余金は政府が取るというのが原則である。馬の飼主へ、若干年間の飼って置いた労力に対していくらか与えるが、全体馬は人民のものでない。官の必要に応じて随時に徴発。否、買上げられるのであるから、今日の塩や煙草の専売と同一の政治です。この専売が原則になっているから、したがって男馬は売馬として、また種馬として取られる、印《かね》はどういう烙印を付ける、鬣はどういう形に切る、細かい定法がありました。

また、何処の国でも人民を治め支配するために、庄屋とか肝煎という村役人がありますが、南部領内には馬の肝煎、馬の庄屋がある。村落至るところの多数の馬をば監督しておって、人よりもむしろ馬が盛岡政府の直接歳入になっていたらしい。南部家の直接歳入になっているのみならず、また人民も馬を飼立て利得したであろうから、南部盛岡藩の産業としては、久しい間、馬が代表者でありました。

もっとも、奥州の内でも三春駒など申しますれど、何といっても南部馬が日本の名物であるのみならず、波斯《ペルシャ》とか、亜刺比亜《アラビア》とか、海外からの種馬もこれへ輸入されまして、馬種の改良成績があったらしい。しかし、その南部馬も、最近、日清戦争日露戦争の経験によれば、まだまだ改良の程度が低かった故に、軍制に関連して馬政が新しくなりましたことは、諸君のご承知の通りである。馬について素人の私は、固より精密な話も出来ませぬけれども、南部馬、糠部の牧は、歴史上の一の大なる研究題目であろうと思います。仙台藩も隣接していたために、馬政上には多く南部の法と共通一同のものがありました。

鉱山業

その次に鉱業、すなわち金山の金掘りでありますが、これも日本において奥州の金山が古来重要な位置を占めていたに相違ない。彼の「陸奥山に黄金花咲く」と歌いまして、日本に黄金を産したはじめと言ってあります。のみならず、奈良の御世以後も歴代の奥羽の産物というものは、第一に貢金《くきん》ということになっていた。支那人の書いた物、西洋人の書いた物にも、奥州の金ということが載っている。

十六世紀ごろの西洋人の如きは、日本国に莫大の黄金がある。その金は奥州というところにある。のみならず、奥州の先の方には誠の黄金の島とかいうものがあると妄信していた。十六世紀、十七世紀頃の西洋人の想像に思い出だされて、頻りに東洋探険を試みた結果、彼らは何を得たか、カリホルニヤの金田を得た、また南洋の方に濠太利亜《オーストラリア》を得た。これら探見も、初めは我が日本の奥州の産金地を探って、それを取りたいという創造が嵩《こう》じて、遂に濠太利亜、カリホルニヤなどの鉱山を発見したという、有名な事実であります。西洋人は歴代の間、一心を籠めて金を得ようとして来たのである。日本の奥州の端には沢山な金があるという伝説、もしくは風説があって、それで騒出して来たのである。

そこで、それを我らで江戸時代の様子として考えますると、大いに参考になるのです。江戸の前時代なる大坂の豊臣秀吉という人は、上方地方におきまして、すでに金山を開いている。摂津に多田の金山、続いては但馬の金山で、これが秀吉の直轄で、時代相応なる新しき技術を用いまして、いわゆる山下吹《やましたぶき》の技術を応用したらしい。その新しき技術が、あたかも新しき秀吉の海内統一の完成と一致したがために、秀吉は間接に日本全国に対して、新しき技術によって採鉱冶金する結果となりました。独り古来の如く砂金を淘《ゆ》り拾《ひろ》うのみならず、銀山も開け、銅山も開け、銅の中に銀が混じっている、それを南蛮絞りという方法で以て分解する。銅と銀をば分析して、多数の銀を探るということが初めて天正年中から見えます。

大阪の住友、銅山王と呼ばれる彼の祖先は、すなわちこれ、南蛮絞りの方法を知っておりました。その分銀法は海外の異国人から泉州堺の浦で伝授したとも申します。これよりさき博多の商人も、唐人すなわち明人から伝授を得て、石見銀山を開いたともいうが、それは明確を欠いている。畢竟するに、山下吹、南蛮絞の如き技術発展のために、日本の鉱業上の変化を起こしたのである。それが幸いに秀吉の後を継いだ徳川家康の如き大政治家の時代に逢いまして、いよいよこの新技術によって諸方の金山からドンドン金銀銅が出ました。しかして、その金銀銅の沢山出るということは、やがて当時の上下貴賤の人々の顔に泰平の楽しい喜ばしい現象を与えたのです。山吹色の黄金を沢山積む、この様子を見ては、これまで武張ってのみいた人も、必ずや破顔一笑、こらえ切れぬに相違ない。秀吉も金に富んだ人であったが、慶長の家康はさらに金持ちであります。これがすなわち天下太平の気運が向いて来たとも申すべき者で、江戸幕府の基礎はこの黄金時代に築き立てられた。

かかる時代の背景として、奥羽の諸金山の歴史を考えるに、当初は単に浅い穴を掘って、そのマブから純金の蔓《つる》を見つけて、単簡なる灰吹《はいふき》の法を施したに留まる。それ故に多くのマブは永続きせぬ。金の蔓が銀へと変じ、さらに銅山と変じても、銅の吹方は金銀よりもむずかしいから、大概にして掘方を留めたものです。とにかく、初めは金銀山の多額の産出があっても、永続きせなんだ憂がありました。

南部家の白根（鹿角）金山が、銀山へと変じ、銅山と変じたのもこの例に当たります。秋田の佐竹家の如きも同様であったと思います。秋田の院内も阿仁も、最初は表層の金を採りまた銀を採り、さらに深く掘り進む所の技術と、銅を吹き立つる技術の進歩により、銀山または銅山として運命を永くすることができたのです。この有様を全体の上から申しますると、慶長から寛永頃までは、日本の金銀はその発掘において非常に盛りの時代である。しかも、この金銀の盛りの時代は、さのみ非常の進歩せる技術なしとも、造作もなく採れたのです。

寛永以後になると、探鉱も冶金も困難になります。その原因を探れば、技術の進歩が後れるためであって南部家と佐竹家が金山の堺論を争ったために、山が衰微したとは申されません。最上の延沢銀山、仙台領の刈田金山、ならびに気仙の沙金、はた沙鉄川の沙金というものも、同一の有り様、長続きせぬ。前に江刺の金山のことを証文を挙げましたが、みな永続きせず、いわゆる慶長・寛永の頃の一斗盛りを見せたばかりであった。この日本の一時的の日本の金銀を、西洋人はあまり誇大に想像したようであるが、あえて無根のことでもないのです。大体の鉱山の性質から見ても、奥羽では秋田佐竹家の銅山、銀山が最も重要でありまして、それに次ぐべきは南部領の鹿角、水沢の銅山であった。

　しかし、ほかの地方はどうかと問うと、佐渡を以て最も著名のものとする。これも寛永年中まで最盛りの金山であります。その後はあまり多く金が出ない。金が出ると見せ掛けておく方が、徳川家の日本を制御するに、いささか便利でありまする故に、彼の山を維持していたのです。今日の世にも、ご承知の通り、銀行とか、商店に参りますると、大きな素晴《すばら》しい金庫を飾っていると、人が金を預けるにもよほど安心の念を与えます。それと同じことで、佐渡の金山をば、何処までも金が沢山出るように見せ掛けていたのは、幕府の政策の当然のことでもありましょう。もっとも金がまったく出ないのではない、分量が微少になっていた。金山奉行とは名義の上に申されてあるが、実は佐渡の土地を治めて一〇万石の代官所であった。

銅山の勃興

　今申す如く、江戸時代の初期の金山は金銀でありましたが、金銀が出不足になったから、さらに銅を求め、その銅の多く出ることになった年代は、四代将軍・五代将軍以後です。最も幕府の官山たる足尾は早く盛りましたが、中絶して、その後はズッと微少の産額で、明治年中の古河市兵衛の新経営を待ちつつあったものです。伊予の別子、これは足尾に後れて五代将軍の時、元禄年中の発見である。彼の南蛮絞の住友が幕府の許を得まして、じき経営して今日まで続きます。

もちろん、諸国にも銅山がありましたが、このほかに大したものはございませぬ。しかも常に栄えて継続して、少しも衰えぬという山は、別子の銅山だけであります。故に日本の三山は、別子の銅山、南部の鹿角（尾猿沢）、秋田の院内阿仁と申すが、別子が常に豊富でありました。しかして、この三山の盛衰を、長崎における金銀銅の輸出の統計から考えてみると、日本は初めは金銀を外国に出しましたけれども、元禄以後は銅を以てこれに代える。降って、安永・天明年号の頃は、外国から金銀を取寄せて、それを以て日本の金銀貨を造っていたのであります。すなわち銅の産出を奨めて、外国の金銀を逆輸入せしめて、僅かに金貨本位を維持していたのです。

佐渡の金が日本の法貨となった時代は幾何《いくばく》もない。銅は朝鮮へも、支那へも、莫大に行きましたのみならず和蘭人《オランダ》もこの銅を択み、荷物の都合によって欧州へ持って返るというわけで日本は銅の国でありまして、実際金銀の国ではありませぬ。これは長崎貿易の出入の品物の統計を見ると分かる。銅はこの点に付きまして、最も重要な品であるが故に、八代将軍の世以後、南部の領内において、尾猿沢、水沢（和賀）秋田の領分としては荒川《あらかわ》、院内、阿仁の諸銅山をば、御用山と申して銅を盛に掘らせました。かくの如くして、銅が沢山出ることを奨励した結果、長崎における貿易上の均衡を謀りましたから、当然金銀山よりもむしろ、銅山が鉱業上の主脳であります。古代の日本では銅が乏しく、常に支那から唐銭を輸入して来たものでありました。

それが江戸時代となり、銅を輸出することとなり、今日もその形勢を維持しています。つまり、一国の経済上から考えると金銀という物は、左のみ日本近世の国の産業上に大なる功績を現わしておらなかった。殊にまた、今日の統計表を御覧なさると、金銀はいよいよ以て日本の鉱業界に主要な物でない。いわゆる石炭という物は明治、大正の鉱産上、随一の物となってる。これまた新しい変革である。

西洋では鉄を以て重要としてあるが、日本には鉄が乏しい。最も昔から吉備の真金《まがね》と申し、沙鉄で日常の用を足した。平泉の舞草《まうぐさ》の刀鍛冶も沙鉄で刀剣を造ったらしい。それが文政中に至り、釜石鉄山が着手せられ、初めて日本で鉄鉱に着手し、かつその熔鉱炉の如きは、文久年中に大島高任によって昔、経始せられました。この二事は盛岡藩の歴史上に特筆せらるべきものである。しかし世界の競争上、二十世紀の需用に応ずべき鉄としては、日本には鉄の量が少ないのは残念です。それにしても盛岡藩の鉄は忘るべからざる一産物でありますから、終わりに付加しておきます。

古代の商業

それから商業、すなわち品物の売買のことにつき述べたい。商業なるものは、ご承知の通り、その地方のすべて物産の中よりあまれるものを出して、その地方に一向無い物と取換えんための働きである。

しかも、農業者は日常農薬の仕事の忙しいによって、品物と品物との交易に従事していられない。そこで専門の貿易をのみして、品物の取り換えに従事する人ができる。すなわち、いわゆる商人であります。かるが故に、古代には商人は無い。あっても微々たるものですが、産業の盛んなるに従って、商人の数も増加する。甲の地方から乙の地方に送り、また甲に必要なる品をば乙の人から買って送る。その中間におって両方の満足を謀る者が商人であります。

大昔の如くに、田舎が農業だけで生活する時代には、自ら食物を作るのみならず、副業として自らの要する道具をも、自分の著る物をも、手細工で拵えて、すべて自分で弁ずるという場合には、すなわち一家的の経済でありまして、国の経済とか、国民の経済というほどに、産業上の分業というものが行われぬ。さような時代には、商業などがもちろん起こるはずはない。そこで、日本もご承知の通り、上方《かみかた》すなわち中央地方がすべてにおいて、先んじていて、上方辺に早くも商人が起こったでありましょうけれども、出羽奥州地方は、どうしても遅い。

しかも、その草昧の時代においても最も先に現われた商業は何であるかというと、このところには金買《かねかい》吉次という者がいた。京の三条の金買、橘の吉次《きちじ》、これは名高い商人でありまして、当時の出羽・奥州の産物は砂金であって、その砂金を京都に運ぶ。この必要のために、この地方においても土人が連《しきり》と砂金を拾い集めて、そうして金買の来るのを待っていた。

もちろん、吉次の金買の話は中古の伝説的に残されたことで、厳密なる人物としての歴史事実は分からぬが、中古における著名な商業は砂金であり、その代表者は吉次であったと見て、まず差し支えなかろう。いわゆる小田、気仙（世田米《せたまい》）高倉（栗原）本吉は往時の産金地であった。金につづいての産物は馬を賞美しております。従って馬商人が、いわゆる糠部・閉伊より出づる何立、何立と牧地を名に負った逸物《いちもの》を買いました。

また、昔は鷹をば貴族の狩りに用いしために、大変賞美しておりまして、王公貴人はこの鷹を使いまして、そうして雉や鶴や小鳥を捕らせる。この鷹の逸物をば欲しいというので、鷹の使いと申して、馬取と同じく奥羽へ来ました。また、鷹の羽も矢に付ける必要がある。そのほかに昆布《こんぶ》とか、葦鹿皮《あしかのかわ》とか、なお調べたら若干の産物がありましたろう。これを目前の物で解釈すれば、平泉の荘厳なる藤原時代の工芸は、これらの産物の輸出によって、さらに上方から輸入されたのです。

海上交通

江戸時代のことを考えると、金買馬買のことは申すに及びませぬ。さらに時代の変化（馬や鷹の使）からして需用上に変化があったから、第一に材木の沖出《おきだし》があったであろう。このことに付きましては、秋田の材木が、すでに豊臣秀吉の大坂・伏見に築城する時に、野代川の山奥から伐り出させたことが、秋田家の書類などに見えております。

また、南部家の領分たる鹿角の山中まで泝って材木を伐り、秀吉に献上したことがあります。これを見ると、奥州筋の材木をば上方に運ぶということは、天正年間から現れている。材木は天正年中より初めて一産物となったと想像しなければならぬ。その次は米であります。農家は米を作るを唯一に勉めまするが、この米がその産地の需用に余れば売るよりほかに、用い場の無いのです故、もし売る途が無いとすれば、食余った物を残しておくほど、困ったことはあるまい。支那の古い諺に「九年の貯え」など申すことは、決して信用ができぬ。自家自国の食料以外の米は、売ってほかの物と換えればこそ、米も宝であります。

それである故に、伊達政宗は北上川水域における田地を開いて、ここにいわゆる仙台米ができれば、余れる米を石巻の港から売り出さなければならぬ。すなわち、海上の交通と相俟ち、仙台領の産業が農業上にまず開けた。全体、銚子より北の方は、江戸開府後も船は行かぬとしてあった。小田原北条時代の頃には、東海の遠州洋が大儀がられた位です。これを、政宗が仙台に築きまして、塩竈の古い港の外に荒浜と石巻を開き、小名浜、銚子への沿岸航路を初めた。沿岸を伝わって浦賀、江戸への航路を開いたものであります。何故かと申すと、政宗はすでに北上川の下流を改修し石巻を立派な港としたのみならず、石巻から連絡せしむる貞山堀は、阿武隈川の荒浜まで達する運河であります。この貞山堀を以て、北上川と阿武隈川を連絡せしめて、五十四郡の運漕を計画した。政宗はナカナカのやり手、いかにも陸奥の太守である。

天下泰平の気運に乗じて、自分の領分を中央として、南は阿武隈川に通じて北は北上川と連絡を付けたのは、種々の方面から利益を数へ得られるが、第一に北上川流域の田地の新開とその余れる米の輸出、米の捌口を図ってのことに相違ない。そこで北上川の水運は一之関・狐禅寺の渡までとして、それぞれの設備もあり、それが間接に花巻の南部領まで影響したものと私は論定する。しかして、この水運は陸上の駄政、すなわち諸種の荷物が陸運を誘引することとなりまして、これに近世の江戸時代の奥州を現わしました。もし、田地ばかりできまして、そうして米の需用の無かったらどうでしょう。古今その例はあることであります。

両三年前、朝鮮統監府で盛んに米を作らせ、殊に木綿を作らした。ところが、その綿の直段が廉くなって、印度《いんど》綿に圧倒されて、農民も統監府を怨むという状態があった。そういうわけで折角、産物を作っても、捌口がないと、政宗の政策は失敗したかも知れぬが、一方には海陸の交通も発達したがために、奥州の米穀も材木も近世の一大産物となりました。

それから、津軽の例をこれに引いて考えると、なお一層痛切に感ぜられる。全体、津軽海峡は、昔の和船では頗る困難なところであります。龍飛から尻矢、一帯の海は、潮の烈しいところで、一方は名に負う蝦夷ヶ島、この海峡の東西横断は古来その例が無いとしてあった。それを江戸時代となり、東廻りの沿岸航路が安全となります。すなわち、秋田領の野代、津軽領の青森、鰺が沢から、東廻りに津軽海峡を横断し、八戸を過ぎ、閉伊郡を通って、江戸に往復する時代になったのが、明暦以後のことでありますから、四代将軍の時であります。

それ以前は、津軽から江戸へ米をば運ぶ船が無い、僅かに敦賀、下関、大坂へ大迂回して、上方、西国に交通した。すべて秋田、酒田の米は、みな日本海を通過して下関、瀬戸内海を通って大坂へ行ったのです。西廻り沿岸航路は、古代から早く開けていた。東廻と西廻の前後遅速は、同一の出羽奥州ながら、各方面の産業、はた文物の発展に大に関係のあることである。江戸時代以前には東廻りの航海は、ほとんど無かったのです。しかるに、明暦中より初まった。したがって、青森港も開けたし、また南部領の八戸、野辺地、宮古、鍬が崎…。ああいう港が開けたのも、要するに東廻りの航路の開通のためです。

しかして、その開通というのは何であるか、技術上には堅牢な船を造った、政治上には湊における船の保護が行き届き、船頭も荷主も、公用・私用ともに安全に海上往来ができるようになったので、龍飛、尻屋の難所をも突破して、年々廻船が東西自由になりました。このことをなお換言すれば、造船の堅牢よりも、むしろ港々の保護、公私の奨励という如き政治上、法制上の施設が備わったために、津軽海峡の航路が開通したと申すのです。右の次第をさらに論結すれば、交通と商業が相俟って起こり、これがために奥羽の産物、人産たる米のみならず、天産の木をも斬り出して、地方が年々開発したというのであります。

山の目の豪商

なおも別に一例を、近く一之関の豪商の始末に取って考えたい。伊達家の仙台萩に語られるところの綱宗公、あのお殿さんの時代から、元禄頃に当たりまして、仙台領にも奇跡らしい豪商が起こったことがある。頗るめずらしい例です。それは、この平泉に近き一之関に接する山目《やまのめ》村の人で、阿部小平次という者であります。小平次は伊達政宗の時からのすでに御用商人であった。この政宗は前にも申す如き英雄であるによって、その御用の目的は恐らく国産でありましたろう。すなわち地方に出づる所の金銀銅、材木、米穀などを買い集め、さらに北上川の流域を下し、あるいは南部領の品物をも採り集めて、石巻へ出して遠国へ運んだものでもあろう。すなわち大阪や江戸へ送るための問屋・仲買という如き商業の働きにより、非常の利益を得て家産を起こしたのです。古くは三条の橘次が彼の時代の代表者であるが、小平次は近世商業の代表者であります。その財産の分量が幾何かという点は分からぬが、献金の高が分かっている。

それは、今も昔もとにかく、有勝のことで、伊達家の御物入《おものいり》の難儀、政府歳入歳出の辻褄の合わぬということがある。昔はこの場合に、御用商人に差上を仰せつける例であった。今ならば公債募集に応ずるというようなことであるが、昔は公債という制度が無いによって、御用商人に御用金を命ずる、いわゆるお冥加金として差上げるわけであります。元禄の阿部小平次という人は、あるいは三〇万、あるいはは五〇万という金を、数回献じて、伊達家の窮乏を救ったというので、富のほどが分かる。然るに、この阿部小平次の店の小僧に遠藤弥平という者がありまして、主人に劣らぬ英傑で主人を離れて、しかも、相並んで山目で商業を営み、材木、米穀、金山の事業、特に山師の色彩を帯びていた。なるほど、秋田の金山旧記を見ると、小平次が彼地の金山の下請《したうけ》をやっている。小平次の外には仙台外記という一流を開いた下財師《げざいし》もあった。

下財とは金堀のことです。いわゆる外記流の技術で山を掘って行って、秋田の金銀山や銅山を盛んならしめた。この外記とともに小平次という者が、秋田の金山の下請をして働いていたから、多少の想像もこれにつけられます。また聞くところによれば、山目には小平次が銅の棒をふき立てました吹立場の跡が残っているということですから、恐らくは、この随波居士と号した富豪の、そのほかの逸話や遺蹟もありましょう。

のみならず、食禄二五〇石、あるいは三五〇石というものは、この家が零落して後も、仙台藩伊達家から賜ったとも申します、すなわち子孫数世続いておったということであります。かかる商工業の事跡を見ると、奥羽の開発上、徳川初期に当たりまして、伊達家は必ずしも上方の商人を入れずして、阿倍小平次や遠藤弥平という如き土人を使った、従って割拠の政策を立てて仙台一藩限り一種の産業独立を謀っておったものと見える。

小生は、伊達家の始中終に渉っての産業事蹟を審にするものではないが、東北一般のことを考えると疑いがある。元禄以後はどうなったか、上方の商人が到頭侵入して田舎商人に代わりみな、上方商人のために、お大名の勝手元を取られたものと思います。秋田藩の財用方《ざいようかた》の蔵元《くらもと》は上方商人、盛岡藩も同断です。盛岡は大坂の商人鴻池某がお勝手元をやっていて、時機に臨んであるいは銀札や、米札をも発行したが、この紙幣のために非常な騒動をも起したこともあります。

元禄後の経済や財用は、一地方限りのものでない。すでに江戸もしくは京都・大阪に多くの国産の売捌、必要品の仕入取引あるがために、自然、江戸や京都・大阪の商人が諸大名の蔵元とか、金方《きんかた》の御用を勤める。江戸時代の初めには山目の商人の如き者も崛起したが、それも元禄以後は少なくなってしまったものと、私は考える。これは封建政治が割拠の状態を維持するにも係わらず、経済上の商工業は世界的に広く行われて、財貨は漸く一処に集中する傾向を示してきたためであろう。元来を言うと、封建制度は割拠の藩邦を維持するものである故、必ずしも京大阪の商人にのみ商権を握らせるのが本意ではなかった。仙台の領内にも山目の商人がなした事業を考えてみると、商工業も初めは独立して行われた。南部の領分内にも、初めは相当の町人が領内の御用を勤め、ために起こった相当商人はあった者であろう。しかるに、江戸時代の中頃以後の形勢から見ると、すべて御用商人は上方、あるいは江戸の者に兼併されたということになるのであります。

集中と割拠の勢

私は江戸時代の奥羽の経済上、産業上において、重大とも思う事柄を、四ッ五ッばかり、お話申し上げましたから、ほかの巨細なことに亘って申しましたところで、私の杜撰であっては、殊に緻密な観察はできない、今一つで御免を蒙ります。

諸大名の石高の上から観察して、貧乏大名とか、裕福な殿様であったと申す。その貧富のいわれ因縁を述べてみまする。まず南部家盛岡藩をその一例として考える。天正・慶長年中には十万石と積もられた、その土地は十郡と限られて子孫まで安堵すべき領分と極められた。それが十年・二〇年と年月を経て、寛文年中には已に一二万石となり、小南部と申さるる八戸に御分家が出来ました。二万石だけは八戸に新しく分家として分けましたから、本家は十万石、元のままにして、二万石だけ新田が多く増したのです。いわゆる二万石を殺いで出されたわけでありますから、表面上、十万石は一二万石となったのである。しかし新田は、実際二万石だけであったかと問うと、もはや、四代将軍のころに八戸分知の時、盛岡の本領は一四万八〇〇〇石という内高《ないだか》があって、分家二万石あったからして、事実は一六、七万石になっておりました。

ところが、元禄以後、享保を通過して新田もますます多くなり、文化五年に、北海道の松前領の内、半分だけは幕府の直轄として内地へ合併しました。あの頃、盛岡藩は二〇万石という表高《おもてだか》に披露致したのである。しからば産業上の実質も、文化頃には二〇万石以上になっておったろうと思う。これと同時に七戸小南部の一万石の分家もできました、共通して二三万石といってもよろしかろう。

しかし、これをほかの津軽弘前藩に比べてみると、津軽は狭小な土地で四万五〇〇〇石というものが、既に十万石に増加して表高十万石と披露された。しかして南部は二〇万石でありながら、内福でない、十万石の津軽がかえって余裕があった様です。南部家では、いつでも財政が不如意であって、何時もお困りで津軽は何時も豊かであるといって、江戸のお屋敷方の下馬評は、十万石と二〇万石が逆に見なされていた。南部さんの方は、いわゆる日本国の三分の一に当たっているという大きな国土であるし、その家柄も由緒も旧い、家中の武士もみな古い家筋であった。古い南部家ではあるが、常に財用上、生活上に困難があった。

津軽はどうであるか、家も新しい国も新しいが、石高からいうと半分ながら、かえって豊かでした。それは盛岡の家中のことばかりでなく、南部領内の百姓町人も、生活困難のために、数回騒動を起こした。その騒動は、百姓町人が誅求に堪えぬという人民の反抗です、南部領の竹槍席旗は、著名なことでありました。これは独り南部ばかりでなくして、仙台の領分にもありました、しかし南部領の騒動が最甚だしかった。領内の者が盛岡の政治に服し難いと申して、幕府に訴えるために、多数の人民が領分を越えて押出したこともある。それで、隣藩の仙台の方でも仕様なく、また幕府も困った。

しかしこれは、結局、天下の問題、封建政体の瓦解はこの百姓一揆の結果として来《こ》ねばならぬ時運となりました。単に、相馬大作が憤って津軽公を要撃せんとし、横澤兵庫が改革を行って南部家の自強を謀ったという件々をば、南部藩の出来事、もしくは東北の出来事とのみ考えては、真実の意義に接触せぬ。ここには封建政体の崩壊、日本の変革という大事件が中に潜みてあるのであった。一言して尽くせば、人民が封建制度に不満足で、新なる政治を要求したことが大原因であったろうと思う。しかも近き小原因は、他領に比較して我藩の人民の生活の困難ということが、一揆反抗を招いたのである。そういう大小二つの原因のために、幕末の南部家の内証は他藩に比して甚だ寛かでなかった。

遂に文久、慶応の局面一変、戊辰の戦後、藩籍奉還という際に当たって、南部家は三二万石になっているが、表面の高に比して実収入は少ない、否年々不定である。恐らくは実収入は三つ物成《ものなり》で十万石位さえあるまい。秋田の佐竹は幕末に二六万石といっておりました、それでありながら実際の収入は一五万七〇〇〇石あったと申しますから、すなわち六ッ物成にあたる。六ッものなりというのは、石高が十であると六分の歳入があるのです、日本全体の石高は幕末で三〇〇〇余万石と申しました、その平均が三ッ半ものなりになっております、十分の三半なりでありま す。しかるに秋田は六ッものなりでありまして歳計予算に余裕あり甚だ豊富でした。

これは秋田の領分内の土地の石盛が、すべて軽く積もられた故だと申される、また生産が豊かなためとも申される。その反対で南部領の方は石高を過分に見積もったのです。すなわち実際の収入は秋田が一五万石で、南部は十万石であるにも拘わらず、表面から見ると一方は三二万石と積もり、一方は二六万石と積もられてる。斯様なことがいわゆる封建時代の経済上の困難を来した原因であって、取りも直さず日本の統一、政体の維新、地租改正の必要となった。殊に税法改革の要求は、斯様な経済上の状態から、直接に来ているのであって、この経済上から考えても、必ずや封建を打破して新しき組織、秩序の下に、公平な政治にせねば、人民が到底堪えないのである。それ故にこの封建政治が壊れ、しかして万民もそのところを得れば、初めて世界に雄飛する日本も出来るのであります。

封建政治の利弊

右申す通り、近世江戸幕府の徳川時代三〇〇年間の治平というものを眺めると、初めは全国の武家割拠の状態であったものが、天正・慶長以来、幕府統一の機運に向いて来て、遂に秀吉および家康が家中制度を励行して、自分の膝下に諸大名を引寄せて参勤交代せしむる。こういう仕組を大小の諸侯も身分相応に模倣して、そこに経済上、社会上の組織を立ったのであります。経済上においては人民に対して検地制度を行い、また社会の秩序の上には侍、百姓、町人の身分を定めます。それによって日本はとにかく、平和を得て政治も相応に行われ、その間に産業上の農工商も発達しました。

しかしまた、その間に弊害も段々と起こって、遂にどういうことになったかと問うと、割拠の弊害は、殊に諸方面に甚だしい。詰らないところの領分上の見地から、同一の奥羽地方の中でも南部と津軽が競争をして由緒の高下を争う、お殿さんとして幕府のお座敷に出た時の高下の資格を争う。遂には他領の荷物や人馬は、我の領分の川や道路を通さぬ場合もありました。盛岡の壮士相馬大作が津軽侯を要撃するようなことまで起こったのです。これらの往事を考えてみると、統一せられし日本国の人民として、今日から見れば馬鹿らしく思われる。

けれども、相馬大作が怒ったのは、それもその当時の時代の出来事として同情同感の点がある、時代の圧迫が大作をして怒らしめたものである。しかし、いつまでも人民は自己を屈してはおれぬ、南部候に対しての一揆騒動も起こった。

おわりに――新しき日本

終わりに慶応には維新改革の機会にあたり、奥羽と薩長の大衝突も起こった。しかして初めてここに国民政治というものが出来た、しかして三、四〇年の後には、かの旧日本も改造せられたるものの如く、東洋もしくは、欧羅巴に対しても、真に一帝国らしき位地に進みつつある。従って、今日の如く欧羅巴の大戦争にも際会して、ますますその位地を確保しつつあるのです。

しかし、このカイゼル戦争は世界の大改革を招くと同時に、日本の運命も如何に決せられるものか、唯今がまさに進行中であると思います。このカイゼル乱の結果は、今後どういう変化を世界に与えますか知らぬが、とにかく、今後の未曾有の変化は、我日本にまでおよぶことに相違ない。これは近世の三〇〇年を回顧するとともに、必然に起こることの我々の心持ちの通りである。一言を加えてこの講演を終わります。

【付記】本書収録にあたり、読者の便宜をはかるため、旧字は新字に、旧仮名遣いは現代仮名遣いに改めるなどの修正を行った（編集部）。

Ⅱ

九戸政実の乱――戦国最後の大反撃

遠藤　巖

着々と全国平定を推し進める豊臣秀吉。その秀吉の威光によって勢力を広めようとする南部信直。これらに反発し、一矢を報いようとした反骨の徒・九戸政実に、時代の流れともいえる大討伐軍が差し向けられた。

一、南部内七郡とは

南部《なんぶ》信直《のぶなお》が、すでに天正《てんしょう》十五年（一五八七）秋には豊臣《とよとみ》大名として認定され、同十八年七月の奥羽仕置《おううしおき》開始早々に秀吉《ひでよし》禁制を交付され、同二十七日宇都宮《うつのみや》城で知行《ちぎょう》を安堵《あんど》されたことは、つとに知られている。その知行安堵の秀吉朱印状には、南部内七郡の安堵、信直妻子の在京、南部家臣知行地への検地実施と信直直轄地の確保、家臣諸城の破却とその妻子の三戸《さんのへ》集住などが、箇条書きに記されていた（「盛岡南部家文書」）。ところが、肝心の南部内七郡がどこなのか、まだ確認されていないのである。

一説では北《きた》・三戸・二戸《にのへ》・九戸《くのへ》・鹿角《かづの》・岩手《いわて》・閉伊《へい》の七郡と解釈する。しかし、糠部《ぬかのぶ》郡が北から九戸までの各郡に分割されたのはのちのことであり、この当時はまだ中世以来の糠部郡は一つの郡であった。だから、もう一説では、糠部・鹿角・岩手・閉伊と斯波《しば》・稗貫《ひえぬき》・和賀《わが》の七郡とする。しかし、これまた、稗貫・和賀両郡の評価をめぐって異説がある。

稗貫・和賀両郡は、天正十八年まで稗貫広忠《ひろただ》・和賀義忠《よしただ》兄弟の所領であった。南部信直が押領《おうりょう》し、九戸政実《まさざね》に支配させていた、などという証拠はない。秀吉が宇都宮在城中に、大崎《おおさき》・葛西《かさい》両氏らに対すると同様に、小田原《おだわら》不参を理由に召し上げを決定し、浅野《あさの》長吉《ながよし》（長政《ながまさ》）に接収と仕置を命じた地であった（「司東氏採集文書」「和稗記録所収文書」）。実際に、浅野長吉の仕置は稗貫郡までであって、斯波郡以北に及ばず、稗貫郡までの村々がすぐに石高《こくだか》表示で知行宛行《あてがい》の対象となったのに対し、刈高《かりだか》表示の斯波郡以北が石高表示に切りかわるのは慶長《けいちょう》以後であった（「宝簡類聚所収文書」）。天正十八年十月、仕置を終えた浅野長吉が、稗貫・和賀・江刺《えさし》・胆沢《いさわ》各郡にそれぞれ代官を残留させ、帰途についたとき、「志和郡より北筋は残らず南部領なれば、是は代官を差置かず」と語ったという（『南部根元記』）。稗貫郡鳥谷ヶ崎《とやがさき》城残留代官がのちに問題となる浅野勝左衛門忠政《しょうざえもんただまさ》（重吉《しげよし》）であるが、ともかく斯波郡以北が南部領ということになる。

斯波郡と遠野保《とおのほ》は、鎌倉・室町期以来の北奥の名門家たる斯波御所と阿曽沼遠野《あそぬまとおの》氏の所領であったが、惣無事令《そうぶじれい》発令後に南部信直に切り取られ、実際にこの時点では南部領と見なされていた。また、遠野保（このころ遠野郡とも記す）と同様に、中世を通じて郡であったのが、南部領久慈《くじ》郡であった。この遠野・久慈両郡を直視すべきであろう。つまり、糠部・鹿角・岩手・閉伊・斯波・久慈・遠野の地が南部内七郡である、という説が生ずる。この説が妥当なのではあるまいか。

会津《あいづ》から帰洛《きらく》し摂津有馬《せっつありま》で湯治中の秀吉が、浅野長吉あて十月七日朱印状で、「南部境目の和賀・稗貫」までの長吉の仕置を了承し、南部家中の者どもが信直に愚意《ぐい》など申しかけぬよう、信直に改めて朱印状を交付したと伝えたのは（「大阪城天守閣所蔵文書」）、前後の状況からみると、仕置終了後の和賀・稗貫両郡を信直に引き渡すというのではなく、信直に南部内七郡の自分仕置を認め促したものと解釈できる。和賀・稗貫両郡は、十八年段階では、接収後の新郡主未定という無主《むしゅ》地《のち》扱いの地であり、同年暮れからの猛烈な一揆を受けたのち、翌年の第二次仕置で南部氏領に交付された、という説を妥当としたいのである。

ともかく、南部信直は、津軽《つがる》・比内《ひない》に対する権利を放棄させられたかわりに、惣無事令に違反して切り取った名門の所領斯波・遠野の領有を黙認された。しかも、北奥羽でただ一人、豊臣方検地奉行の進駐と直接仕置を受けなかったのである。これこそ重視されてしかるべきであろう。

二、京儀を嫌う

本州の最北にあって、ひたすら秀吉への忠節を表明し、そのつど他大名とは桁《けた》ちがいの駿馬と名鷹を贈り続けた南部信直であった。たとえば、小田原参陣のときでさえ、佐竹義宣《さたけよしのぶ》の馬三頭・金子《きんす》三〇枚・太刀一腰、最上義光《もがみよしあき》の馬五頭・金子一〇〇枚という秀吉への進上物に比べ、信直は綾緞子《あやのどんす》馬着一〇〇着で飾りたてた逸物の駿馬一〇〇頭と鷹五〇居を携えたという（「北信愛覚書」）。この北奥の特産たる駿馬・名鷹の領主南部氏に、秀吉は期待したのであったろうか。南部内七郎においては、信直一人が京儀＝豊臣の代弁者であり、仕置実施の担当者とされた。信直の誇らしさを思いやるべし。ときに信直四十五歳であった。

しかし、事態は予測を超えていた。北奥羽各地で怒濤《どとう》のごとく強行される仕置は、不安をかきたて、一揆を誘発し、南部領にも逐一波及していた。出羽仙北《でわせんぼく》では奉行大谷吉継《おおたによしつぐ》が、六郷《ろくごう》で訴訟を申し立てた百姓を見せしめのためとて、その場で三人を斬殺し、五人に縄をかけたといい（『管窺武鑑』）、大崎領加美《かみ》郡でも奉行木村吉清《きむらよしきよ》が、米泉《こめいずみ》で隠し置いた刀を取り出し抵抗を企てた大崎旧臣や年寄百姓三〇人あまりを磔《はりつけ》にし、脇百姓《わきびゃくしょう》は赦《ゆる》してやった、などと得意気に語っていた（「浅野家文書」）。小領主居城の城破《しろわ》りと刀狩・検地、そして脇百姓の取り立てなど、ラジカルな豊臣方式を直截《ちょくせつ》にもち込もうとさえする意気込みで、仕置が強行されていた。反対一揆は必至であった。

出羽仙北で、増田《ますだ》・山田・川連《かわづら》の古城に一揆衆が集結したのをはじめとして、由利《ゆり》でも庄内《しょうない》でも、仕置反対の烽《のろし》が上がった。前田利家《まえだとしいえ》らが津軽仕置からの帰途、比内で襲われた一揆は、のちに浅利頼平《あさりよりひら》の申し立てによると、秋田《あきた》実季《さねすえ》から教唆《きょうさ》されて企てたものだというが（「秋田家文書」）、これも本質的には京儀に対する抵抗であったろう。突然に所領没収の憂き目にあった大崎・葛西、および和賀・稗貫での一揆は、ことさらに熾烈《しれつ》であった。北奥羽全体に、燎原《りょうげん》の火のごとく燃え上がる一揆とともに、「京儀を嫌い申し候」という言葉もまた、南部領まで広がっていた（「色部文書」）。北奥羽の人々の怨《うら》みをこめた、精いっぱいの抵抗の声ではなかったか。

南部信直は、この抵抗を耳にしながらも、ともかくも南部領の仕置を断行しなければならない。領内支城の城破りと、検地による信直直轄地確保とに、早急に着手しなければならなかった。至難の課題だが、幸いにも長女千代子《ちよこ》の夫八戸直栄《はちのへなおよし》（一五七一〜九五）や、北・南《みなみ》・東《ひがし》家の結束があり、なによりも豊臣の権威と支持を一身に担っていた。これをバックに、かねてから感情的にも対立していた九戸政実を対象に絞り屈服させれば、仕置は進捗《しんちょく》すると計画した。

稗貫郡鳥谷ヶ崎城で一揆の攻撃を受けた浅野忠政を救出して、糠部に同道し、こともあろうに、政実の領内、九戸城の西方わずか五里にある足沢《たるさわ》城に入れ置いた。九戸城と波打《なみうち》峠越え二里に南接する一戸《いちのへ》城も北信愛《きたのぶちか》に与えていたが、翌年春に忠政はまたこの城にも移る。いずれも、信直の挑発であった。政実もついに挙兵した。

三、政実と九戸城

九戸政実（一五三六〜九一）は、信直より十歳年長であり、九戸信仲《のぶなか》を父、八戸信長《のぶなが》娘を母とする。苗字《みょうじ》の地たる九戸（大名館《だいみょうだて》か）から西接の二戸城（白鳥城《しらとり》）に移り、ここを九戸氏本拠の九戸城として、九戸・二戸を併有したのは、信仲の曽祖父光政《みつまさ》のときとも、また政実自身のときともいう。将軍足利義輝《あしかがよしてる》時代の『永禄《えいろく》六年諸役人附』帳には、関東衆とし南部大膳亮と九戸五郎の二名が書き上げられていたが、これが晴政《はるまさ》（四十七歳）と政実（二十八歳）であったろうか。すでに南部を二分する勢力と見なされていた。

政実の正室は四戸政恒《まさつね》娘、政実の次弟実親《さねちか》の正室は晴政二女、三弟政親《まさちか》は曽祖父以来、婚姻を重ねてきた久慈家の備前守直治《なおはる》の娘婿となり政則《まさのり》と称す。政実長女は糠部郡南門《みなみかど》の葛巻政祐正室であるという。また、一戸の姉帯《あねたい》城主姉帯大学兼興《かねおき》は、政実祖父信実の弟兼実《かねざね》の子であり、兼興姉は岩手郡不来方《こずかた》城代福士《ふくじ》秀宗《ひでむね》正室であったともいう。この姻戚関係にみるように、九戸氏は糠部郡南半から久慈郡に及ぶ諸氏の盟主的立場にあった。南部氏による仙北・秋田口や斯波口の経略を担ったのが、九戸氏であった。秋田側で南部勢を「九平《くのへ》」と表記するのも（「秋田藩採集奈良岡文書」）、九戸氏の役割を端的に伝えるものであろう。

馬淵《まべち》川に臨む九戸城は、本丸・二の丸・三の丸・松の丸・石沢館・若狭館と地勢を生かした郭を連ねる、総面積三四万平方メートルに及ぶ平山城《ひらやまじろ》であり、北奥戦国を象徴する中世城館団地群さながらの観さえ呈している。その規模も景観も南部宗家《そうけ》の三戸城をはるかにしのぐ大きさであった。

この九戸城主左近将監《さこんしょうげん》・修理亮《しゅりのすけ》政実は、三戸城主家督の地位をめぐって信直と対立し、次弟実親を殺されていた。

癒やしがたい感情的しこりは、秀吉と結び京儀をかさに着る信直に対し、なおさらに募ってくる。

天正十八年春の津軽出陣命令を拒み、翌年正月の年賀三戸出仕も欠席する。信直の抑止令に背いて、大崎・葛西浪人らをもつぎつぎと召し抱える。信直の挑発もあるが、いやがうえにも京儀を怨む人々の代弁者に押し上げられ、もはや豊臣権力とまっ向から対決する意思を表明せざるをえなかったのである。

八戸氏と深い姻戚関係にあった一門の櫛引清長《くしびききよなが》や七戸《しちのへ》家国《いえくに》と語らい、天正十九年三月十三日夜、いっせいに蜂起する。櫛引氏は四戸苫米地《とまべいち》城、七戸氏は六戸伝法寺《ろくのへでんぽうじ》城、九戸氏は浅野忠政のよる北氏の一戸城に、それぞれ夜襲をかけた。信直側でも即座に応戦したが、各地の城館主たちはつぎつぎに九戸方に呼応した。櫛引兄弟、七戸兄弟、久慈父子に鹿角の大里《おおさと》修理亮と大湯《おおゆ》四郎左衛門、および一戸の一戸図書《ずしょ》や姉帯兼興兄弟らを核とする。ことに九戸・二戸・四戸内の城館主たちがそうであった。遠野保横田城主遠野孫三郎（阿曽沼広長）も呼応の意を表したという。

信直が子息利直《としなお》と老臣北信愛および浅野忠政らを上洛させ、豊臣軍出動を哀願しようとしたのは、四月中旬であった。

四、日本半国の動員を受けて

天正十九年六月二十日、豊臣秀吉は関東・越後《えちご》・奥羽の全大名に対し、「奥州奥郡仕置」出陣の大号令を発した。江戸大納言家康《いえやす》と尾張中納言秀次《ひでつぐ》を総大将、浅野長吉・大谷吉継・石田三成《いしだみつなり》を軍奉行として、越後宰相景勝《かげかつ》・常陸侍従《ひたちじじゅう》義宣・宇都宮国綱《うつのみやくにつな》・会津少将氏郷《うじさと》・伊達《だて》侍従政宗《まさむね》および出羽《でわ》侍従義光らの大将のもと、南は岩城《いわき》・相馬《そうま》氏らから北は秋田《あきた》・津軽《つがる》・松前《まつまえ》氏らに至るまで、ただちに参陣せよという命令である。前年の小田原攻めに次ぐ大動員令であった。

出羽庄内の藤島《ふじしま》一揆は、すでに五月に上杉《うえすぎ》景勝家臣の直江兼続《なおえかねつぐ》らによって徹底的に鎮圧され、大崎・葛西一揆も、伊達の全精鋭軍を率いた政宗によって、秀吉の大号令が届くころまでにはほぼ鎮静されていた。大軍の総攻撃を受けるのは、和賀・稗貫一揆と九戸政実らだけであった。しかも、第一次仕置によって知行を安堵されたばかりの奥羽諸将には、この奥郡出陣が秀吉への忠節をはかる踏み絵とされていた。いやおうなく実動部隊として奮戦しなければならない仕組みであった。すでに鉄砲の時代なのに、松前慶広《よしひろ》は毒矢を持たせたアイヌまで率いて来たという。下国《しものくに》氏にかわる夷沙汰《えぞざた》の担い手たることをアピールする機会でもあったのである。

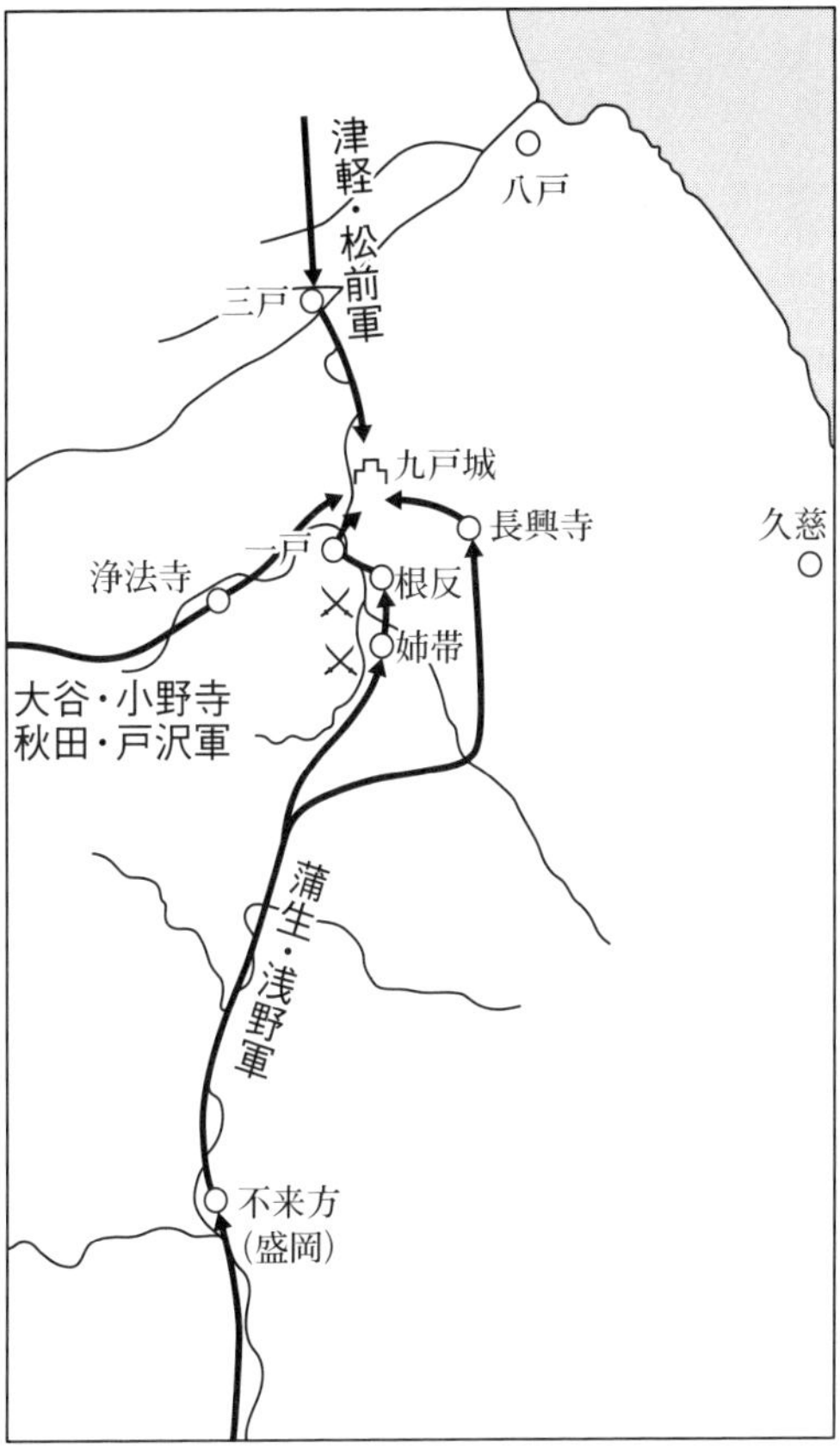

豊臣軍進行図

政実ら五〇〇〇人あまりが九戸城に立てこもったが、結果は火を見るよりあきらかであろう。九戸城の南方支城である一戸の姉帯・根反《ねそり》両城は、九月一日の合戦で即日落城し、翌二日には九戸城をぴったりと包囲されてしまう。九戸政実・櫛引清長ら主将が剃髪《ていはつ》し降参したのは、同四日であった。政実の帰依《きえ》僧長光寺薩《さつ》天《てん》和尚が浅野長吉に言い含められ、

「上洛して秀吉に弁明することこそ肝要」と政実を説得したからともいうが（『南部根元記』など）、やがて政実・清長らは妻子ともども総大将豊臣秀次の本陣に送られ、斬首に処せられた。そもそも、無血開城に近かったにもかかわらず、当日その場で首一五〇あまりを斬り落とし、京都まで送ったという（「浅野家文書」）。すべて名のある北奥の城館主武将の面々であったろう。九戸一揆の大きさを強調するためであり、また一揆の終結を印象づけるためであり、さらにこれによって南部領豊臣仕置を容易にするためであったかもしれないが、凄惨《せいさん》というよりほかない。

豊臣秀吉がこれほどの大軍を送り込んだのは、奥羽全域の再仕置のためでもあった。奥羽諸将がこぞって九戸城などに出陣させられている間に、上方勢はつぎつぎと奥羽諸将の留守城に入って、再度の仕置を行い、伊達政宗の処遇を焦点とする郡分け・知行替を断行した。政宗が米沢《よねざわ》城を取り上げられ、徳川《とくがわ》家康再普請《さいぶしん》後の岩手沢《いわてさわ》城（岩出山城と改名）に入城したのは、九月二十三日であった。同様に、糠部でも、浅野長吉・蒲生《がもう》氏郷らの指揮下に、九戸城の再普請がただちに行われ、福岡《ふくおか》城と改名され、南部信直の新たな本城とされることになった。要するに、上方の工法による改造を受け、豊臣の城として与えられたのである。この面でも、中世戦国に終止符が打たれた。

稗貫・和賀両郡の南部領帰属も、このころに正式に決定されたとみられる。信直の宿老北信愛の晩年の『覚書』によると、九戸一揆の首級が京都で獄門にかけられたころ、前田利家が信直への両郡宛行を主張したのに対し、仕置奉行浅野長吉は信直には斯波・遠野を与えたではないかと反論し、利家がまた外聞からしても信直の首尾も立つと秀吉に進言して、信直拝領に決まったのだという。秀吉の再仕置の意図は充分に達せられたのであり、案外このあたりが妥当だったのではないか。その意味では、九戸政実らは仕置政策の犠牲であるとともに、南部領確立の人柱となったともいえよう。それにしても、九月末には早くも奥羽諸将には、「唐入り」出陣を命ぜられるなど、新たな苦難がはじまっていた。

Ⅲ

九戸一揆と伊達政宗

小林清治

一、二通の伊達政宗朱印覚書

①伊達政宗朱印覚書

覚

一始其方、一統之旁、今般政宗刷ニ被相任ニ付而者、身命進退之儀、南部殿へ申調、必定可相立事、

一於其上も、南部殿前旁々機遣ニ付而ハ、政宗為半者、毛頭無疑心様ニ可有之事、

一両人ニ巨細之儀申付候、両口之通、何事ニ付而も、不可有表裏候、可御心易候事、

以上

七月廿日（朱印）

『大日本古文書伊達家文書』（以下『大日本古文書』と略称）六〇四号および『仙台市史・伊達政宗文書Ⅰ』（以下『政宗文書』と略称）八五一号として収められるこの伊達政宗朱印覚書は、仙台市博物館蔵として現存し、『大日本古文書』『政宗文書』に注記されるように、同じものが二通現存している。ともに、竪三四・一センチメートル、横五一・三センチメートル、斐紙（鳥ノ子）である（二通の写真は『政宗文書』別冊に収録されている）。政宗朱印は『政宗

文書』別冊巻末に示されるように5種類が知られているが、この朱印の印文は「桐盛伝」[1]。天正十六年（一五八八）四月に初見し、慶長五年（一六〇〇）ごろまで用いられる。慶長五年の二例は年貢請取状であるが（『大日本古文書』六八六・六九六号）、その他は他家あての覚書などに用いられる例が比較的多い（『政宗文書』二四五・六四六・八五六・八八四号）。

七月二十日付のこの文書について、『大日本古文書』『政宗文書』ともに（天正十九年カ）の傍注を施している。正しい推定と考える。伊達政宗の南部領あるいは南部家中への介入を考えうるとすれば、それは天正十九年の九戸一揆すなわちいわゆる〝九戸政実の乱〟および慶長五年の和賀一揆であるが、〝和賀主馬（忠親）の叛〟がおきたのは慶長五年十月、その翌年五月には〝主謀者〟とされた和賀忠親は殺害されてしまっているから、慶長五年は考え難い。結論を先にすれば、この文書は、やはり天正十九年のものと考える。

この覚書三か条の内容を、あらためて確認すれば、第一条は「其の方を始め、一統の者のことを、今後政宗に一任するについては、身命所領等のことを南部信直に申し調えて、必ず保障されるようにする」、第二条は「その上でも南部信直の出方について気遣いならば、政宗が判者となって間に立って責任をとり、毛頭疑念のないようにつとめる」、第三条は「両人に委細を申付けてある。ふたりの言う通り、何事についても偽はないから、安心せよ」という趣旨である。当然ながら、南部信直に敵対している南部家中の者に対して、かれらを信直にとりなすことを約束しようとする内容のものである。

二、九戸一揆と政宗

②伊達政宗書状写（治家記録引証記『政宗文書』八五三号）

一 稗貫越中重綱へ被下候御書写

以上

態令啓候、抑今般有用所、南部へ為使者彼両人指下候、路次番之義、無指合様、御馳走任置候、若大〔又〕不通〔慮〕之義も候者、外聞実義不可然候条、能々被入念尤ニ候、委細彼両人可申理候之間、令略候、恐惶謹言

七月廿三日　政宗御書判

御宛所切取無之

右菅野吉兵衛所持、御記録へ摘載之、

『政宗文書』の傍住のとおり、この政宗書状は天正十九年（一五九一）のものと考えられる。欠けた充書は後述のように検討の余地があるが、一応稗貫氏とみておく。「彼両人」とは〝この両人〟の意味である。さきの七月二十日付の朱印覚書を携行した両使は、稗貫氏など路次中の諸氏あての通行馳走を依頼する政宗書状をも交付されて、南部にむけて出発したことになる。出発の日は、この書状による限り、七月二十三日以後となる。両使は、治家記録引証記所載の菅野吉兵衛覚書によれば、白石七郎と支倉与市であったという（『政宗文書』八五三号）。ここにいわれる支倉与市がこの一四年後に〝南蛮使節〟を勤める六右衛門であることはいうまでもない。

③稗貫輝家書状写（『大日本古文書』五三〇号）

以上

今度南部御無事之為御使、彼御両人被差下候、仍上下送候儀承之候、慥ニ相送申候、乍勿論、至于向後も、随身之御用等候者、可被仰付候、聊不可有麁意候、事々重而、恐惶謹言、

八月十六日　　　　　　　　　薭貫
　　　　　　　　　　　　　　　輝家判
伊達殿
　　尊報

④和賀信親書状（『大日本古文書』六一三号）

御書被下候、長令頂戴之候、仍南部へ御使無相違上下被成、帰路満足此事候、於此口似合御用所、無御隔心、可被仰下候、其儀万端奉憑訖ニ候事候、恐惶敬白

八月十六日　　　　　　　　和賀又二郎
　　　　　　　　　　　　　　信親（花押）
伊達殿
　　参人々御中候

③の稗貫氏書状は、②の政宗文書を受けたものであると、ひとまず考えておく。治家記録引証記では、菅野吉兵衛所持の②政宗書状は、吉兵衛高祖父の「薭貫貫備中守重綱」あてとされたが、少なくともその稗貫氏の実名が「輝家」であったことは疑いない。

稗貫輝家は、天正十八年秋の〝奥羽仕置〟によって稗貫郡を失った人物、和賀信親は同じく和賀郡を失った人物とみられる。旧郡主であった彼らが、天正十九年現在具体的にどのような立場にあったかは詳らかでないが、当時秀吉蔵入地とされていた稗貫、和賀各郡に住し、それぞれの地域において一定の実力を保持していたことは、この書状によってうかがわれよう。すなわち、伊達政宗が南部に派遣した二人の使者の通行を保障し、④によれば、八月十六日

現在で使者はすでに和賀郡を通過して帰路についていたことが明らかである。おそらくは、③④はその両使に託されて政宗のもとに届けられたものであろう。

③に「今度南部御無事之為御使、彼御両人被差下候」とある文言に注目しよう。①伊達政宗朱印覚にも「両人ニ巨細之儀申付候」とあった。この時期の「南部御無事」といえば、天正十九年三月におきた九戸政実の〝叛〟を収拾することを意味すると考えざるをえない。

これと合わせ考えるならば、①は、まさに九戸政実の党にあてた政宗朱印覚書であることが確かめられよう。第一条の「始其方、一統之旁」とみえる「其方」は、すなおに読めば、この〝乱〟の主導者たる九戸政実その人となろうか。

さて、『大日本古文書』に天正十九年として収録される八月七日付の浅野正勝書状（六〇九号）は、前年来の葛西大崎一揆が鎮定され、蒲生氏郷と伊達政宗に対する領知の再配分としての「郡わけ」が行われようとする段階で、正勝が秀吉側近の施薬院全宗らにあてて政宗のために陳情した文書であるが、そのなかに次のような興味深い文言がみえる。

⑤浅野正勝書状（抄）

一今明之内ニ、飛弾（ママ）殿・弾正南部へ被罷越候、彼所伊達殿為扱、使者被指越、太略侘言申、九の閉伊一人城を相抱在之儀候、此分候ハヽ、彼表も不可有異儀候条、九月之始比ハ、又口郡迄被打帰、其ゟ中納言様・家康御供被申、各上洛可被申候、

天正十九年の八月七日現在で、今明日中に蒲生氏郷（会津黒川城主）、浅野長吉（二本松滞在）が南部領に出発することを告げたのち、南部については政宗が使者を差遣した結果、〝叛乱〟勢の大部分が「侘言」を申して帰順し、九

戸政実ひとりが城を抱えている情況であること、この分ではまもなく南部表は静まるであろうことなどを記している。

さきの稗貫・和賀書状にみえた政宗の南部領への「南部御無事」のための使者派遣が、この文中にみえる「彼所伊達殿爲扱、使者被指越」にあたることは、いうまでもない。

同じ天正十九年とみえる七月十五日付の政宗宛浅野長吉書状には「其表之儀、弥相澄申候由尤存候、就其、南部へも飛脚被遣、被御心添由、尤可然存候、菟角葛西大崎南部辺迄も、貴所御一分にて被仰付候へハ、天下一之覚、拙者一身之大慶不過是候」とある（『大日本古文書』五九九号）。七月三日の佐沼落城によって葛西大崎一揆は政宗の手で事実上〝平定〟された。長吉書状によれば、その頃に政宗は「南部へも飛脚」を出したのである。それは、長吉がいうまでもなく「葛西大崎南部辺迄も」自分の影響下に置こうとする意図に出たものであったに違いない。葛西大崎諸郡は、一揆討滅を条件に政宗に与えられることが、すでこの春の上洛中に秀吉から示されていた。しかし、南部はあくまでも信直の分領である以上、そこにいち早く派遣された「飛脚」が信直の領有権の侵害に関するものでありえぬことはいうまでもない。ただし、それは単に信直あてに葛西大崎一揆鎮圧を報ずるに止まるものではなく〝九戸一揆〟への対処についての協力申入れを含んだことは十分考えられよう。長吉書状に「南部へも飛脚被遣、被御心添由」とあるのは、この意味合いを含むものであろう。

そして、七月十五日付の長吉書状の「南部辺迄も、貴所御一分にて被仰付候へハ、天下一之覚」云々の文言が、政宗の意気をさらに高揚させたことは明らかであろう。長吉書状に「其許、東山何も御仕置被仰付候者、其儘可有御在陣候」とみえるように、佐沼・寺池落城後の政宗は磐井郡東部（東山）に進み、この地域の仕置に当たっていたのである。

⑥伊達政宗朱印条書（本間美術館蔵『政宗文書』八五六号）

一此度南部へ出張付而、人衆等無如在各被相連候様ニ、可申届候之事、
一馬上之儀者、遠境之上、如以前成かたく候条、鑓・鉄炮ニきハまり候、就中鉄炮有次第ニ被相連候様ニ可申理事、
一在陣詰廿日たるへく候間、其心懸尤候事、右配領中、惣別陣労、連々校量之前ニ候、併天下御奉公無拠候間、塩味を以、一入被相稼候様ニ可相理候、謹言、

七月晦日（朱印）

富塚近江守殿

天正十九年の七月晦日、政宗が南部出陣にむけて富塚宗綱に与えた朱印条書。朱印は「桐盛伝」の印文である。出陣の日は明示されていないが、おそらくは八月早々の出発であろうか。

天正十九年六月二十日で上杉景勝らに発給された「奥州奥郡為御仕置、被遣御人数道行之次第」の秀吉朱印条書

（尊経閣文書、上杉古文書他）には「一番羽柴伊達侍従」とあった。同日付で政宗にあてられた秀吉朱印状（『大日本古文書』五九七号）には「其方事八任一書旨、可相勤候也」とあった。「ひとつ書き」とは前者「道行次第」の朱印条書をさす。同じ朱印条書は政宗のもとにも届けられたであろう。(2) これら六月二十日付朱印状は、おそくも七月末までには政宗のもとに届けられたことであろう。富塚あての動員令は、秀吉朱印状を受けてのものと考えられる。

この七月末現在で、九戸政実らを目指して先に派遣した使節の目的の成否は政宗のもとに伝えられていなかったものと思われる。とすれば政宗は、九戸政実と南部信直との調停を計りつつ、その結果を待たずに政実征討の軍を出そうとしたことになる。あるいは、六月二十日付秀吉朱印状をすでに受領しながら、あえて政宗が両使を派遣したことも考えられなくはない。いずれにせよ、外交軍事の両面から九戸一揆についての功をねらうというのが政宗の意図で

あったとみられる（後述）。

ただし、政宗の政実方への使節派遣が、政実方からの依頼によるものか、また政宗自身の自発性によるか、そのいずれであるかは、①七月二十日の政宗朱印覚書の文言からは、にわかに明らかにはできない。

三、〝調停遣使〟の実相

南部に派遣された政宗使節は、その任務をどの程度まで果たし得たのであろうか。前掲⑤浅野正勝書状によれば、一揆勢の大部分を帰順させ、九戸政実ひとりだけが籠城するというほどの成果をあげたように記されている。

他方、治家記録引証記に収める前掲②政宗書状に関わる菅野吉兵衛覚書には次のようにある。

九戸修理亮政実、企私謀ニ付而、南部大膳大夫殿信直ゟ以前田筑前守殿利家、秀吉公江注進之間在之砌、白石七郎、支倉与市両人、九戸城中并道筋、為見分之、被遣之砌、私高祖父稗貫備中守重綱ニ被下置御書之由申伝候、右重綱元来稗貫之城主ニ在之ニ村、南部諸城道筋委細存候、家来之者在之へく候条、右両人江指図可仕由御意ニて、右御書被下置由ニ候、依之、一家之家来鳥屋崎又十郎、照井豊後両人指副、九戸迄相下、道筋其外、南部諸城之分案内仕、右七郎・与市相返候由、申伝候、右御書ニ備中守元無之品ハ、先祖誰代ニ候哉、裏江以之外墨相付候ニ付、裏之方紙ヲへぎ取申候節、引きさ紛失仕候由、申伝候、

さて、上の二つの記述の当否を検討しよう。まず、浅野正勝書状は彼が政宗側に立つ人物であり、政宗の功を過大に報告する傾向のあったことに注意せねばならない。九戸攻めの最後の段階というべき九月一日、政実の本城二戸城のほかに姉帯、根反の二城がなお健在であった。八月十六日を下らぬころに稗貫・和賀に戻った両使が南部領に入っ

たのは八月十日前後を下らぬころであり、その時点では相当数の一揆衆の城々が政実方として堅められていたことが考えられる。現実の軍勢によってではなしに、この両使による説得が、これらの衆を帰順させることに容易に成功したとは考え難い。政宗の軍勢が七月初めに葛西大一揆を鎮圧したことは、すでに南部領に知れ渡っていたはずである。政宗のその行動は秀吉の指令によるものである。とりわけ「京儀」を嫌う奥＝南部領の人々、すくなくとも九戸一揆勢が、この政宗を敵視するに至っていたことは、まず確実であろう。正勝書状のいう、政宗の調停によって政実ひとり城を抱えているとの報告は誇大にすぎるとせざるをえない。

次に、菅野吉兵衛覚書なるものはどうであろうか。すでにそこでは稗貫輝家の実名を誤っていた。吉兵衛が治家記録編者に提出した②政宗書状は、宛所を欠く点から果たして吉兵衛先祖にあてられたか否かが疑わしい。しかし、この文書自体には疑うべき余地はない。稗貫氏あてとみても矛盾はないから、ひとまず、稗貫あてと考えておこう。問題は、稗貫がその家臣を政宗の両使に添えて、南部の諸城を案内したという吉兵衛覚書の内容にある。政宗が稗貫のみならず和賀、そして後述の福士・簗田など奥道の複数の有力者（旧郡主・郡主層）に書状を出したのは、それぞれの郡における使者の無事通行を確保するためであった。

いわば、各郡ごとにその手続きは必要であったといえる。である以上、稗貫氏一個の力によって九戸までの通行と、いわんや諸城案内のことが自由となったとする吉兵衛覚書の所述は、明らかに天正十九年当時の実情に反するものである。他ならぬ③稗貫輝家書状にも明示されるように、そもそも両使の目的は「南部御無事」のことにあったのであり、吉兵衛覚書にいう「九戸城中并道筋、為見分」では全くなかったのである。この点で吉兵衛覚書には決定的な誤りがある。思うに、吉兵衛家はわが先祖の勢威を誇示するために、事実を知らぬままに偽った記述を行ったものとせざるをえない。とすれば、両使が果たして、九戸政実のもとまで到りえたか否かも、さきの正勝書状の文言とあわせ考えて、大きな疑問となろう。

⑦福士直経書状写（『大日本古文書』五二九号）

以上

御状被下候、過分至極奉存候、仍而御使上下、路次中送之義被仰付候、内々地走（馳）可申之処ニ、従中途御帰候条、御奉公不申候、随而境之地堪忍仕候、於向後被懸御詞候者、可畏入候、恐惶謹言、

福士彦三郎
直経判

八月十二日

伊達殿
参御報人々御中

福士

政宗から使者の通行保障を要請されたが、使者が「中途」より帰ったので「御奉公」できなかった旨を述べている。福士氏は岩手郡不来方城主。南部信直の麾下であり、岩手郡は天正十八年七月に信直が秀吉から安堵された「南部七郡」に属する。この書状にみえる「境之地堪忍仕候」の意味は不詳であるが、あるいは、政宗が福士直経の独立に力をかすことを約したものが実現できなくなったことをでも意味するものであろうか。後考にまつ。

さて、この福士直経書状は『大日本古文書』に（天正十八年カ）とされる。根拠は示されていない。もし天正十八年八月十日ごろ、不来方あたりまで使者が往来できる日程を考えれば、当時米沢城主であった政宗のもとから、使者を発遣するのは七月末・八月初めとなろう。ところで、この前後の政宗の動静をみよう。

――七月十五日ころまでに会津黒川城より米沢城に移る（『政宗文書』七二八～九号）。七月二十三日米沢出発、宇都宮に向かう（同七三一～六、七三九～四一号）。七月二十九・三十日宇都宮滞在（秀吉出仕）か（同七四三～四号）。八月

二・三日米沢帰着か（同七四七〜九号）。八月九日米沢出発会津黒川に至る（七四三、七五〇号）。八月十一日米沢より大崎葛西地方に向かう（同七五一号）。一見して明らかなごとく、この間の政宗は秀吉への対応に奔走し、その命令のままに大崎葛西に向かっている。いかに策謀の将たる政宗といえども、この間に南部への使者を送る物理的・心理的余裕があったとは考え難い。小田原より帰着した時点では「奥州・出羽仕置ハ政宗ニ被仰付」（同七三二号他）などと諸方に宣伝したとはいえ、その実態は、浅野長吉らの先導として仕置軍の先陣を勤めさせられたにすぎなかった。

断定は避けるが、八月十二日付福士直経書状写は、おそらくは天正十九年のもの、と推定しよう。とすれば、天正十九年七月に政宗が磐井郡から発遣した「南部御無事」すなわち九戸一揆調停の任を帯びた両使は、南部領に赴きはしたものの、肝心の政実らには直接交渉するに至らず、途中で引き返したということになる。

⑧簗田詮泰書状（『大日本古文書』六二二号）

追而申上候、御両使可有御披露候之条、不能具候、

御尊札令拝見候、今度両使被指遣候処ニ、於爰元ニ馳走無之候、失本意令存候、依九戸一和之義被仰出候、尤信直無是非被存候、雖然、九戸一揆殿下ニ依無隠、中納言様御下向之上者、弾正様以御相談、被仰調候ハん事専用候、万端重而重而、可得御意候、恐惶謹言、

八月十五日　　簗田中務少輔
詮泰（花押）

政宗様
御尊報

南部信直の臣簗田詮泰書状は、両使派遣による「九戸《（政実）》一和之義」について政宗が申し出たのに対して信直が感謝していることを述べながらも、「九戸一揆」は秀吉にも隠れない事実である以上、中納言秀次が下向したのち、浅野長

吉とも相談をして方策を調えられることが肝要である旨を伝えている。簗田詮泰は当時、志和郡に在ったかと思われるが、「九戸一揆」に対する信直の意思を伝えたものとして興味深い。岩手不来方から志和郡にまで引返した両使は、ここで秀吉方の意を体した信直の意思を簗田から伝えられたのである。おそらくは、すでに政宗は七月晦日に南部への出兵を指令する時点で、同じような情況判断に立っていたに違いない。しかし、両使が持ち帰った簗田書状は、それに対する駄目押しとなったであろう。

結果として、政宗の「南部御無事」「九戸一和之義」についての独走は封じられ了ったのである。あまつさえ政宗は、八月初めに生じた健康の不調によって、南部への出陣を断念せざるをえぬ結果となった（『政宗文書』八五七号他）。

おわりに

冒頭に掲げた「桐盛伝」朱印による政宗覚書二通には、端裏などにも何の押紙も付箋も施されていない。伊達家文書のなかで江戸期に家臣その他から献上されたものには、その伝来、入手のことが押紙などによって明示されているのが普通である。この二通にそれがみえないことは、これらがともに伊達家本来の文書として伝来したことを示す。すなわち、政宗の両使が携行したこの二通の朱印覚書は執行されることなしに、再び両使によって政宗のもとに持ち帰られたものと推測される。「始其方、一統之旁」という書出しに始まるこの覚書は、「九戸一揆」の主導者たち、九戸政実、櫛引清長ら、多くとも数名に充てられて数通が作成されたに止まるのではなかろうか。あるいは当初から二通のみが作成されたものであろうか。

そして少なくとも九戸政実、櫛引清長には、この覚書は手交されることなしにおわり、伊達家文書として伝存するに至ったものと推考する。

註

（1）小稿「〝奥羽仕置〟と郷村」（東北学院大学中世史研究会『六軒丁中世史研究』二）において、この朱印に政宗の署名の伴うものはないとしたが、『大日本古文書』一〇三五号（『政宗文書』二四五号）には署名がある。この点については、佐藤憲一氏の御注意をいただいた。なお同稿注4を参照。

（2）治家記録引証記には、この秀吉朱印条書が収録されている。正文か案文かいずれかの形で政宗のもとに届けられたものとみえる。

【付記】①の伊達政宗朱印覚書の閲覧については、仙台市立博物館および同館の佐藤憲一氏、菅野正道氏の御世話をいただいた。記して感謝の意を表する。

Ⅳ　書状より見た南部信直の晩年

草間俊一

一

南部藩初の歴史については、九戸政実の乱を中心とする事件を除いて不明な点が多く、信直家督のいきさつ、また、その年代についても明確でなく[1]、また、九戸の乱平定後の信直の行動についても、あまり明らかにされていない。従って、この時期に属する信直の書状は数十通あるが、その年代が何時のものであるか、明らかにされていない。この点について考察を加え、それを通して信直の晩年の生活の一端を知りたいと思う。

この時期の信直の書状としては、「南部家文書」[2]並びに「斎藤文書」[3]にある信直より八戸千代子宛の書状が主で、その外は寛政年間の「御当家御記録」[4]や「伝疑小録」[5]等南部家旧蔵図書に載せてある数通の文書等、管見に触れたものを以て述べる事にする。

二

九戸の乱平定後の信直の上洛について、公国史[6]は十一月上旬に上洛、秀吉に馬・鷹を献じて九戸退治・三郡加封の事を謝し、十二月に帰国したと述べていることについて考えて見ると、この事に関係した文書は現在しないばかりでなく、この時期は信直が在国して、戦後の経営に当たっていた様に思われる。すなわち、天正十九年（一五九一）十月四日付広福寺快算坊宛[7]と源照寺宛[8]の二通・同年霜月廿四日村松岡九郎左衛門宛[9]・同年霜月五日付三ヶ尻和賀宛[10]、並びに同年雪月付の江刺口内宛[11]の信直の判物があり、これ等の判物が信直の在国によって出されたものと考えると、十月から十二月までの上洛については疑問がある。なお、九月廿日付の織笠但馬宛の信直の書状では明年の朝鮮征伐のために来春上洛の用意あるべきことを述べているところより考えると、来春の上洛に備えて[12]戦後の経営に当たったと考えられ、また、九戸の乱の鎮定に当たった浅野長政の上洛したのも十一月十日頃[13]であり、彼が帰洛の途上、長束正家に送った九月十四日書状[14]に信直の居城の普請、戦後の仕置等を堅く申し付けているところよりすると、九戸の乱平定後直に上洛したとする公国史の記事は疑問とせざるを得ない。

　しかし、その前年の天正十八年は小田原征伐の年で、秀吉は小田原攻略中、奥州の諸将を招致したのに対し、信直はまず使者を遣わし[15]、自身は七月六日、小田原降服の翌日秀吉に拝謁している[16]。その後、秀吉はその威武を奥州に誇示し、奥州の事を処置するために会津まで下向するのであるが、その途中宇都宮において、出羽・奥羽の処置について取り規《き》めた[17]。信直に対して、南部内七郡の安堵の朱印状が下されたのはこの時であることは、現存する朱印状の日付[18]と、木下吉隆の書状によって知ることが出来る。

　しかして、この天正十八年の暮には領地拝領の礼と、秀吉への機嫌奉伺を兼ねて妻子を伴って上洛した事は、同年極月廿九日河島重継の書状[19]によって知ることが出来る。後正月七日八戸おちかた宛の書状（斎）[20]は、この時の上洛より翌十九年正月になって帰国して、三戸に着いた時に差出された書状と考えられ、旅の疲労のことを述べている。従って、天正十八年暮から正月にかけて上洛し、天正十九年は再度上洛しなかったと考えられる。

その翌年、天正二十年（文禄元年）は秀吉が朝鮮に出兵した年で、諸大名は秀吉の命に応じて上洛し、信直もこの時の召に応じて上洛して、秀吉に伴って肥前名護屋まで出陣した。この時の上洛の日時を示す文書はないが(21)、文禄元年（一五九二）から同二年にかけて名護屋に在陣していた事は、彦八郎宛五月八日の利直書状(22)（年は不明）に、「我等十八より十九までの間親なこやの陣ニいられ候」とあることによって明らかであり、その帰国は文禄二年十一月十六日であった事は、長坂備中宛十二月七日信直書状に(23)「我等先月十六日ニ下着仕候、殊来春上洛御免被置候て忝存候、……去年より九州在陣申候故、無音非本意候」とあることによって明らかである。この名護屋在庫中に九州より差出した書状は数通ある。その中、霜月十五日桜庭宛のもの(24)と、極月晦日劔帯宛のもの(25)は元年に属し、その外の差出所に「名古やより」の所書のあるものは(26)、その月日、内容から見て南部家文書の文禄二年とする推察に誤りはない。文禄元年の劔帯宛のものには、利直と氏郷の女との間に婚約についての話し合いの進行している有様が述べられている。文禄従って「聞老遺事(27)」に利直と氏郷の女との婚儀が天正二十年に行われたとしていることの誤りで、公国史が文禄三年としているのは時期の点で矛盾はない。

三

そのほかの書状も月日があるのみで、その年代は明らかでないが、それらを精細に調べてみると、二郎の病気に対する見舞の書状と、信直の上洛中伏見より差出した書状の二つの組に一括されるものが大部分で、それに入らない少数の書状とに分けられる。まず、二郎の病気に対して八戸千代子宛に送った書状は福岡より差出されている。それは六月七日（斎）、六月十六日（斎）、六月十八日（南）、六月廿日（斎）、六月廿五日（斎）、六月廿六日（斎）、六月廿八

日（斎）、六月廿九日（南）七月八日（南）、八月廿二日（斎）、八月八日（南・斎各一通）、八月十四日（南）、八月十七日（斎）八月廿二日（南）、八月廿三日（斎）、八月廿四日（南）等の十七通である。

　この一連の書状が何時《いつ》のものであるかを考えてみると、八月廿三日の書状に「いそき人下候、もかミ殿ハ進退きられ候、伊達もきられへきと文共下候、方々さいき候て佗言ニ候」とあるところより考えると、文禄四年（一五九五）七月十五日関白秀次が自刃を命ぜられた事に連座して、秀次と昵懇の関係にあった最上氏、さらに伊達氏の進退に関する風聞の伝えられた事をいっているものであることが考えられるから、これらの書状を文禄四年のものとして間違はないであろう。

　これらの書状は信直の数少ない子女[28]の一人である千代子の夫二郎の病気に対して色々と信直が案じている心の程が察せられて興味がある。

　また、これらの書状の中に信直の二女と檜山氏との婚儀に関する記事が見えるのは興味がある。すなわち、八月二日の書状に「いもうとも廿日比ニ越候間ゆきあひ候へく候、煩之時分（千代子の夫二郎の病）さやうにゆい候事いかゝニ候へとも、いもうと五年六年ニハゆきあふ事成ましく候間、越候て可然候」とあり、八日の書状に「秋田への祝言之事、比内檜山人ゆきゝなく候、其儀ニ候哉、何共音信なく候、今月にては有間敷候哉、床敷候」と、やや話し合いの進行がはかばかしくなく延期される模様に見えたが、十四日の書状で「祝言之事、廿二日ニと秋田より音信候、其迄ハはるばるの事ニ候、今月ハ成間敷とおもい候」とあって、八月二十二日に祝言の日時が決定した。しかし偶々秀次の事に関連してか、秋田の進退に関する風聞が京より伝えられて、祝言を挙げるに至らなかったことは八月廿三日の書状に「むすめ越候て又々秋田悪候ハゝ、如何候間ひかへ候へと云候ていそき人を下候」とあり、翌廿四日の書状に「秋田へむすめ越候事、于今不越候者、先々ひかへ候……秋田之進退あやうきと聞候て人下候」とある。しかし、この疑もとけて後、祝言のはこびに至ったと考えられるが、その日時を確かめる事は出来ないが、文禄四年の八月以後であったことは明らかである。(29)なお、この檜山氏との結婚が破れて帰ることになるが、十一月廿三日の書状（南一三八号）がその結果を示すものであるのか、秋田より「先々きる物計返し候、都無何事候由候間、喜おもい候」とあるが、これが何年の事か明らかにし難いが、慶長元年の事かと考える。(30)

四

今一つの組は信直上洛中伏見より差出した書状で、これらのものは十二月六日武蔵久喜より上洛の途中差出した書状（南）にはじまり、十二月九日途中で差出した書状（南）、その後伏見に到着して、十二月二十八日（南）、正月四日（南）、正月七日（南）、正月九日（斎）、正月廿四日（南）、二月一日（斎二通）、二月十一日（南）、三月八日（三翁昔話）(31)、三月廿一日（斎）等の伏見或は京より差出したもの十二通である。

これの書状が一連の関係ある書状であることは、上洛の途中ミカンを送った事、および孫への見上げ物のことに関して述べているところより明らかである。しかして、これらの書状が何時のものであるかについて調べてみると、三月廿一日の書状に「此十五日にたいこと云所にて、御花見へおひたゝ敷御もよほしに候」とあり、三月十五日の醍醐の花見の事を述べているところより考えると、慶長三年のものであることは疑いがない、また正月九日の書状に「国かえ共候間、何共床敷候、今日迄ハ替事なく身をひやす事候、隠居笑止かりにて有へく候、少も床敷事候者、早々人可下候」とあるのは、慶長三年（一五九八）正月十日蒲生秀行の宇都宮転封が行われた事に関連して、国替の不安を感じたものと思われる。しかして、当時秀吉の意志の赴くまま何時、転封を命ぜられるか知れない不安な気持を絶えず抱いていたらしいことは他の書状[32]にも見える。

この慶長二年暮から慶長三年三月までの上洛は、信直の健康も悪かったため、相当つらかったらしく、郷里でもそのことを案じていたように見え、書中しばしば健康の事を述べ、休心する様に言っている。しかし、上洛の途中の書状にも「右手足中風気味ニ候へ共、つらくはなく候」と言っていて、その容易でなかった事が察せられ、その上洛の日数も一ヶ月位を要した様である。また、伏見にあっても正月廿日比から二月廿日比まで一ヶ月も病床に臥している。[33]この様な病状のため、この度の上洛中は何かにつけて帰国したい気持が強かったことは、その間の書状ににじみ出ている。[34]

五

なお、このほか年代の明らかでないものが数通あるが、これらについて調べ、信直の動静について考えてみたいと思う。十一月十日京より八戸おちかた宛に出した信直の書状（斎）には「御いとま被下候、早々下候へく候へ共、ひた殿へ御用候間、すみ次第今月廿八九日時分には此方を打立候、来月すへには下候へく候」とあり、当時上洛している様子を知ることができる。この上洛の年代が何時であるかを、差出月日と内容の上から考えてみると、前に述べた天正十八、九（一五九〇、九一）年の上洛、文禄二、三年（一五九三、九四）の上洛、慶長三年（一五九八）暮から四年三月までの上洛の何れにも入らず、別の時の上洛に関係したものであることが考えられる。しかして、それには帰国の途中飛驒殿に行き会うことを述べていることより考えると、蒲生氏郷は文禄四年二月に卒しているから、それ以前とすると文禄三年であることは間違はないであろう。すなわち文禄三年の春は前年九州出陣のため、その上洛を免

南部信直晩年の動向

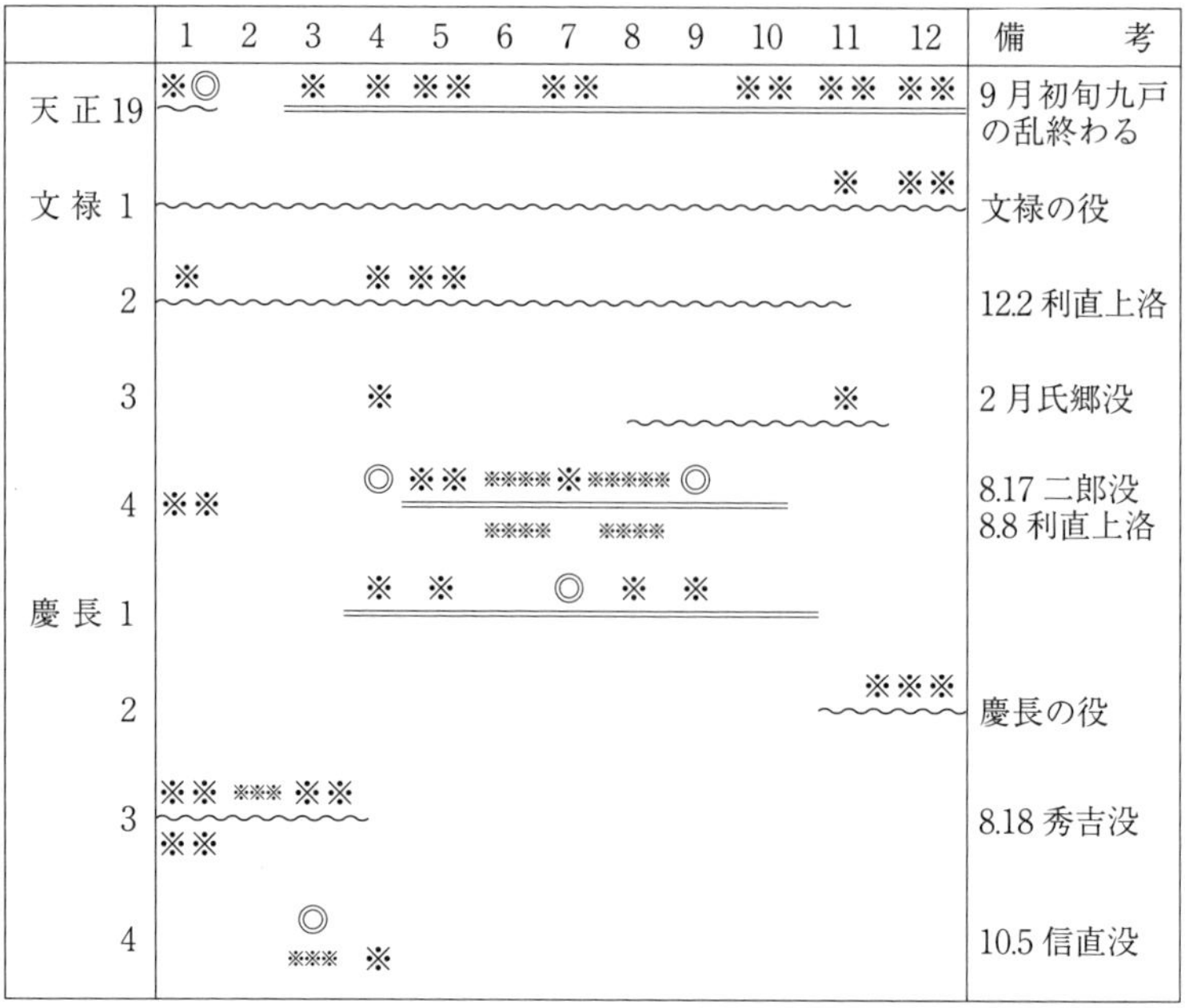

〰〰は上洛期間　══ 在国期間　※文書の数　◎は壬月

ぜられている[35]から夏頃上洛して冬になって暇が出て帰国したものであろう。

かく見て来ると信直の上洛は再三、再四行われた様で、文禄四年と慶長元年の上洛に関する文書を見る事は出来ないが、慶長元年の暮にも上洛したのではなかろうか。しかして、当時参勤交代の制度が定められていたのではないが、隔年以上に上洛して秀吉の御機嫌を奉伺したと考えられ、九州出陣から帰った時長坂備中守に宛てた書状に「来春上洛御免被成置候」と述べているのは、当時頻繁に上洛を命ぜられた事を考えしむる。また、一方彼の在国中は嫡子利直を上洛せしめていた事は、文禄四年の八月二日、六月廿四日の書状に利直の上洛について記しており、また、正月十日の書状（斎）にも昨年十二月二日に上洛せしめたことを記している。この後者は恐らく文禄四年のもので、三年の暮に信直と代って上洛したものであろうと考える。

最後に、信直の在国中を示す文書の明らかなものを調べ、以上述べた中に入らなかつた書状の時日の推定を行えば、信直の黒印状で年号の明らかなものは文禄五年卯月廿六日鬼柳式部宛、(36)同年八月十八日酒田与助宛、(37)慶長元年九月十五日般越助五郎宛(38)などがあり、これらの黒印状を信直在国中のものとすると、上洛（九州在陣を含めて）の期間と、在国中の期間の明らかなものは下の表の如くなり、五月十八日、五月廿二日おこれん宛の書状（斎）は文禄四年で、壬三月九日（南）、壬三月十八日（南）、壬三月廿日（斎）、卯月六日（斎）のおちかた宛の書状は慶長四年のものであろう。月日のない斎藤文書のうは宛のものは慶長三年で、その他卯月二日（三翁昔話）、三月四日（斎）、三月八日（斎）、十二月十四日（南）のおちかた宛の書状は明らかでない。なお、四月六日の中野との宛の書状(39)は公国史が文禄三年としているのは下の表の上から考えて矛盾はない。

註

（1）草間俊一「元文本南部根元記考」（『岩手大学学芸学部年報』四号）、太田孝太郎・草間俊一「南部根元記考」（『岩手史学研究』一三号）。
（2）鷲尾順敬著「南部家文書」で、以下、南部家文書あるいは（南）とするのはこれの意味であり、盛岡南部家の旧蔵図書（岩手県産業文化館所蔵）は個々の名称を以てする。
（3）宮城県石巻市斎藤氏所蔵文書。
（4）寛政八年（一七九六）に平澤親常が記録したもので、俗に寛政記録と称している。南部家旧蔵図書。
（5）那珂通高著で、南部家旧蔵図書。
（6）星川正甫「公国史」信直の条。
（7）（8）寛政記録三巻。
（9）参考諸家系譜巻三十五山根氏系に引用。

(10)(11)　寛政記録三巻。
(12)　関白秀次公来年高麗国江可有御出陣由御書被下候、暦明之者押付可令上洛候間、如先例閉伊郡之諸侍江申触方、其旗ニ付而可有陣立候」(伝疑小録古文書部織笠氏所蔵文書)。
(13)　天正十九年十一月十日浅野長政書状(『大日本古文書　家わけ之三』伊達家文書六二九号)に長政が帰洛の上、秀吉に謁し、政宗より託せられた馬三足を進上した事を述べているから、長政の入洛は九日、十日の頃であろう。
(14)「奥口無残所相澄申候、只今南部方居城之普請、各令相談申付候、是又近々可為出来候、弥仕置等堅申付、頓而可罷上候」(『大日本古文書　家わけ之三』浅野家文書六一号)。
(15)「南部大膳大夫方も、出仕被申由候て、先使者を被指上候、定而近日此地へ可参着候事」天正十八年五月二日河島重続書状(伊達家文書五〇九号)。
(16)「昨日南部殿御礼被申上候、一段御仕合、近比我等式迄本望候」天正十八年七月七日湊通季書状(浅野家文書五六号)。
(17)「上様今日廿六日至于宇都宮被移御座候、然者出羽奥羽、其外所々御置目等、可被仰付旨候」天正十八年七月廿六日木下吉隆書状(伊達家文書五二四号)。
(18)　天正十八年七月廿七日秀吉朱印状(南部家旧蔵図書)。
(19)「南部右京亮並足弱衆も同前ニ被罷上候」(伊達家文書五七二号)。
(20)　斎藤文書の意味、以下同様。
(21)　公国史の信直の条には文禄元年正月上洛し、三月名護屋に出陣したとしている。
(22)　寛政記録三巻。
(23)　同八巻。
(24)　同七巻。
(25)　同四巻。剱帯は楢山氏。
(26)　正月七日付(南一二五号)、三月十三日(齋)、五月二十五日(南一二九号)、五月廿七日(南一三〇号)等がある。

(27) 梅内祐訓「聞老遺事」(南部叢書第二冊、四二三頁)。
(28) 信直は一男(利直)二女(千代子〈八戸二郎妻〉、檜山御前)である。
(29) 南部氏と秋田城之介弟檜山季隆との結婚は諸書に天正年間の事と述べてあるが文禄四年と見たい。なお、これに関係して南部氏と比内との関係が如何あったかの問題が研究されねばならぬが現在はっきりした史料もなく後日の問題とする。
(30) 五月七日の書状(南部一二八号)に来月むすめのところへ行くとあるのが檜山氏のところを訪ねることを言ったものであるとすれば、五月七日は慶長元年以後であり、従って十一月廿三日の書状も慶長元年以後となる。しかして、前後の関係から一応、慶長元年とし、恐らく夫季隆の没によって割り合いに早く破縁になったもののようである。
(31) 新田著、岩手大学図書館本。
(32) 正月十日信直(福岡より)の書状に上洛中の利直の便りによって「上方無何事候間床しく有ましく候」と言っている。
(33) 十二月廿八日書状に「二十五日ニ此方へ参着候」とあり、武蔵久喜に居たのが六日であるから、福岡を発してから一ヶ月位要したであろう。なお、註(34)参照。
(34) 「此方廿六日にハ打立候へく候、正月廿日比より二月廿日まで煩候て、いまに目まい候て、路次いそく事ハ成ましく候、来月すへニハ下候へく候」(三月廿一日書状八戸千代子宛)。
(35) 前掲註(22)参照。
(36) 参考諸家系譜、巻十三岩間系。
(37)(38)(39) 寛政記録五巻。

Ｖ　南部町で発見の南部信直書状（断簡）

小井田幸哉

はじめに

南部町相内の志村慶治家から発見されたこの文書については、昭和五十七年（一九八二）六月の本会（南部町郷土研究会）の総会で現物を公開されたのであった。

『ふるさとなんぶ』第六号の民間古文書集㈡にも、第七号の編集後記を兼ねた郷土史漫筆にも予告されてから久しい。実のところ、これのコピーは座右の小机に置き、カラー写真は枕頭の眼鏡入れの籠にも常備しておいて、この二年余の月日、気が向けばとりあげてにらめっこを続けていたのである。

その間、解読し難い文字の数か所について、いく多の方々についてコピーと写真を提示して教えを乞うてみたが、結局は独力で読むより外なかった。しかもそれは、本研究会の工藤等氏が試読として寄せられたものが骨子となったものであり、二人三脚での解読である。

一、断簡の現形

この書状は一枚の紙をそのままに用いた竪紙《たて》様式で、残存部はおよそ竪三一・五センチ、横四三・五センチ。右方と下方が千切れ、左方は月日、署名、黒印だけがあり、宛名は見られない。故意に引き裂いた形跡も見られぬので、表面を内になるように下端を上端に二つ折りにし、左端から右端にむかって巻く。巻き終ると、その右端を下から途中まで切って、これを紙紐にして全体を結えて、その上から宛て名を書き、〆をする切封であったと推定される。信直は多く折紙形式を用いるが、これと同形式のものに、重要文化財「南部家文書目録」の第一一九号、八戸千代子宛十二月六日の信直署名・黒印状が現存する。したがって、その右端がすり切れてしまったために宛て名が失われたものと推定される。

月日だけで、年付（としづけ）を加えていない普通の書状形式で、本文書止メに恐々謹言を用いている。

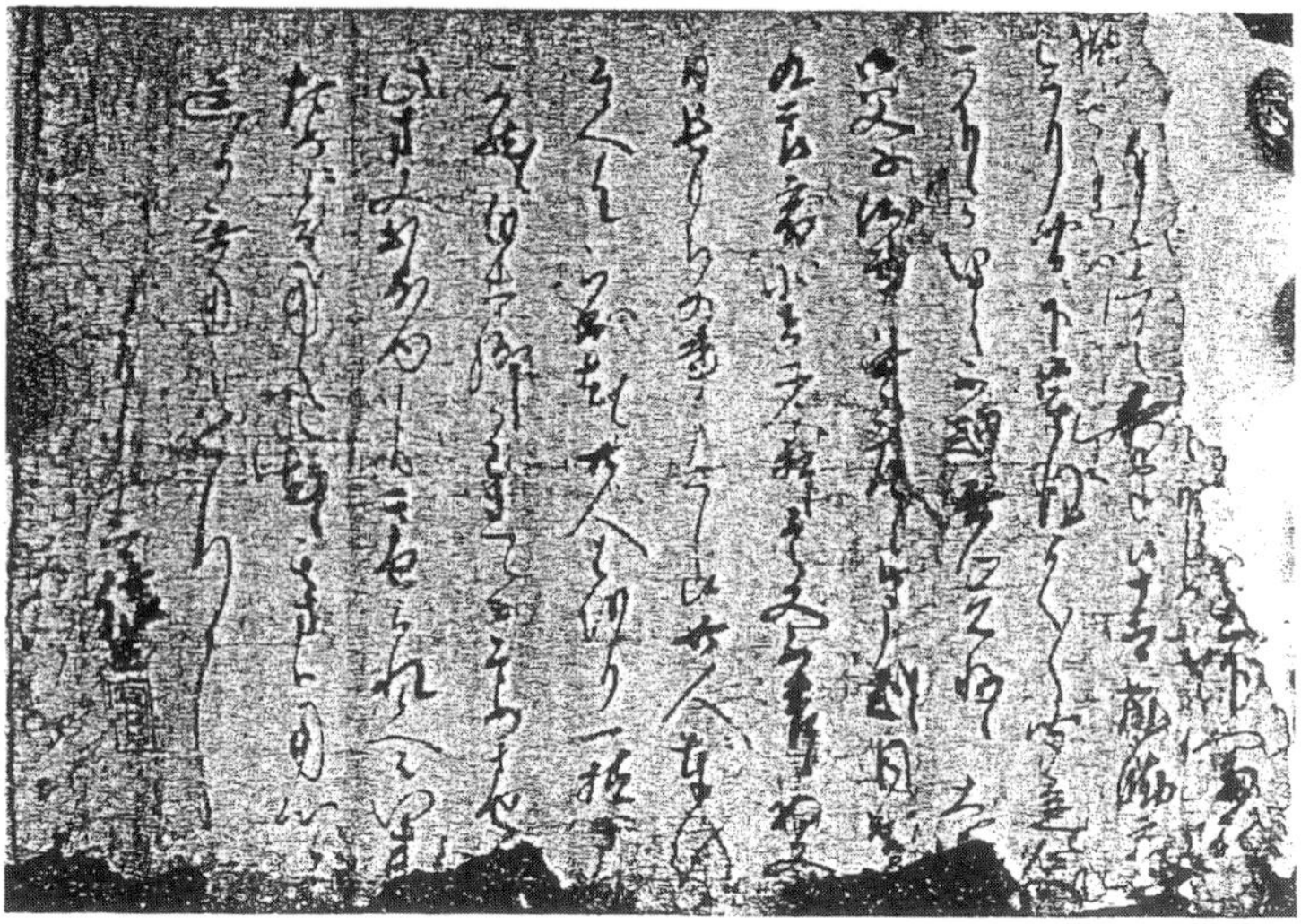

信直書状

二、解読

尚々□
□候□め□
様ニせられへへく候、い上
（前欠）
□已下人多死候
八丟月十二日之夜半ニ候、十三日ニ飛脚立□
今月四日ニ下候、其後よく〳〵聞置候て、人
可下候かいまに不越候、無心元存候、大閤様
御父子何事無御座候由申越候、目出候、
九郎宿ニ小者二人配候、是又不苦候、将又昨
日長もちの事申こし候、廿人ニ奉行
そへ候て被出尤候、廿人はをり一様ニきせ
可然候、白木綿がわれ候て、そめさせ可申候
此方又おほゆよりきせられ候へは、閑力の
ために候間、用意尤候、其方ハ用心ニ候間

送り無用候、恐々謹言、
　八月十三日　信直（黒印）

※□の中は判読した文

三、書き下し文

（尚々）□

□候□め□

様ニせられへへく候、い上

（前欠）

□已下人多く死に候は去月十二日之夜半に候、十三日に飛脚立ち候て今月四日に下候、其後よくよく聞き置き候て人下すべく候が、いまに越さず候、心元なく存じ候、太閤様御父子何事も御座無く候由申し越し候、目出候、

九郎宿に小者二人配し候、これまた苦しからず候、将又（はたまた）昨日、長もちの事申しこし候、廿人に奉行そへ候て出され尤もに候、廿人はをり一様にきせ然るべく候、白木綿かわれ候てそ（染）めさせ（申すべく候）、此方又、おほゆ（大湯）よりきせられ候へば、閑のために候間、用意尤もに候、其方は用心に候間送り無用に候

四、書状の内容

1、年号

この書状には月日だけがあって年号の記載がないが、書状前段の内容から文禄五年（一五九六）と推定される。「巳下人多死…」は殺され、討たれでないから天災、すなわち大火か地震である。このことから年表によって「慶長元年六月八日秀吉散楽を伏見城に張り、衆庶の縦覧を許す。閏七月十二日夜、山城大地震、伏見城壊れ、東山方廣寺大仏殿破壊す。」ということを確かめた。この書状では「□月十二日の夜半に候」とあり、「太閤様御父子何事無御座候由」と伏見城の被害の大きかったことがあり、合致する。「去月」と推読しておいたが、正しくは「閏七月」である。その年の閏七月の朔日は丙申、八日は乙丑（読史備要）であるので、京都を十三日に立った飛脚が到着した八月四日は二十一日目に相当する。その後の情報を待って知らせるつもりであったが、いまだに続報がないので心元なく存じている。ただし、太閤様、すなわち秀吉・秀頼父子は何事もなかった由で、目出たいことである。年表は慶長元年としてあるが、改元されたのは十一月二十七日なので、この書状の差し出された八月十三日はまだ文禄五年であった。

この年、南部信直は五十一歳、世嗣の彦九郎利直は二十一歳にあたる。

2、信直と九郎と名宛人

京からの報を受け、またこの書状の名宛人から長持のことなどについての申越しを受けたのは福岡城である。信直はよく差出地を「久喜より」「ふしミより」「京より」「従名子屋」などと書いておるので、これにも切封の〆をした所にあったと思われる。

九郎というのは信直の長子彦九郎利直。文禄四年八月二日付の長女である八戸千代子宛信直書状に「福岡より」とあり、「九郎八月に京へ上候、……いもうと（檜山御前）も廿日比に越候間、ゆきあひ候へく候」と、九郎上京と妹の檜山御前の秋田英季への嫁入りのことを記している。八月八日付では「九郎十日にのぼり候」と改め、八月廿四日付では「此間下候もの、九郎にすとうあつミ川と云所にて行あひ候、急候て上候間、廿日に京へ可参着と文を越候、」九月八日付には「京よりとや孫四郎下候、九郎越後にてあひ候、無何事上候、今月一日二日には必々可参着候」とあるように、父信直が在国の時には嗣子の利直は在京するのが定めであった（天正十八年秀吉朱印状）らしい。したがって、さきの京からの知らせは利直からのものであることがわかる。利直は文禄四年に蒲生氏郷の養妹を正室に迎えて、京都伏見の邸に置いていた。上京した文禄五年十二月十八日従五位下に叙され、信濃守に任ぜられ、文禄五年八月には、そのまま在京していたのである。

翌、慶長二年（一五九七）十一月には利直と交替に信直が在京しており、三年三月十五日の醍醐の花見にも出席し、前田利家を通じて盛岡城普請の御朱印をうけるとりなしを依頼している。その後、信直はまもなく帰国し、利直が交替して十二月三日には信直は在国している。

この名宛人はおそらく三戸城にあって、利直不在の間の城代を勤めている者である。信直の重臣であり、利直の後見をも勤める人であろう。この前後のころに、利直の妾として御国妻の役に当ったお閑《かん》の方の兄である石井伊賀直弥だったと思われる。この人であれば寛永三年（一六二六）、利直が従四位下に昇進の時、家臣の中からただ一人、従五位下、伊賀守に任じられた重臣である。

信直が長方形のこの印を用いた上に、署名した書状は、その長女八戸千代子宛の五通と今般発見のこの書状だけである。八戸殿宛のものには署名と花押の状二通、娘婿の八戸二郎宛のものには大形円形の黒印。腹心の家来である木村木工には長方形のこの押印だけであることなどからみて、この書状は特別に親近感のある者へのものであることがわかる。

３、長持の事

「長持を二十人にかつがせると申してよこしたが、それに奉行をそえたが宜しかろう」と指示しているのは、だれかの嫁入りについての指示でなかろうか。二十人に羽織を一様に着せるという、晴れがましい行列である。しかも、白木綿を買って染めさせるというのは、思い切っての贅沢であったろう。

４、白木綿を染めた羽織

綿は暖地に生ずるもので印度・アラビヤが原産地であるといわれ、わが国には桓武天皇の延暦十八年（七九九）、三河に漂着した天竺人が綿花を伝えたとあるが、それは間もなく絶滅した。次は天文十年（一五四一）ポルトガル人が豊後国主大友宗麟に棉の種子を献じた事（瀬川清子「きもの」綿の由来）と、文禄三年（一五九四）秀吉が綿種を明国から入手し大和に栽培（黒板勝美『国史年表』）した事である。

信直が「白木綿買われ候て」というのは、おそらくは三戸城下の市日であろうが、文禄五年からわずか二年前移入の種子によるはずもないので、天文十年の種子によるものであろうか。それにしても、二十人分の羽織をこしらえる白木綿の注文に直ちに応じ得るような融通体制が出来ていたという事実は驚異である。秀吉移入の種子が一〇〇年後に諸国に普及したとされている通説に対し、これは大きな研究課題の提供である。

5、解読困難な文字は「閑」か

一部がすり切れているために解読困難な文字の一つは、十行目最下にある「きせられ候へば」に続く文字で、一字として見れば「閑」二字に分ければ「八木」。

この書状の名宛人を石井伊賀守直弥と推定すれば、その妹で、このころに南部利直の妾で、御国妻を勤めた「お閑の方」が浮上してくる。

「八木」であればヤギと読んで「米」の異名であるが、前後の文になじまない。

仮に「閑」と読んでみるとき、閑その人の輿入れのためなのか、他の女の輿入れに協力することが閑のためになるという意か二つ道が考えられる。

6、嫁入の主

「閑」自身の輿入れと仮定してみる時、夫たる利直はこの時在京であり、京には文禄三年に婚礼をあげたばかりの正室が住んでいる。そこまではるばる妾になる女が華やかに行列を組んで登ったであろうか。それならば「閑ために候間用意尤候」というのは、実家の経済力の支えを誇示することによって正室からの圧力を減じ、家臣団からの景仰を増すということでもあろうか。しかし、御国妻として後年、国許で信頼厚かったこの女性が京には登ったかどうかは大きな疑問である。

他の女の輿入れと想定してみれば、利直の妹で秋田城之介実季の弟、忠次郎英季に嫁した檜山御前のことが考えられる。南部・秋田両家は室町時代初期から対立し、田名部・津軽・鹿角・仙北の各所で激突して来たが、天正の末年に和を結び、また文禄元年（一五九二）肥前の名護屋に在陣中、浅野長政・前田利家の斡旋で信直と実季とは親交を結び、実季の弟英季に二女をめとらせることを約した。このため、文禄四年には英季も福岡に来たことがあるらしく、祝言の日取りまでも決めた（文禄四年と推定される信直書状数通）が、比内の浅利頼平が津軽の支援によって秋田実季と戦争を起したため延引したが、休戦状態になった時、婚礼をあげたと、筆者もこれまでは文禄四年婚礼説を取りあげておいた（『青森県人名大辞典』）それは、英季は安東忠次郎と改め、慶長三年（一五九八）浅利事件落着後、実季の代官として比内の地に臨み大阪冬、夏の陣にも出陣しており、檜山御前は英季病死のため離縁となって三戸に帰ったというから、（浅利事件が休戦になった時）と漠然と時期を示しておいたのである。秋田にそれと確認すべき史料があれば別であるが、南部側であれば確定史料はないのであるから、この信直書状の輿入れの主に檜山御前をあてて考えることも不可能ではない。

7、檜山御前についての信直書状

信直の二女で、八戸千代子・南部利直の妹にあたる女は、秋田檜山《ひやま》の秋田実季の弟英季に嫁し、その死後離縁となって三戸に帰ったので檜山御前と呼ばれた。

これに関係あることを、森嘉兵衛・森ノブ編『岩手県戦国期文書Ⅰ』所収の南部信直書状から抄いてみる。

(1)　四三号文書

（文禄二年）極月晦日付、肥前名護屋在陣中に、劔帯即ち檜山劔帯に宛てた書状『宝翰類聚』に、檜山殿、若輩ニ候へ共、南部下国等閑候て互ニ中途之面々思様ニ成事不入仕候へ共、先代之意趣として不取直迷惑之由、親も不断被謂候、今度御陣参会仕候而入魂成衆と被云候間、様々堅徹書成候、今之事ニハ無之候、代も替候者、一廉可云合と被去候、

と檜山殿（秋田愛季の子実季）との和解を伝えている。

(2)　九九号文書（重文一一八号）

（文禄四年）五月七日、八戸おちかた宛、福岡よりの信直書状（南部家文書）に、

来月者、むすめ之所へ越候之間、此月廿日比ニ歸候て可然候、こなたハとうく（道具）の委細をもしらす候、越候て調然へく候、

とある。信直は福岡城にあり、来月は娘（二女、後の檜山御前）の所（恐らく三戸城）に越すつもりであるから、今月の廿日ごろには帰っていてほしい。自分は嫁入道具についての細かなことは知らないので、三戸に越して然るべく調えてほしいというのである。

(3)　四八号文書

文禄四年五月廿日の新田杢宛花押状（盛岡池野家文書）に、

尚々、秋田忠二郎殿御帰候は、其方へ可越候、

とある。秋田忠二郎すなわち、檜山御前の夫になる秋田英季が福岡城を訪ねたらしい。それが帰ったら、新田杢の五戸へ越すつもりであるというのである。この時、秋田忠二郎英季は満十七才であったという。

（4）　五一号文書

六月十八日、八戸千代子宛、福岡よりの信直書状案（南部家文書一一三号）に、

秋田より音信候、大郎殿今月末ニ被下候間、八月ハ祝言可成と理候間、こなたも其分ニ相定候、

とある。大郎は太郎で、忠二郎英季の兄実季を指している。目下は上京中なのである。

（5）　六〇号文書

（文禄四年）八月二日、千代子宛、福岡よりの信直書状（石巻斎藤文書）に、

九郎八日ニ京へ上候、其元わつらい少もよく候ハヽ、二三日之とうりうニ越候而、ゆきあい尤ニ候、いもうとも廿日比ニ越候間、ゆきあひ候へく候、煩之時分かやうニゆい候事、いかがニ候へとも、いもうと五年六年ニハゆきあふ事成ましく候間、越候て可然候、又煩つよく候者無用ニ候、

とある。九郎は利直、いもうとは妹で後の檜山御前、煩っているのは千代子の夫直栄。

（6）　六二号文書

（文禄四年）八月八日、千代子宛、信直書状案（南部家文書一一五号）に、

秋田へ祝言之事、比内檜山人ゆきゝなく候由云候、其儀ニ候哉、何共音信なく候、今月ニては有間敷候、床敷候、

とあり、情勢が一変した。

（7）　六二号文書
（文禄四年）八月十四日、八戸千代子宛、信直書状案（南部家文書一二六号）に、
祝言之事、廿二日ニと秋田より音信候、其迄ハはるはるの事ニ候、今月ハ成間敷とおもひ候、
とある。祝言の日取りを廿二日にするというのではなく、全体の文意からすれば廿二日に取決めをするというものらしくとられる。

（8）　六五号文書
（文禄四年）八月廿二日、八戸おちかた宛、信直書状案（南部家文書一二七号）に、
比内より檜山へ事をしかけ候、津軽より比内を覚悟仕候、然間、津軽をうしろたてニ仕候て、かた山、八木橋ハ檜山方ニ候、をしかけ浅利方よりさくをかり候、必事きれ候、近日可成候、もし如何様成事も可有候哉、其元いそかれ候て、可然とおもひ候、
とある。比内と檜山の緒戦の情況を伝えている。

（9）　一一七号文書
（文禄四年）八廿三日、おちかた宛、信直書状（石巻斎藤文書）に、
夕べ京より態人を下候、今月五日ニ立候て十八日ニ下着候、秋田ゟ被申候、御材木無御請取候、進退可有如何之間、ひかへ候へと去候ていそき人を下候、もかミ殿ハ進退きられ候、伊達もきられへきと文共下候、方々さいき候て佗言ニ候、其方たひいそかれ候やうに、かけゆニ云候へく候、いかなる事かいひ来候ハん哉、大事之

時分ニ候間其分心得尤ニ候、

とある。京から昨夕、急ぎの便がとどいた、秋田家では秀吉から材木献上の命を待っていたが命がなく、帰国も出来ないので「婚礼のことは差しひかえていてほしい」と申入れがあったので人を下したというのである。最上殿も進退をきられ、伊達も懸念されるとあり、心配事の多い時分なので、その分を心得なければならないとの報である。

⑽　六六号文書

（文禄四年）八月廿四日、おちかた宛、信直書状案（南部家文書一二八号）に、

尚々秋田へむすめ越候事、于今不越候者、先々ひかへ候て、可然と云候て、人を下候、秋田之進退あやうきと聞候て、人下候、以上

とあり、秋田へ娘が輿入りするのを、今に越さずにいるのは、先方がそれを控えて欲しいというのを、その方がよいと考え、また秋田の進退についても危ういと聞いて使いの者が下って来たと述べている。この京にあって、この情報を福岡に伝えたのはおそらく、秀吉の命で在京している信直の妻慈照院であろう。この時、彦九郎利直は上京の途にあったのである。

この書状の後、このことに触れた書状が無いので、これまでは、この年の中に輿入れたものと判断していたのである。

８、おほゆ（大湯）

本文十行目の「此方又」の下につづく三字の読み方についても苦心の末、「おほゆ」に決した。第一字目は刊本

「南部家文書」第一二五号文書の原本写真の「おこり」「おち」などと同じ筆跡なので「お」と決定し、第二字目は第一三五号文書の「の本セ」と同筆跡なので「ほ」と決定した。第三字目は第一二七、八号文書の「　けゆ」と同筆跡なので「ゆ」と決定した。ただし「ゆ」は「内」の草体にも酷似しているが「おほ内」（小保内・生内）は南部の勢力圏外であり、「おほゆ」を大湯と解して、これを取上げることにした。

名宛人が信直の重臣と推定されるように、信直およびその侍臣たちに着せる羽織を調達して呈上する者はより一層の経済力の保有者でなければならない。当時の第一級史料から大湯姓の者を求めてみたところが「岩手県戦国期文書Ｉ」所収の第一〇六号文書「南部信直文書」（花巻　四戸）に「大湯中務」の名があるが、十三名連名のもので、大身の者でないので、この人ではない。南部家中で中務を称した大身の者には東中務があるが、名久井に在地し、大湯支配をしたことはないようである。

大身で大湯氏を名乗った者に大湯四郎左衛門昌次・大湯修理親基があったが天正十九年九戸陣で誅されて（『岩手県史』第3巻）滅亡し、昌次の子は津軽へ亡命している。これに対し、信直方に参陣したのが大湯五兵衛で、「聞老遺事」所収の「九戸御陣御人数積」には「二千石、鉄炮三、長柄五、弓二、従兵四五」とある。

慶長六年三月三日の「信濃守利直公岩崎御出陣人数定」の七番、遊軍一手が士大将一騎八戸弾正で、その相備の士大将一騎が二〇〇〇石の大陽五兵衛で、此下四十六人、内馬上三騎とある。

信直書状（断簡）の「おほゆ」（大湯）はこの人と推定される。おそらくは九戸陣のときに本家筋にあたる四郎左衛門や修理が籠城軍に加担して滅亡した跡式を、信直側についた功によってそのまま受け継いだことに対する恩義から、信直家臣団の装束を調達することを申し出ていたのであろう。大湯は秋田に通ずる要衝であり、常に重臣が配置されていたのである。

五、この書状の史料価値

この断簡の持つ史料価値の一つは檜山御前の秋田への輿入れの時期についての再考である。もし、これ以前に輿入れをしたという断定史料があれば別であるが、無いとすればこれは新しい発見である。

もし、すでに秋田へ輿入れしている史料があるとすれば、これは利直の御国妻であるお閑の方の婚礼についての供人への配慮ということになるであろう。

これよりも、史料価値として大きいのは、三戸城下で二〇人分の羽織を作成するための白木綿を調達することが出来たということである。染めについては麻布と同じく、藍染めをしたであろうし、他の色にしても染色技術はすでにあったに違いない。

問題は木綿があまり全国に普及していないとされているこの時期に、三戸には流通していたという新事実の発見であり、今後、木綿の歴史を研究する大きな足がかりとなるものである。

六、追記

檜山御前の秋田家輿入れの時期について、これまでの諸論文は、大島正隆氏の「北奥大名領成立過程の一断面―比内浅利氏を中心とする考察―」（『喜田博士追悼記念国史論叢』所収、一九四二年）に拠るとして、文禄四年（一五九五）夏の説をとっていた。

筆者もこれまではこの論文からの引用文をそのまま信じて、原文には触れることをしなかったのである。それが今般出現した信直書状の解釈のためには、「文禄四年夏」と確認される根本史料に拠る論考か否かの再確認をする必要が生じたため、諸方手を尽くした。幸いに東北大学文学部考古学研究室の須藤隆助教授のご好意によってコピーの入手が出来た。

ところが、この中で大島正隆氏は「文禄元年の檜山殿は秋田実季。父愛季の死んだ天正十五年には九歳」「その弟の忠二郎は英季で文禄四年夏には十七歳。比内に赴いて地方仕置に従事したのは浅利事件落着した慶長三年以後であり、この時の彼は二十歳の青年」とあり、「南部家文書」数通から秋田家南部家の婚姻関係を挙げているが、輿入れの時期については明示していないのであった。

しかも、文禄四年九月七日、十月十三日、十一月十五日など四回にわたる目星しい戦闘が浅利側の勝利であり、しばしばの敗北を憤り、決戦を企図して翌文禄五年二月十六日秋田軍が比内に押寄せ戦っていたところに、中央からの「矢留申付」という二月十五日付浅野長吉書状が秋田氏側に到達したため、俄かに引揚げとなった事情を詳述してある。

このたび南部町で発見のこの書状は、やっと和平をとり戻した文禄五年の輿入れ準備の信直書状と解すのが、もっとも妥当という結論に達した。

Ⅵ　前田利家と南部信直

瀬戸　薫

はじめに

享保十一年（一七二六）九月、鳥取三十二万石藩主池田吉泰《よしやす》の弟澄古《すみひさ》が、加賀藩六代藩主前田吉徳《よしのり》の江戸本郷邸を訪れ、盛岡十万石藩主南部信視《のぶみ》の前田家と親交を結びたいという希望を伝えた。池田吉泰と吉徳の姉敬《のり》姫（因幡御前）の婚儀の際、澄古は信視の養父信応《のぶまさ》（利幹《としもと》）と知己の間柄になったらしい。前年信応の死によって藩主となった信視は、盛岡藩祖南部信直が前田利家を奏者として豊臣政権と結び、奥州在陣の折り利家所持の長柄槍十本を譲りうけて現在も所蔵していること、信直の嫡子彦九郎が利家の偏諱をうけて利直《としなお》と改名したこと等、両家の由縁を述べている。澄古は、もう前田家では忘れている事かもしれないと、覚書を携えたのである(1)。

これは元文三年（一七三八）冬のことらしい。南部信視が前田家に、「利」の一字を用いて利信または利視に改名したいと許可を求めてきた。前田家では、いずれにても御勝手次第と返答したところ、信視は利視《としみ》と改名し、十二月二日、弟で養嗣子の亀五郎信貞を伴って、本郷邸を訪れた。そして、利家のお蔭で南部家が存続できたことを謝し、南部家では利家との約束を守って、子々孫々まで前田家に馬を贈るように語り継いでいることを話したのである(2)。吉徳は、利家への恩義を家風として継承している南部家に好感を持ったのであろう、翌四年二月、養女の繁姫（のち弓姫、弟で大聖寺藩主利章の娘）を信貞に嫁がせる話を進め、幕府の許可を得た。同五年九月、十八歳の繁姫は金沢を発ち、十一月九日本郷邸から、十六歳の信貞が待つ南部家の広尾邸に嫁いで、広尾御前と呼ばれるのである[3]。

繁姫は十年後、嫡子三郎（利謹《としのり》）を出産後の肥立ちが悪く没したが、信貞は利雄《としかつ》と改名して盛岡藩を継ぎ、宝暦九年（一七五九）の金沢大火には、城再建用材五〇〇〇本を寄せている。そして利謹に先立たれたため弟利正《としまさ》に相続させた。以後も南部家は、通字の「信」を庶子は踏襲するが、藩主は世子時代に限り、家督相続と共に「利」字で改名しつづけて明治に至ったのである。当主に限って継承されたこの「利」字こそ、前田利家の偏諱《へんき》に由来するものであった[4]。

では、こうした南部家と前田利家との関係は、どのように始まったのだろうか。盛岡藩祖南部信直の動きを追ってみたい。

一、利家起請文の背景

利家と南部氏との交渉を象徴するのは、天正十五年（一五八七）六月二十九日、南部大膳大夫（信直）に充てて利家が差出した起請文である。利家は、①南部・前田両氏は表裏なく話合う、②関白様（秀吉）への取成しは責任をもって行う、③関白様に対し不儀を行わない限り、南部家の進退を見放さない、の三カ条を誓っている[5]。この誓紙はなぜ作成されたのか、まずこれを探ってみよう。

次の二つの史料をみていただきたい。

（A）

雖未申通候、令啓札候、仍去夏、従左衛門尉殿（北信愛）預芳書候キ、御内存之趣、即達上聞候、委曲寺前縫殿助相含口舌候、於向後者、相応之儀、蒙仰、聊不可存疎略候、恐々謹言、

（天正十四年）八月廿二日　（前田）利家（花押）

（南部信直）三戸殿

〔盛岡南部家文書〕

（B）

以上、

此船、南部之領知自田名部（陸奥国）、取逃之船にて候、就其南部殿（信直）より理被申越候条、いつれの浦ニても、彼舟着岸次第、為地下入押置、可注進候也、

天正十五卯月廿一日　（前田）利家（印）（印文「利家長寿」）

越中

能登

賀州浦々百姓中

〔尊経閣文庫所蔵文書〕

（A）は、利家が南部氏に充てた最初の書状とみられる。去夏、信直の一族で重臣の北信愛《のぶちか》から手紙で、関白様に款を通じたいとの内意を承ったので、秀吉公に申し上げた。詳細は使者として派遣する寺前縫殿助《ぬいのすけ》から口頭で申し上げる。今後は御昵懇に願いたい、との内容である。『岩手県史』が誤って天正十五年に比定したため、先の起請文と齟齬を来したが、夙に森嘉兵衛氏によって同十四年に訂正されている。[6]（B）は、南部領の田名部（現青森県むつ市）

から取逃がした船を、信直の依頼で、加越能三カ国のどの浦でも、着岸次第拘束して注進するよう命じたものである。この（B）によって、（A）を天正十四年以前とする説は、より根拠が明確となった。しかし、（A）で信愛が利家に手紙を送った「去夏」を、天正十三年とみる説もあるが、秋八月からみて同年夏と解す方が可能性は高いようである。

信直は、三戸南部氏（南部氏惣領）の一族で津軽石川城主の石川高信の長男として、天文十五年（一五四六）に生まれた。伯父の三戸南部晴政の娘婿に迎えられ嗣子となったが、晴政が嫡子晴継を儲けたため嗣子を辞した。ところが天正十年、晴継の夭折によって三戸南部二十六代を正式に相続する。対立候補の九戸政実《まさざね》を抑えて信直を推したのは、北信愛と根城《ねじょう》南部氏の八戸政栄《まさよし》である。信直は根城南部氏との同盟には成功したものの、九戸政実を中心とする櫛引・七戸など反信直勢力との対立が続いた。しかもこの抗争の間隙をぬって、津軽では重臣大浦（津軽）為信が独立の動きをみせていた。信直は支配安定のため中央政権と結ぼうとしたのである。

相続直後の天正十年六月、信直は織田信長の許に北信愛を派遣したが、信愛は越後で本能寺の変の報を聞き、引き返したという(7)。そこで信直は、秀吉への接近を試みる。同十四年秋、九戸政実が南部惣領を自称して上洛するとの風評が立つと、八戸政栄や北信愛が相談して、信直の正統性を示す南部系図を作成させ、三人の使者を前田家に派遣した。八月二十九日三戸を発ち、九月二十日金沢（尾山）に入り、翌二十一日前田家に赴いて諒解を得たという(8)。前掲（A）は、この使者派遣の前に音信が交わされていたことを物語る。

翌天正十五年には、北信愛自身が金沢に来ている。一行は進物の鷹三十一居を擁して二月十日に三戸を発ったが、兵乱を避けて迂回したため、金沢に着いたのは四月二日で、五十二日を要した。この頃、秀吉は島津氏を攻めて九州に在り、前田家では利勝（利長）が従軍していた。利家は秀吉の留守を預かり在京中と思われるが、信愛の覚書によると金沢にいたらしい。そして斎藤宗忠を遣わして信愛一行を慰撫し、秀吉の指示を待つ間歓待した。金沢城内の各座敷を見物させ、天守は利家自らが、不破直光・徳山秀現を相伴させて案内している。さらに家臣達も一行を連日招待し続けたのである。(9)

秀吉は七月に帰洛して朱印状を与える意向だったが、九州滞在が長びいたため、利家は信愛に一旦帰国を勧めた。秀吉が帰洛次第、所領安堵の朱印状を送ることを、利家は先の起請文で保証したのである。充所が前年の「三戸殿」から「南部大膳大夫殿」に変わったのは、南部惣領という信直の主張を、豊臣政権が公認したことを意味しよう。一行は、利家の家臣多田左京に送られて、能登から海路出羽国酒田に至り、戦乱の陸路は赤尾津から護衛を頼んで三戸に辿りついた。(9) 秀吉は七月十四日大坂に凱旋、朱印状が利家の使者によって三戸に届いたのは、八月以降のことらしい。そこで（B）は、信愛の滞在中に、利家が尾山もしくは上方で発令したとみるべきであろう。以後も信直は、利家を介して、毎年使者を秀吉に送りつづける。(5)

二、小田原参陣と九戸の乱

天正十五年末、秀吉の惣無事令が奥羽まで拡大された。惣無事令は、私戦を禁じて豊臣政権への従属を命じたものであるが、小大名の乱立する奥羽の世界の抗争は、寧ろ激化していく。(10)

信直は、同十六年七月、葛西晴信と結んで高水寺斯波氏を滅ぼし、志和郡を掌握した。下国《しものくに》（檜山《ひやま》・秋田）実季《さねすえ》と結んだ大浦為信のために津軽三郡を失ったが、同十七年には鹿角・比内郡に入り、実季と対峙する。当時、秋田の安東氏は、湊通季《みなとみちすえ》と下国実季が対立していた。二人は従兄弟だが、檜山城の下国愛季《ちかすえ》（実季の父）が、弟で母方の土崎湊《つちさきみなと》城を継いだ茂季《しげすえ》（通季の父）の死を機に、通季を豊島城に移して自らが湊城に入ったため、愛季が死ぬと、

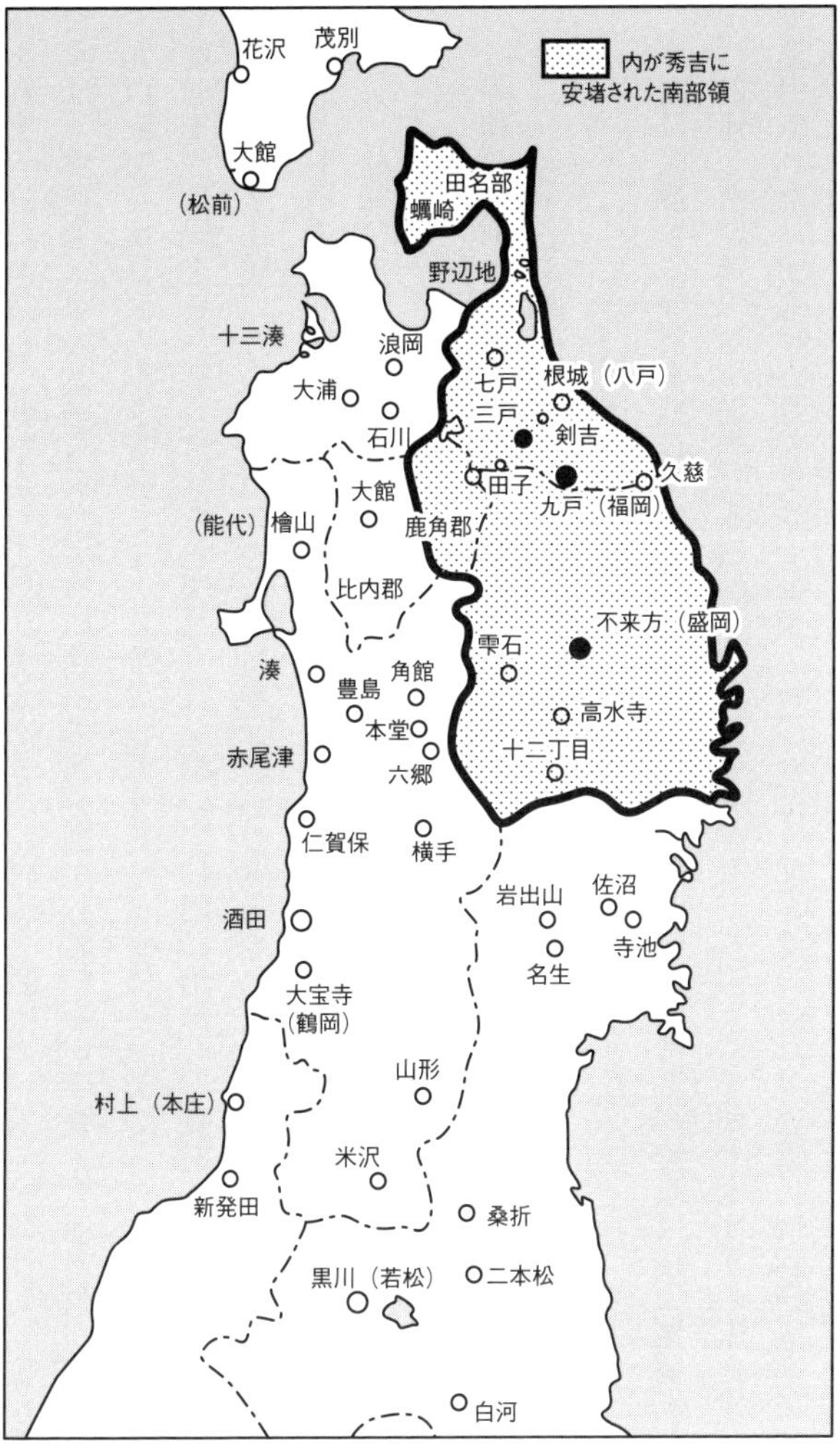

戦国末期の奥羽

通季が湊城復帰を企てたのである。しかし合戦は通季の敗北に終わり、通季は角館の戸沢氏、ついで信直を頼って再起を期していた。

信直は湊通季を「檜山之城主」と称し、同道して上洛し、秀吉に実季の非を訴えようとした。信直は、家臣木村秀勝を利家の許に派遣し、利家から上洛の意志を秀吉に伝えて貰った。秀吉は承諾し、道中の警固を上杉景勝に命じた。利家は、由利十二頭の赤尾津氏が実季に与して兵を動かしている、津軽で大浦為信が覇権を唱えている、南部家中でも九戸政実が反信直の動きを強めている等の情報を得て、信直を気遣い、この秋中か遅くとも来春には秀吉が出馬して奥羽まで仕置をされる。自分も北国の人数を率いて秋田に出馬し、貴殿の鬱憤を晴らしてさしあげるので、それまで少しの間辛抱願いたい。秋田の件は、当年は秀吉の蔵入地に編入し、南部・上杉両氏が管理せよとの仰せである。詳細は木村秀勝が申すであろうが、なお当方からも寺前縫殿助を派遣する、と八月二十日付で伝えている。(5)

翌日、利家は魚津の町人に伝馬提供を命ずる過書を発給した。

(C)

寺前縫殿助下国(出羽国)へ指下候条、堺之地迄、伝馬壱出之、可送届者也、

天正十七八月廿一日　(印)(印文「利家長寿」)

越中魚津町人

〔尊経閣文庫所蔵文書〕

下国に派遣する寺前を越後境まで送れ、との指示である。下国は下国実季に蔵入地編入を伝えるためとも解しうるが、前述した経過から湊通季とみるべきであろう。尤も、石田三成を頼った実季の工作で、蔵入地編入は同十九年まで延引された。十九年正月、実季の檜山・秋田両郡支配が認められ、安東氏は秋田実季によって統一、湊通季復帰の望みは断たれた。また、十七年段階では、信直も内憂外患を抱え、上洛を果たせなかった。しかし、使者に立った寺前は、こののち信直に仕官し、同十九年の信直の稗貫郡併呑以降、十二丁目城主となった。同二十年六月、秀吉の城割によって破却した書上に、「稗貫郡之内十二丁目 平城 破 寺前縫殿助持分」とみえる。(11)

天正十七年十一月、北条氏討伐を通告した秀吉は、利家と上杉景勝を北国勢(別働隊)の総大将に任じた。十二月

五日、北条氏に送った最後通牒の写しを添えて、利家と浅野長吉（長政）が、会津の伊達政宗に参陣を促している⑫。情報は信直にも送られた。

翌十八年二月尾山を発した利家は、家臣内堀四郎兵衛を派遣して信直に参陣を促した。信直は八戸政栄に九戸対策を委ね、政栄の子直栄と嫡子彦九郎を伴い、内堀を先導として四月に三戸を発った。進物の鷹五十居と馬百疋を牽かせ、北陸から信濃路を経て、武蔵鉢形で利家軍に合流した⑬。前年既に上洛の意志を伝えていた信直は、松山での待機を指示され、秀吉に謁見したのは小田原落城の翌日の七月六日で、同行した湊通季は拝謁を許されなかった⑭。しかも、数日前に大浦為信が秀吉に謁して津軽三郡を安堵されており、信直の津軽回復の希望も失われていた。

信直の三戸出発を示して参陣を促された伊達政宗が、先に到着した信直より早く引見されたのは、惣無事令違反を重視されたためである。利家も鉢形から小田原に召還されて、政宗を問責したが、利家自身が鉢形攻略の寛容な処置を秀吉に叱責されており、信直の津軽回復を援助できなかった。しかし、嫡子彦九郎が利家を烏帽子親として元服し、利正と改名したのはこの時といわれる。『寛政重修諸家譜』等にはみえないが、利直への改名は慶長二年以後らしい。

七月二十七日、下野宇都宮に進んだ秀吉は、信直に「南部内七郡」を安堵し、信直妻子の在京、検地の実施、家臣の諸城破却と城下三戸への集住を命じた⑤。七郡については諸説があるが、津軽三郡を含まないことは確実である。そして八月九日、政宗から収公した会津黒川城に入った秀吉は、小田原に参陣しなかった大崎義隆・葛西晴信等の所領を没収して木村吉清に与え、会津には蒲生氏郷を封じて、京に凱旋した。利家は、木村一・大谷吉継と共に出羽の仕置＝検地を命ぜられ、帰国したのは十一月らしい。このとき蝦夷地の蠣崎《かきざき》（松前）慶広が、津軽に渡って利家に会い、その助言に従って上洛し秀吉に臣従して、永年にわたる下国安東氏の支配から独立した。

陸奥の仕置は、信直が浅野長吉・木村吉清・蒲生氏郷等を嚮導して実施されたが、やがて葛西・大崎・和賀・稗貫の旧臣による一揆が勃発、翌十九年春には九戸政実が遂に信直に叛旗を翻した。信直は四月、利正と北信愛を上洛させて秀吉に援軍を乞うた。

秀吉は六月二十日、奥羽再仕置を発令し、総大将豊臣秀次以下、徳川家康・上杉景勝・佐竹義宣等の派遣を伊達・蒲生に伝えた。出羽の秋田・最上・戸沢・小野寺、そして津軽・蠣崎の諸勢も動員された。利家は出兵しなかったが、内堀四郎兵衛を信直の許に遣わし、叛乱鎮圧後の志和・和賀・稗貫三郡の加封内定を伝えて督励している(5)。利家は、内堀の建言を容れて信直の忠節を讃え、秀吉に加封を進言したのである(9)。

五万を超える包囲陣に五〇〇〇の籠城軍は敵せず、九月四日九戸城は陥落した。落城後、蒲生氏郷が中心となって城館が修築された。信直は、氏郷の勧めに従って三戸から移り、名も福岡と改めている。

三、「日本のつき合」と不来方築城

九戸の乱への軍役動員は、豊臣政権による「際限なき軍役」賦課の端緒であった。乱の終息前の八月、秀吉は明年の朝鮮出兵の動員令を発布した。同二十年、利家も信直も肥前名護屋に赴いた。秀吉は利家に出兵用の大安宅船建造を命じ、秋田実季に秋田杉の運上を指示した(15)。翌文禄二年三月、秀吉は牧使城《もくそじょう》（晋州城）攻撃の後続部隊として、利家と蒲生氏郷に渡海を準備させ、信直軍百人は、本堂忠親の二十五人と共に、七〇〇〇人の利家軍に組み込まれた(14)。

利家軍の渡海は実現しなかったが、この頃の信直の日常は、彼が愛娘千代子とその夫八戸直栄に送った多くの手紙で窺える。なかでも著名なのは、直栄と重臣新田氏に充てた同年五月二十七日の書状である。信直は、奉公次第の現実を説いて、八戸氏が古い習慣に拘泥するのを戒めた。上方衆は、時代遅れの遠国衆を嬲物にするので、「日本のつき合」に恥をかき、家名を汚さないよう腐心している。だから月に一度利家を訪ねるほかは、あまり出歩かない。津軽為信が利家を訪ねたとき、頑固に自説を主張して奥村主計にやり込められて恥をかいたので、以後は利家の許にも行かないようになった、と述べている。[16] 利家は為信を「表裏仁」と評して警戒したが、[17] 南部・秋田両氏の和睦には積極的で、信直の娘と実季の弟英季《ふさすえ》の結婚を仲介している。

朝鮮出兵動員の一方で、秀吉は津軽・戸沢・小野寺・本堂等奥羽の諸大名に伏見作事板（伏見城造営用の杉材）の運上を命じた。しかも秋田杉という条件がついたので、諸大名は秋田氏に依頼して運上を果たしたが、信直には「秋田・津軽・其方領内何之山ニ而成共」と妥協した指示が出されている。[5] 南部・秋田不和の来由に配慮した利家の進言があったのかもしれない。

（D）

南部殿《信直カ》下国事候、越中より堺目まで、万馳走可有之候、為其以書状申候、恐々謹言、

二月七日　利家《前田》（印）（印文「申債妻申氏」）

肥前殿《前田利長》進之候

〔盛岡南部家文書〕

右の（D）は年未詳だが、利家の印から文禄四〜慶長三年頃と推定され、南部殿が信直ならば文禄四年か慶長二年が有力となるが、断定は難しい。信直もしくは利正の帰国に際して、利長に路次の便宜を計るよう指示したもので、南部氏の上洛ルートが基本的に、仙北を横断して北陸路を辿るものであったことは理解できよう。

信直は名護屋参陣の頃から健康を損い始めたようで、千代子充ての手紙には自身の病状に触れた文が多くなる。慶長三年（一五九八）三月一日、上杉景勝の会津移封を報じた手紙には、「早く下度候へ共、利家殿《前田》御煩候間、下事を申事不成候」と、利家の病状を案じて帰国を遠慮している様子が窺える。[18] 同月十五日、信直も秀吉の醍醐の花見に参

加したが、この催しに紛れて利家は「われら（信直）御ふしんの御朱印とりなし候」と、南部氏の不来方《こずかた》（のち盛岡）築城認可の斡旋をしており、同二十日段階では、一両日中に秀吉の朱印状が出される情況だったらしい[16]。信直は、九戸の乱後から不来方の地に着目し、文禄三年頃家臣の福士氏から収公していた。

信直は国元の利直に、普請は内堀伊豆に相談し、その指揮監督の下で行うよう細かく指示している[7]。この内堀伊豆頼式こそ、かつて利家の使者として南部氏に派遣された四郎兵衛で、利家の吹挙によって南部氏に仕え、のち一〇〇〇石を充行われたのである。

信直は、利家に遅れること七ヵ月、慶長四年十月五日、福岡城で病没した。五十四歳。盛岡城が完成し、南部氏の正式な居城となるのは、寛永十年（一六三三）のことである。

註

（１）「大野木克寛日記」（『加賀藩史料』第六編同年条）・『可観小説』巻十九。

（２）『可観小説』巻四十二。

（３）「政隣記」（『加賀藩史料』第七編各日条）。

（４）加賀藩主前田家の嫡子は、元服または相続のとき将軍の偏諱をうけて改名する慣例で、藩主が通字「利」を名乗るのは三代利常までと、世子時代に限られ（当主の復活は明治の利為以後）、利は庶子や支藩で踏襲された。

（５）盛岡南部家文書。以下、紙幅の関係で個々の文書名を省略する。

（６）『岩手県中世文書』。森氏『津軽南部の抗争・南部信直』（人物往来社、一九六七年）。

（７）「祐清私記」。南部信応に仕えた伊藤祐清の私記。

（８）「八戸家伝記」。

（9）「北左衛門尉信愛覚書」。北信愛は剣吉城主、八〇〇〇石。覚書は慶長十七年、九十歳の自書で、記憶違いもあろうが、概ね信頼できるという。いま『岩手県史』の所引に拠るが、誤植が多く難解である。『南部叢書』所収「南部根元記」は、覚書を増補して金沢城での接待についても詳細である。
（10）藤木久志氏『豊臣平和令と戦国社会』（東京大学出版会、一九八五年）。
（11）南部大膳大夫分国之内諸城破却共書上之事（『岩手県史』第三巻、一九六一年）。
（12）伊達家文書。
（13）「南部根元記」。
（14）浅野家文書。
（15）秋田家文書。
（16）遠野南部家文書。
（17）「宝翰類聚」坤。
（18）三浦栄家所蔵文書。

【追記】（A）の「去夏」を「去年の夏」と解し天正十三年からという南部家の記録に従って訂正したことは、拙稿「『北信愛覚書』について―天正十五年の金沢城―」（『加能史料研究』第十二号、二〇〇〇年）参照。

また、註の番号が錯乱しているのは、初出誌の紙幅の関係で同一出典を同じ番号で表示したためである。御寛恕をお願いしたい。

Ⅶ　南部信直と「取次」前田利家
――伏見作事板の賦課をめぐって

熊谷隆次

はじめに

本稿では、豊臣政権下における北奥の大名南部信直の動向を、「取次」前田利家と関連させながら論じていく[1]。前田利家は、天正十四年（一五八六）以来、「取次」として南部氏の豊臣大名化を推進するのに大きな役割を果たしてきた。ところが、文禄二年（一五九三）十一月、新たに甲斐国府中城主になった浅野長政（当時は長吉）の「与力」に南部氏は伊達政宗や宇都宮国綱ら東国の諸大名とともに配属され、また長政は秀吉から南部氏の「取次」に任じられた[2]。

山本博文氏はこの事実について、秀吉側近の吏僚派奉行による諸大名への意思伝達体制（＝浅野長政による東国・奥羽の「取次」）が確立したとされ、朝鮮侵略の際の東国・奥羽の大名に対する軍事指揮権が長政によって掌握されたと評価されている。また、政権の初期には徳川家康や毛利輝元ら盟友とも言うべき有力大名が「取次」にあたり、諸大名の服属後は次第に彼らは退けられ、代わりに浅野長政ら吏僚的な秀吉側近が担当することになったとされている[3]。また藤田達生氏は、直臣団組織による官僚制が未確立であったため、天下統一過程おける奥羽支配は豊臣直臣の浅野長政とそれをバックアップする外様大大名の徳川家康の二つの方向で進められ、文禄二年になって北関東・奥羽支配は直臣の浅野長政に一本化されたとしている。[4]

しかし本稿で論述するように、前田利家は慶長初年（本稿では慶長元〜三年までを扱う）において南部氏の「取次」として頻繁にその役割を果たしている事実がある。[5]その逆に「取次」としての浅野長政の動向を示す史料は確認することはできない。[6]この慶長初年の「取次」をめぐる変化をどのように評価すべきであろうか。

本稿では、南部氏と前田利家との関連性を示す材料として、豊臣政権から北奥羽の諸領主に賦課された伏見作事板に焦点をあてて論ずる。従来、伏見作事板に関する研究は、おもに秋田氏を中心に論じられ、北国海運を通じた領主的商品流通、[7]太閤蔵入地、[8]奥羽大名の権力確立、[9]豊臣政権の奥羽支配政策等の視点から豊富な事実が解明されてきた。[10]しかし、従来の研究史では、伏見作事板という「役」を請けた後のその遂行過程の分析に焦点が絞られる傾向を有しており、「役」賦課を下命する秀吉朱印状が発給されるまでの過程分析については論及されることはなかったのである。また南部氏については伏見作事板との関連性についてほとんど深く追求されることはなかった。

南部氏は、天正十八年（一五九〇）の奥羽仕置、同十九年の九戸一揆、文禄元年からの名護屋参陣を通じて豊臣大名に仕立て上げられたと従来の研究史では説明されてきたが、[11]その豊臣大名化の実態は深く分析されたものではなく、また慶長初年の動向はほとんど未解明な部分である。[12]この背景には、南部信直書状、前田利家書状、豊臣秀吉朱印状の年代比定がなされておらず、これら史料による慶長初年の南部氏の実態が解明されていなかったことがあった。

本稿では、南部信直書状、前田利家書状、豊臣秀吉朱印状の年代を確定させる作業を進めながら、慶長初年における南部信直と「取次」前田利家の関わりを明らかにしたい。そして、それをもとに豊臣政権の北奥羽支配政策にも言及していきたい。

一、南部利直と前田利家

南部信直は、自身の代理として嫡子の利直を、文禄四年（一五九五）八月に上洛させた[13]。利直はその後、約一年半の在京を終え、慶長二年（一五九七）初頭に帰国した。この上洛の期間、利直は文禄四年十二月十八日に従五位下信濃守に叙任された[14]。この上洛中に利直宛で発給された史料を次ぎに掲げる。

【史料1】[15]

尚々御気相次第ニあけ可申候間、其内相用御とりかい可有候、かしく

態申入候、仍上様御預ヶ之弐もとの御鷹、御とりかい（取飼）にて御上候へと被仰出候間、其御心得尤ニ候、恐々謹言、

（慶長元年）十一月廿日　　筑前守
利家（花押）

南部信濃守（利直）殿

【史料2】[16]

御作事為御用、於秋田山杉四寸かけの大わり、長さ京間弐間ニ被仰付候、其方請取可京着候、不可有油断候、
猶加賀大納言（前田利家）可被申候也、

（慶長二年）正月廿五日　（朱印）（秀吉）

南部信濃守とのへ

【史料3】(17)

南部殿下国事、越中より堺目まで萬馳走可有候、為其以書状申候、恐々謹言、

(慶長二年)二月七日　　　利家（黒印）

(利長)肥前殿

進上

【史料1】は、上洛の翌年である慶長元年十一月の前田利家書状であり、利家は「上様」(秀吉)が南部氏に預けた鷹二羽を返上せよという秀吉の意向を利直に伝達する役割を担っている。

【史料2】は、翌慶長二年に発給された豊臣秀吉朱印状である。伏見作事板を秋田実季領の山中から請け取り京へ回漕することを利直に下命した朱印状であるが、「加賀大納言」すなわち前田利家がその「取次」を果たしている。そして、この直後に発給されたものが【史料3】の慶長二年二月七日付の前田利家書状である。

「南部殿」とは利直のことであり、前田利家は越中の領主でもある嫡子利長に、利直が領国内を無事通過できるよう下命している。日付が【史料2】の秀吉朱印状の発給後間もないことから、利家は朱印状を請け取った利直を速やかに帰国させ、伏見作事板の回漕業務に従事させようとしたのである。なお、この利家書状は宛所の前田家には伝来されず、盛岡南部家に伝来されていたことから、利直はこの利家書状と【史料2】の秀吉朱印状をともに携帯して前田領を通過し帰国したのである。

以上のことから利家は、伏見において鷹や伏見作事板に関わる朱印状を取り次ぎ、朱印状を請け取った利直を自分の領国内を通過させ、迅速かつ安全に帰国させる役割を果たしている。「取次」前田利家は、朱印状を手渡し、その

朱印状に記されている秀吉の意（ここでは伏見作事板の回漕）を確実に南部利直に遂行させる義務を負っていたのである。南部氏の「取次」前田利家は、慶長元年末から史料上において再び姿を現してくる。

二、南部信直と前田利家――秀吉朱印状の発給過程

南部利直は先の【史料3】前田利家書状によって慶長二年三月にはすでに国元に帰国していたと考えられる。

【史料4】[18]

善鷹二足到来、寔遙々差上懇情程、別而自愛悦思召候、猶加賀大納言可被申候也、
（慶長二年）三月十九日　（秀吉）（朱印）
南部大膳大夫（信直）とのへ

右の朱印状は、利直が在京を終えすでに国元に帰国していたと考えられる慶長二年三月、利直の父南部信直が鷹二足を遙々国元から秀吉に献上したことを示している。「猶加賀大納言可被申候也」と、この秀吉朱印状の伝達に前田利家が「取次」としてかかわっており、利家は南部信直の「取次」として確実にその役割を果している。

この鷹を献上した年の十一月、信直は伏見へ向け国元を出立した。陸路をとり、同年十二月六日には武蔵国久喜を通過し[19]、同月二十五日に伏見に参着した[20]。そして、翌慶長三年三月二十七日、伏見作事板を秋田・津軽・南部領の山から切り出し、敦賀城主の大谷吉継のもとまで回漕することを命じる次の朱印状を発給された。

【史料5】[21]

去年以来被仰付候板之事、秋田・津軽・其方領内何之山ニ而成共、勝手能所作杣取、至敦賀差上、大谷形（刑）部少

輔可相渡候、猶加賀大納言可被申候也、

三月廿七日（慶長三年）　（朱印）（秀吉）

南部大膳大夫とのへ

「猶加賀大納言可被申候也」と、この秀吉朱印状も前田利家が「取次」としてかかわっている。それでは、この慶長三年の秀吉朱印状はいかなる過程を経て発給されたのであろうか。

信直は、国元を立ち伏見への途次、および伏見での参勤中、重臣八戸直栄に嫁いでいた娘千代子に合計十九点の書状を発給した。この書状において信直は、「御材木」「御普請」に関する状況の推移を頻繁に伝えている。以下では、この信直書状に表現される「御材木」「御普請」が伏見作事板に関わる文言であるということを確定するとともに、秀吉朱印状の発給過程について基礎的事実を明らかにしていきたい（「御材木」「御普請」は**ゴチック体**で示した）。

【史料6】[22]　慶長二年十二月九日

御材木明年も申候者、早々可下候、

【史料7】[23]　慶長二年十二月二十八日

又正月ハ**御材木**の事もきわまり候へく候、

【史料8】[24]　慶長三年正月四日

仙北・秋田、皆々**御材木**被仰付候者、をし付可下と被待候、今日まてハ御ふれ（触）なく候、年内可被仰付と被仰候由、秋田殿へ御前之衆つけ（告）候、于今不被仰付候、被仰付候者、こなたも下候へく候

【史料9】[25]　慶長三年正月七日

材木・ふしん（普請）被仰付候ハ、三月七日・八日比ハ可下候、…尚々此方御暇出候て可下やうニ候ハ、さきへ人を可下

候、

【史料10】[26] 慶長三年正月二十四日

昨日上さまへ御礼申候、**御材木**被仰付候者可下候、于今其沙汰なく候、

【史料11】[27] 慶長三年二月朔日

御材木被仰付候者、時をかへす可打立候、

【史料12】[28] 慶長三年二月朔日

御普請を被仰付候ハヽ、時をかへす可下候、…尚々**御材木**被仰付候ハヽ、をし付可下候、

【史料13】[29] 慶長三年二月十一日

御材木被仰付候者、時をかへす可下候、…尚々**御普請**御朱印出候者、やかて〳〵可下候、

【史料14】[30] 慶長三年三月朔日

早々下度候へ共、利家さま御煩候間、下事を申事不成候、何様三月中ニハ此方より可下候間、床敷有ましく候、

【史料15】[31] 慶長三年三月八日

秋田へ**御材木**之御朱印一昨日出候、我等へも近日ニて可有候、則可下候、

【史料16】[32] 慶長三年三月二十一日

此十五日ニたいこ（醍醐）と云所にて御花見候、おひた、敷御もよほし（催）に候、其に御まきれ候て、利家さまわれら御ふしん（普請）の御朱印御とりなく候、昨日としいへ（利家）へ参候へ者、今明日中ニ御朱印御取可有と被仰候、此方廿六・七日ニハ打立候へく候、

ほぼすべて「御材木」に関わるものである。【史料６】によれば、信直が伏見に参着する以前の慶長二年十二月九

日から「御材木」について述べられ、【史料15】の慶長三年三月八日まで一貫して表れる。その書状に信直は、「御材木被仰付候者、時をかへす可打立候」ということを何度も繰り返し述べているように、信直の伏見参勤の目的は「御材木」を「被仰付」＝下命されることであった。

この「御材木」は、【史料8】に「仙北・秋田、皆々御材木被仰付候者」とあるように、秋田実季や仙北の小名衆（小野寺・戸沢・本堂・六郷氏）も秀吉から下命される「御材木」であった。また、【史料15】に「秋田へ御材木之御朱印一昨日出候」とあるように、これは秀吉朱印状によって下命されるものであった。この「御材木」は、慶長元年閏七月の大地震後に新たに築かれた木幡山の伏見城の普請にかかわる伏見作事板であることは確実である(33)。信直は伏見作事板である「御材木」の回漕を命じる秀吉朱印状を発給されることを期待して慶長二年十二月以来伏見に参勤しており、約四ヶ月後に前掲の【史料5】慶長三年三月二七日付の朱印状を発給されたのである。

なお、信直の書状には、この「御材木」のほかにも「御普請」という文言も見られる。【史料9】には「材木・ふしん《(普請)》被仰付候ハヽ」と「材木」・「ふしん」が並列して表記され、一見すれば別な事柄と考えられる。しかし、【史料12】と【史料13】の文言を比較すれば、それぞれ「御材木被仰付候者、時をかへす可打立候」、尚々書に「尚々御材木被仰付候ハヽ」と「尚々御普請御朱印出候者」と記され、ほぼ同じ表現が使われながらも「御材木」と「御普請」が単純に入れ替えられて表記されているにすぎないことが明瞭である。つまり信直は、「御材木」も「御普請」もほぼ同じ事柄として扱っていたのであり、ともに伏見作事板に関わる文言であると考えて間違いない。

三、伏見参勤の意義

信直の伏見への参勤は、伏見作事板の回漕を下命する豊臣秀吉朱印状の獲得が第一目的であったが、伏見に参着して約一ヶ月後の正月二三日、【史料10】では「昨日上さまへ御礼申候」とある通り、信直は秀吉に「御礼」を述べている[34]。

この「御礼」は秀吉に対する謁見のことと考えられる[35]。そして【史料9】によれば、伏見作事板が下命され次第、「此方御暇出候て可下やうニ候」とあるように、伏見から国元へ帰国することは「御暇」を与えられるものであった。すなわち、この慶長三年の伏見参勤の過程は、信直が伏見に上り、秀吉に謁見して「御礼」を述べ、「御暇」を出されて帰国するという秀吉に対する臣従行為の形式をとっていることがわかる。

『鹿角郡図[36]』には先の利直の上洛について、「此杉山太閤様被及聞召、信濃守（利直）伏見相詰候時分、大板取上ヶ候得と御諚ニ而御暇被下」とあり、利直も伏見に詰め、伏見作事板を回漕するよう秀吉から下命された後に「御暇」をもらい帰国している。

なお、秋田実季宛書状で近衛信尹は「其許（実季）御材木之義付而、在国被申由尤候[37]」と述べ、秋田氏が伏見作事板のことで在国することを当然のこととしている。また秋田実季自身、「御材木之儀ニ付而、国本ニ罷ゐ（居）候[38]」と述べており、秋田氏も伏見作事板の回漕業務で在国しなければならなかったのである。伏見において朱印状を受領した後は迅速に帰国し、伏見作事板の回漕を確実に遂行すること、こういう秀吉朱印状をめぐるシステムが北奥羽の諸領主には存在していたのである。

この一連の行為は、秀吉からみれば、南部氏を伏見に参勤させ「御礼」という臣従行為を強制することにより豊臣大名であることを再確認する契機になったであろうし、南部氏から見れば天下人秀吉に謁見し豊臣大名として再確認される契機でもあった。なお帰国とは、政庁である伏見城下への参勤を秀吉から「御暇」をもらって許可されるのであるが、それが伏見作事板の朱印状発給を待って許可されていることは、この伏見作事板の「役」を請けるということが、秀吉に対する臣従行為の必要不可欠な要件であったことを示している。

従来の研究史において、伏見作事板の回漕は豊臣政権に対する軍役であるとされてきた[39]。この伏見作事板＝「軍役」というとらえ方自体は正しいと考えるが、その運上を命じる朱印状の受け取りが、大名が伏見に上り秀吉に「御礼」を述べることによって発給され、「御暇」を与えられて帰国するという一連の臣従行為の過程の中に位置づけられていたということを重視する必要があろう。

四、伏見作事板と北奥羽の諸領主――浅利騒動を通じて

慶長元年以前、秋田実季が豊臣政権から賦課される材木は、大安宅船[40]や淀船の作事板[41]、指月の伏見城から向島にわたる橋板[42]に使用されていた。しかし慶長二年以降は、慶長元年閏七月の大地震による指月伏見城の崩壊により、作事板は木幡山伏見城の新築に使用されることになった。そして、この慶長二年を境に、秋田氏のほか仙北衆、由利の五人衆（赤宇曽・仁賀保・滝沢・内越・岩屋氏）、津軽為信の回漕量が増大し、すでに述べたように南部利直にもこの年初めて伏見作事板の賦課がなされた[43]。文禄四年七月の秀次事件による聚楽第破却後、政庁としての木幡山伏見城の完成が急がれたためにとられた緊急の措置と考えられる。

この伏見作事板の回漕を遂行するために、前年の慶長元年から新たに作事板を賦課され始めた仙北・由利の小名や津軽為信ら北奥羽の諸領主らは、南部氏を除き、秋田氏を長に「隣郡之衆」[44]として編成されることになった。南部信直が【史料8】で「仙北・秋田、皆々御材木被仰付候者、をし付可下と被待候」と秋田氏と仙北衆が一緒に朱印状の発給を待ち侘びていると述べていたのは、彼らが「隣郡之衆」として編成されていたことと無関係ではあるまい。信直が伏見に到着した時にはすでに秋田氏らは伏見に上っており、年内にも朱印状を請け取ることが予定されていた。南部氏と「隣郡之衆」は、伏見作事板に関して全く別の動きをしていたのである。

慶長三年の秀吉朱印状は、秋田氏や仙北の小野寺義道については当初の予定から大幅にずれ、南部氏より早い三月六日になってようやく発給された[45]。この北奥羽の諸領主宛の朱印状の発給が遅延した背景については、第一に【史料14】にある通り南部氏の「取次」前田利家が病を煩っていたためであり、そのため信直は帰国したい旨を利家に強く要望することができなかったのである[46]。また、【史料10】に記載されている三月十五日開催の醍醐の花見も遅延の大きな理由であった。醍醐の花見の準備のため秀吉自身や奉行の長束正家・前田玄以・増田長盛が、慶長二年の二月から三月にかけて何度も醍醐寺に赴いており、相当その準備に忙殺されていたようである[47]。そして、利家については、この醍醐の花見の当日に妻まつと一緒に出席しており、信直書状にも醍醐の花見で「利家さまわれら御ふしんの御朱印御とりなく候」と、利家が醍醐の花見の慌ただしさに紛れ朱印状を取り次げない様子が記されている。

しかし、この時の秀吉朱印状の発給遅延はひとり南部氏だけではなく、秋田氏・仙北衆を含めた北奥羽の諸領主らすべてに該当していたのであり、前田利家の個人的事情や醍醐の花見だけがその理由とはならない。この遅延の最大の原因としては、秋田実季とその家臣でありながら独立化をはかろうとする比内の領主浅利頼平の抗争、すなわち浅利騒動が存在した[48]。

浅利騒動は、肥前名護屋に在陣中の秋田実季が下命した軍役と太閤蔵入地からの年貢を浅利頼平が未進したことから起こった。文禄二年のことである。その後、この両氏の確執は、文禄三年・四年の両度にわたる武力抗争にまで発展するが、この騒動の解決と片桐且元の勧告により、慶長二年八月頃から浅利氏と秋田氏は上洛していた。浅利氏は、浅野長政、前田利家、秀吉の内儀衆ちゃあを介して必死に中央工作を続けるとともに、[49]秋田方による攻撃や物成差し押さえにより太閤蔵入地からの年貢が上納できないと秋田氏の非法を訴えた。[50]これに対して秋田氏は、文禄二年から慶長元年にいたる四ヵ年分の太閤蔵入地からの年貢算用状を奉行長束正家・増田長盛・石田三成・前田玄以に提出し、確実に太閤蔵入地の管理を遂行し、伏見作事板も滞ることなく回漕していると主張した。[51]

伏見作事板の回漕を命じる秀吉朱印状では、「秋田山」すなわち浅利領を含む秋田領の山林において材木を伐採することを命じており、秀吉朱印状が秋田氏に発給されることは、自動的に秋田氏がこの紛争に勝訴することを意味していた。慶長二年末にいたっても裁定は下されず、浅利氏も秋田氏も相手を抑え有利な裁定を必死になって得ようと画策していたのである。秋田氏や仙北衆ら「隣郡之衆」に伏見作事板の回漕を命じる秀吉朱印状が慶長二年十二月になっても発給されなかったのは、この浅利騒動の裁定がいまだ下されていなかったからであると考えて間違いあるまい。

この紛争中の慶長三年正月八日、上洛していた浅利頼平が突然死去した。この頼平の死後、浅利氏の妻子を秀吉の内儀衆ちゃやあが庇護していたため紛争の解決は長引き、長束正家の取り成しでようやく二月十六日頃に終結に向かった。[52]浅利騒動をめぐる長い紛争は秋田方の勝訴に終わり、三月六日、すでに述べたように伏見作事板の回漕を命じる朱印状が秋田氏や小野寺氏に出されることになったのである。これら客観的状況から判断すれば、【史料5】の南部信直宛秀吉朱印状が遅延したのは、杉板の伐採区域について「秋田・津軽・其方領内」と秋田領が入っていたため、浅利騒動に裁定が下されるまで南部氏にも朱印状が発給できなかったからであると考えることができる。

五、秀次事件後の奥羽支配の転換

浅利騒動の最初期の文禄二年、「肝煎」としてその仲裁にあたったのは、関白豊臣秀次の家臣木村常陸介重茲であった(53)。その後、慶長元年から翌二年十月頃まで秋田方に立って擁護をしたのは、鷹匠頭で秀吉の側近佐々淡路守行政であった(54)。しかし、その後佐々氏は浅利騒動の表舞台から姿を消し、紛争が解決した慶長三年二月まで秋田方勝訴の裁定を勝ち取ろうと奔走したのは長束正家であった(55)。

また、秋田領からの材木の回漕を命じる秀吉朱印状の伝達に関して、文禄三年四月・六月の淀船材木回漕については木村重茲と秀吉の右筆木下吉隆が担当していた(56)。しかし、秀次事件によって関白秀次の権力が削がれていく同年十月の朱印状の伝達からは木村・木下両氏は外れ(57)、かわりに長束正家と佐々行政が伏見作事板に関わる朱印状の伝達にあたっている。そして、文禄四年十一月以後の朱印状の伝達には、新たに秀吉の右筆山中長俊が加わりながらも主に長束が担当している(58)。

文禄四年七月の秀次事件によって木村重茲は自害し、木下吉隆も失脚していることから(59)、秀次事件を契機に秋田領支配の担当者については徹底して秀次に連なる者が排除され、秀吉側近の奉行衆に改替されるという人事面での大きな配置転換がもたらされたと考えられる。

杉板回漕を命じる朱印状のほか、秀吉に対する進物の礼状(60)、また侍従職任官の推挙について(61)、秀次事件までは木村重茲や木下吉隆が担当していることから、木村・木下両氏が当初は秋田氏の「取次」であったと考えられる。しかし、秀次事件後の動向から判断すれば、長束正家が新たに秋田氏の「取次」になったと考えられる。慶長三年正月の信直書状【史料8】によれば「伏見作事板の朱印状を年内に発給するであろう」と秀吉が述べたことを、秋田氏へ「つ（告）け」る「御前之衆」が登場する。この「御前之衆」の一人として、長束正家を考えて間違いあるまい。

慶長三年二月十一日、秋田氏に宛てた書状で長束は「浅利こそ不相届候」者であると糾弾し、浅利氏の行動が秀吉に伝えられては同氏を擁護した「取次候もの」までも処罰を受けるであろうと述べている[62]。この「取次候もの」は、前田利家・浅野長政・内儀衆ちやあのことであり、彼らは浅利氏を擁護した「取次」であったと推定される。秋田氏と浅利氏の抗争は、「取次」を介在することにより、自ずから長束ら集権派と利家・長政ら分権派の派閥抗争に直結することになったのである[63]。

秀次事件以後、集権派奉行は太閤蔵入地の管理について権限を強化されているが[64]、このことは秋田の太閤蔵入地と伏見作事板の回漕を滞り無く実現することが新たな至上命令として奉行衆に課されることになったことを意味する。秋田領内の太閤蔵入地の管理が秀次系の奉行から集権派の吏僚派奉行に改替されたのは、秀次事件以後の中央集権化の流れが背景にあったのであり、そのため北奥羽の領主が独立的であるよりも、彼らを「隣郡之衆」という集団に編成し、それを秋田氏を長としながら支配した方がより確実に職務を遂行できたのである。「隣郡之衆」が秀次事件直後の慶長元年に設定された背景には、伏見作事板の回漕と太閤蔵入地の算用に関して集権化を推進しようとした吏僚派奉行の意図が強力に働いていたと考えて間違いあるまい。

浅利騒動は、結果として比内浅利領の太閤蔵入地の管理を不完全なものにするとともに、秋田氏の大名領主権を動揺させることになった。津軽為信は、浅利騒動において背後から浅利氏を支援したが、その津軽氏は慶長二年以降、「隣郡之衆」のメンバーでありながら秋田氏からの再三にわたる催促にもかかわらず杉板の回漕業務を拒否し続けており、その行為は秋田氏を中心に推進された中央集権化に対する抵抗の試みであったと考えられようか(65)。このような豊臣政権による北奥羽支配の動揺のなかで、吏僚派奉行は秋田氏有利の裁定を獲得し北奥羽支配の主導権を掌握する必要があった。なかでも長束正家の役割は、この奉行を構成するメンバーとして秋田氏の「取次」を行い、秋田方勝訴の裁定を獲得する重責を担わされていたのである。

これに対して分権派の奉行浅野長政は、秀次事件において謀反の共謀者として嫡子幸長が嫌疑を懸けられたためともに蟄居し政権の中枢から退けられ、また、秀吉の勘気が解けた慶長元年閏七月十二日後も長政の地位は回復していなかった(66)。実際、それまで長政は長束・前田・増田ら奉行衆とともに秋田領内の太閤蔵入地の年貢算用状に連署していたが、翌慶長二年十一月分については長政は排除され、かわりに集権派の石田三成が加わり連署している(67)。

同年十二月、すでに述べたように伏見作事板に関わる秀吉朱印状の獲得のために秋田氏や仙北衆はすでに伏見に参勤し、南部信直も十二月二五日に伏見に参着したが、その四日前、『鹿苑日録』十二月二一日条によれば、伏見城内の「番所」に詰めた「四奉行之衆」が、「加判」した「折紙」を発給している(68)。この「四奉行之衆」とは長政を除く石田・増田・長束・前田四氏のことであるが、おそらく彼らは【史料８】の秀吉の意を伝える「御前之衆」のことであろう。長政がこの間に浅利氏の「取次」として動いていたのは、伏見城の「番所」において北奥羽支配の集権化を推進していた吏僚派奉行＝「四奉行之衆」の動きを、政権の奉行衆から排除されながらも必死になって牽制しようと画策していたからだと考えられる。また長政が浅利騒動をめぐって利家と連携していたのは、秀次事件以後、「不断致在京、御ひろい様（豊臣秀頼）へ御奉公」を誓約し、常に伏見城に詰め新たな「公儀」の中枢に組み込まれた有力大名前田利家と連携することが有利と判断したからであろう(69)。

秋田実季は「秀次被成御果之刻、私罷上候(70)」とあるとおり、秀次事件直後、嫌疑を恐れてであろうか上洛している。

また、すでに述べたように南部信直も、事件直後の文禄四年八月、嫡子の利直を上洛させている。秀次事件は奥羽の諸大名を震撼させ、保身のために新たな「取次」の選択を迫ったのではなかろうか(71)。

南部氏は、文禄二年に浅野長政の「与力」に属し、長政を「取次」とするよう秀吉から下命されていた。しかし、慶長元年から同三年の間、長政を「取次」とせず前田利家のみを「取次」としていたのは、秀次事件により長政は「上様《秀吉》御言葉もか丶らず」また「御前悪候」という状況にあったからだと考えられる(72)。長政は、秀吉の御前から退けられ、実質的に「取次」の機能は停止状態にあったのである。秀吉朱印状が伏見という場においてでなければ獲得できないという条件のもとでは、秀次事件以後、伏見城に常勤し政権の枢機にいた最有力大名前田利家を「取次」とすることは、南部氏の御家存続にとって絶対不可欠なことであった(73)。

むすびにかえて――豊臣政権の奥羽支配構想

文禄四年の秀次事件は、北奥羽の支配政策の大転換をもたらすものとなった。政権の吏僚派奉行は、中央集権化の流れの中で北奥羽の地にも集権化を推進させたが、それは新たな「公儀」の象徴伏見城に使用する伏見作事板回漕のための「隣郡之衆」の創出に結実した。また、秋田氏の「取次」の面でも、秀次系の木村重茲・木下吉隆から集権派の長束正家に改替されるというように、それは徹底したものであった。

秋田山から伏見作事板を請け取り、敦賀の大谷吉継まで回漕するという役負担は、秀次事件以後の慶長初年、北奥羽の諸領主に一様に賦課されるものであり、これは豊臣政権の北奥羽支配の一大政策であったと考えられる。この政策の原則によれば、伏見作事板の回漕にかかわりながらひとり南部氏だけが「隣郡之衆」から外れることは本来的にありえないことであろう。おそらく集権派の奉行には、南部氏をも「隣郡之衆」に編成する構想があったと思われる。ところがただひとり南部氏だけが同じ北奥羽の大名でありながら「隣郡之衆」に編成されなかったのは、秀次事件により分権派の浅野長政が「取次」機能の停止状態にある中で、前田利家が南部氏の「取次」として再び登場したことによる。利家は、秀次事件や浅利騒動をめぐって集権派の奉行長束正家らと鋭く対立し、集権派が創出した「隣郡之衆」に南部氏を容易に編成し難い状況があったのである。

慶長初年の北奥羽支配については、文禄四年の秀次事件直後、吏僚派の奉行らによって一挙に集権化が推進される構想（＝「隣郡之衆」構想）がありながら、「取次」を介し集権派と分権派の熾烈な派閥抗争によってそれは挫折せしめられ、変更（＝分権化）を余儀なくされてしまったのだと考えることができる。

慶長初年における北奥羽の諸領主の「取次」は、山本博文氏や藤田達生氏が説かれるように[74]、徳川家康や前田利家ら有力大大名から浅野長政・長束正家ら吏僚派奉行へという直線的な図式で説明できるものではないことは、本論において明らかになったと考える。それは、秀次事件以後の全国的集権体制の強化の流れのなかに、集権派と分権派の派閥抗争や北奥羽諸領主の「取次」を考察の対象に入れ、北奥羽独自の位置づけをすることによって解答が出されるものではなかろうか[75]。慶長初年の豊臣政権の北奥羽支配は、秀次事件以後、前田利家ら分権派の掣肘によってついに集権派の一元的な構想のもとに置かれることはなく、両派の対立・緊張関係が継続したまま二元的に推移し、慶長五年の関ヶ原の戦いにいたるのである。

註

（1）統一政権（豊臣政権、徳川政権）と大名との間を仲介する「取次」に関する主要文献としては、高木昭作『日本近世国家史の研究』（岩波書店、一九九〇年）、山本博文『幕藩制の成立と近世の国制』（校倉書房、一九九〇年）、田中誠二「藩からみた近世初期の幕藩関係」（『日本史研究』三五六、一九九二年）がある。特に近年の研究として、山本博文『島津義弘の賭け』（読売新聞社、一九九七年）、高木昭作『江戸幕府の制度と伝達文書』（角川書店、一九九九年）、小竹文生「豊臣政権と筒井氏―『大和取次』伊藤掃部助を中心として―」（『地方史研究』二七九、一九九九年）、同「豊臣政権の九州国分に関する一考察―羽柴秀長の動向を中心に―」（『駒沢史学』五五、二〇〇〇年）、播磨良紀「豊臣政権と豊臣秀長」（『織豊期の政治構造』吉川弘文館、二〇〇〇年）、千葉一大「『取次』・『後見』・『御頼』・『懇意』―盛岡南部家の事例から―」（『弘前大学國史研究』一〇八、二〇〇〇年）、鍋本由徳「江戸初期における豊臣大名と徳川家」（『史叢』六三、二〇〇〇年）、藤田達生『日本近世国家成立史の研究』（校倉書房、二〇〇一年）、津野倫明「豊臣～徳川移行期における『取次』」（『日本史研究』六三四、二〇〇一年）、同「豊臣政権の『取次』蜂須賀家政」（『戦国史研究』四一、二〇〇一年）等がある。

（2）『大日本古文書　浅野家文書』三二一号。

（3）山本氏前掲書『幕藩制の成立と近世の国制』二六～二七頁、五三頁、六七～六八頁。

（4）藤田氏前掲書、一四六～一四八頁。

（5）南部氏に対する前田利家の「取次」行為は、肥前名護屋参陣の文禄二年五月から同四年末年までの約三年間、史料的に確認することはできないが、慶長元年に再び「取次」として姿を現す。

（6）文禄三年の南部信直書状に、南部領の金山と浅野長政が奥羽に派遣した金山奉行との関連性を示す史料があるが（『青森県史』資料編近世1、二〇〇一年、一五八）、以後、秀吉の存命中に長政と南部氏との関係を示す史料はほとんどない。なお、『青森県史』（資料編近世1、二〇〇一年）については、以下『県史』と略称。

（7）大島正隆「秋田家文書による文禄・慶長初期北国海運の研究」（初出は『社会経済史学』第十一巻第三・四号、一九四一年。後『東北中世史の旅立ち』そしえて、一九八七年に収録）、渡辺信夫『幕藩制確立期の商品流通』（柏書房、一九六六年）、山口啓二『幕藩制成立史の研究』（校倉書房、一九七四年）、山口徹『日本近世商業史の研究』（東京大学出版会、一九九一年）、中川和明「伏見作事板の廻漕と軍役（一）（二）」（『弘前大学國史研究』七八・七九、一九八五年）。

（８）長谷川成一『近世国家と東北大名』（吉川弘文館、一九九八年）、塩谷順耳「秋田実季領の再検討」（『能代市史研究』五、一九九七年）。
（９）大島正隆「北奥大名領成立過程の一断面―比内浅利氏を中心とする考察―」（初出は『喜田博士追悼記念国史学論集』一九四二年、後『東北中世史の旅立ち』に収録）、藤井讓治「豊臣体制と秋田氏の領国支配―幕藩権力成立の前提―」（『日本史研究』一二〇、一九七一年）。
（10）中川和明「豊臣政権の城普請・城作事について」（『弘前大学國史研究』八五、一九八八年）。
（11）藤木久志『織田・豊臣政権』（小学館、一九七五年）、同『豊臣平和令と戦国社会』（東京大学出版会、一九八五年）、渡辺信夫「天正十八年の奥羽仕置令について」（『東北大学日本文化研究所研究報告』別巻十九集、一九八二年）、高木昭作氏前掲書『日本近世国家史の研究』、朝尾直弘『将軍権力の創出』（岩波書店、一九九四年）、同『体系日本の歴史　８』（小学館、一九八八年）、遠藤巖「北奥羽の戦乱」「九戸政実の乱」（『戦乱の日本史［合戦と人物］』第一法規出版社、一九八八年）、小林清治「九戸合戦」（『北辺の中世史』名著出版、一九九七年）。
（12）南部氏の大名権力の強化や領国支配の確立過程について、南部信直・利直の発給文書に古文書学的分析を加えて論じたものとして、拙稿「南部信直・利直発給文書の一考察―五戸『木村文書』の古文書学的分析―」（『青森県史研究』第一号、一九九七年）、同「南部信直書状の年代比定について―五戸『木村文書』所収の信直書状―」（『青森県史研究』第四号、二〇〇〇年）参照。
（13）（文禄四年）八月二日付・南部信直書状（『県史』一八〇）。
（14）『陸奥盛岡　南部家譜』（東京大学史料編纂所蔵）。
（15）盛岡南部家文書（盛岡市中央公民館蔵）。なお、この前田利家書状は、次の論拠で慶長元年十一月二十日と年代比定した。①南部利直の信濃守任官が文禄四年十二月十八日であること、②利直は慶長三年十二月六日にはすでに在国しており（『県史』二一八）、慶長二年十一月二十日に伏見参勤は日程的に無理であること、③利家の死去が慶長四年閏三月三日であること、以上の論拠から十一月二十日付・信濃守宛の利家書状を、利直が伏見に参勤していた慶長元年と年代比定した。
（16）『県史』二〇五。なお、この豊臣秀吉朱印状の年代比定については、『県史』解説（熊谷主担当分）でその論拠を提示しておいた。

(17)　盛岡南部家文書（盛岡市中央公民館蔵）。この前田利家書状の年代比定については、拙稿「南部利直の初期黒印状について」（『岩手史学研究』八五、二〇〇二年）の註（32）でその論拠を提示しておいた。
(18)　盛岡南部家文書（盛岡市中央公民館蔵）。なお、この秀吉朱印状は、次の論拠で慶長二年三月十九日と年代比定した。①前田利家の権大納言任官が慶長元年正月十一日であること、②利家の死去が慶長四年閏三月三日であること、③鷹を領国から「寔遙々」献上していることから信直・利直とも在国中であろうこと（すなわち慶長二年二月頃～十一月であること）、以上の論拠から信直・利直両者が伏見にはおらず在国期間である慶長二年と年代比定した。
(19)　（慶長二年）十二月六日付・南部信直書状（『県史』二一八）。
(20)　（慶長二年）十二月二十五日付・南部信直書状（『県史』二二二）。
(21)　『県史』二三三。なお、この豊臣秀吉朱印状の年代比定については、『県史』解説（熊谷主担当分）でその論拠を提示しておいた。
(22)　八戸千代子宛・南部信直書状（『県史』二一九）。
(23)　八戸千代子宛・南部信直書状（『県史』二二一）。
(24)　八戸千代子宛・南部信直書状（『県史』二二二）。
(25)　八戸千代子宛・南部信直書状（『県史』二二三）。
(26)　八戸千代子宛・南部信直書状（『県史』二一六）。
(27)　おち宛・南部信直書状（『県史』二二七）。
(28)　八戸千代子宛・南部信直書状（『県史』二一八）。
(29)　八戸千代子宛・南部信直書状（『県史』二一九）。
(30)　八戸千代子宛・南部信直書状（三浦栄氏蔵、『岩手県史』第五巻六五頁掲載写真）。
(31)　八戸千代子宛・南部信直書状（『県史』二三一）。
(32)　八戸千代子宛・南部信直書状（『県史』二三二）。
(33)　これら南部信直書状の年代比定や伏見作事板との関連性については、『県史』解説（熊谷主担当分）参照。なお、大島正隆氏は、すでに信直書状にあらわれる「御材木」について伏見作事板であると断定されている（註（7）の大島氏前掲論文）。

(34) 伏見城下における南部氏の屋敷は、南部町の「南部修理大夫」のほか、城東地域の茶屋丁・畑丁辺りに「南部大膳大夫（信直）」「南部中務少輔（南部氏の重臣東中務尉直義）」、外堀の外部北方に「南部山城守」の屋敷があり、合計四カ所あった（長谷川成一「伏見桃山城下の津軽家屋敷」『市史ひろさき』第1号、一九九二年掲載写真、および小和田哲男『城と城下町』角川書店、一九九六年）参照。

(35) 山本博文氏は、「御礼」＝「御目見」とされている（『徳川将軍と天皇』中央公論新社、一九九九年、五七頁）。

(36) 『県史』二〇七。なお、この『鹿角郡図』については、長谷川成一氏前掲書、一二九頁参考。

(37) （慶長二年）正月二十八日付・近衛信尹書状（『能代市史』資料編中世2、四七〇。以下『能代』と略称）。

(38) 年未詳正月九日付・秋田実季書状（『能代』四五九）。

(39) 中川和明氏前掲論文「豊臣政権の城普請・城作事について」、および白峰旬『日本近世城郭史の研究』（校倉書房、一九九八年、六二頁）参照。

(40) （文禄元年）十一月八日付・豊臣秀吉朱印状（『能代』三五三）。

(41) （文禄三年）六月十七日付・豊臣秀吉朱印状（『能代』三五七）。

(42) （文禄四年）十一月五日付・豊臣秀吉朱印状（『能代』三六〇）。

(43) 『能代』三六九・三八〇・三八六・三九〇・三九六。

(44) 「隣郡之衆」については、長谷川成一前掲書第一部第二章に詳しい。なお、伏見作事板は「隣郡之衆」によって秋田領の山中から敦賀へ回漕されたが、その回漕費用にはおもに秋田領に設定された太閤蔵入地からの年貢米が充当された。

(45) 慶長三年三月六日付・豊臣秀吉朱印状写（『能代』三八二）。

(46) 利家は、慶長二年十一月頃から登城できなくなるほどの病にかかり、翌三年四月には伏見から国元に帰り、やがて五月には上野国の草津温泉で湯治をしている（岩沢愿彦『前田利家』吉川弘文館、一九六六年、二四〇～二四二頁）。

(47) 『義演准后日記』（『史料纂集』続群書類従完成会）によれば、秀吉や「三奉行衆（長束・増田・前田）」の醍醐寺への下向は慶長三年二月・三月分について、二月八日・同十五日・同十六日・同二十日・同二十二日・同二十三日・同二十八日、三月朔日・同三日・同八日・同九日・同十一日・同十四日と相当頻繁に行われた。
(48) 浅利騒動については、大島正隆氏前掲論文「北奥大名領成立過程の一断面」が古典的文献であり、詳細は同論文を参照されたい。なお塩谷順耳氏は、浅利氏は秋田氏の家臣ではなく、「与力」であったとされている（塩谷氏前掲論文、一五頁）。
(49) （慶長二年）十月十一日付・片桐且元書状（『能代』三四六）。
(50) 慶長二年九月三日付・御検地之年より秋田方へ仕軍役物成上申候覚、同日付・比内千町と申習候村数之覚（『能代』三四三・三四四）。
(51) 慶長二年十一月二十七日付・秋田内御蔵米御算用状之事（『能代』二六七）。
(52) （慶長三年二月）十六日付・ちやあ書状（『能代』三四八）。
(53) （慶長四年）閏三月二十七日付・秋田実季申状写（『能代』三五一）。
(54) （慶長元年）二月二十五日付・浅野長政書状（『能代』三三二）。なお、佐々淡路守は『増補　駒井日記』（文献出版、一九九二年）では鷹匠頭と記されているが、秀次事件直後に制定された「御掟追加」に記される「十人衆」ともされる（三鬼清一郎「御掟・御掟追加をめぐって」『日本近世史論集』上巻、吉川弘文館、一九八四年）。「御掟追加」によれば、「十人衆」は「直訴」を取り扱う裁判事務官であるが、佐々氏が浅利騒動にかかわったのはこの「十人衆」の立場からであろうか。
(55) （慶長三年）二月十一日付・長束正家書状（『能代』三四七）、および前掲註(52)。
(56) （文禄三年）四月二十五日付・豊臣秀吉朱印状、（文禄三年）六月十七日付・豊臣秀吉朱印状（『能代』三五六・三五七）。
(57) （文禄三年）十月十八日付・豊臣秀吉朱印状（『能代』三五八）。秀次が高野山において自害する前年の文禄三年三月からすでに、秀吉による秀次の蔵入地算用への干渉の動きが見られることが明らかにされている（朝尾直弘氏前掲書『将軍権力の創出』九四〜九五頁）。
(58) （文禄四年）十一月五日付・豊臣秀吉朱印状、（慶長元年）閏七月二十一日付・豊臣秀吉朱印状、（慶長元年）閏七月十九日付・豊臣秀吉朱印状（『能代』三六〇・三三六・三三八）。なお、佐々行政と同様に山中長俊も「十人衆」の一人とされており、秀次事件以後、新たに設置された「十人衆」も秋田氏の支配に大きく関与する傾向がある。

(59) 前掲『増補　駒井日記』三一二頁、朝尾氏前掲書『将軍権力の創出』一〇六〜一〇七頁。

(60) 年次未詳であるが、進物の礼状である秀吉朱印状三通、秀次朱印状三通すべてを木村重茲が伝達している（『能代』二四八・二四九）。

(61) 本多正信宛の直書で秋田実季は「しゆ五ゐ上《（従五位上）》之くせん《（口宣）》ハ、先年大かう《（秀吉）》さまへ木下大膳《（吉隆）》をもツて御目にかけ、侍従之儀も大かた相調申候つる」と述べている（『能代』四五九）。

(62) 慶長三年二月十一日付・長束正家書状（『能代』三四七）。

(63) この時期の浅利騒動をめぐる政権内の派閥抗争については、大島正隆氏前掲論文が重要である。なお、近年、浅利騒動をめぐる政権内の派閥抗争について、曽根勇二氏は片桐且元を中心に論じており、同氏は且元を吏僚派奉行に通じる人物とされている（『片桐且元』吉川弘文館、二〇〇一年、四三〜五五頁）。

(64) 文禄四年八月三日付・豊臣氏三奉行（長束正家・増田長盛・前田玄以）連署血判起請文（大阪城天守閣蔵、『特別展秀吉家臣団』大阪城天守閣、一一五頁掲載）によれば、「御蔵入御算用」について「年々免相之事、御代官衆より免目録請取所々上中下遂糾明、無用捨可申付候」とされ、太閤蔵入地の年貢率は代官が提出する「免目録」に基づき奉行衆が決定する権利が与えられている。なお、中野等氏はこの三奉行連署血判起請文などを踏まえ、秀次事件後に太閤蔵入地の統制強化がなされ、また奉行衆による大名領主権・給人知行権の剥奪・形骸化が一層進められより集権化したという重要な指摘をされている（『豊臣政権の対外侵略と太閤検地』校倉書房、一九九六年、四五〜五五頁）。

(65) この津軽氏の伏見作事板回漕拒否について長谷川成一氏は、北羽の諸領主とは違い北奥大名の津軽氏は、南部氏と同様の方式により杉板伐採と回漕を実施したのではないかとされている（長谷川成一「文禄・慶長期津軽氏の復元的考察」『津軽藩の基礎的研究』国書刊行会、一九八四年、一〇五頁）。

(66) 三鬼清一郎氏前掲論文「御掟・御掟追加をめぐって」（九五頁）。なお、浅野長政は、慶長元年閏七月十二日に起こった近畿地方の大地震の際、誰よりも早く城に駆けつけたので秀次事件以来の勘気が解けたとされる（黒田弘子『浅野長政とその時代』校倉書房、二〇〇〇年、三五〇頁）。

(67) 慶長二年十一月二十七日付・秋田内御蔵米御算用状之事（『能代』二六七）。なお、奉行としての長政の地位は、醍醐の花見が行われた慶長三年三月段階でも回復していない（三鬼清一郎氏前掲論文、九五頁）。実際『義演准后日記』では、醍醐の花見の準備を進める奉行について「三奉行衆」（長束・増田・前田）と記され、長政は脱落している。

(68) 『鹿苑日録』（続群書類従完成会、一九六一年）。

(69) 秀次事件以後の新たな「公儀」については、朝尾直弘・三鬼清一郎・中野等氏の前掲書・論文を参照。なお、横田冬彦氏は、秀次事件を契機に聚楽第は破却され、諸大名の京屋敷が「公儀」の首都伏見へと即時全面移転され、さらに諸大名の在京（在伏見）体制が一段と強化されたと述べられている（「豊臣政権と首都」『豊臣政権と京都』文理閣、二〇〇一年）。

(70) 年未詳正月九日付・伊駒実季直書（『能代』四五九）。

(71) （文禄四年）八月二十三日付・南部信直書状（『県史』一七九）によれば、信直は「もかミ《（最上）》殿ハ進退きられ候、伊達もきられへきと文共下候、方々さハき候て侘言ニ候」と述べ、秀次事件において嫌疑をかけられた最上義光・伊達政宗の危機的な情報に接し、極度に敏感になっていた。

(72) 慶長元年八月十四日付・伊達政宗書状案（『大日本古文書　伊達家文書』六七五）。伊達政宗は「取次」の長政に絶交状を送りつけ、以後の「指南」の拒絶を伝達しており、伊達氏も慶長元年に長政の「取次」を停止している（山本博文氏前掲書『幕藩制の成立と近世の国制』七四〜八一頁）。

(73) 田中誠二氏は、「取次」とは拒絶・乗り換えが可能であるとし、その乗り換え・選択について、「取次」に相当する人物が出頭（年寄）であることと、万一の時のことを考えての「幾すち《（筋）》」ものルートの中から選択されるものであるとされている（田中氏前掲論文「藩からみた近世初期の幕藩関係」四七頁、五〇頁）。前田利家や浅野長政が「幾すち《（筋）》」ものルートであったとすれば、南部氏は御家存続を第一に考え、秀吉の御前に常にひかえている有力大名前田利家に乗り換え、「取次」として選択していったと考えることができる。

(74) 山本氏『幕藩制の成立と近世の国制』、藤田氏『日本近世国家史の研究』。

(75)　本稿は、『新編弘前市史』(通史編2近世1、二〇〇二年六月)第1章第1節(執筆分担＝長谷川成一氏・熊谷)をベースにしている。しかし、この『弘前市史』執筆の時点では、秀次事件が北奥羽支配政策の大転換に与えた衝撃に全く気づいていなかったため、事件後の「隣郡之衆」の創出、吏僚派奉行による中央集権化、「取次」の改替の意味はほとんど追求されていない。本稿では、秀次事件を慶長初年の北奥羽支配の大転換を解明する上での必要不可欠なキーワードとしてとらえ論を進めた。

第3部

史料論と南部信直研究

Ⅰ　北尾張守信愛覚書の史的価値

田中喜多美

一

　北尾張守信愛は、三戸南部家の重臣で、初め左衛門尉と称し、後には尾張守と称した。慶長四年（一五九九）、主家の南部大膳大夫信直死没の際、剃髪入道して以来は、松斎と号している。信愛は信直の重臣であり、かつ祖曾以来三戸郡剣吉の城主であったが、足利時代の末にあたり、豊臣方の武将前田利家・蒲生氏郷・浅野長政らに接し、後には徳川秀忠や大久保忠明（相模守）らと交わっていることは、その書状によって知られる。

　当時、どこでもそうであったが、南部家でも御多分に漏れず、家中の反乱や、領内諸豪族の軋轢擾乱があり、そればかりでなく、三戸宗家の家督継嗣の問題をめぐって、争いが続けられ、遂には、津軽為信の独立、九戸政実の兵乱にまで進展したが、当時の北左衛門尉信愛もまた、その過中人物の一人であった。しかも、信愛の機敏なる措置によって、田子亀九郎信直は三戸本主に据わり、中央政権との結びつきに成功した。

　ここに取り上げた『北尾張守信愛覚書』は信愛自身、加賀前田利家に使わして信直を近世大名に仕上げた顚末の一面を語るものであるが、従来この原本について、検討を加えたものがあるのを寡分にして聞かない。菊池悟郎の編著『南部史要』（一九一一年）の附録、引用参考書目には、『北松斎手控、一冊』細註に『北信愛の覚書なり』とあり、これは元南部伯爵家蔵本の『北松斎手控』を指すもののようであるが、南部伯爵蔵本『北松斎手控』は明らかに北家自筆本の写しであり、後世北家より献本されたもののようである。北家の後裔、南部富哉氏所蔵の原本には、実は表紙がすり切れてなく、書名はなかった由である。浅井氏写本（筆写した浅井末吉直談）を、森嘉兵衛氏が筆記するにあたって、仮題として『北松斎見来之覚』としたのであるが、本稿では、北尾張守信愛覚書とする。

信愛の覚書は、慶長十七年（一六一二）六月、彼が九〇歳の夏に書き残したもので、その原本は北家に代々伝蔵されて来たことが分かり、その原本は挿出の写真である。覚書の内容は、信愛自ら、天正十五年（一五八七）の春、加賀金沢の前田利家に使わし、利家を頼って、当時の中央政権の支配者、豊臣秀吉に通じた事情から筆を起こし、南部信直の小田原参陣、秀吉の奥羽仕置葛西・大崎および和賀・稗貫の一揆、九戸政実の叛乱、津軽為信の独立などの、多難なる戦乱期に当たり、「斯様の子細ども当代生まれ代わりの若輩衆にありては、存ぜられ間敷く」として、苦心の跡を、懐旧的に書き綴ったものである。

二

この信愛自筆本を、少し訂正したとみられるものは、『聞老遺事』本である。『聞老遺事』は、盛岡藩の学者であった梅内祐訓が、文政五年（一八二二）の編述したものであって、その中の『北左衛門信愛之書』の註には『右本書之儘写之』とあるが、前述のように、北家所伝の信愛自筆とは、少し異なり、『聞老遺事』本（南部叢書第二冊）の方は、筋は同じであるが、字句の訂正は大部あって、体裁よく加筆の行われたことを示している。

北家所伝の、信愛自筆本は、昭和二十年（一九四五）三月十日の盛岡空襲（アメリカ機による）の際、北家が類焼したので、ほかの古文書古記録とともに、ことごとく焼けたと聞いている。然るに、幸いなことに、信愛自筆本の筆録本は、鹿角郡大湯町浅井末吉翁の手によって、同翁の手許に遺っていた（今は故人となる）。その筆録本を、鹿角方面に史料探訪旅行をした森嘉兵衛氏と自分は、珍しい古写本として拝見し、早速森氏は複写し、その一部自分に送られた（杜氏は昭和十九年に複写された）。

さらに幸いなことには、北家伝蔵の信愛自筆本は、花巻町開町三五〇年祭（昭和十七年九月）の史料展覧会に出品された由でその際、内容の一部と、末記の部分を撮影した写真が、同町の松岡清人氏に保存されてあったことである。この写真によって、浅井翁筆録本と対照するとまったく同一本と推定がつくのである。浅井翁の筆録した原本の問題であるが、これは北家と縁故の深い淵沢定行氏の証言によって、浅井翁は盛岡に来られ、北家に泊られて、北家の古文書古記録を写され、右古写本は、それに相違ないとのことであり、浅井翁の古文書採訪のことは太田孝太郎氏も証言するところである。

三

次に、北家蔵本は、どうして自筆本であり、覚書の原本であるかの問題である。雄山寺（岩手県花巻市）には、北尾張守信愛の墓もあり、北家に関係深い寺であるが、この寺に信愛自筆の写本、『太平記』が現存している。この『太平記』十四の末記に、信愛の署名があり、左の如くある。

慶長元稔丙申捌月吉吉

南部尾張守　信愛花押

この『太平記』は、昭和十二年六月、東北帝大史学会主催の吉野朝時代奥羽勤皇史料展覧会にも出陳され、信愛自筆本に相違ないものである。この自筆本の末記と、前記覚書の末記署名の筆蹟を対照すると、全く同一人の筆蹟であることが知られる。

南部前北左衛門尉信愛
後尾張守　入道　松斎

于時慶長拾七歳壬子六月吉日

信愛は、本主信直の死没後（慶長四年〈一五九九〉）入道松斎と号した事にも参稽される。北系図によると、信愛は大永三年（一五二三）に生まれ、慶長十八年八月九十一歳で死没している。するとこの覚書は、九十歳の筆蹟であり、『太平記』は七四歳の筆蹟と判明する。

信愛自筆本に、

諸国大名、無残所も国替候といへとも、南部信直兼而忠節在之ニ依テ本国ニ居住仕、加恩を被下、外聞実儀、一代之覚、不可過之、押付上洛仕、御礼申上、帰国仕、南部郡々内々城々を、はきやくし、九戸之内ニ在城ヲきつき、福岡と名付、はんしやうし給ふ也。其時南部北尾張守信愛、其御人数ニくわゝり候ニ付而、後代之物かたりに書しるし置也。誠ニ末代において御はんしやうかきりもなき事共也。此内に南部手柄之事、多しといへとも、不及細筆之、大かたニ書しるすなり。南部信直名跡を請取しよりの手柄、数多有、南部晴正□□□内、本知共を、他国へかきとらるゝ□、信直ふしぎの名利を以、志和□□□稗貫、手にしよくする。

とあり、南部氏は晴政の代、所領を代国に欠き取られたが信直は不思議の名利を以って北上地方に領地を増したと、含みのある事情を叙している。次いで、大浦右京助は、秋田と結託して謀叛したことを記し、津軽討伐の裁許を秀吉

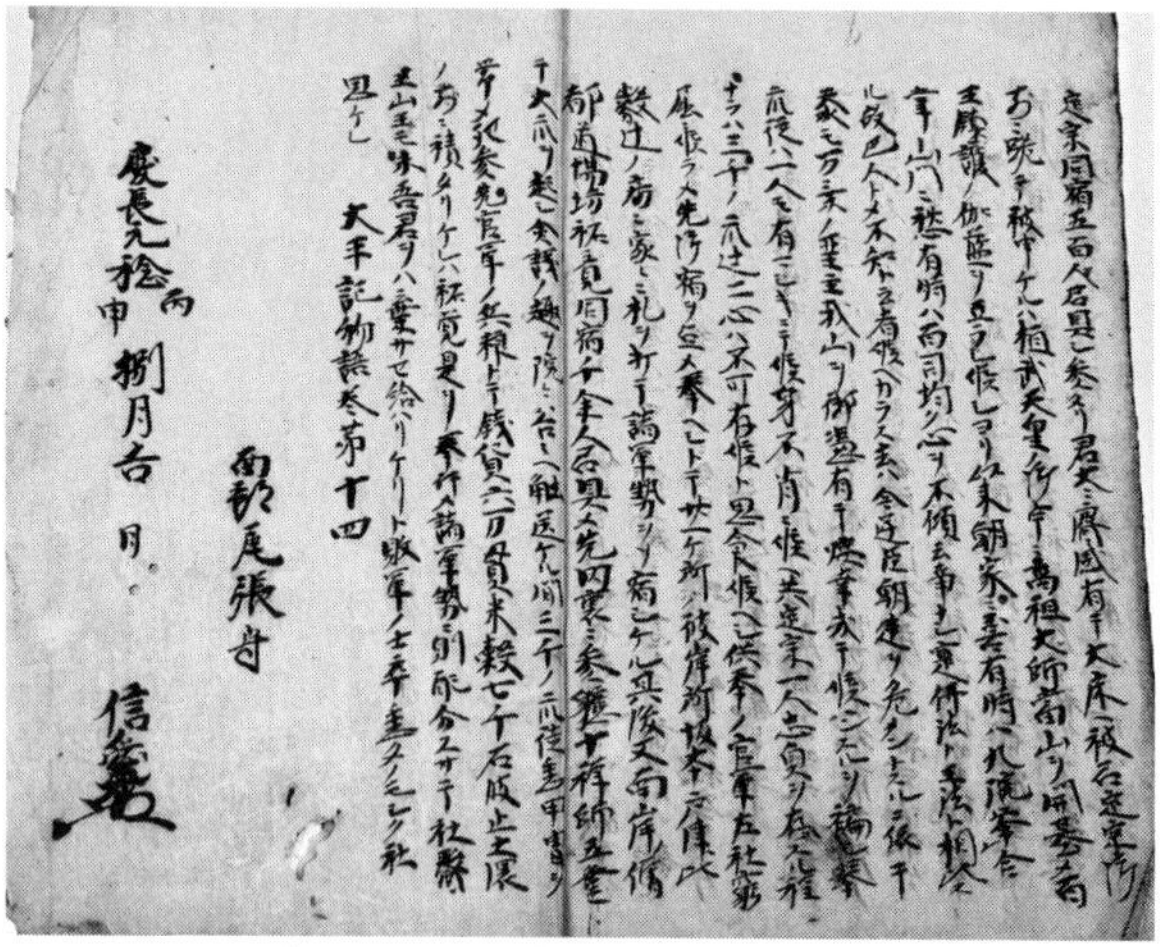
『北信愛筆太平記』　個人蔵　画像提供：花巻市博物館

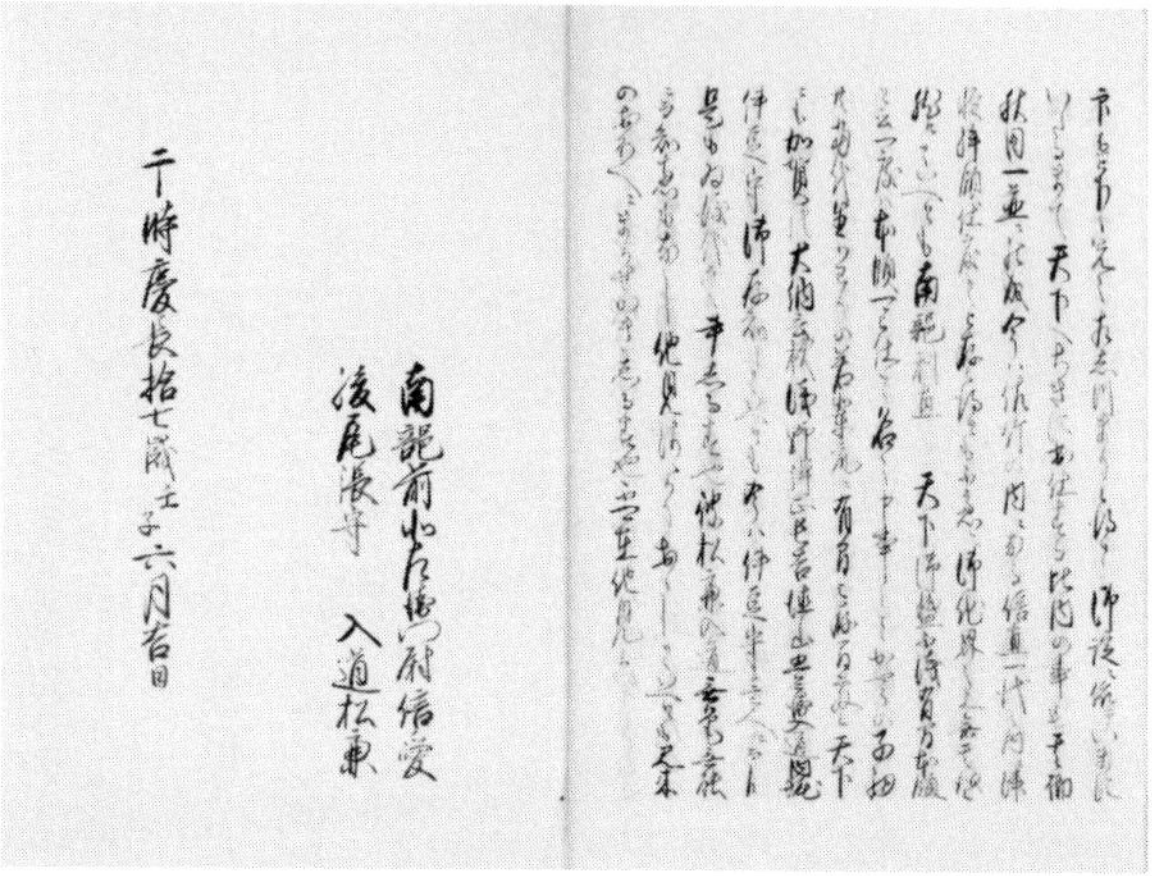
『北松斎手扣』　もりおか歴史文化館蔵

に請うて、許されなかった事を遺憾としている。覚書の後末に、

かやうの子細共、当代生かわりの若輩衆ニ有間、被存間敷く、天下ニも加賀の大納言様・浅野弾正長吉・徳山五兵衛入道・内堀伊豆守御存知也といへとも、今ハ伊豆守一人ニ而候。為後代之書しるし也。彼松斎入道、無

筆無能ニ而智恵もなし、他見は、かりおうしといへとも、見来のおほへニまかせ、かきしるす也。不可在他見候。

として、前掲の年月日と、署名がしてある。信愛は、慶長十七年の夏、この覚書を記し、今は斯の如き事情を知るただ一人と称せられた内堀伊豆守頼式は、元来は前田利家の臣であったが、後には南部家に仕え、稗貫郡河東に一〇〇〇石を知行し、新堀の館に居住して、寛永十三年（一六三六）九一歳で死没した（頼式の墓は、花巻市の神仙寺にあり）。

四

斯くの如く、信愛自筆の覚書は、その体験の一部を、追憶的に記述したものであり、近世南部藩史料としては、最も信憑さるべき古記録である。しかし、九〇歳の老人とせば、その記憶はいかに達者とはいえ、全文は寸毫の誤謬なしとは考えられないが、極めて史料価値の高いことは疑いをいれぬ。しかして、梅内祐訓の引用した『古本書之儘写之』なる『本書』は、いずれの本を底本としたか不明であるが、北家所伝の信愛自筆本とは異なっている。

元南部伯爵家には、『北松斎手控』のほかに、『南部耆旧伝』のなかに、『北松斎御覚書』なる写本があり、享保初年（一七一六～）頃の筆写本であるが、信愛自筆本に比し、既に字句訂正の跡が見られ、聞老遺事本の中間に位する。したがって想像であるが、北信愛覚書は、享保の初年には、既に流布しており、文政頃にはさらに字句が訂正になっているところをみると、原本をそのまま出す時は、文意晦渋の箇所があるので、加筆訂正が行われたもののように考えられる。

南部藩の史書として知られる、『信直記』に元禄十年（一六九七）藤根良金の写本を見るが（元南部伯爵家蔵本）、良金は寛文十三年（一六七三）以来、能書の故を以て抱えられた人であり、この『信直記』には、明らかに、北信愛の覚書が参考に用いられた形跡がある。

北信愛は、足利末期の、戦国動乱の世に生まれ、危態に頻した南部氏の体勢を支えた一人であり、南部家の忠臣であるとともに、その業蹟の一部を伝える自筆の記録は、足利政権が潰えて近世大名が成立する、過渡期的経過を知る貴重な史料である。殊に古文献・古記録の少ない東北にあって、天正十五、六年から、天正十八、九年の秀吉の統一に至る南部信直らの動態を記録していることは、稀有のことである。信直・利直の父子は、特に厚遇して、花巻城の一線を委ね、八〇〇〇石を領知せしめ、専断の権を任したのも、もっともと知られる。南部家が、領内において内訌を生じ、継嗣問題をめぐる擾乱に際し、信愛は断然信直父子を擁立して活躍し、三戸宗家を継がしめ、自ら中央政権の支援を得るため六五歳の老体を挺身して、前田家に使わし、近世南部家を安泰に置く基礎を開いた。

【付記】　本書収録にあたり、読者の便宜をはかるため、旧字は新字に、旧仮名遣いは現代仮名遣いに改めるなどの修正を行った（編集部）。

Ⅱ

南部信直・利直発給文書の一考察
——五戸『木村文書』の古文書学的分析

熊谷隆次

はじめに

本稿は、近世初期に盛岡藩の糠部郡五戸《ぬかのぶぐんごのへ》において代官職についていた木村氏宛ての藩主発給文書を古文書学的に考察するものである。時期的には、初代藩主南部信直〔在位・天正十年（一五八二）～慶長四年（一五九九）〕・二代藩主利直〔在位・慶長四～寛永九年（一六三二）〕の時期、つまり寛永期以前を取り扱いたい。

この寛永期については、従来の研究史において藩政の確立期とされている時期で[1]、盛岡藩の研究史においても、勘定所機構の整備[2]、領内の蔵米販売機構の整備[3]、給人の地方知行権の制限[4]などの指摘がなされているところで、当然それ以前である寛永期以前の古文書の様式・形態には、藩政が確立する以前の、言わば戦国期的な性格が残存しているであろうことは推測されるところである。

本稿の論点は、マクロな視点としては盛岡藩政の確立化を古文書学的に分析することにあるが、ミクロな視点としては藩主がどのような方法によって代官を通じた地方支配を行っていたのかということの古文書学的分析にある。つまり、初期藩主発給文書の一般的・概括的分析ではなく、あくまで代官宛ての地方支配文書の分析であり、また古文書の内容分析ではなく、古文書それ自体の形態・様式分析である。

盛岡藩の初期地方支配に関する従来の研究史については、閉伊郡大槌城代を勤めていた浜田氏の事例が報告されているのみで[5]、いまだ十分な地方支配像は明らかにされていない。本稿では糠部郡五戸の旧代官木村家に伝来された文書を分析することになるが[6]、この試みによって少しでも新たな視点が確立できればと思う。

一、木村氏の由来

本章では、代官木村氏についての概略を述べ、それと初期の盛岡藩の藩政史を関連づけてみたい。

木村氏は、糠部郡五戸の戸来《へらい》村の戸来氏から中世に分家したものであるとされ、もとは小山姓であり下野国の結城氏の一族小山朝光の流れをくむものとされている[7]。戸来氏については、史料がほとんどないため戦国期～近世初期の動向はよくわからないが南部氏の有力家臣であった。木村氏が時期的にいつ分家したのかを正確には明らかにすることはできないが、南部光政の時期の十四世紀末～十五世紀初頭頃と推測される。なお、本稿が対象とする時期の木村氏の当主については、杢助秀勝〔家督・天正十九年（一五九一）～慶長九年（一六〇四）〕と又助秀矩〔家督・慶長九年～寛永十四年（一六三七）〕の二代にわたる時期である。

木村氏の居住地については、永正四年（一五〇七）頃「古館（兎内館）」から新井田《にいだ》へ、そして慶長二年（一五九七）頃に「五戸館」へと移住したとされているが[8]、この三ヵ所はいずれも糠部郡五戸新井田村（現・青森県三戸郡五戸町）に属しており、この新井田村を基盤に木村氏は戦国期から延宝七年（一六七九）の領内総検地（施行期間・寛文六～天和三年）で盛岡城下に移住するまで、代々世襲の代官として在地していた[9]。この「五戸館」については、周囲の自然の沢を利用した空堀が巡らされた大規模な館であり、当初は木村氏の館であるとともに代官所でもあり、盛岡城下へ移住した後も「五戸通」の代官所として機能し幕末にいたる。木村氏の知行高については慶長三年頃は三〇〇石であり、その後上新井田村において七一石二斗一升二合に減石知行し、慶長八年には一五〇石二升八合へ加増されている。[10]

なお、盛岡藩は、天正十八年（一五九〇）の豊臣秀吉の領知朱印状によって糠部郡、岩手郡、志和郡、稗貫郡、和賀郡、閉伊郡、鹿角郡の七郡を安堵されるが、[11]中世以来の本貫地である糠部郡を除いては、岩手郡は天文九年に戸沢氏から、志和郡は天正十六年に斯波氏から獲得したものであり、和賀・稗貫両郡も小田原攻めに参加しなかった和賀氏、稗貫氏から没収し南部氏に与えられたものである。[12]つまり、糠部郡以外は戦国期以後に新たに獲得した領土であり、この地域では和賀・稗貫一揆の鎮圧に見られるように土着の勢力が一掃されており、地方支配にも統一的・強圧的な方式が可能であったと思われるが、糠部郡の場合には旧来から土着している木村氏のような給人を通じてでなければ地方支配が実現できなかったであろうと思われる。

二、五戸『木村文書』の伝来について

本章では、五戸『木村文書』がどのような経緯で現在まで伝来されているのか述べて置きたい。

木村氏に関する史料は、現在三つの伝来系統があり、まず①もと木村家の子孫で東京に居住していた木村秀政氏に伝来され、後に五戸町役場に寄贈され、さらに青森県立図書館に寄託された『五戸・木村文書』[13]（一一九点、内一点は文箱）、②その伝来の理由についてはわからないが盛岡市の竹原家が所蔵していたものを、同家から岩手県立博物館へ所蔵されることになった『竹原・木村家文書』[14]（三〇点）、③これもその伝来の詳細がわからないが盛岡市の池野家に伝わる『池野・木村文書』[15]（五点）、この三つの史料群がある。本稿では、この三家の史料群を総称して〈五戸『木

村文書』〉と仮称する。

これらの史料の内容は、時期的には天正末期から近代までの史料がふくまれているが、本稿が時期的に対象としている天正～寛永期にかけての近世初期の藩主信直・利直発給文書の総数は断簡も含めて『五戸・木村文書』（三七点）、『竹原・木村文書』（八点）、『池野・木村文書』（五点）、合計五〇点であり、【表1】がこれら諸家の文書を表化したものである。

三、南部信直・利直発給文書の古文書学的分析

本章においては今まで述べて来たことを前提に、具体的に南部信直・利直発給文書を古文書学的に分析し、盛岡藩の藩政、特には代官を通じた地方支配の変遷を明らかにしていきたい。なお、信直発給文書は、一切年号が記されておらず、しかも本文で明らかにするように書状形式でほとんど時期区分できないため、一括してその形態・様式を分析する。利直発給文書については、これを、（イ）慶長五年以前、（ロ）慶長六年、（ハ）慶長七年以降、（ニ）元和～寛永期、（ホ）年代欠文書の五段階に分けて分析する。

1、南部信直の発給文書

(a)形態

信直発給文書の形態は、判明するものはすべて折紙・竪紙である。

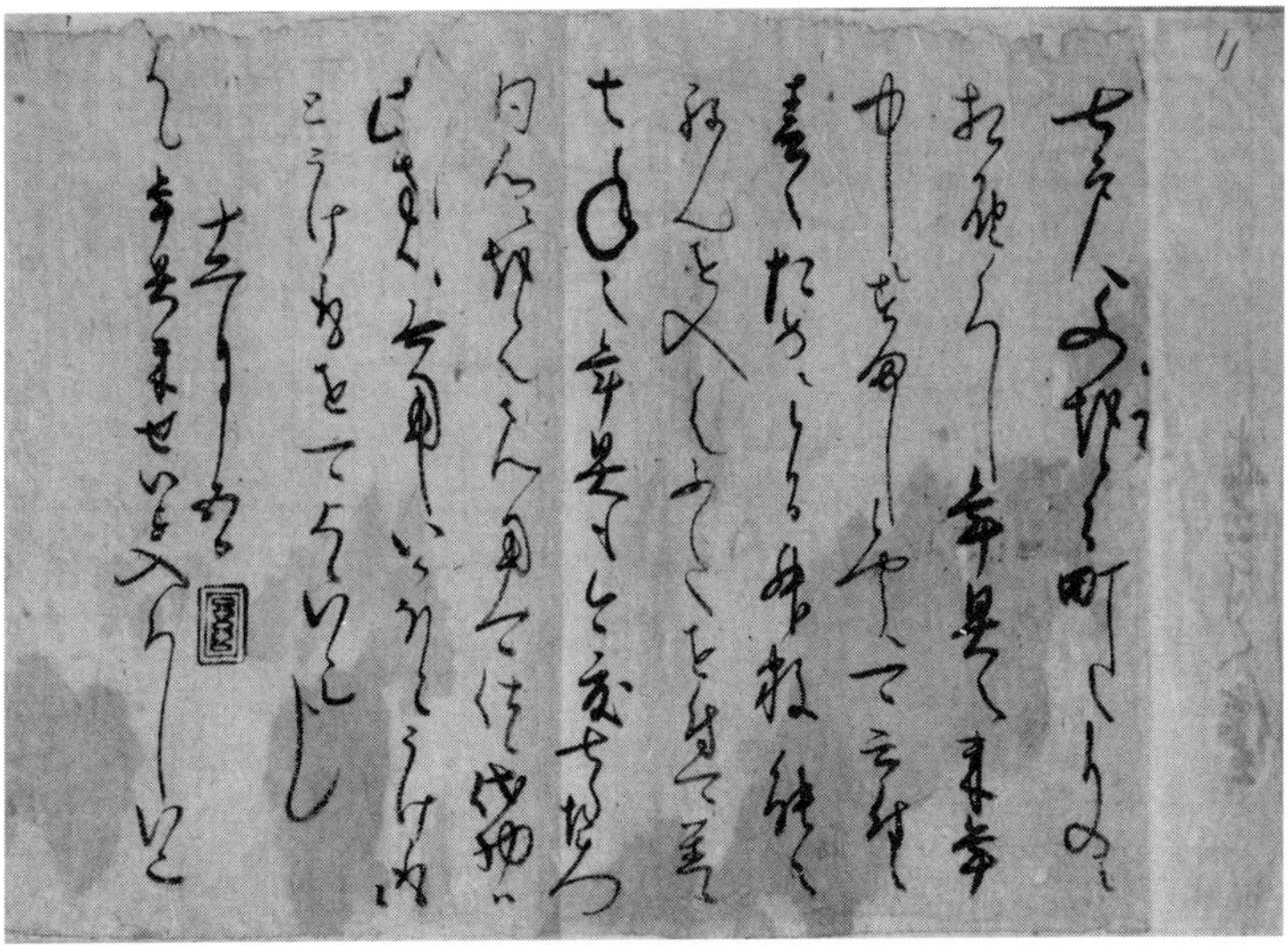

写真１　南部信直書状　五戸町教育委員会蔵

(b)様式

信直発給文書の様式は、二点〈【表1】4・22号〉を除き書状形式の文書である。いくつかの点において差異があるというもののほぼ同形式である。上にその一例を掲げる〈【表1】9号（写真1）〉。

七戸へ文越候間、町のものニ
相届候へく候、年具《（貢）》之米年
中ニすまし候やうニ可云付候、
春之ためニ候間、升数能々
ねん《（念）》を入候てふた《（札）》を付可置候、
去年之年具《（貢）》も今度七郎左衛門
同心ニ越候てさん《（算）》用可仕候、代物ハ
此方へ無用候、いかほとうけ《（請）》取候
とうけ取を可上候、以上、かしく、
　　十二月五日（黒印）
尚々年貢米せい《（精）》を入へく候、以上、
（端裏書）「杢方へ　　信直」

書止め文言については、一点だけ「謹言」とあるだけで、ほ

かはすべて「かしく」「以上、かしく」で書き止められている。年代については、日付だけであり年号は記されていない。猶々書については、行間、年号の後、あるいは本文の袖に記されている。その書止め文言は「候、以上」が一般的であり、特に何もない場合は「以上」のみが袖に記されている。署名については、日下に小さい長方形・竪型の黒印が捺されている型、「信直（花押）」と信直の直筆署名の下に花押が据えられている型、竪紙文書を左から折り畳んだ後に端裏書に「杢方へ　信直」と記している型、折紙文書を右から折り畳んだ後に切封をして文書の奥に「杢方へ　信直」と記している切封ウワ書型の四種類があり、各型が複合しているものもある。宛所については、記載の場所が日付・署名の左に日付よりやや下げて記される型、端裏書、切封ウワ書として記す型がある。宛所の名前は、「杢方へ」「もく方へ」のほか、木村氏の居住地である「新田」（新井田村）を名前の肩書に「新田杢方へ」と記したり、あるいは「新田杢方へ」と記し、木村氏の本姓である「木村」ではなく、代官として支配し、また自己の知行所が存在する「新田」を名字のように記している場合がある。なお、敬称については、「殿」ではなくすべて「方へ」であり薄礼であることを示している。

(c)内容

内容としては、津軽領内からの逃亡者保護、蔵・木村氏の家宅の普請指示、年貢地払い・勘定、町の住人による書状継ぎ送り、町からの板・肩絹・タラ・ナマコ・藺草の買い上げ命令、秀吉軍の朝鮮出兵の報告などである。

＊

以上、信直発給文書をその形態・様式から分析したが、竪紙・折紙の使用、年号の不記載、書止め文言の「かしく」、猶々書の記載等からいって、明らかにその様式は書状である。ただ、同じ書状形式でも、署名に花押がほとんど据えられずその大半が黒印であることは、在地で地方支配や領内警備にあたる給人に対して命令を下達する際の文書には黒印を捺印するべきものであるという信直側の意図が存在したのである(16)。

ただ、木村氏と信直との関係については、藩主―代官という職務上の関係をその一側面として持つ一方、木村杢助は南部氏が豊臣政権に取り入る際に天正十七年に前田利家に使者として遣わされていたり(17)、天正二十年の「城破り」の時に金田一城の「代官」職に就任している(18)。また、黒印状による指示内容も、年貢徴収、蔵普請、町からの諸品買い上げ、町の住人による書状の継ぎ送りなど地方支配にかかわるもののほかに、年貢の地払いという木村氏の商人的側面を意味するものや(19)、津軽領内からの逃亡者保護など戦時態勢にかかわる事柄をも指示している。つまり、木村氏の担っていた役割は、単なる一地域の代官職ではその全般的な性格をとらえることはできないのである。それは、木村氏という個人の能力についた役割なのであり(20)、藩政確立以後の幕藩官僚としての性格をいまだ持っていなかったと言える。

盛岡藩は、寛永期以前でも未だ支城が領内にいくつも存在し、また城付知行、支城付給人が存在しており(21)、笠谷和比古氏が指摘しているように、こういう軍事体制・知行制のもとでは藩政は確立していないし、また藩主自らが書状により直接蔵入地支配に関与していることは、その政治形態が初期側近政治であったことを意味している(22)。寛永期以前の段階では、いまだ藩主が諸職を直轄する体制であり、家老制度・勘定所機構の未成立、藩政文書の未整備という面において藩政は未確立の状態であったのである。

2、南部利直の発給文書

（イ）慶長五年以前

利直発給文書は、それ以前の信直発給文書と大きくその性格を変えており、この慶長五年以前の文書からすでに始まっている。史料の点数は、慶長二年・五年の計三点ある〈26・27・28号〉[23]。

まず、形態については、信直期のような折紙・竪紙形態ではなく竪長の切紙に変化していることが注目される。様式については、猶々書が消滅し（猶々書は、信直の時期ではなにも用件がない場合でも最低限文書の袖に「以上」と書かれていた）、書止め文言がそれ以前の「かしく」から「候、以上」に変化しており、信直発給文書があくまで書状形式を脱することがなかったのに対して、上意下達式の書止め文言に変化しつつある。また、付年号が記されていることから、年号を付け後の参考にするべき事情があらわれ、文書が公式化してきていることが理解される。署名は、日下に黒印が捺されている[24]。宛所は、文書の奥の下に小さく「木村杢方へ」〈28号〉と記されるようになり、それ以前の文書が「新田杢方へ」と記されていたのに対し本名記載に変化している。このことは、藩主が代替わりしたことにより、藩主と木村氏との間でそれまで強固に結ばれていた個別的・人格的な主従関係が一旦断絶し、子の利直の代になり主従制を残存させながらも強い藩主権力が形成され始めたことを意味している。

なお、そのほかに同じ黒印が捺されている文書が一点〈29号〉あり、この文書だけは書止め文言が「候、以上」となっていても年号が記されず、また、文書の袖に形式化しつつも「以上」と猶々書が記されている。このことは、以上見てみた慶長五年以前の文書群が、書状から公式的文書へと変質しつつある過渡的形態の文書であることを示している。

（ロ）慶長六年

『竹原・木村文書』三月二十二日付の文書一点〈30号〉、『池野・木村文書』三月二十四日付の文書二点〈31・32号〉、合計三点の史料は年号が記されていないが、慶長六年と推定される関連文書である。なぜ、慶長六年と推定されているかというと、この慶長六年は慶長五年から領内において起こった岩崎の乱がいまだ続いている時期で、実際利直自身もその鎮圧に慶長六年に出陣しているからである。[25] これらの文書は、利直が乱平定のためにいた岩崎から発給したものであり、その内容は鉄炮の「玉薬」の送付催促である。形態については、『池野・木村文書』の二点についてはわからないが『竹原・木村文書』では折紙である。様式については猶々書が「候、以上」、書止め文言が「恐々謹言」、そして、署名については日下に黒印ではなく「利直（花押）」と「利直」の直筆署名の下に花押が据えられており、かなり厚礼の書状である。なぜこの慶長六年の書状が、後述するほかの書状と較べ厚礼の書状形式になっているのかについては、岩崎の乱という戦時下においては、黒印の捺された命令的な文書よりも主君の人格を直接に表現する花押の据えられた書状のほうが効力があったからであろう。[26] つまり、この慶長六年の段階になって、それ以前の段階からはじまった書状形式から公式的文書へという発展の流れが一度逆行したということではないのである。

（八）慶長七年～元和以前

この時期の文書は慶長五年以前の文書に比較して、さらに整備された書式を取り始め、「当年物成之事」〈33号〉、「種籾かす之覚」〈46号〉、「□（欠損）籾かす覚」〈41号〉のように表題が記された文書が現れる。左に、その例として慶長七年の文書〈33号〉を掲げる。

当年物成之事
上の田壱斗弐升　中の田壱斗
下の田八升　右之通申付、今月中ニ
急度納可申者也、

慶長七年
十月十二日利直（黒印）

木村杢方へ

かなり形式化されていることが一目でわかるが、具体的にこの時期の文書の形態については、折紙・竪紙のほかに、慶長五年以前の切紙よりもさらに横幅が狭い切紙〈47号〔ヨコ一三・〇cm×タテ三二・三cm〕〉が現れることが注目される。

様式については、書止め文言がそれ以前の「候、以上」から「可申者也」「可申候也」に変わり命令形式の文書としての性格を強める(27)。また、文章表現の面から言ってそれまでの黒印状が、藩主自身の心情の表現や、「～候哉」というような木村氏に応答を求める表現を有していたのに対して、この時期の黒印状からは、そのような表現が一切消滅し、一方的に藩主の上意を厳命する「可申候也」という表現に変化する。

年代については日付の右上に付年号が記されることはそれ以前と変化はない。署名は、「利直（黒印）」あるいは黒印のみが捺されている。なお、黒印は、慶長五年以前の黒印と違う黒印になっており、この変化の一因に岩崎の乱における軍事動員を契機とした利直の家臣団に対する藩主権の強化があったものと思われる。

宛所については、まず第一に、「小向月斎　石井豊前　石沢左近　坂牛［　　］」と藩主から一度この連名者たちを通して発給されている文書がある〈34号〉。文書の内容は、紫根の買い上げ命令であるが、文書発給の手続きが藩主→小向等→木村氏となっており、政務の藩主直轄体制から分業化・整備化の方向へしだいに進化していることがわかる。そして第二に敬称に関して、慶長八年の知行宛行状〈35・36号〉は例外として、先代の木村杢助が慶長九年に死去した以降の木村又助の代には、単に「木村又助」と記されるだけで「方へ」が記載されなくなっている。このことは、かつて藩主が代替わりした際に、宛所の名字が「新田」から「木村」へ変化したように、木村氏の代替わりにともなって、藩主と木村氏との主従関係が人格的・個人的結び付きから機構的な関係に変化した事を意味している。

（ニ）元和～寛永期

この時期の文書は元和七年〈49号（写真2）〉と寛永二年〈50号〉の二点の文書がありほぼ同形式であるが、この段階になりさらに文書の形式が整備される。まず、横幅の狭い切紙の使用や書止め文言の「可申候」「候也」、宛所の「木村又助」という点においては慶長十七年の文書〈47号〉と同じであるが、年代記載の変化が特に注目される。それ以前が付年号であったのが、ここへ来て書下し年号に変化しているのである。[28] 署名については、日下に黒印が捺されているが、寛永二年の黒印は利直のものではなく、子の利康の黒印である。[29] 内容は、鷹待に対する扶持米の下げ渡し、新井田村からの諸役徴収命令である。

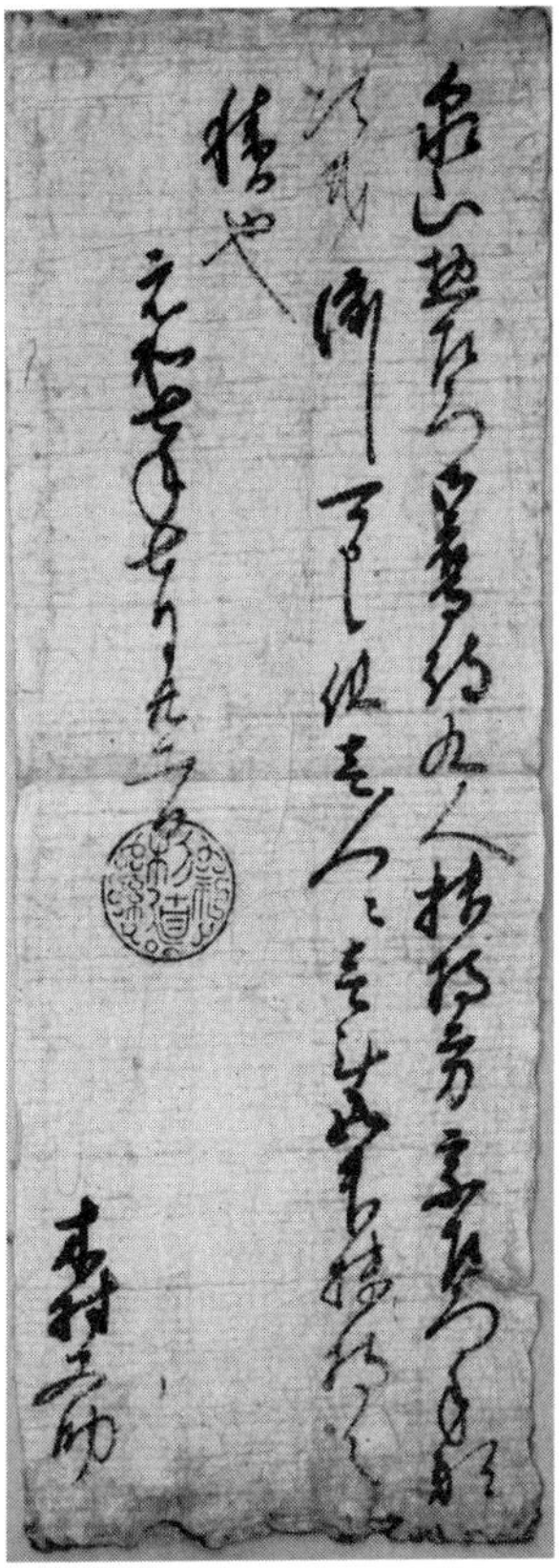

写真2　南部利直黒印状　五戸町教育委員会蔵

（ホ）年代欠文書

年号が記されていない文書は、署名がすべて日下に「利直」と署名があるだけで黒印が捺印されておらず、またほぼすべて書止め文言が「候、かしく」「候、以上」の書状形式である。

その内容は、鍵の金具・葺き

板・木材の継ぎ送り、飯米の下げ渡し、水普請状況の報告命令、金田市の盗人逮捕の褒賞等であり、年貢・諸役徴収などの直接地方支配にかかわる事柄が記載されていないということが理解されるのである。

すでに述べてきた慶長期の黒印状の内容は、【表1】からも理解されるように、年貢徴収や紫根買い上げ命令、郷村への種籾貸与という直接地方支配にかかわることを、その主なものとしている。このことは、利直の発給文書が、黒印や年号のついた公式的・上意下達的文書は地方支配、そして書状はそれ以外の非地方支配的事柄を扱うというように、それぞれ機能分化を遂げていることを意味している。

まとめ

以上、南部信直・利直の二代にわたる藩主発給文書を段階的に見てきたが、さまざまな例外を除き、黒印状のみについてその典型的なパターンを抽出したのが【表2】である。

木村氏宛て藩主発給文書は、まず信直の書状から始まる。この信直発給文書の特質は、ほとんどすべてが黒印の捺された書状ということである。その内容は、地方支配にかかわる事柄だけではなく、戦時態勢や年貢の地払いについても含んでおり、木村氏は信直から単なる地方支配にかかわる役人としてだけではなく、戦時態勢に臨んだ在地の武士・商人としての役割も担わされていたのである。つまり、信直の時期の黒印状は、木村氏の担っていた広範な役割に照応する形で様々な機能を包含していたのである。

しかし、利直の時期に至り、その発給文書は機能に応じた様式の分化を遂げる。戦時にかかわる花押の据えられた書状様式文書、非地方支配的内容にかかわる年号や黒印・花押のない書状様式文書、そして地方支配に関する命令を下達する黒印の捺された文書、この三つの形態に分化するのである。信直の時期には木村氏個人が様々な役割をもっていたのが、利直の時期に至り、表面的には確かに木村氏個人が担当しているとは言え、藩主の立場からすれば木村氏の担う役割が軍役を担う武士として、地方支配を担う代官として等の分化を遂げているのである。そして、各機能を三つの形態の文書がそれぞれ担当することになったのである。つまり、黒印状に関してだけ言えば、信直の時期から存続している黒印状の機能が変質し、利直の時期に至り地方支配に一元化されることになったのである。それは、専門的な農政官僚＝代官として、木村氏の性格が純化しはじめたことをも意味している。

このことは黒印状の様式の段階的変化からも理解される。黒印状からは、藩政確立へ向けた萌芽が、慶長二年から元和・寛永期にかけて段階的に現れ始めていることが明瞭に読み取ることができるのである。確かに当初の利直発給文書はいまだ書状形式を残存させていたものの、次第に上意下達的・公的な性格を持ちはじめ、ついに元和～寛永期にいたり利直はその黒印の発給文書を書状形態の文書から完全に脱却させ、地方支配のための上位下達的・公的文書として完成させるにいたるのである。このことは、第一に藩主がその権力を強めたこと、そして第二に藩主と木村氏との関係が、藩主や木村氏の代替わりと段階的に対応しながら、次第に個人的・人格的主従関係から機構的な関係へと変化していったことと照応していたのである。主従関係における忠節が、属人的なものから公儀としての「御家」に対するものへと変化し、「家中」意識が形成されだしたことの意味もそこには存在したものと思われる。(30)

一般的に藩政確立の時期については寛永期と寛文～延宝期があげられる。(31)また、その確立のメルクマールとして地方知行制の形骸化、小農維持政策の展開、領主的商品流通の整備、支配機構の整備、領内総検地など構造的な側面のほか、家老合議制の成立がとりあげられるが、(32)実際、寛永期に突如なんの支配機構上の前提もなしに藩政が確立するというのは考えられないことのように思われる。本稿で述べて来たように、寛永期に藩政が確立して行く以前に、藩主利直は黒印の捺された発給文書によりいくつかの段階をへて確実に藩主権を強化し、また上意下達的・公的な文書を成立させているのである。確かにこの時期、盛岡藩領がいまだ農村構造の面において小農体制を貫徹できず、また家老合議制などの職制が整備されず藩主の諸職直轄体制[33]が存続している状態なのではあるが、藩主の権力や地方支配の段階的強化・整備は確実に進展しているのである。決して寛永期の藩政の改革によって、それ以前に藩主が断行していた連続的・段階的改革が断絶するのではなく、質的な改革をともなって寛永期の藩政の確立へと引き継がれていくものと理解される[34]。

また、付け加えて古文書学的に注目しておきたいのは、代官職遂行のために藩主から文書を発給されているにもかかわらず、延宝七年の代官免職の際にその文書を代官所に移管せず自身で保管していたことは、木村氏が地方支配にあたる代官としてその役割を遂行していても、その職は封建官僚としての役職を意味しておらず、あくまでも家職的・世襲的な職であったと理解できる。それは、その伝来文書が、藩主との個別的・人格的な結び付きによる文書受け取りを意味し、「家伝の文書[35]」という性格が付与されていたからである。このことは、やはり初期の藩主発給文書が本来的に私的性格をもつ書状という形態をその起源にもっていたこととも関連する。

以上、寛永期以前の南部信直・利直発給文書の古文書学的分析を試みた。残された問題は多いが、特に大きな問題としては、やはり実際に木村氏が代官として具体的にどのような地方支配をしていたのかということにあると思われるが、この課題は後に明らかにしたいと思う。

註

（1）朝尾直弘氏は、その著において、それまでの研究史が藩政の確立期をめぐって、寛永期と寛文期に意見がわかれているとしている（「将軍政治の権力構造」岩波講座『日本歴史』近世2、岩波書店、一九七五年、二〜三頁）。また、福田千鶴氏は、従来の藩政の確立期が寛永期と寛文期と二つの時期に説が別れていることに疑義を持たれ、「藩政確立期」の整合的理解を試みられている（福田千鶴「幕藩制的秩序の形成—藩政確立をめぐる諸問題—」山本博文編『新しい近世史』1　国家と秩序、新人物往来社、一九九六年）。

（2）『岩手県史』（第五巻、一九六三年、四五六〜四五八頁）。

（3）渡辺信夫『幕藩制確立期の商品流通』（柏書房、一九六六年、八六〜八八頁）。

（4）加藤章「藩政の確立—南部藩—」（『歴史教育』第一一巻第一一号、一九六三年、六一〜六二頁）。

（5）渡辺信夫氏、前掲書。

（6）『木村文書』を使用した研究としては、幕藩制確立期の商品流通史の視点から渡辺信夫氏の前掲書のほか、森嘉兵衛氏の研究『日本僻地の史的研究』（上、『森嘉兵衛著作集』第八巻、法政大学出版局、一九七二年、第三章）があるが、いずれの研究においても『木村文書』を古文書学的には論じていないし、また木村氏の地方支配を具体的・包括的に論じ切れていない。

（7）前沢隆重他編『参考諸家系図』（第一巻、岩手県立図書館所蔵、国書刊行会、一九八四年、四六七〜四七五頁）。以下、戸来氏、木村氏の系譜については同書を参考。

なお「糠部郡」とは、現在の岩手県北と青森県南部地方を含む行政区画であり、寛永期に北郡・二戸郡・三戸郡・九戸郡の四郡に分割されるまで中世以来存続している。また、五戸などの「戸」も古代・中世以来の行政区画であり糠部郡内の下部行政区画として一戸〜九戸まで存在した。

（8）『五戸町史』（上巻、一九六七年、五六四〜五六七頁）。以下、木村氏の記述は同書を参考。

（9）木村氏（市郎右衛門）については、「五戸御役（代官—筆者註）ヲ勤ム、延宝七年御免ニテ初テ家内盛岡エ移ル、御者頭ヲ勤ム」（前掲『参考諸家系図』第一巻、四七六頁）とある。

（10）『五戸・木村文書』二六号。『木村文書』についての詳細は次章に譲る。

（11）天正十八年七月二十七日に豊臣秀吉が南部信直に発給した領知朱印状の「南部内七郡事、大膳大夫可任覚悟事」の「南部内七郡」について、本稿は長谷川成一氏の説（『日本歴史』第四一七号、一九八三年、四七～四八頁）に従う。

(12)　藤木久志「中世奥羽の終末」（『中世奥羽の世界』東京大学出版会、一九七八年）。

(13)　本稿で、五戸『木村文書』の形態・様式を取り扱う際、『池野・木村文書』以外はすべて原史料にあたっている。また、すでに活字化されている史料については誤読・誤植が目立つため、文書の解読と使用にあたっては極力筆者自身が解読して訂正した。

『五戸・木村文書』は、最初『五戸町史』の巻末に一部活字化され、その後、一九七三年に青森県立図書館委託時に写真掲載で目録とともに一部活字化されている（解題書目『木村文書』五戸町教育委員会）。【表１】の備考の欄の番号は、同館の目録番号にしたがっている。また、一九八二年に岩手県教育委員会編『岩手県戦国期文書Ⅰ』にも写真とともに一部が所収されている。

(14)　同文書は、岩手県立博物館では『五戸・木村家文書』として目録作成がなされているが、本稿では便宜上『竹原・木村文書』と仮称する。また、同館目録では三〇点ほか断簡となっているが、実際は三〇号には包紙四点、断簡五点あり、実際の点数は三八点であることを注記しておく。

(15)　同文書については、『五戸町史』（上巻）の巻末と『岩手県戦国期文書Ⅰ』掲載の活字化された史料しか見ておらず原文書を閲覧していないため、文書の形態・様式についてはよくわからないということをここで付記しておきたい。また、本稿ではこの文書を『池野・木村文書』と仮称する。

(16)　山室恭子氏は、南部信直・利直の発給文書に言及しており、「〈南部氏〉前期には官途状が一通見えるのみなのに、後期になると、まず信直が判物を積極的に出す体制をつくり、ついで子の利直が印判状へと切り替えていく、という過程を辿って、印判状化が促進される」（『中世のなかに生まれた近世』吉川弘文館、一九九一年、二三五～二三六頁）と指摘している。また、後北条氏の印判状の分析から、その特徴として、発給量の増加、士・郷村宛て文書の登場、命令系文書の登場、「非人格的・官僚制的な強力な支配」の達成などの注目すべき点を指摘している（同上、二九～三五頁）。つまり、信直は多量に花押の記された文書を発給しているのに対して、『木村文書』に実際所収されているのはほとんどが黒印状であり、このことは本文で述べているように、黒印状の機能に明らかに地方支配や領内警備にあたる武士に対する命令の下達があったことを意味している。

(17)　『五戸・木村文書』二号、前田利家書状写。

(18) 伊藤祐清『祐清私記』坤「南部大膳大夫分國之内諸城破却書立」に、糠部郡金田一城について「信直抱代官　木村杢之丞」と記されている。

(19) 渡辺信夫氏はすでにその著において、年貢米など蔵物の領内外販売機構が寛永期に整備されるまで、浜田氏や木村氏は、年貢を一旦米で徴収した後にその米を地払し、その代金として受け取った銭をさらに砂金に代え藩に納入していたことを明らかにしている。

また「これ（年貢米の地払い―筆者註）を担当する代官に豪商的側面をもつ者が登用されてくる理由もそこにあった。大槌の浜田彦衛エ、五戸の木村杢はかかる側面をもつ代官であった」と述べ、木村氏を豪商的性格をもつ存在として見ている（渡辺氏、前掲書、八二～八三頁）。

(20) 藤井譲治「幕藩官僚制論」（『講座　日本歴史』5　近世1、東京大学出版会、一九八五年、三四六頁）。

(21) 『岩手県史』（第五巻、第一章第三節第一）。

(22) 笠谷和比古『近世武家社会の政治構造』（吉川弘文館、一九九三年、一七三頁、二〇一～二〇三頁）。

(23) 27号について、この文書は年号がないが、28号と日付が近く、内容も同内容の賄用の米五駄上納、切紙、同じ黒印ということで、28号の文書と関連性があり慶長五年の文書と推定した。

(24) 信直はこの時期京都に出仕していたため子の利直が政務を代行しており、そのために藩主就任以前の慶長二年から黒印状を発給していたものと思われる（『岩手県史』第五巻、六三～六四頁）。

(25) 岩崎の乱とは、慶長五年（一六〇〇）に起こった関ヶ原の合戦時に間隙をついて和賀氏が南部領内で乱を起こしたもので、慶長五年九月から六年五月まで続いている（『岩手県史』第五巻、第一章第一節第四）。ほか『岩手県戦国期文書Ⅰ』の五二頁解説参照。

(26) 佐藤進一『古文書学入門』（法政大学出版局、一九七一年、一八四頁）。

(27) 佐藤進一氏は、書状では書止め文言が「謹言」「恐々謹言」とされるのに対して、室町幕府将軍の御内書では「也」とされ、書礼から言って御内書の方が尊大であることを述べている（佐藤氏、前掲書、一七四頁）。

(28) 折紙が、本来竪紙より略式であることからすれば（佐藤氏、前掲書、一六七頁）、折紙に付けられる付年号よりは竪紙に付けられる書下し年号の方がより公的性格をもっているものと解釈できる。
(29) 利直はこの時期江戸に出仕しており、子の利康が政務を代行し黒印状を発給していた（『岩手県史』第五巻、一七五〜一七九頁）。
(30) 笠谷和比古『主君「押込」の構造―近世大名と家臣団―』（平凡社、一九八八年、一六七〜一六九頁）。朝尾直弘「『公儀』と幕藩領主制」（『講座　日本歴史』5　近世1、東京大学出版会、一九八五年、第三章）。
(31) 註（1）参照。
(32) 笠谷氏、前掲書、二〇一〜二〇三頁。
(33) 藤井譲治編『日本の近世』（3　支配のしくみ、中央公論社、一九九一年、一四七〜一四八頁）の「将軍諸職直轄体制」という概念を参考。
(34) 一般的に藩政確立期では、藩主は書状によって外交・家臣仕置きを行っており、江戸中期以降の藩政組織の整備により藩主は政務から遊離し、書状は形式的・儀礼的な機能に限定化されるとされている（日本歴史学会編『概説古文書学』近世編、吉川弘文館、一九八九年、一四一頁）。
　また、初期に藩主自らが書状を発給して藩の政務に関与している事例として、磐城平藩内藤忠興書状（木村礎「内藤忠興書状一斑」『明治大学刑事博物館年報』一一、一九八〇年）、細川忠興書状（神崎彰利「細川忠興書状から」『近世日本の政治と外交』雄山閣、一九九三年）があげられる。なお、木村礎氏はすでにその著において「どの大名・藩においても、文書体系が当初から整備されていたとは考え難いから、初期における藩政の運営は藩主の指令によっていたと考えられる。江戸にいる忠興が国元の家老たちに送った書状の悉くは藩政上の指示なのであって、その内容は多岐にわたっている」（一六頁）と指摘しておられ、また内藤忠興治世（寛永十一〜寛文十年）の内、晩年の万治・寛文期には書状が発給されなくなり、その原因として寛文期における藩政の「確立」があったとしておられる（二六〜二七頁）。盛岡藩の場合も、寛永期末には家老連署の文書発給がはじまり、藩主の書状発給による政務関与はしだいに消滅して行く。

　なお、内藤忠興書状・細川忠興書状については、木村礎先生、神崎彰利先生から御教示をいただいた。
(35) 二宮宏之氏は、フランス絶対王政下においても、中央政府の中枢である財務総監や国務卿が、地方長官と取り交わした書簡を職を辞する際に個人の所有に属するものとして持ち去ってしまう慣習があったことを指摘している（『全体を見る眼と歴史家たち』木鐸社、一九八六年、一二三～一二五頁）。二宮氏はこの書簡を「家伝の文書」という適切な表現をしておられるため、本稿においてもこの表現を使わせていただいた。

【付記】本稿執筆のための文書調査にあたって、『竹原・木村文書』閲覧については岩手県立博物館の鈴木宏先生に、『五戸・木村文書』閲覧については青森県立図書館にお世話になりました。また脱稿後、弘前大学の長谷川成一先生に貴重なご教示をいただき推敲することができました。記して謝意を表します。

【表1】信直・利直発給文書目録

〈信直発給文書〉

番号	年代	表題（内容）	発給者	宛所	形態	書止め文言	猶々書	備考
1	九月十七日	（津軽領からの兵の追い返し命令）	「信直」（端裏書）	「杢方へ」（端裏書）	竪紙	「候、かしく」	「候、以上」	木村1
2	九月廿二日	（津軽領からの逃亡者の保護命令）	「（黒印）」「三戸ゟ　信直」（切）	「新田杢方へ」（切）	折紙	「候、以上、かしく」	「候、以上」	木村2
3	（文禄三年カ）	（金山奉行への税金納入についての相談）	「信直」（端裏書）	「　」へ	竪紙	「候、かしく」	「候、以上」	木村4
4	文禄四年 卯月廿七日	（杢への米五駄下げ渡し依頼）	「（黒印）」	「小向かたへ」	折紙	「候、以上」	―	木村5
5	九月十七日	（普請完成催促）	「（黒印）」	―	竪紙	「候、以上、かしく」	―	木村6
6	（天正十九年カ） 八月二日	（九戸の乱関係）	「信直判」	―	竪紙	「候、かしく」	―	木村7

7	十月四日	(澤田・奥瀬への貸金についての指示)	「(黒印)」「福岡ゟ信直」(切)	「新田杢かたへ」(切)	竪紙	「候、以上、かしく」	—	木村8
8	正月廿二日	(七戸への書状継送り・新田での家作指示)	「(黒印)」「より福岡　信直」(端裏書)	「杢かたへ」(端裏書)	竪紙	「候、かしく」	「候」	木村9
9	十二月五日	(七戸への書状継送り・年貢勘定の指示)	「(黒印)」「信直」(端裏)	「杢方へ」(端裏)	竪紙	「候、以上、かしく」	「候、以上」	木村10
10	七　廿八	(桶・柾買い上げ命令)	「(黒印)」	「杢方へ」	折紙	「候、以上」	「以上」	木村11
11	十二月廿七日	(肩絹買い上げ命令・朝鮮での合戦の状況報告)	「(黒印)」「　」(切)	「杢方へ」「　」(切)	折紙	「候、以上、かしく」	「候、以上」	木村12
12	拾月六日	(板・柱の買い上げ、継ぎ送り命令)	「(黒印)」	「　」(端裏書)	竪紙	「候、謹言」	—	木村13
13	九月二日	(弥二郎以下三人下向につき接待指示)	「(黒印)」	「もく方へ」(切)	折紙	「候、かしく」	「候、以上」	木村14
14	十月九日	(柱の継ぎ送り命令)	「信直」(切)	「杢方へ」(切)	折紙	「候、以上、かしく」	「候、以上」	木村15
15	七月晦日	(土台の柱について指示)	「(黒印)」	「新田杢方へ」(切)	折紙	「候、以上、かしく」	「候、以上」	木村16
16	六月六日	(善五郎、野辺地より移住につき)	「(黒印)」	「杢方へ」	折紙	「候、以上、かしく」	「以上」	木村17
17	五月廿日	(蔵の敷板普請・買い上げ命令)	「信直(花押)」「信直」(切)	「新田杢方へ」(切)	？	「候、かしく」	「候、以上」	池野1
18	—	(蔵の普請のための板の買い上げ指示)	「自八戸　信直」	「新田　杢方へ」	？	「候、以上」	「候」	池野2
19	七月廿一日	(蔵の土台作成指示)	「(黒印)」	「杢方へ」	折紙	「候、以上、かしく」		竹原1

番号	年代	表題（内容）	発給者	宛所	形態	書止め文言	猶々書	備考
20	十月廿二日	（板の買い上げ・継ぎ送り命令）	「（黒印）」	「新田　杢方へ」	竪紙	「候、以上、かしく」	―	竹原2
21	十一月十六日	（年貢米俵への名札張り、たら等買い上げ指示）	「（黒印）」「信直」（切）	「杢方へ」「杢方へ」（切）	折紙	「候、以上、かしく」	「以上」	竹原3
22	十二月六日	「　」之覚（袴・畳等買い上げ指示）	―	「新田杢方へ」	竪紙	「候、以上」	―	木村19
23	―	（木材、米などに対する指示）	―	―	断簡	―	「以上」	木村114
24	―	（犯罪に対する処罰命令）	―	―	断簡	―	「候、以上」	木村115
25	六月十八日	（断簡）	「信直」「毛馬内ゟ信直」（切）	「杢方へ」（切）	断簡	―	―	木村117

〈利直発給文書〉

番号	年代	表題（内容）	発給者	宛所	形態	書止め文言	猶々書	備考
26	慶長二年 十二月廿三日	（目時氏に対する蔵米貸し出しについて指示）	「（黒印）」	「杢方へ」	切紙	「候、以上」	―	木村19
27	（慶長五年） 二月十八日	（賄用米五駄上納命令）	「利直（黒印）」	「杢方へ」	切紙	「候、以上」	―	木村33
28	慶長五年 二月廿一日	（扶持方の米五駄上納の命令）	「（黒印）」	「木村杢方へ」	切紙	「候、以上」	―	木村20
29	十二月六日	（買い物命令）	「（黒印）」	「杢かたへ」	半切紙	「候、以上」	「以上」	竹原8
30	（慶長六年） 三月廿二日	（「玉薬」上納催促、鷹・塩鮭上納指示）	「利直（花押）」「岩崎ゟ　利直」（切）	「杢方へ」（切）	折紙	「候、恐々謹言」	「候」	竹原4

31	(慶長六年)三月廿四日	(福岡への「玉薬」上納催促)	「利直(花押)」「岩崎ゟ　利直」(切)	「杢方」(切)	?	「候、恐々謹言」	「候、以上」	池野3
32	(慶長六年)三月廿四日	(福岡への「玉薬」上納催促)	「利直(花押)」「岩崎ゟ　利直」(切)	「杢方へ」(切)	?	「候、恐々謹言」	「候、以上」	池野4
33	慶長七年十月十二日	当年物成之事	「利直(黒印)」	「木村杢方へ」	切紙	「可申者也」	―	木村21
34	慶長七年十一月十九日	(紫根買い上げ命令)	「(黒印)」	小向月斎・石井豊前・石沢左近・坂牛[　]	切紙	「可申候也」	―	木村22
35	慶長八年十一月九日	(知行宛行状)	「利直(黒印)」	「木村杢助」	折紙	「候也」	―	木村23
36	慶長八年十一月九日	木村杢方へ遣百姓之覚	―	「木村杢助」	折紙	―	―	木村24
37	六月廿一日	(水普請の者の派遣命令)	「利直」「もりをかゟ利直」(切)	「杢方へ」(切)	竪紙	「候、かしく」	「候、以上」	木村28
38	六月十四日	(福岡よりの飯米又助に下げ渡しにつき)	「利直」	「木村杢方へ」	折紙	「候、以上」	―	木村118
39	七月朔日	(金田一の盗人逮捕につき褒賞、水普請について)	「利直」「盛岡ゟ利直」(切)	「杢方へ」(切)	折紙	「候、かしく」	「候、以上」	木村32
40	七月朔日	(反物の染め付け指示)	「利直」「盛岡ゟ利直」(切)	「杢方へ」(切)	?	「候、かしく」	「候」	池野5
41	―	[　]籾かす覚	―	―	竪紙	「可申候也」	―	木村34
42	七月四日	(大蔵の盛岡登城催促)	「利直」「盛岡ゟ利直」(端裏書)	「杢方へ」「杢方へ」	半切紙	「候事」	「候、以上」	竹原7
43	六月朔日	(松の継ぎ送り命令)	「利直」	「[　]」	竪紙	「候、以上」	―	木村31

44	六月十一日	（槍の金具、葺き板の上納催促）	「利直」	―	継紙	「候、かしく」	「候、以上」	木村26・27
45	慶長十五年七月廿九日	（鷹待石館右京・泉山物左衛門への扶持渡し指示）	「（黒印）」	新田又助・石沢左近・沼宮内治部少輔	折紙	「可申者也」	―	木村25
46	慶長十七年三月十五日	種籾かす覚	「（黒印）」	―	竪紙	「可申［　］」	―	竹原5
47	慶長十七年三月十五日	（鶴喰村代官への兵粮下げ渡し命令）	「（黒印）」	「木村又助」	切紙	「可申候也」	―	竹原6
48	慶長拾八年七月晦日	（断簡）	「（黒印）」	「木村又助」	断簡	―	―	木村116
49	元和七年七月廿二日	（鷹待泉山物左衛門への扶持方渡し命令）	「（黒印）」	「木村又助」	切紙	「可申候」	―	木村29
50	寛永二年極月廿五日	（新田村諸役上納命令）	「（利康黒印）」	「木村又助」	切紙	「候也」	―	木村30

注1．年代の欄については、文書のとおりの漢字表記をした。また、年号について、二段になっているものは付年号、一段になっているものは書下し年号を意味している。
2．発給者・宛所の欄の（切）は、「切封ウワ書」を意味する。
3．備考の欄は文書の出典・文書番号を表し、「木村」は『五戸・木村文書』、「竹原」は『竹原・木村文書』、「池野」は『池野・木村文書』を表している。

【表2】信直・利直発給黒印状の形態・様式変遷表

	信直	利直		
		慶長五年以前	慶長七年以降	元和～寛永期
形態	折紙・竪紙	切紙	切紙	切紙
書止め文言	かしく	候、以上	可申候（者）也	可申候（者）也
猶々書	あり	なし	なし	なし
表題	なし	なし	あり	なし
年代	月日	付年号	付年号	書下し年号
署名	黒印	黒印	黒印	黒印
宛所	（新田）杢方へ	（木村）杢方へ	木村又助	木村又助

Ⅲ 南部信直発給文書とその周辺
――戦国末期武家文書の〝略押〟

菅野文夫

はじめに

周知のように南部信直は陸奥国北辺の糠部郡を拠点として、近世盛岡藩の基礎を築いた人物である。発給文書は一三〇余通におよぶが、戦国末・統一政権期のこの地域の領主としては、多い部類に属するだろう。その一部は、一九三九年に刊行された吉野朝史跡調査会『南部家文書』に収録されたこともあって、はやくから知られてはいた。ただしこれは「遠野南部文書」中のものに限られ、他は長いあいだ『岩手県史』三・五巻などに断片的に紹介されるにとどまっていた[1]。しかし近年は『岩手県戦国期文書』のⅠ・Ⅱの刊行によって、ようやくこれらの文書を通覧することが可能になった[2]。この時期の陸奥北部の様相を知る上で、大きな前進というべきである。

もっとも、こうして全容をあらわした信直の文書群だが、基礎的なレベルにおいてさえ、今のところなお十分な研究蓄積があるとはいいがたい。小稿では、信直発給文書理解のための基礎作業として、花押・印など信直の署名を網羅的に検討したい。

結論をさきにいえば、信直およびほぼ同時代の糠部郡の領主たちの間で、他に類例のない独特の署名方法が用いられていたように判断される。あまりに異例であるため、筆者の力量ではその評価に手が余るが、あえてこれを発表して大方のご教示と叱正を乞う次第である。

一、信直発給文書の概要

まずは、信直発給文書全体の残存の状況を述べなくてはならない。未調査の文書も若干ながら残されている。詳細は悉皆調査後に稿をあらためて述べることにしたいが、行論上おおよその青写真を提示しておく必要はあろう。

所蔵者別・種別の内訳は表１・２の通りである。

表１でみるように、「遠野南部家文書」と「斎藤文書」が群を抜いて多い。ともに本来は遠野南部家の家伝文書である。同家は建武年間に陸奥守北畠顕家配下で糠部郡奉行となった南部師行の系譜を引く家で、戦国期にいたっても、後に盛岡藩主家となる三戸南部氏とならぶ、糠部郡内の有力領主としての地位を保持していた。(3)盛岡藩が成立すると藩内最大の家臣となり、寛永四年（一六二七）藩主利直の命で遠野に移封される。そのためこの家は、現在は遠野南部家とよばれることが多いが、中世についていえば八戸南部氏と称すべきだろう。「斎藤文書」は明治になってから同家の家伝文書の一部が流出したもので、長く原本の所在が不明となっていたが、一九九九年に盛岡藩主家のご子孫である南部利昭氏所蔵文書のうちより原本が発見された。(4)

これ以外では、「木村文書」と「川嶋文書」が目立つが、信直に仕えた家臣の家伝文書である。前者は青森県五戸の木村氏に伝えられたもので、現在はその大半が青森県立図書館に寄託されている。近年熊谷（西野）隆次氏が本書を素材に意欲的な論攷を発表されており、小稿も氏の研究から多くを学んでいる。(5)「川嶋文書」は岩手県二戸市の川嶋氏の所蔵文書で、このなかの巻子本一巻は一戸南部氏の支流で盛岡藩家臣となった野田氏の家伝文書一四通が収められている。そのため「野田文書」と称されることもある。[6]

表1の「その他」には「反町十郎氏所蔵色部文書」(二点)、天理大学附属図書館蔵「富岡文書」(一点)などと散在しており、「遠野赤沢文書」の四点が最も多い。このグループのなかには、筆者がまだ調査を完了していないものもある。ただし、「参考諸家系図」所載のもののように、[7]原本の体裁を忠実には再現していない写も相当にあり、今後悉皆調査が完了しても、小稿の論旨にはさほどの影響はないだろう。

なお『宝翰類聚』乾・坤二冊は、寛保年間に盛岡藩主南部利視の命で伊藤祐清・円子精親が編纂した古文書集であるとされている。[8]家臣所持の文書の正文を借り受けて忠実に写したらしく、花押影が克明に記されており、折紙・竪紙の区別も容易で、原形をよくとどめている。正文の多くが失われた現在では貴重な史料といえよう。

ところでこうした残存の状況は、文書の種類にも関わる。すなわち、表2のように書状が圧倒的であるが、なかでも近親者への〝私信〟ともいうべきものが過半を占めている。それは「遠野南部家文書」と「斎藤文書」が多く残存しているからであって、ほとんどが信直の息女で八戸氏(八戸南部氏)に嫁した千代子とその周辺の人物に宛てられたものである。また家臣である木村木工、野田掃部への命令文書も、「恐々謹言」「謹言」の書止を有する書状の形式をとっており、表で「書状(家臣への命令など)」と分類したもののほとんどを占める。

文書名	点数
遠野南部家文書	二三
斎藤文書	三一
木村文書	一九
川嶋亮太氏所蔵文書	八
『宝翰類聚』所収写	二六
その他	三〇
合計	一三七

表1　所蔵者別一覧

種別	点数
書状(家臣への命令など)	四七
書状(外交的文書)	一〇
書状(近親者への私信など)	五九
宛行状など	一〇
一字書出など	七
その他	四
合計	一三七

表2　種別一覧

信直花押Ⅱ型

「斎藤文書」(表３の14)
11月10日信直書状

「斎藤文書」(表３の18)
５月22日信直書状

花押Ⅰ型

「斎藤文書」(表３の４)
８月８日信直書状

『宝翰類聚』乾(表３の27)
10月24日信直書状

『宝翰類聚』乾(表３の24)
11月５日信直書状

信直花押Ⅲ型（花押影）

「斎藤文書」(表３の15)
３月13日信直書状

信直B型印

「川嶋文書」(表３の30)
３月１日信直書状

「斎藤文書」(表４の４)
２月朔日千代子宛信直書状

信直A型印

「斎藤文書」(表４の２)
２月朔日おち宛信直書状

「斎藤文書」(表５の23)
閏３月20日信直書状

「信直判」

「斎藤文書」(表５の15)
３月8日信直書状

「遠野南部文書」(表３の31)
5月27日信直書状

図１　南部信直の花押・印など（縮尺は統一されていない）

表3　信直花押文書一覧

番号	花押	署名の形式	文書名	日付	種別	宛所	史料集
1	Ⅰ型	信直（花押）	遠野南部家文書	年欠6月29日	書状	八戸　千代子	戦国Ⅰ五五号・南部一三二号
2	Ⅰ型	信直（花押）	遠野南部家文書	年欠5月7日	書状	八戸　おち	戦国Ⅰ九九号・南部一二八号
3	Ⅰ型	信直（花押）	斎藤文書	年欠7月27日	書状	八戸　千代子	戦国Ⅰ五九号
4	Ⅰ型	信直（花押）	斎藤文書	年欠8月8日	書状	八戸　千代子	戦国Ⅰ六一号
5	Ⅰ型	信直（花押）	斎藤文書	年欠8月17日	書状	八戸　千代子	戦国Ⅰ六四号
6	Ⅰ型	信直（花押）	斎藤文書	年月日欠	書状	うは	戦国Ⅰ七二号
7	Ⅰ型	信直（花押）	斎藤文書	年欠7月6日	書状	八戸　千代子	戦国Ⅰ五七号
8	Ⅰ型	信直（花押）	斎藤文書	年欠5月22日	書状	おこれん	戦国Ⅰ一〇二号
9	Ⅰ型	信直（花押）	斎藤文書	年欠6月7日	書状	（記載なし）	戦国Ⅰ四九号
10	Ⅰ型	信直（花押）	川嶋文書	年欠7月22日	書状	野田殿	戦国Ⅰ一五号
11	Ⅰ型	信直（花押）	遠野赤沢	年欠7月20日	書状	八戸　千代子	戦国Ⅰ五八号・一一二号
12	信直Ⅱ型	信直（花押）	遠野南部家文書	年欠1月7日	書状	八戸殿	南部一二五号・戦国Ⅰ三六号
13	信直Ⅱ型	信直（花押）	遠野南部家文書	年欠5月25日	書状	八戸殿	戦国Ⅰ三二号・南部一二九号
14	信直Ⅱ型	信直（花押）	斎藤文書	年欠11月10日	書状	八戸　おち方	戦国Ⅰ七四号
15	信直Ⅱ型	信直（花押）	斎藤文書	年欠3月13日	書状	うは	戦国Ⅰ三三号
16	信直Ⅱ型	信直（花押影）	宝翰類聚・乾	年欠10月8日	書状	江刺殿	戦国Ⅰ二八号
17	信直Ⅱ型	信直御居判	宝翰類聚・坤	年欠11月15日	書状	さくらは方へ	戦国Ⅰ一二八号
18	信直Ⅱ型	信直（花押影）	宝翰類聚・坤	年欠12月7日	書状	長坂備中殿	戦国Ⅰ四二号
19	信直Ⅲ型	南部大膳大夫信直（花押）	反町氏所蔵色部	年欠2月28日	書状	色部殿	新潟県史一一五九号

20	信直Ⅲ型	南部大膳大夫信直（花押）	反町氏所蔵色部	年欠3月17日	書　状	色部殿	新潟県史一一六二号・戦国Ⅱ一一六号
21	信直Ⅲ型	南部大膳大夫信直（花押）	富岡文書	年欠9月29日	書　状	山中橘内殿	
22	信直Ⅲ型	信直（花押影）	八戸種市	年欠12月30日	宛行状	種市修理之介	戦国Ⅰ一三七号
23	信直Ⅲ型	信直（花押影）	宝翰類聚・乾	天正19年10月4日	宛行状	源照寺参	戦国Ⅰ一九号
24	信直Ⅲ型	信直（花押影）	宝翰類聚・乾	年欠11月5日	書　状	鬼柳源四郎男	戦国Ⅰ一二六号・一〇三号
25	信直Ⅲ型	信直（花押影）	宝翰類聚・乾	天正19年9月25日	宛行状	北主馬尉との	戦国Ⅰ一七号
26	信直Ⅲ型	信直御判（右ニ同）	宝翰類聚・乾	年欠9月25日	宛行状	江刺兵庫頭殿	戦国Ⅰ一六号
27	信直Ⅲ型	南部信直（花押）	宝翰類聚・乾	年欠10月24日	書　状	江刺殿	戦国Ⅰ二〇号・同Ⅱ一二四号
28	信直Ⅲ型	信直（花押影）	宝翰類聚・坤	天正19年11月　日	宛行状	江刺口内殿	戦国Ⅰ二四号
29	信直Ⅲ型	信直御居判	宝翰類聚・坤	年欠3月10日	書　状	口内殿	戦国Ⅰ六号・九四号
30	信直Ⅲ型	南部信直御据判	宝翰類聚・坤	年欠3月10日	書　状	口内殿へ	戦国Ⅰ六号
31	信直Ⅲ型	信直御居判	宝翰類聚・坤	天正19年11月5日	宛行状	三ケ尻加賀	戦国Ⅰ二一号

※「署名の形式」および「文書名」の順に並べた。「史料集」欄に戦国Ⅰとあるのは『岩手県戦国期文書』Ⅰ、南部とあるのは吉野朝史跡調査会『南部家文書』、新潟県史とあるのは『新潟県史資料編』をさす。

南部信直は天文十五年（一五四六）三月に生まれ、天正十年（一五八二）に三戸南部氏の家督を継ぎ、慶長四年（一五九九）十月に五四歳で死去した[9]。ただし現存する発給文書は天正十年に三戸南部氏の家督を継いでからのものに限られ、それも奥羽仕置のあった天正十八年（一五九〇）より前のものは多く見積もって六通のみで、他は全てそれ以降である[10]。とくに翌十九年の九戸一揆を境に激増する。一〇〇通を越える文書が、僅か九年ほどの間に書かれたことになる。信直発給文書の全体を見据えるうえで留意すべき点である。

さて、署名の様態を窺うことのできるものを通覧すると、図1のように三種類の花押と二種類の印が確認される。まずは花押が記されている文書群だが、花押の種類によって分類すると表3のようになる。

〔Ⅰ型〕初見はいまのところ表3の10、七月二十二日書状と思われる。「上衆平泉迄御下候、津軽京兆も罷下候、御先手専用意ニ候、定而其方へも聞得可申候、上江近日ニ北兵衛為上候」とある。蒲生氏郷・浅野長吉らの「上衆」が下向するのでその迎えのために北信愛を派遣することがみえ、すでに指摘されているように天正十九年（一五九一）の九戸一揆のさなかに記されたものである。下限となると、年代比定作業が進んでいない現状では判断に苦しむが、おそらく晩年にまで使用されただろう。全て書状で、10以外は息女千代子ら近親に宛てた〃私信〃といえる。

ところでこのⅠ型の筆画は、ともすれば花押と判断するに迷うほどに単純である。これを普通の意味での花押といってよいのかどうか、実のところこの点を問うのが小稿の眼目のひとつである。小稿ではこの型の花押を、次項のように信直の名を冠することをあえてしないことも付言しておこう。

また、筆画の単純さと関わると思われるが、これを用いた場合の署名の形式は「信直（花押）」であって、Ⅲ型でみられるような「南部大膳大夫／信直（花押）」（表3の19・20・21）といった形式はない。簡易な署名方法というべきだろう。

〔信直Ⅱ型〕Ⅰ型よりも遅れて登場するようで、18が初見だろうか。「去年より九州在陣中候故」とあって、文禄二年（一五九三）とするこれまでの年代比定を裏付けている。Ⅰ型と同様全て書状で、14・15は近親者宛の〃私信〃的書状だが、それ以外の六通は有力家臣宛の、ややあらたまった命令文書というべきものである。

〔信直Ⅲ型〕27は『宝翰類聚』所載の写本だが、「岩屋戸陳取之江刺一辺被仕候共」とか「伊達天下へ逆心被申候者、不及是非候、無左様候て、伊達自会津人数打走候を、即時葛西・大崎可罷出候」などとあり、葛西大崎一揆勃発の様子を生々しく伝えている。やはり、従来より指摘されているように天正十八年（一五九〇）のものであることは明らかで、これが初見だろう。ただし、現存する正文では、19の二月二十八日書状がもっとも古い。奥羽仕置で出羽国検地を命じられた上杉景勝の配下にあって、平賀郡大森城にいた色部長真に宛てたもので、「郡中も一揆等令蜂起付而」「至当春も、同名共二三人令逆心、廿里・卅里之間、毎日掛合体ニ候」と九戸政実らの蜂起を伝えている。天正十九年であることはいうまでもない(11)。

ところでⅠ・Ⅱ型は全て書状に記されたが、このⅢ型は宛行状にも用いられている。23・25・26・28・31がそれである。26は「恐々謹言」の書止を有し年付もなく、書状の形式をとっているが、「都合千五百石令扶助訖、全可有知行候」と宛行を内容とする。いずれも九戸一揆鎮圧直後で、信直が豊臣政権より和賀・稗貫両郡を与えられた時期である。このとき一斉に所領安堵・宛行を実施したものか。ちなみにこれ以外の信直宛行状は二通を数えるのみであり、ともに『宝翰類聚』所収だが、「大膳大夫御黒印」「信直御居判」とあって署名の様態を窺えないことを付け加えておこう。

宛行状以外のⅢ型は書状ということになるが、これもⅠ型・Ⅱ型とはややおもむきを異にしている。27の江刺氏宛書状が葛西大崎一揆の最中のものであることは既述の通りだが、この段階では江刺氏は信直の家臣団に編入されていない。29・30の口内氏宛書状もこれに近い時期と思われ、口内氏は葛西氏旧臣として江刺郡口内に拠っていた。19・20が色部氏宛であること、21が山中氏宛を考えあわせると、Ⅲ型花押は領外のしかるべき諸氏に出す、いわば外交文書というべき書状に記す花押といえる。このように、外交的書状、あるいは宛行状に記されたこのⅢ型花押こそ、南部信直の正式な花押といえよう。

次に印の捺された文書を検討しよう。これも一覧すると表４のようになる。

表4　信直印章一覧

番号	署名の形式	文書名	日付	種別	宛所	史料集
1	「信直（A型印）」	斎藤文書	1月7日	書状	八戸　千代子	戦国Ⅰ三七号
2	「信直（A型印）」	斎藤文書	2月1日	書状	福岡おちかた	戦国Ⅰ三九号
3	「信直（A型印）」	斎藤文書	1月9日	書状	八戸　千代子	戦国Ⅰ七五号
4	「信直（A型印）」	斎藤文書	2月1日	書状	八戸　千代子	戦国Ⅰ七六号
5	「信直（A型印）」	斎藤文書	11月17日	書状	（記載なし）	戦国Ⅰ一三一号
6	「信直（A型印）」	遠野南部	1月4日	書状	八戸　千代子かたへ	戦国Ⅰ三一号・南部一二四号
7	「信直（A型印）」	遠野南部	12月6日	書状	八戸　千代子	戦国Ⅰ二五号・南部一二〇号
8	「信直（A型印）」	遠野南部	12月28日	書状	八戸　千代子	戦国Ⅰ二六号・南部一二三号
9	「信直（A型印）」	遠野南部	1月24日	書状	八戸　千代子	戦国Ⅰ三八号・南部一二六号
10	「信直（A型印）」	遠野南部	2月11日	書状	八戸　千代子	戦国Ⅰ七七号・南部一二七号
11	「信直（A型印）」	遠野南部	12月9日	書状	八戸　千代子	戦国Ⅰ一三五号・南部一二一号
12	「信直（A型印）」	宝翰類聚・乾	5月7日	書状	（葛巻）河内殿	戦国Ⅰ一〇号
13	「信直（A型印）」	宝翰類聚・乾	2月6日	書状	葛巻河内方へ	戦国Ⅰ五号・八九号
14	「（A型印）」（署なし）	木村文書	9月22日	書状	新田木工	戦国Ⅰ二号
15	「（A型印）」（署なし）	木村文書	12月27日	書状	木工方	戦国Ⅰ三五号
16	「（A型印）」（署なし）	木村文書	文禄4年4月27日	判物	小向かたへ	戦国Ⅰ四七号
17	「（A型印）」（署なし）	木村文書	1月22日	書状	木工かたへ	戦国Ⅰ八八号
18	「（A型印）」（署なし）	木村文書	7月28日	書状	木工方へ	戦国Ⅰ一一四号
19	「（A型印）」（署なし）	木村文書	7月晦日	書状	新田木工方へ	戦国Ⅰ一一五号

20	「(A型印)」(署なし)	木村文書	閏月2日	書状	もく方へ	戦国Ⅰ一一八号
21	「(A型印)」(署なし)	木村文書	9月17日	書状	(記載なし)	戦国Ⅰ一一九号
22	「(A型印)」(署なし)	木村文書	10月4日	書状	新田木工かたへ	戦国Ⅰ一二一号
23	「(A型印)」(署なし)	木村文書	10月6日	書状	(記載なし)	戦国Ⅰ一二二号
24	「(A型印)」(署なし)	木村文書	12月5日	書状	木工方へ	戦国Ⅰ一三三号
25	「(A型印)」(署なし)	木村文書	閏月26日	書状	木工方へ	戦国Ⅰ一三八号
26	「(A型印)」(署なし)	盛岡竹原	10月22日	書状	新田木工方へ	戦国Ⅰ一二四号
27	「(A型印)」(署なし)	盛岡竹原	11月16日	書状	(記載なし)	戦国Ⅰ一三〇号
28	「(A型印)」(署なし)	盛岡竹原	7月21日	書状	木工方へ	戦国Ⅰ一一三号
29	「(A型印)」(署なし)	斎藤文書	3月21日	書状	八戸　千代子	戦国Ⅰ七九号
30	「(B型印)」(署なし)	川嶋文書	3月1日	書状	美濃・源七・内匠	戦国Ⅰ九〇号
31	「(B型印)」(署なし)	遠野南部	5月27日	書状	八戸　二郎殿・新田殿	戦国Ⅰ四一号・南部一三〇号
32	「信直（B型印）」	八戸鵜飼	3月24日	書状	福士宮内少輔ら四名	戦国Ⅰ四四号

※「署名の形式」および「文書名」の順に並べた。「史料集」欄の略記は表3に同じ。

〔A型印〕「斎藤文書」原本での実測では、縦二二×横一四ミリの方形で、印文の解読は筆者の手にある。写真等で見る限り、「遠野南部文書」「木村文書」の印も同一のものだろう。信直は、この型の印をひとつしか持っていなかったようである。

使用時期だが、木村文書に関する既述の熊谷（西野）隆次氏の研究に従えば、14は天正十九年九月二十二日付書状で、これが初見といえよう。[12] 九戸一揆の鎮圧直後ということになろうか。さらに氏は五戸の代官所およびそれに付随する蔵の建設に関わる17・19・21・28を文禄四年（一五九五）のものとするが、従うべきだろう。

下限を見極めるのはやはり難しい。29の千代子宛三月二十一日書状には、「此十五日ニ、たいこと云所にて御花見へおひたゝ敷御もよほしに候」とあって、秀吉が醍醐寺三宝院で挙行した大規模な花見に参加したことがみえ、慶長三年（一五九八）のものであることが確実である。この機会に前田利家の周旋で盛岡城築城許可の朱印を得ようとした信直は、「利家さまわれら御ふしんの御朱印御とりなく候」と花見の喧噪に紛れてそれが叶わなかった。しかし「昨日としいへへ参候へ者、今明日中ニ御朱印御取可有と被仰付候」と、なんとか秀吉の朱印を得られる悦びを報告している。このあたりの事情については、細井計「盛岡城築城年代考」が詳しい(13)。ともあれ、ここから信直の晩年まで使われ続けたことが確認されよう。

なお、A型印についていささか付言すべきは、その署名方法である。表4を一瞥すると、宛所によってこれがはっきりと区別されていることが伺われる。五戸代官の木村氏に対する命令文書というべき書状には、日下に「信直」の署はなくこの角印を捺するばかりである。他方、息女千代子に宛てた〝私信〟は「信直」の署を記したうえにこの角印を捺するのであって、例外は前掲29の一通のみである。

「信直」の署がある方が厚礼であることはいうまでもない。これを欠く木村氏宛の書状は、領主権を確立する過程で、単純な命令文書には印のみですますようになったものと理解されよう。近世大名としての一歩を踏み出していた証左といえようか。

ただし、葛巻河内に宛てた12・13も千代子宛と同様「信直（印）」の形式をとる。12は「返々あと〳〵ハさしをき候て、今度〻人返し始候間、下人・百姓をかれましく候」とあって、八戸氏と葛巻氏との間で起こった人返しをめぐるトラブルを裁定したもの。13は、「砂金壱両慥請取候、過し方之奉公、不残存候、我等当座之大事のがれ候、又葛巻も身上相続候事、其方か分別一ニ有之事ニ候」と砂金を受けとった礼を述べるとともに、葛巻氏の身上を安堵する内容で、背後には九戸一揆の戦後処理にともなう郡内の複雑な状況があったらしい。家臣宛であっても、内容や相手の地位によっては、より厚礼の「信直（印）」型の署名を用いたのであろうか。

〔B型印〕管見の範囲では表の三点のみで、30で実測したところでは直径三一ミリ、中央に信直の名を刻む堂々たるものである。写真等の印影をみる限り、他の二点も同じ印を捺したのだろう。信直の嫡子で盛岡藩を継いだ利直の印も、実名を中央に刻んだ同様の丸印である。このタイプの印は後々まで代々藩主の正式な印として用いられたらしく、信直の丸印はその原形といえよう。(14)

全て有力家臣宛の書状で、30は野田内匠ら三名に対して福岡城留守居に関する規定を通知し、32は福士氏ら四名に「不来方沙汰等之事」につき権限を付与した文書である。それぞれ大名権の行使に関わる重要文書といえよう。31は肥前名護屋から、当時八戸南部氏を相続していた直栄に宛てた長文の書状である。

二、信直花押・印の全体像

蕪雑ながらそれぞれの花押・印を個別に検討してきた。もとより若干とはいえ未調査文書を残したままの中間報告であり、内容に踏み込んでの年代比定も不十分である。多くの問題を今後に残したままの素描でしかない。それでもこれまでの検討のまとめを兼ねて、これら花押・印相互の関係を検討し、全体像を構想してみよう。

当初より使用されているのは、Ⅰ型および信直Ⅲ型花押で、九戸一揆の最中にすでにみられる。A型印はこれより少し遅れ、その鎮圧後より登場する。B型印はさらに遅れると予想される。時期の上ではわずかな差でしかないが、一揆鎮圧によって陸奥国北部が完全に豊臣政権の体制に組み込まれた。豊臣政権を後ろ盾にした信直の地位は、鎮圧の前と後とでは大きな断絶があるといってよかろう。

戦国末期の糠部を中心とする地域の諸領主は、「郡中」という一揆的な結びつきを維持しており、三戸南部氏はこれを解体して大名権力を確立しようと志向しつつも、奥羽仕置以前にはこれを果たせなかった。信直が諸領主を家臣団に編成しきるのは、九戸一揆鎮圧後のことである。(15)

既述の「川嶋文書」七月二十二日書状（表3の10）は、一揆の最中に書かれたもので、I型花押が記されている。本書の要点は「小軽米之番、作時分ニ候間、急度被指置候て預へく候」とあるように、信直が野田氏に小軽米の防備を命じたことだが、この文言や「野田殿」といった宛所、「恐々謹言」の書止からは、家臣への命令というよりはほとんど同盟者に対する依頼といったニュアンスが感じられる。一方、B型印の捺された同文書三月一日書状（表4の30）は、福岡城の留守を預かる野田氏らに留守中の細目を命じたもので、一揆鎮圧後数年を経たものだろう。宛所はウワ書に「美濃・源七・内匠」とあるのみで、文言も家臣への命令文書にふさわしいものとなっており、七月二十二日書状との差はあまりに大きい。

また、次節で述べることと関わるが、信直以前の領主たちが印を用いた形跡はない。「木村文書」はA型印がもっとも目立つ文書群だが、これはすでに指摘されているようにすべて一揆鎮圧後の文書である。乏しい史料から想像を逞しゅうすれば、九戸一揆鎮圧を指揮した浅野長吉・蒲生氏郷の慫慂に従い、信直は豊臣大名としての威厳を増すべくA型印を使いはじめたのかもしれない。

いま少し検討を続けよう。まず同時期に用いられたI・Ⅲ型を比較すると、宛行状や外交的書状にも用いられたⅢ型が厚礼であり、信直の正式な花押であることはいうまでもない。既述のようにI型は「信直（花押）」の形式しか存在しないのに対して、Ⅲ型では「南部大膳大夫／信直（花押）」と書く場合があることも、こうした使い分けを裏付けている。したがってⅠ型は薄礼の、略式の花押ということになろう。

ただしⅠ型花押の現存文書は、表３にあるように、10の「川嶋文書」七月二十二日書状を除けば、すべて「千代子」「うは」「おこれん」ら近親宛である。九戸一揆以降、信直は家臣への文書ではⅠ型花押の使用をやめ、これにかわってⅡ型花押かＡ・Ｂ印を使うようになったと推測される。

しかも、興味深いことに、近親宛の書状でも、Ⅰ型が記された文書は領内で流通したものに限られたらしい。受取人の千代子らはいうまでもなく糠部郡内にいるので、問題は差出人たる信直の所在地である。表３の１・２・４・８には発信地がウワ書に「福岡」と明記され、５・７・９・10も内容から福岡かその近辺と判断される。３は判断する材料がなく、例外と確認できるのは６のみで、「返々国かへにて、ミな〳〵迷惑仕候、我等ハいさやうニもなく候、目出度四月下可申候間、御待可有候」とあって慶長二・三年に伏見より出されたものか。本書は日付もない走り書きのような書状で、こうした簡易さがⅠ型花押に似つかわしかったか。ともかくも原則としては、発給者の信直も受取人も領内にいるときにⅠ型が用いられたのである。

他方、表４の１～11および29にあるように、信直が千代子らにＡ型印を用いたのは、彼が糠部郡を離れているときに限定されている。これには例外がない。１・２・４・５・６・８・９・29にはウワ書に「伏見より」などとあり、７は武蔵久喜から、10には「京より」とある。残るのは３と11だが、３は「国かへ共候間、何共床布候、今日迄ハ替事なく候、」「御ふしん被仰付候ハヽ、早く下候へく候」とあって慶長三年（一五九八）に伏見から出されたものであり、11も「少も〳〵煩気なくのほり候間、床敷有ましく候、御材木明年も申候者、早々可下候」とあることから、その前年に伏見に到着した際のものだろう。

ただし、印を捺したものはすべて領外から、という原則は近親宛の〝私信〟に限られるのであって、家臣宛の文書であれば、信直は領内でも印を用いている。表4の14～25「木村文書」等はおおむね福岡在城の時期の発給文書である[16]。

煩雑になったが、これまで検討した点を次のようにまとめることができよう。

①当初は正式なⅢ型花押と略式のⅠ型花押を用いていた。

②天正十九年の九戸一揆終結後、家臣へのⅠ型花押の使用をやめ、これに代えてⅡ型花押およびA・B印を使用するにようになった。

③ただし領内で近親に出す場合には、Ⅰ型花押を使用し続けた。領外より出す場合には、近親でも原則としてA型印を用いた。

ところで以上は『宝翰類聚』所載のものは別として、これまでの研究では正文とされてきたものである。花押ないし印があるのだから、当然のことである。

その一方で、従来案文・写と看做されてきた文書群が相当数存在する。一覧すれば表5の通りである。署名欄には図1（三九頁）のように「信直判」とある。このようにある以上、案文として扱われてきたのは古文書学の常識からして至極当然である。「遠野南部家文書」に即していえば、古くは『南部家文書』で一律に信直書状案とされいる。また文化庁文化財保護部『南部家文書目録』でも、「信直書状案」とされている。もっともこの目録で、慎重に「当時写」と注記しているのは興味深い[17]。何となれば、これらの文書は問題の「信直判」を除けば、ほとんど正文のように思われるからである。

原本を調査することのできた「斎藤文書」を例にとろう。本文書中の信直発給文書は三一通あるが、表の12～23の一二通は、ほぼ確実に正文と判断できる残りの一九通と、料紙の紙質・墨色・筆勢・筆跡等においてほとんど変わるところがない。ちなみにこの一九通の内訳は、Ⅰ型花押七通、信直Ⅱ型花押二通、A型印六通、署判はないものの正文としか考えられないもの四通である。[18] しかも12～23の封式はすべて切封だが、19を除く一一通には切封のために裁断した痕が明瞭に残されている。またウワ書の一部はちょうど切封の幅に一致して欠けており、封をしてからウワ書を書いた様が如実に伺える。もちろんこの点も、正文一九通と同じである。

一例を挙げると、20は二紙からなるが、写真1のように折筋が鮮明に残されている。そこから、二紙を背中合わせにして第一紙奥より巻き、折筋を付けた後に第一紙の端を切封として裁ち、再度二つに折って封じた後ウワ書を書いた様子が再現できるのである。

「川嶋文書」も原本を調査したが、信直発給文書は八通で、うち五通が表の24～28である。他三通の内訳は、Ⅰ型花押・B型印・後欠により署判がみえないものがそれぞれ一通ずつである。原本は現在巻子に仕立てられているため折筋が不明なところもあるが、24～28の料紙・筆跡等は、Ⅰ型花押を記す七月二十二日書状（表3の10）とほぼ同一と判断される。すべて切封墨引・ウワ書を有し、とくに28は写真2にみえるように第一紙端の切封痕が明瞭なのである。

もちろん、あくまでも正文を模して切封で封じ、ウワ書を記した案文と考える余地はあるのかもしれない。しかしそこまで忠実に案文を作成するならば、あえて「信直判」とせずに花押影を描くのがむしろ自然ではなかろうか。

原本の調査ができた右の文書群を念頭において「遠野南部文書」の写真帳を検討すると、表5に記したように切封墨引・ウワ書がしかるべきところに残されているものが圧倒的で、やはり案文あるいは写とするには躊躇せざるを得ないのである。

表5　「信直判」型署名の文書一覧

番号	文書名	日付	種別	宛所	ウワ書・封式	発信地	史料集
1	遠野南部	11月22日	書状	八戸おち	切封墨引・ウワ書あり		戦国Ⅰ一三二号・南部一三八号
2	遠野南部	12月14日	書状	八戸おち	切封墨引・ウワ書あり		戦国Ⅰ一三六号・南部一二二号
3	遠野南部	12月3日	書状	八戸おちかたへ	切封墨引・ウワ書あり		戦国Ⅰ八〇号・南部一一九号
4	遠野南部	6月18日	書状	八戸千代子	切封墨引・ウワ書あり	福岡	戦国Ⅰ五一号・南部一三一号
5	遠野南部	7月8日	書状	八戸千代子	切封墨引・ウワ書あり	福岡	戦国Ⅰ一一一号・南部一三三号
6	遠野南部	8月14日	書状	八戸千代子	(不明)		戦国Ⅰ六三号・南部一三五号
7	遠野南部	8月22日	書状	八戸おちかた	切封墨引・ウワ書あり		戦国Ⅰ六五号・南部一三六号
8	遠野南部	8月24日	書状	おちかた	切封墨引・ウワ書あり	福岡	戦国Ⅰ六六号・南部一三七号
9	遠野南部	8月8日	書状	八戸千代子	切封墨引・ウワ書あり		戦国Ⅰ六二号・南部一三四号
10	遠野南部	閏3月18日	書状	八戸おち	切封墨引・ウワ書あり		戦国Ⅰ八二号・南部一四〇号
11	遠野南部	閏3月9日	書状	八戸おち	切封墨引・ウワ書あり		戦国Ⅰ八一号・南部一三九号
12	斎藤	1月10日	書状	八戸千代子	切封墨引・ウワ書あり		戦国Ⅰ八六号
13	斎藤	1月11日	書状	八戸おち	切封墨引・ウワ書あり		戦国Ⅰ八七号
14	斎藤	3月4日	書状	八戸おち	切封墨引・ウワ書あり		戦国Ⅰ九二号
15	斎藤	3月8日	書状	八戸おち	切封墨引・ウワ書あり		戦国Ⅰ九三号
16	斎藤	4月6日	書状	八戸おち	切封墨引・ウワ書あり	野沢	戦国Ⅰ九六号
17	斎藤	5月18日	書状	おこれん	切封墨引・ウワ書あり		戦国Ⅰ一〇一号
18	斎藤	6月16日	書状	八戸千代子	切封墨引・ウワ書あり	福岡	戦国Ⅰ五〇号
19	斎藤	6月25日	書状	八戸千代子	切封墨引・ウワ書あり	福岡	戦国Ⅰ一〇七号

20	斎藤	6月26日	書状	八戸千代子	切封墨引・ウワ書あり		戦国Ⅰ五三号
21	斎藤	8月23日	書状	おちかた	切封墨引・ウワ書あり		戦国Ⅰ一一七号
22	斎藤	9月8日	書状	八戸千代子	切封墨引・ウワ書あり	福岡	戦国Ⅰ六七号
23	斎藤	閏3月20日	書状	八戸おち	切封墨引・ウワ書あり	福岡	戦国Ⅰ八四号
24	川嶋	4月16日	書状	野田殿	ウワ書あり	福岡	戦国Ⅰ九八号
25	川嶋	5月18日	書状	野田殿	ウワ書あり		戦国Ⅰ一一号
26	川嶋	5月29日	書状	野田殿	ウワ書あり	三戸	戦国Ⅰ一二号
27	川嶋	6月27日	書状	野田殿	ウワ書あり	三戸	戦国Ⅰ一八号
28	川嶋	7月12日	書状	野田殿	切封墨引・ウワ書あり	三戸	戦国Ⅰ一四号
29	木村	8月2日	書状	（記載なし）	（不明）	三戸	戦国Ⅰ一一六号

※「署名の形式」および「文書名」の順に並べた。「史料集」欄の略記は表3に同じ。

このようにみてくると、「信直判」もひとつの署名方法であって、これがある文書は正文ではなかろうかとの思いが募ってくる。とはいえ寡聞にして他氏の類例を知らず、また「某判」とあれば案文という常識は、浅才非学の筆者にとってあまりに高い垣根である。僅かな原本調査の所見から正文と断じるのはやはり躊躇せざるを得ない。ここでは正文の可能性を示唆するにとどめて、別の角度から検討してみたい。

「信直判」型署名（案文とすれば署名と呼ぶべきではないかもしれないが、便宜上小稿ではこれも署名と扱う）は、すべて書状である。宛行状は一点もない。宛所は千代子のような近親や家臣の野田氏・木村氏に限られる。また「南部大膳大夫信直判」などを官途を記したものはない。この点では略式の花押であるⅠ型に相通じるものがある。

さらに注目すべきは、信直がこれらを出した場所である。ウワ書に明記されているものは表にみられるようにすべ

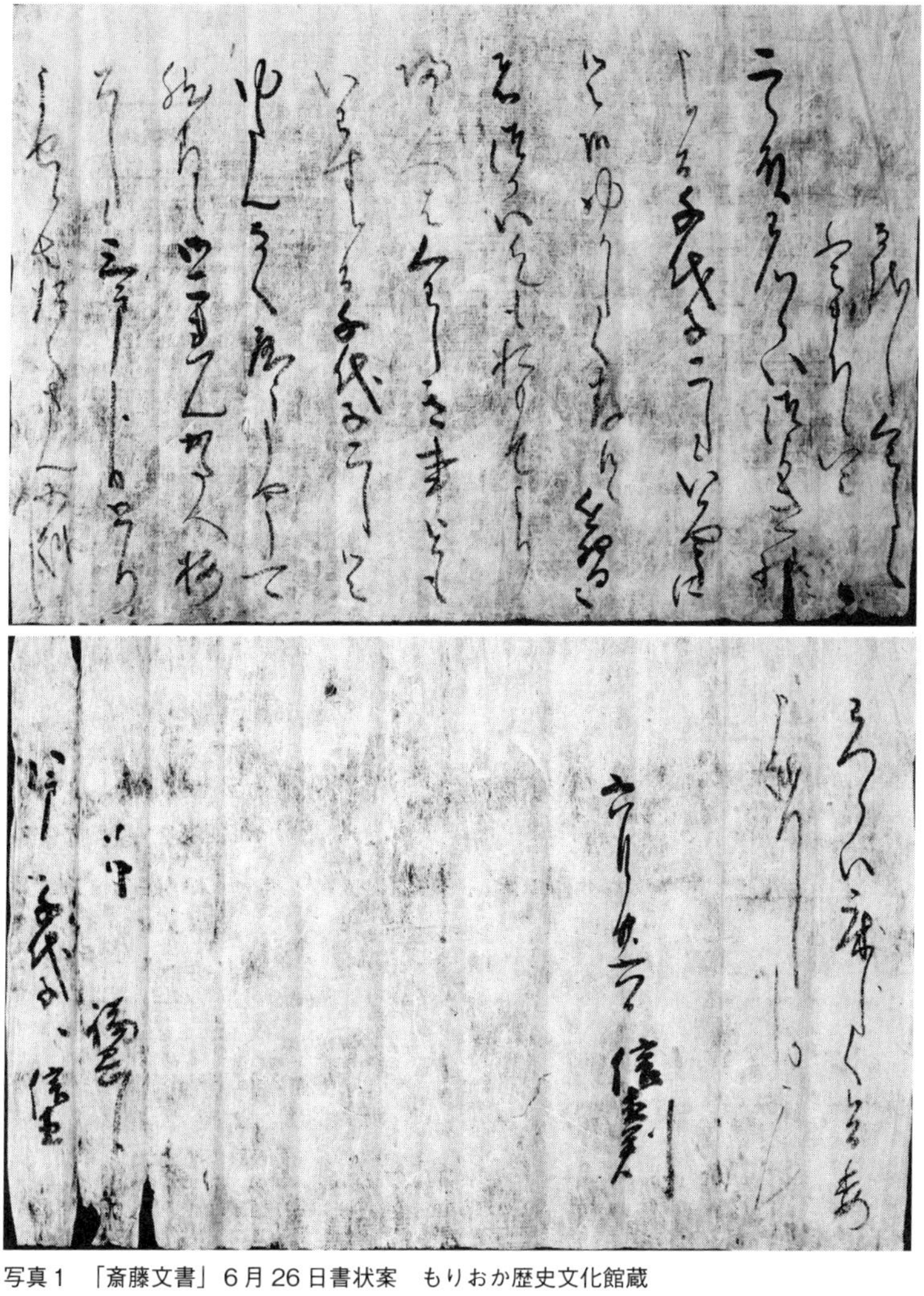

写真１　「斎藤文書」６月 26 日書状案　もりおか歴史文化館蔵

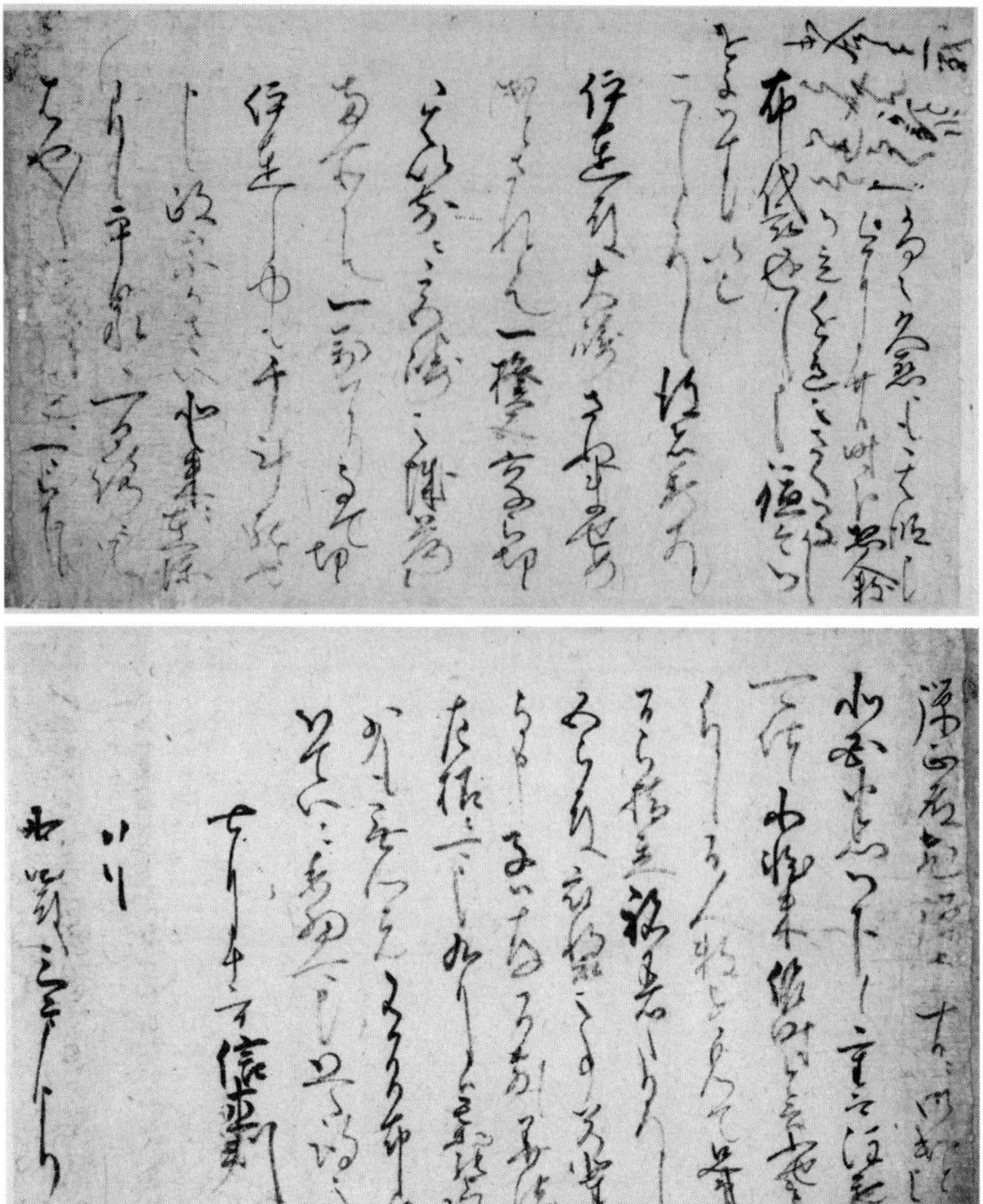

写真２　「川嶋文書」７月12日書状案　個人蔵　画像提供：岩手県立博物館

て糠部郡内に限られている。ウワ書に発信地を記していないものを検討すると、24野田氏宛書状は九戸一揆の最中の天正十九年のものと推定され、三戸から出されたもの。29は木村文書だが、本文書は信直が糠部にいるときに出されたものと想定されている。[19]

千代子ら宛の書状にしても、ウワ書等に発信地を記載している場合、やはり福岡・野沢と領内である。明記していない場合でも、3小井田氏によって慶長三年（一五九八）信直が福岡にあるときとされ、[20]6は八戸にいる千代子に「此方へ越候事ハ無用ニ候」とある。13は「酒さかなうけ取候」と年頭の祝儀の礼であり、「京都御しつかのよし申候へハ喜ニ候」と京都の情勢を伝聞として伝えている。14は、「此方を七日ニ立候て、十三日ニ其方へ可越と存候」とあるのは、信直が八戸方面におもむくことを述べたのだろう。16は同人に「めかぶ所望ニ候間、ちいさく候とも、とらせ可越候」と和布蕪を所望している。10・11は閏三月とあって慶長四年（一五九九）のもので、「八戸おち」宛の11に「りやうけんへ参候哉、日つま可申越候」と郡内斗賀の霊現堂参詣のおりに落ち合うことを述べる。[21]つまるところ、発信地を知る手がかりのあるものはすべて領内から出されたことを物語っており、逆に信直が名護屋・伏見などに滞在中に出したことを窺わせる書状は一通もないのである。

このように、領内でのみ適用させている点でも、Ｉ型と共通しているのである。正文であるか案文であるかはさておいて、今のところはこの奇妙な一致点を指摘しておきたい。

三、糠部郡諸領主の署名

これまでの考察は、いわば個別領主の花押・印の研究である。ここから一歩進んで、南部信直と前後する時代の糠部郡内の諸領主に視野を広げてみよう。するとはなはだ興味深い事実に気づく。前節でⅠ型としてきた花押が、信直のみならず、その周辺の諸領主の発給文書にもみられるのである。

戦国末期・統一政権期の糠部郡の領主たちの発給文書を、表6に列挙し、その主なものの署名部分を図2に掲げた。全て書状で、「遠野南部家文書」以外のものは17・18の二点だけだが、ともかくも管見の限りではこれしか残されてはいない。「花押・署名」の欄に記したように、1～19の南部晴政・東政勝・南慶儀・某親輔書状では、花押が記されているものは全てⅠ型なのである。

発給者別に検討していこう。まず南部晴政書状である。晴政は信直の舅で、天正十年（一五八二）に死去するまで三戸南部氏家督であった。三戸南部氏は晴政の時期から本格的に郡内における覇権をうち立ててゆく。残された書状三通は全て永禄から天正初年にかけてのものと考証されている。(22)男子にめぐまれなかったため当初信直を養嗣子として迎えたが、実子晴継が生まれると信直を疎んじて廃嫡をくわだてる。これに対して三戸家中では、晴政にしたがって信直を追放しようとする一派と、北信愛ら信直を擁立しようとする一派とが対立し、ついに武力衝突にいたる。表の1～3はいずれもこうした時期に、信直派の北信愛を晴政が攻撃し、さらに当時は軍事的同盟者の立場にあった八戸氏に対して援軍を求めたものである。1・2の晴政の花押は、図2にあるように信直発給文書で検討したⅠ型そのものであり、晴政の花押はこれ以外には残されていない。

晴政に仕え、三戸南部家中の重鎮だった東政勝についても、残存する表の4～10ついてみる限り、花押が確認される4の八月十五日付書状にはⅠ型花押が記されている。やはりこれ以外の花押は知られていない。なお、正文・案文の判断はさておいて、「勝判」型の署名が目立つが、これは前節で述べたように信直の場合の「信直判」型に相当しよう。

表6　糠部群諸領主の署判一覧

番号	差出人	花押・署名	署判	日付	種別	宛所	文書名	史料書	備考
1	南部晴政	Ⅰ型花押	「晴政（花押Ⅰ型）」	6月24日	書状	（記載なし）	遠野南部家	岩手二六七号・南部 九九号	
2	南部晴政	Ⅰ型花押	「晴政（花押Ⅰ型）」	7月21日	書状	八戸殿	遠野南部家	岩手二六八号・南部一〇〇号	ウワ書・墨引あり
3	南部晴政	（不明）	「晴政」	10月16日	書状	八戸殿	遠野南部家	岩手二六九号・南部一〇一号	花押・印みえず
4	東政勝	Ⅰ型花押	「東　勝（花押Ⅰ型）」	8月15日	書状	八戸殿	遠野南部家	岩手二七二号・南部一〇四号	ウワ書・墨引あり
5	東政勝	某判型	「東　勝判」	7月26日	書状	（記載なし）	遠野南部家	岩手二七〇号・南部一〇二号	
6	東政勝	某判型	「東民郡大輔　朝判」	8月6日	書状	八戸新田殿	遠野南部家	岩手二七一号・南部一〇三号	
7	東政勝	某判型	「勝判」	9月2日	書状	八戸殿	遠野南部家	岩手二七三号・南部一〇七号	
8	東政勝	某判型	「勝判」	9月16日	書状	八戸殿	遠野南部家	岩手二七四号・南部一〇八号	
9	東政勝	某判型	「東政勝判」	9月27日	書状	（記載なし）	遠野南部家	岩手二七五号・南部一〇五号	
10	東政勝	某判型	「東　勝判」	10月16日	書状	八戸殿	遠野南部家	岩手二七六号・南部一〇六号	
11	南慶儀	Ⅰ型花押	「弾正少弼　慶儀（花押Ⅰ型）」	6月1日	書状	八戸二郎殿	遠野南部家	岩手二七九号・南部一一一号	ウワ書・墨引あり
12	南慶儀	Ⅰ型花押	「慶儀（花押Ⅰ型）」	6月6日	書状	八戸勘弥殿	遠野南部家	岩手二八一号	ウワ書・墨引あり
13	南慶儀	Ⅰ型花押	「慶儀（花押Ⅰ型）」	6月6日	書状	八戸殿	遠野南部家	岩手二八〇号・南部一一二号	ウワ書・墨引あり

14	南慶儀	某判型	「慶儀判」	3月24日	書状	八戸殿	遠野南部家	岩手二七七号・南部一〇九号	
15	南慶儀	某判型	「慶儀判」	6月1日	書状	八戸殿	遠野南部家	岩手二七八号・南部一一〇号	ウワ書・墨引あり
16	南慶儀	某判型	「義判」	8月8日	書状	八戸新田殿	遠野南部家	岩手二八二号・南部一一三号	ウワ書・墨引あり
17	南慶儀	（不明）	（不明）	1月11日	書状	浄法寺殿	『宝翰類聚』坤	『岩手県史』三巻五八五頁	花押・印みえず
18	南慶儀	（不明）	（不明）	（不明）	書状	（記載なし）	遠野南部家	岩手二八三号・南部一一四号	
19	親輔	Ⅰ型花押	「親輔（花押Ⅰ型）」	7月12日	書状	野田殿	川嶋文書	『岩手県史』三巻八四九頁	ウワ書あり
20	俊恕	Ⅰ型花押	「俊恕（Ⅰ型花押）」	3月17日	書状	八戸一右衛門殿	遠野南部家	岩手二八七号	
21	俊恕	Ⅰ型花押	「俊恕（Ⅰ型花押）」	4月8日	書状	（記載なし）	遠野南部家	岩手二八八号	
22	俊恕	Ⅰ型花押	「俊恕（Ⅰ型花押）」	5月12日	書状	八戸二郎殿様	遠野南部家	岩手二九四号	
23	俊恕	Ⅰ型花押	「俊恕（Ⅰ型花押）」	5月14日	書状	八戸二郎殿様	遠野南部家	岩手二九六号	
24	俊恕	Ⅰ型花押	「俊恕（Ⅰ型花押）」	6月1日	書状	（記載なし）	遠野南部家	岩手二九八号	
25	俊恕	Ⅰ型花押	「俊恕（Ⅰ型花押）」	12月9日	書状	八戸一右衛門殿	遠野南部家	岩手三一一号	ウワ書・墨引あり
26	俊恕	Ⅰ型花押	「俊恕（Ⅰ型花押）」	12月26日	書状	後欠	遠野南部家	岩手三一六号	
27	俊恕	Ⅰ型花押	「俊恕（Ⅰ型花押）」	即時	書状	八戸二郎殿様	遠野南部家	岩手三一八号	ウワ書・墨引あり
28	俊恕	Ⅰ型花押	「俊恕（Ⅰ型花押）」	即時	書状	八戸二郎殿様	遠野南部家	岩手三一七号	
29	俊恕	某判型	「俊恕判」	4月21日	書状	八戸一右衛門殿	遠野南部家	岩手二九〇号	ウワ書・墨引あり
30	俊恕	某判型	「俊恕判」	4月23日	書状	八戸一右衛門殿	遠野南部家	岩手二九二号	ウワ書・墨引あり
31	俊恕	某判型	「俊恕判」	即時	書状	（記載なし）	遠野南部家	岩手三二〇号	
32	俊恕	俊恕Ⅱ型花押	「俊恕（Ⅱ型花押）」	2月12日	書状	八戸二郎殿	遠野南部家	岩手二八四号	
33	俊恕	俊恕Ⅱ型花押	「俊恕（Ⅱ型花押）」	3月17日	書状	八戸二郎殿様	遠野南部家	岩手二八六号	

34	俊恕	俊恕Ⅱ型花押	「不染斎　俊恕（俊恕Ⅱ型花押）」	4月20日	書状	八戸二郎殿様	遠野南部家	岩手二八九号	
35	俊恕	俊恕Ⅱ型花押	「俊恕（俊恕Ⅱ型花押）」	4月21日	書状	八戸二郎殿様	遠野南部家	岩手二九一号	
36	俊恕	俊恕Ⅱ型花押	「俊恕（俊恕Ⅱ型花押）」	5月6日	書状	八戸二郎殿様	遠野南部家	岩手二九三号	
37	俊恕	俊恕Ⅱ型花押	「俊恕（俊恕Ⅱ型花押）」	5月14日	書状	八戸二郎殿様	遠野南部家	岩手二九五号	
38	俊恕	俊恕Ⅱ型花押	「俊恕（俊恕Ⅱ型花押）」	5月19日	書状	八戸二郎殿様	遠野南部家	岩手二九七号	
39	俊恕	俊恕Ⅱ型花押	「俊恕（俊恕Ⅱ型花押）」	6月17日	書状	八戸二郎殿様	遠野南部家	岩手三〇一号	
40	俊恕	俊恕Ⅱ型花押	「俊恕（俊恕Ⅱ型花押）」	6月16日	書状	八戸二郎殿様	遠野南部家	岩手二九九号	
41	俊恕	俊恕Ⅱ型花押	「俊恕（俊恕Ⅱ型花押）」	6月16日	書状	八戸一右衛門殿	遠野南部家	岩手三〇〇号	
42	俊恕	俊恕Ⅱ型花押	「俊恕（俊恕Ⅱ型花押）」	6月23日	書状	八戸二郎殿様	遠野南部家	岩手三〇二号	
43	俊恕	俊恕Ⅱ型花押	「俊恕（俊恕Ⅱ型花押）」	7月19日	書状	（記載なし）	遠野南部家	岩手三〇四号	
44	俊恕	俊恕Ⅱ型花押	「俊恕（俊恕Ⅱ型花押）」	7月19日	書状	（記載なし）	遠野南部家	岩手三〇三号	
45	俊恕	俊恕Ⅱ型花押	「俊恕（俊恕Ⅱ型花押）」	7月27日	書状	八戸筑前守殿	遠野南部家	岩手三〇七号	ウワ書・墨引あり
46	俊恕	俊恕Ⅱ型花押	「俊恕（俊恕Ⅱ型花押）」	7月27日	書状	八戸一右衛門殿	遠野南部家	岩手三〇五号	ウワ書・墨引あり
47	俊恕	俊恕Ⅱ型花押	「俊恕（俊恕Ⅱ型花押）」	7月27日	書状	八戸二郎殿様	遠野南部家	岩手三〇六号	
48	俊恕	俊恕Ⅱ型花押	「俊恕（俊恕Ⅱ型花押）」	9月26日	書状	（記載なし）	遠野南部家	岩手三〇九号	
49	俊恕	俊恕Ⅱ型花押	「俊恕（俊恕Ⅱ型花押）」	10月9日	書状	（記載なし）	遠野南部家	岩手三一〇号	
50	俊恕	俊恕Ⅱ型花押	「俊恕（俊恕Ⅱ型花押）」	12月17日	書状	八戸二郎殿様	遠野南部家	岩手三一二号	
51	俊恕	俊恕Ⅱ型花押	「俊恕（俊恕Ⅱ型花押）」	12月18日	書状	八戸二郎殿様	遠野南部家	岩手三一三号	
52	俊恕	俊恕Ⅱ型花押	「俊恕（俊恕Ⅱ型花押）」	12月22日	書状	八戸二郎殿様	遠野南部家	岩手三一四号	
53	俊恕	俊恕Ⅱ型花押	「俊恕（俊恕Ⅱ型花押）」	12月26日	書状	八戸二郎殿様	遠野南部家	岩手三一五号	
54	俊恕	（不明）	（後欠により不明）	（不明）	書状	（後欠）	遠野南部家	岩手三二一号	

※「署名の形式」および「文書名」の順に並べた。「史料集」欄に「岩手」とあるのは『岩手県中世文書』中巻をさす。

東政勝より少し遅れ、信直に仕えた南慶儀の場合、表の11～18のうち、花押が記されている11～13の三通ではやはり全てⅠ型と認められる。また「慶儀判」といった形式がみえることも東政勝書状と同じである。

東政勝・南慶儀はともに三戸南部氏家督に近しい一族で、それゆえに晴政や信直と同じⅠ型を使用したと想像することもできる。Ⅰ型はもともと晴政の花押であって、信直も含めてその周辺の人々がこれを踏襲して使用したのかもしれない。

しかし19の親輔書状、20～28の俊恕書状から、こうした理解が適当でないことがわかる。19は表６のなかで唯一「遠野南部家文書」以外のものだが、九戸一揆の最中に、親輔なる人物が重臣野田氏に宛てて出した書状である。親輔が信直の家臣として三戸にいたことはたしかだが、三戸南部氏の系譜類には見いだすことのできない人物で、南慶儀らのような同族とは思われない。俊恕にしても糠部郡目時に住し不染斎を称したこと知られるが、南部氏家督との系譜上のつながりは確認できないのである。

こうしたⅠ型花押のあり方を、如何に理解すべきか。同一の花押が複数の人々によって使われるというのは、寡聞にして類例を知らない。そしてまた繰りかえすように、花押としては異例なほどのこの筆画の単純さである。ここにいたって、そもそもⅠ型花押は本当に花押なのか。これが記された文書は正文としてよいのか、という疑問も出来する。

とはいえ、これらは『南部家文書』をはじめとするこれまでの史料集等では、正文として扱われてきたものである。『南部家文書目録』でも、南部晴政の１・２、東政勝の４、不染斎俊恕20・21・24・26が正文とされている。尊重すべきであろう。

そしてまた、筆者が原本を調査することのできた表の19「川嶋文書」親輔書状についていえば、写真３のように二

Ⅰ型花押

「遠野南部文書」(表６の４)
８月15日東政勝書状

「遠野南部文書」(表６の２)
７月21日南部晴政書状

「遠野南部文書」(表６の１)
６月24日南部晴政書状

「遠野南部文書」(表６の23)
５月14日俊恕書状

「川嶋文書」(表６の19)
7月12日親輔書状

「遠野南部文書」(表６の13)
６月６日南慶儀書状

俊恕Ⅱ型

「遠野南部文書」(表６の39)
６月17日俊恕書状

「某判」型署名

「遠野南部文書」(表６の29)
卯月21日俊恕書状

「遠野南部文書」(表６の14)
３月24日南慶儀書状

「遠野南部文書」(表６の7)
9月2日東政勝書状

図２　糠部郡諸領主の署名（縮尺は統一されていない）

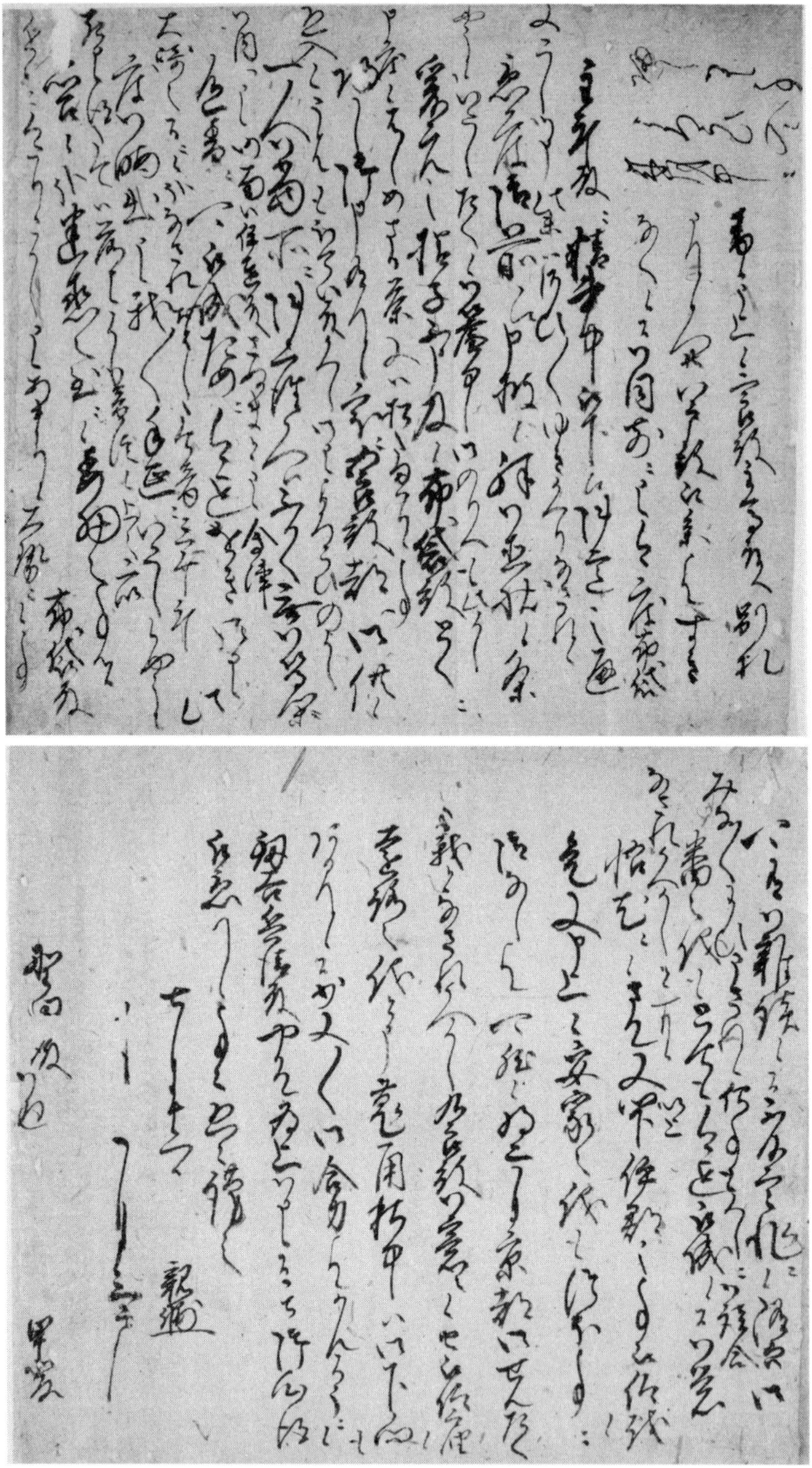

写真３　「川嶋文書」７月12日親輔書状　個人蔵　画像提供：岩手県立博物館

紙からなり、二紙目奥にウワ書と切封の墨引が残っている。写真では見にくいかもしれないが、かすかに折筋も残されており、また一紙目端に切封痕らしき欠損もある。正文とみなして何の差し支えもないのである。

しかもⅠ型が記された文書を案文とすると、前述の信直書状も問題になる。表3に載せたⅠ型花押文書1～11をすべて案文とする必要が出てくるのである。しかしこれには無理がある。原本調査をした「斎藤文書」のうちあえて一例を挙げると、写真4は表3の4、八月八日信直書状である。当時の折筋は失われてしまったようだが、端裏に「ちよこ参、福岡𠆢」のウワ書と切封墨引がみえ、端には切封痕がはっきりとみえる。墨色、筆跡などは同文書の信直Ⅱ型花押・A型印のものとかわらず、案文や写と看做すのは不自然というほかない。

要するにこれまでの研究に即しても、また筆者の調査の結果からも、Ⅰ型花押の記された文書は正文と看做すべきものなのである。

この点が当を得ているとすれば、Ⅰ型花押は複数の人々によって用いられたことになる。同時に以下の点も指摘できよう。

①確認される時期としては、表6所載の晴政の永禄末年頃から、表3の1～11にいたる統一政権期の信直書状と、比較的長期にわたって用いられている。

②全てにわたって、信直発給文書で指摘したⅠ型の特徴が確認される。第一に、すべて書状であり、第二に、発給者も受取人も糠部郡内にいることである。表6所載の文書においても、信直発給文書についてもこの点は一致している。また署名の仕方は、基本的に「某（花押）」と簡易なかたちで、例外は表6の11が「弾正少弼／慶儀（花押）」と官途を記しているだけであることも第三の共通点といえよう。

ところで、信直書状のⅠ型について検討した際、家臣宛は九戸一揆の最中の表3の11のみで、一揆鎮圧後の文書で

Ｉ型を使う場合はすべて千代子ら近親宛という、署名方法の使い分けを確認した。Ｉ型花押しか残していない晴政らではこのような点を検討できないが、表６の20～54と三五通もの書状（うち一通は後欠で署名は不明）を残している俊恕書状からは、ある程度の傾向を窺うことができる。

俊恕がどのような人物であるか不明だが、書状の宛所にみえる「八戸次郎殿様」は八戸南部直栄である。「八戸家伝記」の直栄の項に「当代文書（中略）不染斎俊恕所寄直栄之書三章」とこの書状群についての記載があり、その年次は直栄から推測して文禄四年（一五九五）以前ということになろう(23)。

俊恕は前掲図２に掲げた俊恕Ⅱ型花押も使用しており、案文ともとれる「俊恕判」を含めば三種類の署名方法を使い分けていることになる。花押の筆画からみても、Ⅱ型花押が正式のもので、Ｉ型が略式と予想されるが、表６を見る限り、使い分けの原則がなかなかはっきりとしないというのが実感である。それでもあえて両者の差異を窺うと、Ⅱ型の宛先に八戸南部氏の家督である直栄が多いのに比して、Ｉ型の場合はその一族の一右衛門宛が目立つ。もちろん直栄宛にＩ型を使っている場合も、また一右衛門あてにⅡ型を使う礼もあるが、全体としてはそのような傾向にあるといってよい。直栄宛のうち27・28はともに日付を「即時」とするが、急ぎの返事であることとＩ型を用いることは、関連があるか。ともあれ、Ｉ型がⅡ型に比して略式の署名であることは首肯されるだろう。

要するに、Ｉ型花押は糠部郡内の領主間で通用した略式の花押であって、信直はこれを九戸一揆の終結後家臣宛には使用しなくなった。しかしそれ以前に三戸南部氏家督をはじめ有力諸氏においても広く用いられていた、ということになる。

さて、ここに至って、Ｉ型花押を花押と称することは厳密には不適切かもしれない。何となれば、花押は個人に属するものだからである。もちろん一族で類似する花押を使う例はよく知られているが、もともと実名に由来し、また

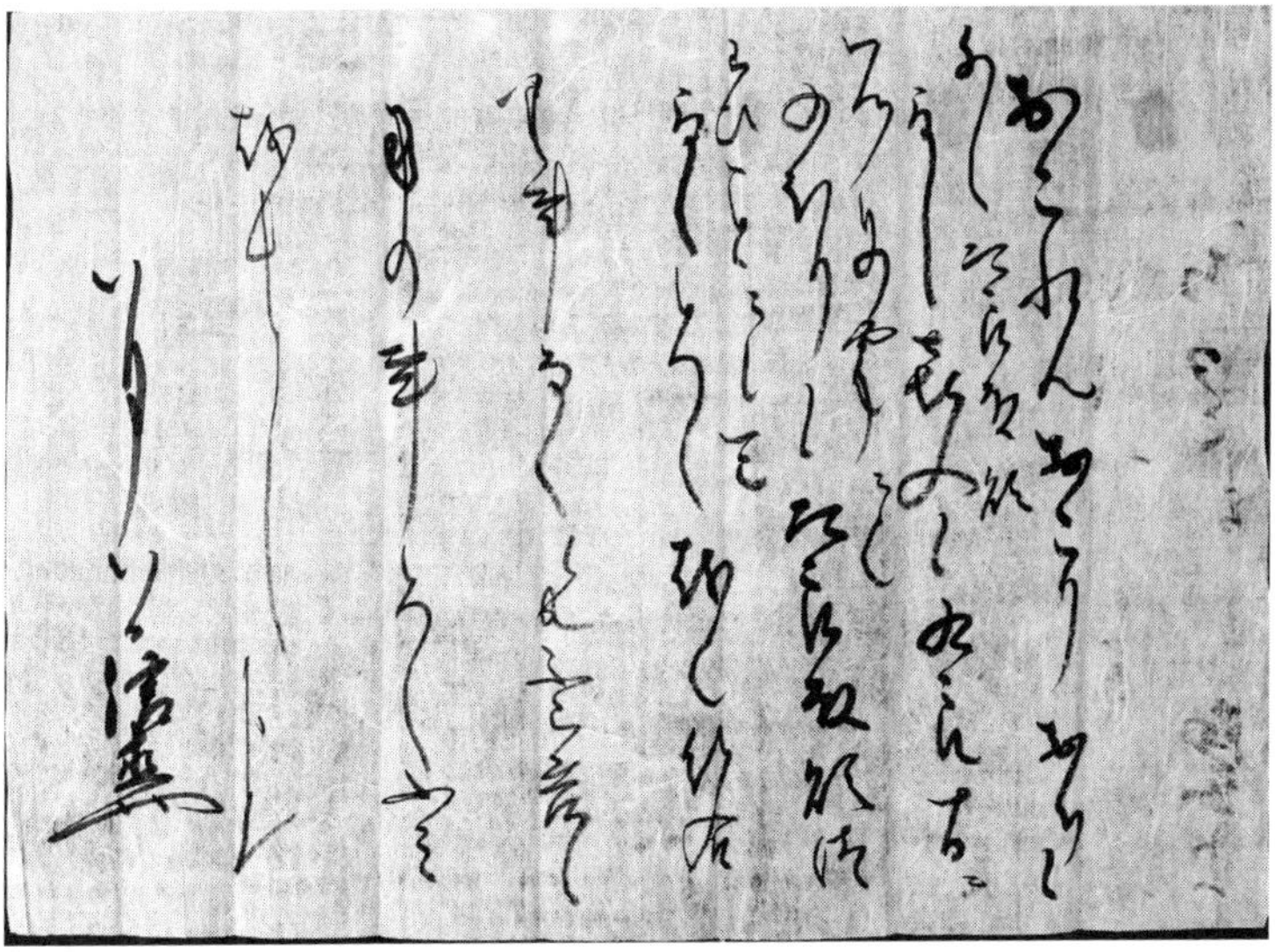

写真４　「斎藤文書」８月８日信直書状　もりおか歴史文化館蔵

室町期以降は政治理念などを織り込むこともあったとされる花押が、個人に属することは疑いない。それではI型花押をどのように理解すべきか。

　武家文書の世界では、このように単純な筆画の文様を複数の人々が共有するのは、たしかに異例のことではある。しかし武家文書という枠を離れて考えれば、それは中世社会ではさほど珍しくはない。略押がそれである[24]。

　略押という用語は、近代の研究者が便宜的に付した名称で、これが記された時代にはたして何と呼ばれていたか知る由もない[25]。しかしこうした「異様判形」に、花押と同等の署名としての効力があることは、おそらく当初より認められていた[26]。

　略押は、その文様に意味があるのではなく、たんに署名をしたことを表明するところに、その本質があろう。もちろん略押は花押をもたない無筆のものの署名であるとされているから、これまで述べてきたI型花押と同列に論じるには自ずから限界がある。信直書状の場合、I型花押の記されたもののほとんどは、全文自筆と思われる。とはいえ、文様には意味はなく、たんに署名をしたことを表示するだけの機能しかないという点では、相通じるものがあるのではないか。

Ｉ型花押についてのこれまでの考察がいささかでも当を得たところがあるとすれば、「某判」型の署名のある文書についても、同様に考えることはできまいか。

信直の場合についてはすでに述べた。「信直判」のある文書は、原本を検討できた「斎藤文書」「川嶋文書」に関する限り限りなく正文に近い形態で残されており、またそれらは南部氏一族のホームグラウンドである糠部郡内でのみ流通していた。「遠野南部家文書」の写真帳を見る限りでは、東政勝・南慶儀および俊恕の場合でも、ウワ書・墨引等が残されており、案文や写と言い切るには躊躇する。そして糠部郡内で流通していた点は、信直のそれと共通しているのである。花押を記す代わりに「判」の字を書くというのは、われわれの常識からすればはなはだ面妖だが、ただに署名をしたことを表明するためにＩ型花押の代わりに記した可能性はなかろうか。もちろん、この点はなお今後の精査をまつべきだろうが、「某判」型が正文である可能性を指摘しておきたい。「判」の文字があれば案文としてしまう理解は、どこでも常に通用するという代物ではないのかもしれない。

むすびにかえて

小稿は南部信直の花押・印に関する個別研究としては、不完全ながらも全体的な骨格を描き出すことを試みた。そこでみいだした信直のＩ型花押が、じつは信直だけでなく同時期の糠部郡内の領主間で、書状を出す際の簡易な署名の方法として共有されていたことを述べた。また「信直判」をはじめとする「某判」型署名をもつ文書が正文であり、Ｉ型花押と同様の機能を果たしていた可能性も捨てきれない。こうしたことを、これまでの古文書学が積み重ねてきた花押と署判に関する知見に照らしあわせて、どのように位置づけるか。もはや筆者の力量を越える。とはいえ、いささか蛮勇を奮っていくつかの想定を試みよう。

ひとつは、中世社会の初発から民衆的世界では通用してきた略押が、じつはそこそこの領主層でも使われていた。あえて簡易・薄礼にすることに意味があるような状況では、筆画の単純さが重宝されたのかもしれない。要するに気安い目下に送る軽微な内容の書状である。しかしそのために後世に残されることがなかった。ところが残存する書状が爆発的に増加する戦国期に、陸奥北部の領主の文書のなかで目立つようになった、とする解釈である。これはあまりに大胆かもしれない。論証のためには、中世の全期間にわたる膨大な花押（略押）の蒐収が必要となろう。しかしひとつの仮説としては、捨てがたいものがあるのではなかろうか。

あるいは戦国期の特殊な問題として、限定して考えるべきかもしれない。南部晴政から信直につづく三戸南部氏（厳密には晴政の実子晴継が両者の間にいる）は、糠部郡を中心とした地域の最大の領主として津軽をも支配下に置き、岩手・志和郡に進出するが、しかし郡内諸領主との関係はさきにも述べたように一揆結合の枠組みを脱することはできなかった。郡内諸領主の大多数を家臣団に編成するのは、九戸一揆鎮圧後をまたねばならなかった。とはいえ、この一揆的結びつきは、戦国期には「郡中」と称され、室町期のそれとは質的に異なったものとなっていたらしい[27]。Ｉ型花押の登場は、こうした戦国期糠部郡の領主たちの一揆的な関係のある種の〝成熟〟を意味するものとみることもできよう。時と場合によってはサインを共有するような関係が、そこにはできていたのではないか。

もっともこの説明では、Ｉ型花押は糠部郡の領主に特有なものということになってしまう。あるいはそうかもしれないが、確証はない。糠部郡以外でも陸奥北部の他の領主にもみられるものか、はたまたじつは全国的にも散見されるのか。

そもそも時代は中世から近世へと、社会そのものが巨大な変容を遂げる時期である。古文書学上のこれまでの知見からいえば、花押から印への移行の時期である。この変動の過程は、地域によって実にさまざまで、その過程では後世には継承されないまま廃れてしまったさまざまな署名方法が登場した。Ｉ型花押もそうした〝泡沫的〟署名方法のひとつかもしれない。花押から印へという大きな変化ばかりに目を奪われ、その中で模索されつつ消えていった署名方法の存在に気がつかなかっただけなのだろうか。

もはやこれ以上憶測を連ねるのはよそう。いずれにせよ、Ｉ型花押を文書史上に位置づける作業、また「某判」型の文書の性格を見極める作業は今後の課題とせざるを得ない。小稿はさしあたりこれらの〝発見〟をのべ、大方の叱正・ご教示を乞いたいとおもう。

註

（１）　岩手県編、三巻（一九六一年十月）、五巻。

（２）　岩手県教育委員会文化課編、Ｉ（一九八二年三月）、Ⅱ（一九八七年三月）。なお、本書は森ノブ氏の労作というべきである。

（３）　「八戸家伝記」（『南部家文書』所収）など。また筆者も「三戸南部氏と糠部「郡中」」（『岩手大学文化論叢』、一九九五年一二月）でこの問題にふれたことがある。なお、細井計他著『岩手県の歴史』（山川出版社、一九九九年八月）の六章（筆者執筆部分）も参照されたい。

（４）　本文書の伝来の経緯等については、細井計・菅野文夫・高橋清明「南部利昭氏所蔵「斎藤文書」について」（『岩手史学研究』八三号、二〇〇〇年三月）を参照されたい。

（５）　熊谷（西野）「南部信直・利直発給文書の一考察―五戸『木村文書』の古文書学的考察―」（『青森県史研究』一号、一九九七年）、および同「南部信直文書の年代比定について―五戸『木村文書』所収の信直書状―」（同四号、二〇〇〇年一月）。

(6)　なお、ここで本稿執筆にあたって利用できた素材を述べると、「遠野南部家文書」は、遠野南部家の子孫である南部光徹氏現蔵の文書を、東京大学史料編纂所が一九八一年に撮影した写真帳「南部文書」三冊を用いた。またこれにみえないものについては、史料編纂所架蔵の影写本「南部文書」を用いた。「斎藤文書」については、南部利昭氏所蔵の原本を調査する機会を得た。青森県立図書館寄託の木村文書は、同館解題書目四集『木村文書』所載の写真、および青森県史編纂室架蔵のマイクロフィルムを利用させていただいた。「川嶋文書」は、川嶋亮太氏のご厚意と岩手県立博物館のご協力により、原本の調査を行った。これ以外のものについては、『岩手県戦国期文書Ⅰ』巻末の写真および東京大学史料編纂所架蔵影写本を利用した。

(7)　「参考諸家系図」については、『南部藩参考諸家系図』前沢隆重他編『南部藩参考諸家系図』（国書刊行会、一九八四年）を利用した。

(8)　田中喜多美「南部藩古文書集宝翰類聚文書に就いて」（『岩手史学研究』一九号、一九五五年六月）。なお、本稿執筆にあたっては、岩手県立図書館所蔵本を利用した。

(9)　『寛永諸家系図伝』、「聞老遺事」（『南部叢書』二）、『寛政重修諸家譜』など。

(10)　信直発給文書全体の年代比定は、今後の課題である。ただし、既刊の史料集などで天正十八年（一五九〇）以前の書状とされているもののなかには、後述するようになお検討すべきものがあろう。

(11)　『新潟県史』資料編、七七頁注参照。

(12)　前掲熊谷（西野）「南部信直文書の年代比定について―五戸『木村文書』所収の信直書状―」。

(13)　『岩手史学研究』七〇号、一九八七年。ただしこれについては、前掲註(12)熊谷（西野）論文の批判がある。この「斎藤文書」にある「御ふしん」を盛岡城築城の普請とする細井氏に対して、熊谷（西野）氏の批判はこれを伏見作事板の普請と理解するところにある。たしかにこの時期の信直発給文書にみえる「普請」が伏見作事板の普請をさす場合もあるが、すべてをそのように理解する必然性はない。ここでは「われら御ふしんの御朱印」とあって「御朱印」とむすびついての「われら御ふしん」のことが問題とされているのであり、細井氏の理解で不都合はないと考える。

(14)　歴代盛岡藩主の印については、『南部家の名宝』（盛岡市中央公民館特別展図録、二〇〇〇年）が参考になる。

(15)　前掲註（３）拙稿など。
(16)　熊谷（西野）前掲註（12）論文参照。
(17)　文化庁文化財保護部美術工芸課編『南部家文書目録、二百四十三通、附、南部八戸家系図、家伝記、家伝記選用集、一巻、七冊』（一九八四年三月）。なおこの目録は、南部光徹氏所蔵文書の重要文化財指定のために、一九八三年十二月と翌八四年一月に実施された調査をまとめたものである。
(18)　この詳細は、前掲註（４）参照。
(19)　熊谷（西野）前掲註（12）論文。この論文の末尾に、天正十九年から慶長四年までの信直の所在地の考証があり、参考になる。
(20)　小井田幸哉『八戸根城と南部家文書』（八戸市、一九八六年三月）。
(21)　同右。
(22)『岩手県史』三巻、小井田前掲著など参照。
(23)　前掲註（３）「八戸家伝記」。
(24)　筆者は以前、本稿とは異なる視角から、中世成立期の花押と略押の関係について述べたことがある（「中世証文の署名」羽下徳彦編『中世の地域社会と交流』吉川弘文館、一九九四年八月）。
(25)　黒板勝美「古文書学概論」（『虚心論集』五、吉川弘文館、一九四一年）に、略押を説明して「これは大日本古文書において、略押と名をつけて置いた。花押と同じ性質のものである」とあり、『大日本古文書』の編纂過程で命名されたことがみえる。
(26)　文永四年（一二六七）に明法博士中原章澄が徳大寺実基に答申した「明法条々勘録」は、「不解書凡卑輩処分状、加異様判形、可用否事」という項目をたて、これを一般の花押と同等に扱うべきことを記す。「異様判形」が略押をさすことについては、すでに指摘がある（佐藤進一・笠松宏至氏による『中世政治社会思想』下巻の注）。
(27)　前掲註（３）所収拙稿参照。ただし、拙稿の段階では、糠部を中心とする「郡中」は、室町期以来の一揆的な結合のたんなる延長としていたが、これは再考を要すると考えている。

【付記】　直発給文書の調査および本稿への掲載にあたっては、南部光徹氏・南部利昭氏・川嶋亮太氏、および盛岡市中央公民館・岩手県立博物館・青森県史編纂室・東京大学史料編纂所より格別のご高配を賜った。ここに記して謝意を表する次第である。

付録

南部信直関係資料

I 南部信直文書目録

熊谷隆次 編

No.	文書名	年代	差出所	宛所	居所	書止文言	正文・写	所蔵・資料	出典
1	元服書	天正10年壬午仲冬吉朝	—	小笠原助三郎 源直清	—	—	写	『宝翰類聚』	412
2	元服書	天正16年10月吉良辰	源朝臣信直	南部彦七郎 源直朝	—	—	写	『宝翰類聚』	443
3	元服書	天正16年12月吉辰	源朝臣信直	南部彦次郎 源直栄	—	—	正文	南部光徹氏	478
4	元服書	天正17年1月吉良辰	源朝臣信直	佐々木与三郎 源家直綱	—	—	写	『参考諸家系図』	479
5	書状	（天正18年）10月24日	南部 信直（花押）	江刺殿	—	恐々謹言	写	『宝翰類聚』	529
6	書状	（天正18年）11月8日	南部大膳大夫 信直（花押）	円隆寺 参	—	恐々謹言	正文	毛越寺文書	530
7	書状	（天正19年）2月28日	南部大膳大夫 信直（花押）	色部殿 参 御陣所	—	恐々謹言	正文	色部文書	536
8	書状	（天正19年）3月10日	南部 信直（花押）	口内殿 御返事	—	恐々謹言	写	『宝翰類聚』	538
9	書状	（天正19年）3月17日	南部大膳大夫 信直（花押）	色部殿 御報	—	恐々謹言	正文	色部文書	540
10	書状	（天正19年）4月16日	信直 判	野田殿	—	恐々謹言	正文	川嶋貞子氏	544
11	書状	（天正19年4月下旬）	（欠損）	（欠損）	—	（欠損）	正文	川嶋貞子氏	545

12	書状	（天正19年）5月18日	信直判	野田殿	三戸	恐々謹言	正文	川嶋貞子氏	546
13	書状	（天正19年）5月29日	信直判	野田殿へ	三戸	恐々謹言	正文	川嶋貞子氏	547
14	書状	（天正19年）6月27日	信直判	野田殿	三戸	恐々謹言	正文	川嶋貞子氏	556
15	書状	（天正19年）7月12日	信直判	野田殿	三戸	恐々謹言	正文	川嶋貞子氏	558
16	書状	（天正19年）7月22日	信直（略押）	野田殿	三戸	恐々謹言	正文	川嶋貞子氏	564
17	書状	（天正19年）8月2日	信直判	（欠損）	―	恐々謹言	正文	五図・木村文書	576
18	知行宛行状	（天正19年）9月25日	信直（花押）	江刺兵庫頭殿	―	恐々謹言	写	『宝翰類聚』	595
19	知行宛行状	天正19 9月25日	信直（花押）	北主馬尉とのへ	―	恐々謹言	写	『宝翰類聚』	596
20	書状	（天正19年）9月29日	南部大膳大夫 信直（花押）	山中橘内殿 御宿所	―	恐々謹言	正文	天理大学	597
21	寺領宛行状	天正19 10月4日	信直（花押）	源照寺 参	―	也	正文	『盛岡四百年』	599
22	寺領宛行状	天正19 10月4日	信直（花押）	広福寺 快算御坊 参	―	也	正文	牡丹野家文書	598
23	知行宛行状	（天正19年）10月30日	信直（花押）	種市□	―	也	正文	種市精一氏	603
24	書状	（天正19年）11月5日	信直（花押）	鬼柳源四郎男	―	也	写	『宝翰類聚』	604
25	知行宛行状	天正19 11月24日	信直（花押）	松岡九郎右衛門	―	也	写	『系胤譜考』	605
26	知行宛行状	天正19年 12月5日	信直（花押）	三ヶ尻加賀	―	也	正文	三ヶ尻家文書	606
27	知行宛行状	天正19年辛卯12月日	信直（花押）	江刺口内殿	―	也	正文	口内文書	607

28	元服書	文禄1年1月吉良辰	源朝臣信直	鳴海新丞 源直易	—	—	写	『宝翰類聚』	609
29	元服書	文禄1年1月吉良辰	源朝臣信直	小笠原弥四郎 源　直定	—	—	写	『宝翰類聚』	610
30	書状	（天正20年）8月14日	南部大膳 信直（花押）	浅平右衛門尉殿 陣所	—	恐々謹言	写	広田文書	617
31	書状	（天正20年）9月1日	信直 花押	南殿	名古屋	恐々謹言	正文	『盛岡市史』	618
32	書状	（天正20年）11月15日	信直（花押）	さくらは方へ	なこや	かしく	写	『宝翰類聚』	619
33	書状	（文禄1年）12月晦日	信直	剣帯	—	恐々謹言	写	『宝翰類聚』	620
34	書状	（文禄2年）1月7日	信直（花押）	八戸殿	名子屋	恐々謹言	正文	南部光徹氏	622
35	書状	（文禄2年）3月13日	信直（花押）	うはへ 参	なこや	かしく	正文	南部利昭氏	624
36	書状	（文禄2年3月下旬）	信直（略押）	うはへ 参	—	かしく	正文	南部利昭氏	625
37	書状	（文禄2年）5月25日	信直（花押）	八戸殿へ	名子屋	恐々謹言	正文	南部光徹氏	627
38	書状	（文禄2年）5月27日	（黒印）	八戸二郎殿へ 新田殿	名子屋	恐々	正文	南部光徹氏	628
39	書状	（文禄2年）閏9月10日	信直（花押）	八戸おち方へ	京	かしく	正文	南部利昭氏	629
40	書状	（文禄2年）12月7日	南部 信直（花押）	長坂備中殿	—	恐々謹言	写	『宝翰類聚』	631
41	書状	（文禄3年）3月1日	信直（黒印）	美濃 源七 内匠	野沢	恐々	正文	川嶋貞子氏	633
42	印判状	（文禄3年）3月24日	信直（黒印）	福士宮内少輔 同刑部少輔 九郎右衛門 淡路 四人かたへ	—	以上	正文	福士家文書	634

43	過所	文禄3年4月2日	（黒印）	五戸 多門坊かたへ	―	以上	正文	多門院文書	635
44	書状	（文禄3年）4月6日	（黒印）	中野とのへ	―	以上	写	『伝疑小録』	636
45	過所	（文禄3年）5月9日	南部大膳大夫（黒印）	坂田加賀与助との	―	以上	正文	二木家文書	637
46	書状	（文禄3年）5月25日	南部大膳大夫 信直（花押）	三松様 参人々御申（中）	―	恐惶謹言	写	島本文書	639
47	書状	（文禄3年）10月8日	信直（花押）	江刺殿へ	―	恐々謹言	写	『宝翰類聚』	640
48	黒印状	文禄4年4月27日	（黒印）	小向かたへ	―	以上	正文	五図・木村文書	644
49	書状	（文禄4年）5月7日	信直（略押）	八戸おち方へ	福岡	かしく	正文	南部光徹氏	645
50	書状	（文禄4年）5月18日	信直 判	おこれんへ 参	福岡	かしく	正文	南部利昭氏	648
51	書状	（文禄4年）5月22日	信直（略押）	おこれんへ まいる	福岡	かしく	正文	南部利昭氏	649
52	書状	（文禄4年5月末カ）	〔信直〕	千代子かたへ	―	かしく	写	『三翁昔語』	650
53	書状	（文禄4年）6月7日	信直（略押）	（欠損）	―	かしく	正文	南部利昭氏	651
54	書状	（文禄4年）6月16日	信直 判	八戸 小千代子へ	福岡	かしく	正文	南部利昭氏	652
55	書状	（文禄4年）6月18日	信直 判	八戸小千代子へ	福岡	かしく	正文	南部光徹氏	653
56	書状	（文禄4年）6月20日	〔信直〕	八戸千代子	福岡	かしく	正文	南部利昭氏	654
57	書状	（文禄4年）6月25日	信直 判	千代子 まいる	―	かしく	正文	南部利昭氏	655
58	書状	（文禄4年）6月26日	信直 判	八戸千代子へ	福岡	かしく	正文	南部利昭氏	656

59	書状	(文禄4年)6月28日	〔信直〕	千代子へ	―	かしく	正文	南部利昭氏	657
60	書状	(文禄4年)6月29日	信直(略押)	八戸千代子へ	福岡	かしく	正文	南部光徹氏	658
61	書状	(文禄4年)7月1日	信直判	小千代子かたへ	福岡	かしく	写	赤沢家文書	659
62	書状	(文禄4年)7月6日	信直(略押)	八戸千代子	―	かしく	正文	南部利昭氏	660
63	書状	(文禄4年)7月8日	信直判	八戸千代子かたへ	福岡	かしく	正文	南部光徹氏	661
64	書状	(文禄4年)7月20日	信直(略押)	八戸千代子	―	かしく	正文	赤沢家文書	662
65	書状	(文禄4年)7月27日	信直(略押)	千代子かたへ	―	かしく	正文	南部利昭氏	663
66	書状	(文禄4年7月)	〔信直〕	□□方へ	―	かしく	正文	五図・木村文書	664
67	書状	(文禄4年)8月2日	(欠損)	千代子	福岡	かしく	正文	南部利昭氏	665
68	書状	(文禄4年)8月8日	信直判	千代子かたへ	―	かしく	正文	南部光徹氏	666
69	書状	(文禄4年)8月8日	信直(略押)	ちよこ 参	福岡	かしく	正文	南部利昭氏	667
70	書状	(文禄4年)8月14日	信直判	八戸 千代子かたへ	―	かしく	正文	南部光徹氏	668
71	書状	(文禄4年)8月17日	信直(略押)	千代子かたへ	―	かしく	正文	南部利昭氏	669
72	書状	(文禄4年)8月22日	信直判	八戸おちかたへ	―	恐々謹言	正文	南部光徹氏	672
73	書状	(文禄4年)8月23日	信直判	おちかたへ	福岡	かしく	正文	南部利昭氏	673
74	書状	(文禄4年)8月24日	信直判	おちかたへ	福岡	かしく	正文	南部光徹氏	674

75	書状	（文禄4年）9月8日	信直 判	八戸 千代子	福岡	かしく	正文	南部利昭氏	675
76	書状	（文禄4年）10月6日	（黒印）	（欠損）	―	候、謹言	正文	五図・木村文書	732
77	書状	（文禄4年）10月9日	〔信直〕	木工方へ	―	以上、かしく	正文	五図・木村文書	677
78	書状	（文禄4年10月上旬）	（欠損）	（欠損）	―	（欠損）	正文	五図・木村文書	753
79	書状	（文禄4年）10月22日	（黒印）	新田 木工方へ	福岡	以上、かしく	正文	岩博・木村文書	733
80	書状	（文禄4年）11月16日	（黒印）	木工方へ	―	以上、かしく	正文	岩博・木村文書	734
81	書状	（文禄4年）11月22日	信直 判	八戸おちかたへ	ふくをか	以上、かしく	正文	南部光徹氏	679
82	書状	（文禄4年）12月5日	（黒印）	木工方へ	―	以上、かしく	正文	五図・木村文書	736
83	書状	（文禄5年）1月10日	信直 判	八戸 千代子かたへ	福岡	かしく	正文	南部利昭氏	682
84	書状	（文禄5年）1月22日	（黒印）	木工方へ	福岡	かしく	正文	五図・木村文書	683
85	書状	文禄5年 4月26日	信直公 御黒印	鬼柳式部少方へ	―	以上	写	『宝翰類聚』	684
86	書状	（文禄5年）5月20日	信直（花押）	新田木工かたへ	―	謹言ヵ	正文	池野・木村文書	685
87	伝馬手形	文禄5年 6月4日	信直（黒印）	沼宮内 川口 下田 門前寺 子次方 以上	―	候	写	『国統大年普』	686
88	書状	（文禄5年）6月16日	（黒印）	四戸 久助方へ	―	以上、かしく	正文	四戸家文書	688

89	書状	（文禄5年）6月16日	（黒印）	東蔵 久助	―	以上、かしく	写	『国統大年普』	687
90	書状	（文禄5年）6月18日	（黒印）	木工方へ	毛馬内	（欠損）	正文	五図・木村文書	749
91	書状	（文禄5年）7月3日	信直 判	四戸久助方へ	―	以上、かしく	写	『国統大年普』	689
92	書状	（文禄5年）7月21日	（黒印）	木工方へ	―	以上、かしく	正文	岩博・木村文書	691
93	書状	（文禄5年7月頃）	（信直）	新田木工方へ	八戸	以上ヵ	正文	池野・木村文書	693
94	書状	（文禄5年）7月晦日	（黒印）	新田木工方へ	―	以上、かしく	正文	五図・木村文書	692
95	書状	（文禄5年）8月13日	信直（黒印）	（欠損）	―	恐々謹言	正文	志村慶治氏	694
96	黒印状	文禄5年 8月18日	御印	酒田与助殿	―	以上	写	二木家文書	695
97	知行宛行状	慶長1年9月15日	大膳大夫 御墨印	船越助五郎との	―	以上	写	『系胤譜考』	696
98	書状	（文禄5年）9月17日	（信直）	木工方へ	―	かしく	正文	五図・木村文書	698
99	書状	（文禄5年）9月17日	（黒印）	（欠損）	―	以上、かしく	正文	五図・木村文書	697
100	書状	（文禄5年）9月22日	（黒印）	新田 木工方へ	三戸	以上、かしく	正文	五図・木村文書	699
101	書状	（文禄5年）10月4日	（黒印）	新田木工かたへ	福岡	以上、かしく	正文	五図・木村文書	731
102	書状	（慶長1年）12月3日	信直 判	八戸おちかたへ	―	以上、かしく	正文	南部光徹氏	701
103	書状	（慶長1年）12月14日	信直 判	八戸おちかたへ	―	以上、かしく	正文	南部光徹氏	702
104	書状	（慶長1年）12月27日	（黒印）	木工方へ	三戸	以上、かしく	正文	五図・木村文書	703

105	書状	（慶長2年）1月8日	信直 判	八戸 おちかたへ	―	以上、かしく	写	『三翁昔語』	704
106	書状	（慶長2年）1月11日	信直 判	八戸おちかたへ	―	以上、かしく	正文	南部利昭氏	705
107	黒印状	慶長2年 4月晦日	（黒印）	主水方へ		以上	正文	田中喜多美氏	久慈
108	書状	（慶長2年）11月17日	信直（黒印）	八戸□	鳥屋崎	以上、かしく	正文	南部利昭氏	711
109	書状	（慶長2年）12月6日	信直（黒印）	八戸千代子かたへ	むさし 久喜	以上、かしく	正文	南部光徹氏	712
110	書状	（慶長2年）12月9日	信直（黒印）	八戸千代子かたへ	―	以上、かしく	正文	南部光徹氏	713
111	書状	（慶長2年）12月28日	信直（黒印）	八戸千代子かたへ	ふしミ	恐々、かしく	正文	南部光徹氏	714
112	書状	（慶長3年）1月4日	信直（黒印）	八戸千代子かたへ	ふしミ	以上、かしく	正文	南部光徹氏	715
113	書状	（慶長3年）1月7日	信直（黒印）	八戸千代子かたへ	ふしミ	以上、かしく	正文	南部利昭氏	716
114	書状	（慶長3年）1月9日	信直（黒印）	八戸千代子かたへ	―	以上、かしく	正文	南部利昭氏	717
115	書状	（慶長3年）1月24日	信直（黒印）	八戸千代子かたへ	ふしミ	恐々謹言	正文	南部光徹氏	718
116	書状	（慶長3年）2月1日	信直（黒印）	ふくを□ おちかたへ	ふしミ	恐々、かしく	正文	南部利昭氏	719
117	書状	（慶長3年）2月1日	信直（黒印）	八戸千代子かたへ	ふしミ	以上、かしく	正文	南部利昭氏	720
118	書状	（慶長3年）2月11日	信直（黒印）	八戸千代子かたへ	京	かしく	正文	南部光徹氏	721
119	書状	（慶長3年）3月1日	（黒印）	八戸千代子かたへ	京	以上、かしく	正文	三浦栄氏	722
120	書状	（慶長3年）3月8日	〔信直〕	八戸千代かたへ	―	以上、かしく	写	『三翁昔語』	723

121	書状	（慶長3年）3月21日	（黒印）	八戸千代子かたへ	ふしミ	かしく	正文	南部利昭氏	724
122	黒印状	慶長3年7月24日	信直公ノ御判	木工かたへ	―	以上	写	『盛岡藩史綴』	戦国
123	書状	（慶長4年）1月15日	信直	八戸千代子方へ	―	かしく	写	『三翁昔語』	739
124	書状	（慶応4年）3月4日	信直 判	八戸おちかたへ	―	以上、かしく	正文	南部利昭氏	740
125	書状	（慶長4年）3月8日	信直 判	八戸おちかたへ	野澤	以上、かしく	正文	南部利昭氏	746
126	書状	（慶長4年）閏3月7日	〔信直〕	八戸おち方へ	三戸	かしく	正文	南部利昭氏	741
127	書状	（慶長4年）閏3月9日	信直 判	八戸おちへ 返事	―	以上、かしく	正文	南部光徹氏	742
128	書状	（慶長4年）閏3月18日	信直 判	八戸おちへ	―	以上、かしく	正文	南部光徹氏	743
129	書状	（慶長4年）閏3月20日	信直 判	八戸おちかたへ	ふくをか	かしく	正文	南部利昭氏	744
130	書状	（慶長4年）4月2日	信直	八戸おちかたへ	―	以上、かしく	写	『三翁昔語』	747
131	書状	（慶長4年）4月6日	信直 判	八戸おちかたへ	―	以上、かしく	正文	南部利昭氏	643
132	書状	（年未詳12月カ）	信直	八戸千代子	―	かしく	写	『三翁昔語』	737
133	書状	（年未詳12月カ）	信直	八戸千代子かたへ	―	候	写	『三翁昔語』	738
134	書状	（慶長1～4年）6月26日	（黒印）	木工かたへ	―	以上、かしく	正文	五図・木村文書	750
135	書状	（慶長1～4年）7月28日	（黒印）	木工方へ	―	以上	正文	五図・木村文書	730
136	書状	（慶長1～3年）9月2日	（黒印）	もくかたへ	―	かしく	正文	五図・木村文書	752

137	書状	(文禄4～慶長4年)2月6日	信直(黒印)	葛巻河内方へ	―	以上、かしく	写	『宝翰類聚』	745
138	書状	(文禄4～慶長4年)5月7日	信直(黒印)	河内殿	―	以上、かしく	写	『宝翰類聚』	748
139	書状	(文禄3～慶長4年)6月29日	信直 御判	在庁坊 人々御中	福岡	恐々謹言	写	『伝疑小録』	751
140	書状	(文禄3～慶長3年)11月17日	信直 御据判	七戸丞殿	福岡	謹言	写	『系胤譜考』	735

註

(1) 無年号文書の年代比定〈(　)内〉は、『新編八戸市史　中世資料編　編年資料』(八戸市、二〇一四年)をもとにした。ただし、同書刊行後の研究成果を踏まえて一部修正したものもある。元号は、当時の改元月日によった。No.97は、偽文書の可能性が高いが、そのまま掲載した。

(2) 差出所について、〔信直〕は端裏銘、(略押)は略式花押を意味する。「判」は案文の花押を示すものではなく、南部信直の署判の一つである(菅野文夫「南部信直発給文書とその周辺―戦国末期武家文書の〝略押〟―」〈『岩手大学教育学部研究年報』第六〇巻二号、二〇〇一年〉)。

(3) 宛所の表記は、史料の様式によった。

(4) 所蔵・資料については、以下の通りである。『宝翰類聚』は岩手県立図書館所蔵。「南部光徹氏」は「南部光徹氏所蔵文書」(遠野南部家文書)。『参考諸家系図』は岩手県立図書館所蔵。「毛越寺」は「平泉毛越寺文書」(『岩手県史　第三巻　中世篇下』岩手県、一九六一年、七九〇～七九一頁掲載写真)。「色部文書」は東京大学史料編纂所所蔵影写本「色部文書」。「川嶋貞子氏」は川嶋貞子氏所蔵野田家文書。「天理大学」は天理大学附属天理図書館所蔵。『盛岡四百年』は『図説盛岡四百年　上巻』(郷土文化研究会、一九八三年、八頁掲載写真)。「牡丹野家文書」は『岩手の古文書』(一二号、一九九八年、七頁掲載写真)。「種市精一氏」は種市精一氏所蔵(『九戸村古文書解読集』九戸村教育委員会、一九八四年、一六頁掲載写真)及び『系胤譜考』(もりおか歴史文化館収蔵)。「三ヶ尻家文書」は『岩手県史　第三巻　中世篇下』(八九六頁掲載写真)。「口内文書」は北上市立図書館所蔵「口内文書」。「広田文書」は東京大学史料編纂所所蔵影写本「広田文書」。『盛岡市史』は『盛岡市史　第二分冊　中世期』（盛岡市役所、一九五一年、二六七～二六八頁）。「南部利昭氏」は旧「南部利昭氏所蔵文書」・旧「斎藤文書」（現在、もりおか歴史文化館収蔵）。「福士家文書」は『岩手県史　第三巻　中世篇下』（口絵図版二三写真）。「多門院文書」は『解題書目　第五集　多門院文書』（青森県立郷土館、一九七五年、三頁掲載写真）及び細川潤八郎氏所蔵文書の調査。『伝疑小録』は十和田市立図書館所蔵と『岩手県史　第五巻　近世篇2』（岩手県、一九六三年、四二頁）。「二木家文書」は『酒田市史　上巻』（酒田市、一九八七年、口絵掲載写真）。「島本文書」は九州大学記録資料館九州文化史資料部門九州文化史所蔵写本「島本文書」。「五図・木村文書」は五戸町図書館所蔵「木村文書」。『三翁昔語』は東京大学史料編纂所所蔵『三翁昔語』。「赤沢家文書」は遠野市立博物館所蔵「赤沢家文書」。「岩博・木村文書」は岩手県立博物館所蔵「木村文書」、「池野・木村文書」は池野藤兵衛氏所蔵。『国統大年普』はもりおか歴史文化館所収蔵。「四戸家文書」は『岩手県史　第三巻　中世篇下』（口絵図版二一写真）。「志村慶治氏」は小井田幸哉「南部町で発見の南部信直書状（断簡）」（『ふるさとなんぶ』八号、一九八五年、二頁掲載写真）。「田中喜多美氏」は「田中喜多美氏所蔵文書」（『久慈市史　第二巻　通史　近世編』久慈市、一九九三年、口絵掲載写真）。「三浦栄氏」は「三浦栄氏所蔵文書」（『岩手県史　第五巻　近世篇2』六五頁掲載写真）。『盛岡藩史綴』は『岩手県戦国期文書　Ⅱ』（岩手県教育委員会、一九八七年、No.138）。「久慈」は『久慈市史　第二巻　通史　近世編』（口絵写真）。

（5）出典について、No.107とNo.122以外は、すべて『新編八戸市史　中世資料編　編年資料』収録で、番号は同署の資料番号である。「久慈」は『久慈市史　第二巻　通史　近世編』（口絵掲載写真）、「戦国」は『岩手県戦国期文書　Ⅱ』（No.138）。

Ⅱ 南部信直居所一覧

熊谷隆次 編

No.	国元	他国	日付	西暦	地名	出典
1	■		天正18年4月	1590	（南部領）	八509・八510
2		―	天正18年7月6日		相模国小田原	八513
3		―	天正18年8月6日		陸奥国白河ヵ	北松斎覚書
4	■		天正18年10月上旬		（南部領）	八526
5		―	天正18年10月24日		江刺郡岩谷堂	八529
6		―	天正18年11月上旬		稗貫郡十二町目	川崎多左衛門覚書
7		―	天正18年11月28日		稗貫郡鳥谷崎	川崎多左衛門覚書
8	■		天正18年12月1日		足沢城	川崎多左衛門覚書
9	■		天正18年12月上旬		三戸	八537
10	■		天正19年2月28日	1591	（南部領）	八536・八537
11	■		天正19年3月10日		（南部領）	八538
12	■		天正19年3月17日		一戸月館	八540・八541
13	■		天正19年4月16日		三戸ヵ	八544
14	■		天正19年4月下旬		三戸ヵ	八545
15	■		天正19年5月18日		三戸	八546
16	■		天正19年5月29日		三戸	八547

17			天正19年6月27日	1591	三戸	八556
18			天正19年7月12日		三戸	八558
19			天正19年7月22日		三戸	八564
20			天正19年8月2日		（南部領）	八576
21			天正19年9月4日		九戸城	九戸御陣図
22			天正19年9月15日		（南部領）	八593・八594
23			天正19年9月25日		（南部領）	八595
24			天正19年9月25日		（南部領）	八596
25			天正19年9月29日		（南部領）	八597
26			天正19年10月4日		（南部領）	八598
27			天正19年10月4日		（南部領）	八599
28			天正19年10月30日		（南部領）	八603
29			天正19年11月5日		（南部領）	八604
30			天正19年11月24日		（南部領）	八605
31			天正19年12月5日		（南部領）	八606
32			天正19年12月日		（南部領）	八607
33			天正20年1月	1592	福岡城	八609・八610
34			天正20年3月17日		京都	八612
35			天正20年7月22日		肥前国名護屋	八616
36			天正20年8月14日		肥前国名護屋	八617
37			天正20年9月1日		肥前国名護屋	八618
38			天正20年11月15日		肥前国名護屋	八619

39	文禄1年12月晦日	1592	肥前国名護屋	八620
40	文禄2年1月7日	1593	肥前国名護屋	八622
41	文禄2年3月10日		肥前国名護屋	八623
42	文禄2年3月13日		肥前国名護屋	八624
43	文禄2年3月下旬		肥前国名護屋	八625
44	文禄2年5月20日		肥前国名護屋	八626
45	文禄2年5月25日		肥前国名護屋	八627
46	文禄2年5月27日		肥前国名護屋	八628
47	文禄2年閏9月10日		京都	八629
48	文禄2年閏9月28日		京都カ	八629
49	文禄2年閏9月29日		京都カ	八629
50	文禄2年11月16日		（南部領）	八631
51	文禄2年12月7日		（南部領）	八631
52	文禄3年3月1日	1594	五戸野沢	八633
53	文禄3年3月24日		（南部領）	八634
54	文禄3年4月2日		（南部領）	八635
55	文禄3年4月6日		（南部領）	八636
56	文禄3年5月9日		（南部領）	八637
57	文禄3年5月25日		（南部領）	八639
58	文禄3年10月8日		（南部領）	八640
59	文禄4年4月27日	1595	（南部領）	八644
60	文禄4年5月7日		福岡	八645

61					文禄4年5月18日	1595	福岡	八648
62					文禄4年5月22日		福岡	八649
63					文禄4年6月7日		福岡	八651
64					文禄4年6月16日		福岡	八652
65					文禄4年6月18日		福岡	八653
66					文禄4年6月20日		福岡	八654
67					文禄4年6月25日		福岡	八655
68					文禄4年6月26日		福岡	八656
69					文禄4年6月28日		福岡	八657
70					文禄4年6月29日		福岡	八658
71					文禄4年7月1日		福岡	八659
72					文禄4年7月6日		福岡	八660
73					文禄4年7月8日		福岡	八661
74					文禄4年7月20日		福岡	八662
75					文禄4年7月25日		櫛引八幡宮	八662・八663
76					文禄4年7月26日		八戸根城→福岡	八662・八663
77					文禄4年7月27日		福岡	八662・八663
78					文禄4年8月2日		福岡	八665
79					文禄4年8月8日		福岡	八667
80					文禄4年8月14日		福岡	八668
81					文禄4年8月16日		三戸→福岡	八669
82					文禄4年8月17日		福岡	八669

83					文禄4年8月19日	1595	福岡	八672
84					文禄4年8月20日		福岡	八672
85					文禄4年8月21日		福岡	八672
86					文禄4年8月22日		福岡	八672
87					文禄4年8月23日		福岡	八673
88					文禄4年8月24日		福岡	八674
89					文禄4年8月25日		八戸根城カ	八674
90					文禄4年8月26日		八戸根城カ	八674
91					文禄4年9月6日		福岡	八674・八675
92					文禄4年9月7日		福岡	八674・八675
93					文禄4年9月8日		福岡	八675
94					文禄4年10月6日		福岡カ	八732
95					文禄4年10月9日		福岡カ	八677
96					文禄4年10月上旬		福岡カ	八753
97					文禄4年10月12日		五戸新田村カ	八732・八677・八753
98					文禄4年10月13日		五戸新田村カ	八732・八677・八753
99					文禄4年10月22日		福岡	八733
100					文禄4年11月16日		福岡カ	八734
101					文禄4年11月22日		福岡	八679
102					文禄4年12月5日		福岡カ	八736
103					文禄5年1月10日	1596	福岡	八682
104					文禄5年1月13日		三戸カ	八682

105	文禄5年1月22日	1596	福岡	八683
106	文禄5年4月26日		(南部領)	八684
107	文禄5年5月20日		福岡ヵ	八685
108	文禄5年5月下旬		五戸新田村ヵ	八685・八691
109	文禄5年6月4日		(南部領)	八686
110	文禄5年6月16日		鹿角郡毛馬内	八687・八749
111	文禄5年6月17日		鹿角郡毛馬内	八687・八749
112	文禄5年6月18日		鹿角郡毛馬内	八687・八749
113	文禄5年7月3日		(南部領)	八689
114	文禄5年7月21日		福岡ヵ	八691
115	文禄5年7月晦日		福岡ヵ	八692
116	文禄5年7月頃		八戸	八693
117	文禄5年8月10日		五戸新田村ヵ	八691
118	文禄5年8月13日		(南部領)	八694
119	文禄5年8月18日		(南部領)	八695
121	文禄5年9月17日		三戸	八697・八698
122	文禄5年9月18日		三戸	八697・八698・八699
123	文禄5年9月19日		三戸	八697・八698・八699
124	文禄5年9月20日		三戸	八697・八698・八699
125	文禄5年9月21日		三戸	八697・八698・八699
126	文禄5年9月22日		三戸	八699
127	文禄5年10月4日		福岡	八731

128	慶長1年12月3日	1596	福岡カ	八701
129	慶長1年12月14日		福岡カ	八702
130	慶長1年12月27日		三戸	八703
131	慶長2年1月8日	1597	福岡カ	八704
132	慶長2年1月11日		福岡カ	八705
133	慶長2年4月晦日		(南部領)	久慈市史
134	慶長2年11月17日		稗貫郡鳥屋崎	八711
135	慶長2年12月4日		武蔵国久喜	八712
136	慶長2年12月5日		武蔵国久喜	八712
137	慶長2年12月6日		武蔵国久喜	八712
138	慶長2年12月9日		関東	八713
139	慶長2年12月25日		伏見	八714
140	慶長2年12月28日		伏見	八714
141	慶長3年1月4日	1598	伏見	八715
142	慶長3年1月7日		伏見	八716
143	慶長3年1月9日		伏見	八717
144	慶長3年1月23日		伏見	八718
145	慶長3年1月24日		伏見	八718
146	慶長3年2月1日		伏見	八719・八720
147	慶長3年2月2日		京都カ	八720
148	慶長3年2月11日		京都	八721
149	慶長3年3月1日		京都	八722

150			慶長3年3月8日	1598	京都カ	八723
151			慶長3年3月20日		伏見	八724
152			慶長3年3月21日		伏見	八724
153			慶長3年3月27日		伏見	八725
154			慶長3年7月24日		(南部領)	戦国期文書
155			慶長4年1月15日	1599	福岡カ	八739
156			慶長4年3月4日		福岡カ	八740
157			慶長4年3月7日		福岡カ	八740
158			慶長4年3月8日		五戸野沢	八746
159			慶長4年3月9日		八戸矢沢カ	八746
160			慶長4年3月13日		八戸根城カ	八740
161			慶長4年閏3月7日		三戸	八741
162			慶長4年閏3月8日		三戸→福岡	八742
163			慶長4年閏3月9日		福岡	八742
164			慶長4年閏3月18日		福岡	八743
165			慶長4年閏3月20日		福岡	八744
166			慶長4年4月2日		(南部領)	八747
167			慶長4年4月6日		福岡カ	八643
168			慶長4年10月5日		福岡	八754

註

（1）「国元」とは、南部信直の領国（南部領）のことで、信直書状の表記を採用した。「他国」とは、国元以外の地を意味する。
（2）日付について、元号は、当時の改元月日によった。
（3）地名の欄について、史料に明記されていないものの、一次史料から南部信直の具体的な居所が推定できる場合は「ヵ」を付した。一次史料から信直の在国が明確であるものの、具体的な地名が未詳の場合は「（南部領）」で示した。
（4）地名については、一次史料に記された地名をほぼそのまま採用した。ただし、「付館」は「月館」、「京」は「京都」、「名子屋」「なこや」は「名護屋」、「ふくをか」は「福岡」、「ふしミ」は「伏見」に変換した。また、「相模国」「旧葛西領」「稗貫郡」「肥前国」「五戸」「櫛引」等の国名・郡名を適宜付した。
（5）出典の欄について、「八」は『新編八戸市史　中世資料編　編年資料』（八戸市、二〇一四年）で、番号は同書の資料番号を示す。その他、「北松斎覚書」は、「北松斎手扣」（もりおか歴史文化館収蔵、『青森県史　資料編　中世1　南部氏関係資料』青森県、二〇〇四年、六八五）、「川崎多左衛門覚書」は東京大学史料編纂所写真帳「済美録」（浅野長武氏原蔵）、「九戸御陣図」は斉藤利男『南部光徹氏所蔵「遠野南部家文書」の調査・研究』（二〇一〇年、図版14）、「久慈市史」は『久慈市史　第二巻　通史　近世編』（久慈市、一九九三年、口絵掲載写真）、「戦国期文書」は『岩手県戦国期文書　Ⅱ』（岩手県教育委員会、一九八七年、№138）。

Ⅲ 南部信直の居所と動向

熊谷隆次

一、南部信直の概略

南部信直は、戦国後期に南部氏の嫡流三戸《さんのへ》南部氏から分出した田子《たっこ》氏を出自とする。父は南部高信（田子氏、のち石川氏）、母（高信の側室）は岩手郡一方井《いっかたい》城（岩手県岩手町）の城主一方井安正の娘関で、天文十五年（一五四六）に同城で生まれたとされる。幼名は未詳、元服後の仮名は「九郎」または「彦九郎」、官途名は「大膳大夫」である。没年月日は、慶長四年（一五九九）十月五日である（享年五四）(1)。

信直は、十六世紀後期、三戸南部氏の当主南部晴政に男子がいなかったことからその嫡女と結婚し、養嗣子になったとされる。しかし、その後、晴政に実子鶴千代（のち晴継）が誕生したため廃嫡され、田子城（青森県田子町）に戻ったとされる。

近世の系譜・歴史書類は皆一様に、晴政没後、幼少の晴継が三戸南部氏の家督を継承したと記している。しかし、晴政のあとは晴継ではなく、信直が家督を継承したことが近年判明した(2)。この信直の家督継承は、三戸南部氏の有力庶流北信愛のクーデターによるもので、武装した兵を用いて信直を田子城から三戸南部氏の居城三戸城（同三戸町）へ迎えたとされている。家督就任の年次は諸説あるが、いずれも近世の系譜・歴史書にもとづくもので、近年の研究で示された天正九年（一五八一、信直三六歳）が正しいであろう。[3] その十年後の天正十八年（一五九〇）八月、豊臣秀吉の奥羽仕置により領国の支配を認められ、豊臣大名となる。

信直の居所を明らかにすることは、戦国後期南部氏権力の構造、段階的に推移する豊臣政権（関白政権・太閤権力）と南部氏との関係、信直権力の諸段階を解明するための基礎的情報を提供することになる。しかし、信直の生年の天文十五年から、豊臣秀吉が奥羽仕置を行った天正十八年までの四五年間、つまり戦国後期の信直の居所を具体的に明らかにする史料はほとんど現存しない。このため、本書では、一次史料によって信直の居所が正確に明らかになる天正十八年七月の小田原参陣から、没年の慶長四年十月までの九年間の居所を示し、「豊臣大名論」としての南部信直研究の基礎を提供したい。

なお、信直の居所を示す典拠は本文中において〔　〕で示し、関連する内容は註で示した。[4] また、本書収録（付録Ⅰ）の「南部信直文書目録」をあわせて参考にしていただきたい。

二、南部信直の居所と動向

Ⅰ期　天正十八年七月～同十一月（小田原参陣・奥羽仕置期）

天正十八年（一五九〇）四月、豊臣秀吉は、北条氏討伐（小田原攻め・小田原合戦）のため相模国小田原（神奈川県小田原市）に着陣した。この小田原合戦の際、奥羽の多くの領主が秀吉に謁見・服属するため国元を出立し、小田原に参陣した。

南部信直は、豊臣政権との「取次」を果たしていた前田利家の指示を受け、同四月初めに三戸を出立したとされる

〔八５１０〕。同五月二日付の河島重続（前田利家の家臣）の書状〔八５０９〕は、信直の使者が小田原に到着し、信直の「出仕」（参礼・服属）の意思と「近日」小田原に着陣する旨を伝えた、と記している。同四月頃の南部領出立は、正しいものと推定される。信直は、同七月六日〔八５１３〕、小田原で秀吉に「御礼」（謁見・出仕）を果たした。

　謁見してから一か月間の信直の動向を記す一次史料は、現存しない。天正十八年七月二十七日付で秀吉が信直に与えた領知安堵の朱印状（「覚」）[5]が現存するため、信直は同日、下野国宇都宮（宇都宮市）在陣中の秀吉に謁見し、これを受領したという学説が定説化している。[6]しかし、宇都宮参向を示す一次史料も近世の編纂物も存在せず、推測の域にとどまる。信直を家督に据えた北信愛が編纂した『北松斎《きたしょうさい》覚書』[7]は、信直は秀吉を陸奥国の入口である白河（福島県白河市）で出迎えたと記している。『北松斎覚書』は慶長十七年（一六一二）完成の良質な歴史書であり、事実とみてよいであろう。秀吉の白河到着は同八月六日で、翌七日には長沼（同長沼町）に移動しているため、[8]信直は同八月六日に白河に参向していたと推測される。

　その後の信直の動向についても、一次史料は現存しない。ただし、『北松斎覚書』及び同書をもとに近世前期に編纂された『信直記』[9]によれば、信直は陸奥国の仕置を担当した奉行浅野長吉（のち長政）の「先立」を務めて白河から稗貫郡（岩手県花巻市および周辺）まで北上し、やがて帰国したとされる。長吉は、同九月二十九日〔八５２６〕時点で稗貫郡《ひえぬき》に在陣しているため、信直は同十月上旬頃に帰国したと推定される。秀吉自身は、同八月九日から同八月十三日まで会津黒川（福島県会津若松市）に滞在して奥羽仕置を指令、同日に会津を発ち、同九月一日に京都に帰着した。[10]

　奥羽仕置にあたった浅野長吉ら奉行衆が奥羽を去った直後、奥羽各地で仕置反対一揆が起こった。奥州では、同十月十六日、大崎・葛西一揆が起こり、[11]信直は同十月二十四日付の江刺重恒宛書状〔八５２９〕で、同一揆の鎮圧のため旧葛西領江刺郡の岩谷堂（「岩屋戸」、岩手県奥州市）に在陣していること、「明日」（同十月二十五日）和賀・稗貫一揆の鎮圧のため出陣する計画であることを報じている。浅野家の家臣として、和賀郡（同北上市および周辺）の代官・金山奉行を担当した川崎多左衛門の手になる（「川崎多左衛門覚書[12]」）は、北奥では、同十月十七日に和賀一揆が、同十月十八日に稗貫一揆が起こったこと、同十一月上旬、信直・利直父子が、浅野長吉の家臣で稗貫郡鳥谷崎城（同花巻市）の城代を務めていた浅野忠政らを救援するため駆けつけ、同郡十二町目（同）に在陣したと記している。近世前期に成立していた『信直記』は、鳥谷崎城着陣を同十一月七日と記している。

Ⅱ期　天正十八年十二月～文禄元年一月（九戸一揆と在国期）

「九戸一揆」は、南部氏一族の九戸政実らが中心となって起こした、南部領内の奥羽仕置反対一揆である。近世の歴史書類は一揆蜂起の始期を、天正十九年（一五九一）の二月または三月と記している[13]。しかし、「九戸一揆」蜂起の報は、天正十八年十一月二十八日に稗貫郡十二町目在陣の信直のもとへもたらされたとされる（「川崎多左衛門覚書」）。また、一次史料である同十九年二月二十八日付書状〔八５３６〕で信直は、南部の本領である糠部郡内の一揆が同十八年冬（「旧冬」）に起こったと記している。「九戸一揆」蜂起の始期は同十八年十一月で、信直不在を好機と判断しての挙兵であろう。

「九戸一揆」蜂起の急報に接した信直は、同十八年十一月二十八日、浅野忠政ら浅野家家臣をともなって鳥谷崎城から撤退し、四日かけて（つまり同十二月一日に）南部領足沢城（岩手県二戸市）に到着したとされる（「川崎多左衛門覚書」）。ただし、翌十九年二月二十八日付の浅野長吉家臣連署書状〔八５３７〕で忠政らは、信直にしたがって「三戸へ先退候」と記している。『信直記』も、信直は忠政ら浅野家家臣をともなって「三戸へ御帰城」し、その後、忠政らを「足沢ノ城」に据えたと記している。信直の動向に限定すると、鳥谷崎城から撤退した後は、速やかに居城三戸城へ帰城したことは事実であり、時期は同十二月上旬と推定される。

三戸帰城後の同十八年十二月から翌十九年三月上旬までの信直の具体的居所を示す一次史料は現存しないが、同二月二十八日〔八５３６〕・同三月十日〔八５３８〕付の信直書状から、在国していたことは確実である。同三月十七日〔八５４０、八５４１〕、信直は九戸方の一戸月館城攻めのため、月館（一戸内付《月》館、同一戸町）に在陣していた。その後は三戸城に戻り、九戸方からの攻撃に対する防戦、九戸方の諸城への攻撃、豊臣軍の派兵要請などの外交を行った。信直は自陣に属する野田氏に対し、同五月十八日〔八５４６〕、同五月二十九日〔八５４７〕、同六月二十七日〔八５５６〕、同七月十二日〔八５５８〕、同七月二十二日〔八５６４〕付の書状を「三戸」（三戸城）から発し、九戸方の小軽米城（同軽米町）への攻撃などを要請し続けた。野田氏宛の書状はこの五通のほかに、同四月十六日〔八５４４〕、同四月下旬〔八５４５〕の二通も現存する。書状に発給地は記されていないが、前掲の同五月十八日・同五月二十九日付の信直書状から、居所として記す「此口」は三戸城である。一戸月館からの撤収後、同四月中旬から同七月下旬までの約四か月間、三戸在城が確認される[14]。

翌八月の信直の居所と動向を具体的に示す一次史料は、現存しない。ただし、信直の一族・重臣の八戸政栄・東直義は、同六月十五日付の書状[15]で浅野長吉から、また信直自身は同七月二十二日付の書状[16]で前田利家から九戸方の「成敗」を厳命されているため、領国内において一揆鎮圧に専念していたと考えられる。同八月二日〔八５７６〕、信直は側近の木村秀勝に対し、「九戸陣」を想定して兵站の準備を命じており、在国が確認される。

同九月四日、「九戸一揆」は、会津の蒲生氏郷軍を主力とする豊臣政権軍により鎮圧された。この九月四日とその前後の信直の居所を記した一次史料は、現存しない。ただし、九戸城（同二戸市）の包囲陣を描いた「九戸御陣図」

〔寛文七年（一六六七）作成〕[17]には「高陣場山」の「南部大膳太夫《信直》陣所」が確認され、近世の歴史書・系譜類も信直の参戦を記しているため[18]、同九月四日の信直の九戸城周辺の在陣は正しいであろう。

一揆鎮圧後の同九月十五日、蒲生氏郷が信直に発給した血判起請文〔八593〕がある。起請文は相互に手交される文書であり、また氏郷は会津に帰国する途中の同九月二十日、糠部郡から岩手郡北端の沼宮内（同岩手町）に移っている〔八594〕。具体的な居所は未詳であるが、同九月十五日の信直の在国が確認される。同九月二十九日、信直は豊臣秀吉の右筆山中長俊宛の書状〔八597〕で、在京の嫡子南部利直（当時の実名は「利正」[19]）の取り成しを依頼するとともに、同年内に上洛する予定であると報じているため、具体的な居所は未詳であるが、在国が確認できる。その四日前の九月二十五日、信直は、江刺重恒宛〔八595〕・北秀愛宛〔八596〕の知行宛行状を発給しているが、在国中のものであることが確認できる。その後も信直は戦後処理または論功行賞として、同十月四日付の広福寺快算坊宛〔八598〕・源照寺宛〔八599〕の寺領宛行状、同十月三十日付の種市氏宛知行宛行状〔八603〕、同十一月五日付の鬼柳源四郎宛書状〔八604〕、同十一月二十四日付の松岡定吉宛知行宛行状〔八605〕、同十二月五日付の三ヶ尻恒逢宛知行宛行状〔八606〕、同十二月付の口内隆朝宛知行宛行状〔八607〕を発給している。すべて在国中での発給と考えられる。

翌文禄元年（一五九二、天正二十年十二月に「天正」から「文禄」に改元）一月〔八609・八610〕、信直は側近の元服を「御前」で執り行い、その際「直」の一字を与える「元服書」を発給した。居所は「福岡城」とされている[20]。

Ⅲ期　文禄元年一月〜同二年十一月（名護屋在陣期）

文禄元年（一五九二、天正二十年）三月十七日〔八612〕、南部信直は京都にいた。朝鮮侵略（文禄の役・壬辰倭乱）の参陣のため、肥前国名護屋（佐賀県唐津市）へ向かう途中の在京で、同日、徳川家康の下に属し、京都から名護屋へ向け出立した。国元の出立の時期とルートを明らかにする一次史料は、現存しない。ただし、南部領から京都までの行程は、関東経由の陸路の場合は約一か月半、北陸経由の陸路の場合は約一か月から一か月半かかること、また文禄元年一月に福岡在城が確認されるため、同月の出立と推定される[21]。

徳川家康は、同四月二十八日までには名護屋に着陣し[22]、信直と同じく家康の配下にあった佐竹義宣は同四月二十二日、伊達政宗も同じ頃に名護屋に到着している[23]。信直も、同四月下旬に名護屋に着陣したと推定される。なお、名護屋到着から約三か月後の同七月二十二日〔八６１６〕、家康を筆頭とする部隊は「関東衆」と称され、配下の信直らも含めて「名護屋御留主《守》在陣衆」に編成されて名護屋に在陣した。翌文禄二年三月十日〔八６２３〕には「もくそ《牧使》城とりまき《取巻》候衆」に再編され、前田利家の配下に編成替えされて朝鮮半島への出陣を命じられた。しかし、休戦となり同四月に渡海が中止となったため、信直は一度も出兵することはなかった。この間、文禄元年七月二十二日〔八６１６〕、同八月十四日〔八６１７〕、同九月一日〔八６１８〕、同十一月十五日〔八６１９〕、同十二月晦日〔八６２０〕、翌二年一月七日〔八６２２〕、同三月十日〔八６２３〕、同三月十三日〔八６２４〕、同三月下旬〔八６２５〕、同五月二十日〔八６２６〕、同五月二十五日〔八６２７〕、同五月二十七日〔八６２８〕の名護屋（「名子屋」）在陣が確認される。

休戦後、奥羽の大名らは、同二年八月中旬から名護屋を去り、やがて帰国した。信直が帰国途中の同閏九月十日〔八６２９〕、蒲生氏郷と会見するため京都に滞在していたことが確認される。国元への到着は、同十一月十六日〔八６３１〕であった。信直は同閏九月十日付書状で、同閏九月二十八日・二十九日に京都を出立して帰国する予定であると記している。南部領から京都までの行程は関東・北陸経由とも約一か月から一か月半かかるため、予定通り同閏九月末頃に京都を出立したと推定される。

Ⅳ期　文禄二年十一月～慶長二年十二月（在国期）

文禄二年（一五九三）十一月十六日に国元へ到着した南部信直は、慶長二年（一五九七）十一月までの四年間、在国した。この在国期、信直の書状に記された居所の多くは「福岡」である。九戸政実の居城九戸城は「九戸一揆」後、豊臣政権による公儀普請が施され、信直の新たな居城（「南部方居城」[24]）として与えられた。「福岡」とは、改修後に九戸城から改称された福岡城（岩手県二戸市）のことである。信直は四年間、この福岡城に在城しながら、領国統治などのため所々に出向いた。長期にわたるため、以下、年次ごとに信直の居所を確認する。

1、文禄二年

信直が帰国した文禄二年（一五九三）十一月十六日〔八６３１〕、またこの帰国を書状で記した同十二月七日〔八６３１〕は、在国が確認される。居所は福岡城と推定されるが、一次史料に記されていないため、未詳としておく。

2、文禄三年

文禄三年（一五九四）、豊臣秀吉は、政庁化を図っていた指月の伏見城の普請のため、「関東・北国・出羽・奥州果迄[25]」の領主の在京を命じていた。しかし、「奥州衆」は「遠国」ということで、この年の上洛・普請を免ぜられた[26]。信直は、前年の文禄二年十一月十六日付の書状〔八６３１〕で「来春者、上洛御免」と記しているため、京都滞在中に知らされたものであろう。文禄三年三月一日〔八633〕、信直は五戸「野沢」（青森県五戸町）において、側近の小笠原直吉・野田正親・野田直盛に城郭（福岡城ヵ）の普請を命じていた。その後、同三月二十四日〔八634〕、同四月二日〔八635〕、同四月六日〔八636〕、同五月九日〔八637〕、同五月二十五日〔八639〕、同十月八日〔八640〕、具体的な居所は未詳であるが、在国が確認される。

3、文禄四年

文禄四年（一五九五）、信直は上洛を予定していたが、自身ではなく嫡子利直を上洛させた。名代としての派遣と考えられる。(27) 利直は、同八月十日に国元を立ち、同九月上旬頃に京都に到着した。上洛は慶長二年三月頃までの一年半に及んだ。この間、信直は一貫して在国し、利直が帰国した同年の十一月上旬頃、参勤のため居城を出立している。

信直は、文禄四年五月から同九月までのわずか約四か月の間に、八戸根城（青森県八戸市）の城主八戸直栄のもとに嫁いだ長女千代子（利直の姉）に対し、二九通もの書状を発した。八戸直栄の病死、出羽国の領主秋田実季の弟英季と次女季子との縁談、比内浅利騒動にともなう秋田家との祝言の延期、嫡子利直の正妻の養父蒲生氏郷の死とこれにともなう蒲生家の存続問題など、信直の三人の子女（千代子・利直・季子）に関する案件がこの一年間に集中して起こったためである。同年は、この多数の千代子宛書状により、信直の居所が明らかになる。

文禄四年の五月七日〔八645〕、同五月十八日〔八648〕、同五月二十二日〔八649〕、同六月十六日〔八652〕、同六月十八日〔八653〕、同六月二十日〔八654〕、同六月二十六日〔八656〕、同六月二十八日〔八657〕、同六月二十九日〔八658〕、同七月一日〔八659〕、同七月八日〔八661〕付の書状で信直は、自身の居所を「福岡」（福岡城）と記している。また、居所は記されていないが、書状の内容と文脈から同六月七日

〔八６５１〕、同六月二十五日〔八６５５〕、同七月六日〔八６６０〕、同七月二十日〔八６６２〕も福岡在城が確認される。同五月上旬から同七月下旬までの約三か月の間、信直は一貫して福岡城に在城していた。

なお、同七月二十日付の書状〔八６６２〕で信直は千代子に対し、同七月二十五日に南部氏の氏神である「八幡」（櫛引八幡宮、同八戸市）へ参詣すること、その際に病床にある八戸直栄の見舞いのため八戸根城を訪問すると報じている。同七月二十五日から二日後の同七月二十七日付の書状〔八６６３〕で信直は千代子に対し、「昨日」（同七月二十六日）に帰着（「かへり候」）したこと、「昨日」は直栄の病状が良好であったことを伝えている。同七月二十日付・同七月二十七日付の書状は信直の居所を記していないが、「かへり《（帰）》候」の表記から福岡城である。同七月二十五日の櫛引八幡宮の参詣、その後の根城訪問（直栄の病気見舞い）、同七月二十六日の根城から福岡城への帰着、同七月二十七日の福岡在城という過程が明らかになる。

同八月二日〔八６６５〕、同八月八日〔八６６７〕は、福岡在城が確認できる。同八月十四日付の書状〔八６６８〕は居所を記していないが、千代子に対し「此方」へ来るよう要請しているため、この日も福岡在城であろう。その三日後の八月十七日付書状〔八６６９〕で信直は千代子に対し、「三戸より夕部帰候」と報じている。同八月十六日の三戸城から福岡城への帰着、同八月十七日の福岡在城が判明する。

信直はその後、同八月二十二日〔八６７２〕、同八月二十三日〔八６７３〕、同八月二十四日〔八６７４〕の三日間も福岡城に在城したが、本来この期間に根城訪問を予定していた。しかし、信直は同八月二十二日付の千代子宛書状〔八６７２〕で、同八月十九日からの「むし気」で食事ができないほど病状が悪化したため、「今日」（同八月二十二日）の根城訪問を見送り、同八月二十四日に延期すると報じている。同八月十九日、同八月二十日、同八月二十一日の福岡在城が確認される。しかし、同八月二十四日も病状が回復しておらず、この日、再度延期して「二、三日中」

（同八月二十五日、二十六日までの間）に訪問する旨を千代子に伝えた。一週間前の同八月十七日、千代子の夫八戸直栄が病死した〔八６７０・八６７１〕。前掲の同八月二十二日・同二十三日付の書状で信直は千代子に対し、「たひ《（茶毘）》」を急ぐよう指示しているため、この根城訪問は、直栄の死去と葬儀のためであった。同九月八日付の千代子宛書状〔八６７５〕からは根城訪問予定の文言が消える一方、「其元何時隙明候哉、床敷存候」と多忙な千代子を気遣う文言や、「二、三日」（同九月六日〜八日）の間、千代子の書状が「福岡」（福岡城）に届いていないことが新たに記されている。また、同八月二十五日から同九月五日までの間、信直の書状は現存しない。以上から、信直は、同八月二十五日・二十六日頃に根城を訪問して数日間滞在し、その後は同九月六日までに福岡に帰り、同九月七日・同九月八日、福岡に在城していたことが判明する。

同十月から同十二月までの信直の発給文書は、千代子宛書状から蔵入地（直轄領）支配に関わる書状に転換する。前年の文禄三年、信直は一族の東氏から五戸新田村（青森県五戸町）を接収し、蔵入地とした[28]。この蔵入地の支配を本格化させるため、同四年十月から翌慶長元年十二月までの約一年間、代官が執務する役所（「家」）と附属の「蔵」に関わる普請・作事、町場の移設、年貢収納手続きや伝馬制度の整備などを行った。代官に任命された木村秀勝（木工助）宛の信直書状が一七通現存し、以下の通り、具体的な居所が判明する。

同十月六日〔八７３２〕、同十月九日〔八６７７〕、同十月上旬〔八７５３〕付の書状で信直は木村秀勝に対し、同十月十二日または同十月十三日に「三戸」（三戸城）と「其方」（新田村）に下向すると伝えている。書状は福岡城から発したものと推定され、一度三戸城に立ち寄った後、同十月十二日または同十月十三日に新田村へ下向する予定であった。同十月二十二日〔八７３３〕に「福岡」（福岡城）から発した書状には、新田村下向の件は全く記されなくなっているため、同十月十二日・十三日頃の新田村への下向は実施されたと考えられる。その後の同十一月十六日

〔八７３４〕・同十二月五日〔八７３６〕付の秀勝宛書状に居所は記されていないが、文脈から新田村や三戸城でないことは確実で、同十一月二十二日〔八６７９〕の居所が「福岡」であるため、前後の同十一月十六日と同十二月五日も福岡在城と推定される。

４、慶長元年

慶長元年（一五九六、文禄五年十月に「文禄」から「慶長」に改元）一月十日付の書状〔八６８２〕で福岡在城の信直は千代子に対し、同一月十三日に「三戸」（三戸城）へ下向し、一〇日間ほど同所に滞在すると報じている。その一〇日後の同一月二十二日付の木村秀勝宛書状〔八６８３〕からは福岡在城が確認される。

なお、この同一月二十二日付の書状で信直は秀勝に対し、新田村に「家」（代官の役宅）を建造するため準備をして速やかにこれを遂行すること、自ら下向して「家」の屋敷を渡すことを伝えている。同五月二十日付の秀勝宛書状〔八６８５〕で信直は、「五、三日中」（同五月下旬）に「其方」（新田村）に下向すると報じている。居所は記されていないが、福岡城と推定される。同七月二十一日付の秀勝宛書状〔八６９１〕では、代官所附属の「蔵」の敷地が「家」に近いため、「某《南部信直》先度申候」場所から移すよう伝えている。信直は、同六月中旬から同七月上旬まで、福岡城を留守にしているため（後述）、新田村に下向して口頭による指示を与えた「先度」とは、予定通りの同五月下旬頃と考えられる。

翌六月、信直は、五戸新田村の蔵入地支配とは別な行動をとった。同六月十六日付で家臣の四戸直武・東蔵に発した書状〔八６８７〕は居所を記していないが、この日、信直は「板」の搬送に関わって福岡城を離れていたことが確認される。同書状によれば、「板」は糠部郡の某所を起点とし、糠部郡→鹿角郡大湯（秋田県鹿角市）→同毛馬内

（同）→秋田郡能代（秋田実季領、秋田県能代市）というルートで南部領から秋田領へ搬送される予定で、信直は「板」を「くたし（下）済候ハヽ、某（南部信直）ハ可帰候」ことを四戸氏らに伝達していた。信直自身の能代までの下向は計画されていないため、「くたし（下）済」は南部領からの搬出完了のことであり、南部領西端の拠点鹿角郡毛馬内城からの帰還と考えられる。居所を「毛馬内」と記した六月十八日付の書状〔八７４９〕も現存するため、同六月十六日・同六月十七日・同六月十八日の信直の居所が、毛馬内であることが確認される。同七月三日付の四戸直武宛書状〔八６８９〕で信直は、岩手郡の「子次方」（不来方城、のち盛岡城、岩手県盛岡市）から同郡「田頭」（同岩手町）へ伝馬で移動し、「此方へ可帰候」と伝えている。同七月上旬頃に福岡城に帰城したと推定され、以後、再び五戸新田村の蔵入地支配に関与するようになる。

同七月二十一日付の木村秀勝宛書状〔八６９１〕で信直は、代官所附属の「蔵」の土代について、「来月十日迄延候ハヽ、某（南部信直）越候て見へく候」と伝えている。同七月晦日付の秀勝宛書状〔八６９２〕でも、「蔵」の土代について指示を出している。両書状とも信直の居所を記していないが福岡在城が推定され、同八月十日以降の新田村下向が予定されていた。同九月十七日付の秀勝宛書状〔八６９７〕で信直は、「先度」は代官所内部に敷く畳について口頭で指示をした、「今度帰」ったので「当年中」は新田村に下向しない、と報じている。同日付の秀勝宛書状〔八６９８〕でも「此方よりかへり候」と報じ、三日後の九月二十二日付秀勝宛書状〔八６９９〕からは三戸城が確認できる。信直は、同八月十日以降、新田村に下向し、その後は九月十七日までに三戸城に戻り、同九月十八日、同九月十九日、同九月二十日、同九月二十一日、同九月二十二日、同城に滞在していたことが確認できる。同十月四日付の秀勝宛書状〔八７３１〕は福岡城から発せられており、同日までに三戸城から福岡城に帰城していた。

同十一月の動向を示す一次史料は現存せず、具体的な居所は未詳である。同十二月は、同十二月三日〔八７０１〕、同十二月十四日〔八７０２〕付の千代子宛書状で、京都から送られてきた土産や歳末の節物（着物）を送る旨を伝えているため、福岡城に在城していたと推定される。同十二月二十七日〔八７０３〕には、三戸城にいたことが確認される。

5、慶長二年

慶長二年（一五九七）一月八日〔八７０４〕と同一月十一日〔八７０５〕付の千代子宛書状に信直の居所は記されていないが、扇子・暦・酒肴など年始の贈答（儀礼）に関わるものであるため、居城福岡城に在城していたと推定される。同四月晦日、久慈主水宛の黒印状に具体的居所は記されていないが、在国が確認できる。これ以後、同十一月までの約七か月間も在国したが、一次史料が現存せず、具体的居所は未詳である。

Ⅴ期　慶長二年十一月〜同三年三月（伏見参勤期）

南部信直は、慶長二年（一五九七）十二月二十五日から翌三年四月頃までの約三か月間、伏見（京都市伏見区）に滞在した。豊臣秀吉への謁見（主従関係の確認）と、慶長伏見地震（慶長元年閏七月十三日）のため倒壊した指月伏見城に代わり、木幡山に新築された伏見城の作事用杉板の廻漕（軍役）を命じる朱印状を入手するためである(29)。この在伏見の期間、信直が千代子に宛てた多数の書状から、以下の通り、信直の居所が明らかになる。

信直は伏見参勤のため、同二年十一月半ば頃に福岡城を出立し、同十一月十七日〔八７１１〕、「鳥屋崎」にいた。「鳥屋崎」とは、稗貫郡鳥谷崎城（のち花巻城、岩手県花巻市）のことで、天正十九年（一五九一）の奥羽再仕置により南部領に編入され、最南端の拠点城郭となっていた。その後、信直は、南奥の刈田郡白石（福島県白石市）を経て、同十二月六日には武蔵国久喜（埼玉県久喜市）にいた。同日付の千代子宛の書状〔八７１２〕で信直は、千代子からの使者を久喜で三日間待ったものの到着しないため、先に進むと伝えている。久喜には同十二月四日に到着し、同日、同十二月五日、同十二月六日の三日間、待機していたことが判明する。同十二月九日付の千代子宛書状〔八７１３〕に信直の居所は記されていないが、いまだ「関東」にいたと記している。その後の経路を示す一次史料は現存しないが、東海道を通ったと推定される。

同十二月二十五日〔八７１４〕、伏見に到着した。信直は、伏見に到着するまでに発した書状で、一貫して行き先を「京」（京都）と記し、また京都に到着次第、「久敷を《置》き候使」を下向させると伝えている。洛中には南部氏の宿所があり、目的は上洛と認識されていた。しかし、実際には、豊臣政権の新たな政庁となった木幡山伏見城下への参勤となり、同十二月二十五日〔八７１４〕、同十二月二十八日〔八７１４〕、翌慶長三年一月四日〔八７１５〕、同一月七日〔八７１６〕、同一月九日〔八７１７〕、同一月二十三日〔八７１８〕、同一月二十四日〔八７１８〕、同二月一日〔八７１９、八７２０〕、伏見（「ふしミ」）滞在が確認される。この間、同一月二十三日〔八７１８〕、豊臣秀吉への謁見（「御礼」）を行った。

この後、同二月二日〔八７２０〕は京都へ向かう予定で、同二月十一日〔八７２１〕と同三月一日〔八７２２〕は京都滞在が確認される。同三月八日〔八７２３〕も、同三月一日付の書状とほぼ同内容であるため在京が推定される。信直は、同二月二日頃から同三月八日頃までの約一か月間、在京し続けたと考えられる。在京の目的は、千代子が注文した娘ねね（信直の孫、のち清心尼）への誂え物や土産物の購入に限定されており、参勤の場所が伏見であったことを再確認できる。同三月二十日〔八７２４〕、同三月二十一日〔八７２４〕は伏見に戻っていた。

伏見作事板の廻漕を命じる朱印状は、慶長二年十二月中に北奥の領主らに発給される予定であった[30]。しかし、比内浅利騒動、「取次」前田利家の病気、醍醐の花見などにより遅延し、秋田実季や仙北衆へは翌慶長三年三月八日に発給された。信直へはさらに遅れたため、同三月二十日〔八７２４〕に信直は利家に参会して朱印状の件を確認し、同三月二十七日〔八７２５〕にようやく発給された。この後、信直の帰国の過程を記す一次史料は現存しないが、朱印状を受領した後は迅速に帰国し、材木の確保と廻漕を行う必要があった。同四月には、伏見を出立したと推定される。

Ⅵ期　慶長三年四月頃～同四年十月（在国期）

南部信直は、慶長三年（一五九八）四月頃に伏見を出立し、同五月頃には帰国したと推定される。その後、約一年半の間、在国し、翌四年十月五日に病死した。

慶長三年の在国期の具体的な居所を明らかにすることはできない。同七月二十四日付の黒印状〔戦国期文書〕で新田村代官の木村秀勝宛に対して扶持米の算用を命じており、在国が確認されるだけである。

同四年は、信直の最晩年で、年次の確定できる一二通の一次史料（千代子宛書状）から居所が明らかになる。信直は千代子に対し、同三月四日付の書状〔八７４０〕で、同三月七日に「此方」を出立し、同三月十三日に根城を訪問すると伝えている。「此方」とは、福岡城であろう。同三月八日付の書状〔八７４６〕によれば、この日に五戸の「野沢」に到着し、「明日」（同三月九日）は八戸の「矢沢」（青森県八戸市）まで行くと伝えている。同閏三月七日〔八７４１〕、信直は「三戸」（三戸城）から千代子宛で書状を発し、同閏三月五日からの病気のため「今日」（同閏三月七日）は「この方」（三戸城）に帰った、「明日」（同閏三月八日）は疲労のため「かへる《帰》」と伝えている。同閏三月九日付の千代子宛書状〔八７４２〕では、「夕部」（同閏三月八日）に「此方へ帰候」と報じている。当初の予定通り、同三月十三日頃に根城を訪問したと推定され、その後、同閏三月七日に三戸に戻り、同閏三月八日は福岡城へ帰城、同閏三月九日に福岡在城であったことが明らかとなる。同閏三月二十日〔八７４４〕の居所は、福岡城である。二日前の閏三月十八日付の千代子宛書状〔八７４３〕には居所が記されていないが、同閏三月二十日付書状とほぼ同じ内容であるため、福岡在城と考えられる。

　一次史料によれば、信直の病は、肥前名護屋参陣中の文禄元年から知られ、慶長四年閏三月以降は食事に支障を来すほど病状が悪化した。同四月六日〔八６４３〕は福岡在城が推定され、これ以降の信直文書は現存しない。同八月十一日には、嫡子利直が当主代行で知行宛行状を発給し始めた[31]。この後、病状はさらに悪化したと推定され、同十月五日〔八７５４〕、福岡城で没した。

註

（１）南部信直の出自等については、岩手県立図書館所蔵『参考諸家系図』、同『聞老遺事』、もりおか歴史文化館収蔵『祐清私記』、東京大学史料編纂所所蔵『陸奥盛岡南部家譜』等、近世編纂の歴史書・系譜による。なお、信直の仮名は、一次史料では「九郎」（年未詳九月二十七日東政勝書状〈南部光徹氏所蔵、『新編八戸市史　中世資料編　編年資料』八戸市、二〇一四年、三八八。以下同書は『新編八戸市史』と略記〉）と記されている。しかし、信直の嫡子利直の仮名は「彦九郎」であるが一次史料では「九郎」と記され、その利直の次男政直の仮名も「彦九郎」であったため、信直の仮名も「彦九郎」であった可能性がある。

（２）拙稿「信直の家督就任」（熊谷隆次・滝尻侑貴・布施和洋・柴田知二・野田尚志・船場昌子著『戦国の北奥羽南部氏』デーリー東北新聞社、二〇二一年）一二〇〜一二一頁。

（３）拙稿「北奥の戦国争乱」（遠藤ゆり子編『東北の中世史４　伊達氏と戦国争乱』吉川弘文館、二〇一五年）一二二頁。同「文禄・慶長初期における南部領五戸新田村代官所について―設置年代の確定と景観的復元―」（『東北文化研究室紀要』第五八集、二〇一五年）一七頁。前掲註（２）拙稿、一二二頁。

（４）無年号の南部信直文書の年代比定については、前掲註（１）『新編八戸市史』第三章による。ただし、同書刊行後に出された下記の拙稿において、未比定のままであった書状の年代比定、一部年代の訂正を行った。また、本稿においても、未比定のままであった書状の年代比定を新たに行った。前掲註（３）拙稿「文禄・慶長初期における南部領五戸新田村代官所について―設置年代の確定と景観的復元―」。拙稿「豊臣政権期南部領の三斎市について」（『駒沢史学』九四号、二〇二〇年）。同「豊臣政権期における南部信直の蔵入地支配について」（『地方史研究』四〇九号、二〇二一年）。同「南部信直書状と蔵入地代官」（『歴史』第一三八輯、二〇二二年）。

（５）天正十八年七月二十七日豊臣秀吉朱印状（もりおか歴史文化館収蔵、『新編八戸市史』五一八）。

（６）渡辺信夫「天正十八年の奥羽仕置令について」（『日本文化研究所研究報告』別巻一九集、一九八二年）。小林清治『奥羽仕置と豊臣政権』（吉川弘文館、二〇〇三年）一一四頁。

（７）『北松斎覚書』の原本は焼失しているため、本稿ではその忠実な写本とされる、もりおか歴史文化館収蔵『北松斎手扣』を用いた（『青森県史　資料編　中世1　南部氏関係資料』青森県、二〇〇四年、六八五。以下同書は『青森県史』と略記）。

（８）藤井譲治編『織豊期主要人物居所集成』（思文閣出版、二〇一一年）六九頁。

（９）もりおか歴史文化館収蔵『信直記』（『青森県史』六八九）。

（10）前掲註（８）藤井氏編著、六九～七〇頁。

（11）前掲註（６）小林氏著書、二八五頁。

（12）「川崎多左衛門覚書」は、東京大学史料編纂所所蔵写真帳『済美録』収録。

（13）南部光徹氏所蔵『八戸家伝記』（『青森県史』四七二）。同『源氏南部八戸家系』（同四七一）。前掲註（７）『北松斎手扣』。前掲註（９）『信直記』。岩手県立図書館所蔵『奥南旧指録』等。

（14）「九戸一揆」の過程については、拙稿「『九戸一揆』再考」（江田郁夫編『【アジア遊学294】秀吉の天下統一　奥羽再仕置』勉誠社、二〇二四年）。

（15）天正十九年六月十五日浅野長吉書状（南部光徹氏所蔵、『新編八戸市史』五四八）、天正十九年六月十五日浅野長吉書状写（岩手県立図書館所蔵『宝翰類聚』、同五四九）。

(16) 天正十九年七月二十二日前田利家書状（もりおか歴史文化館収蔵、『新編八戸市史』五六五）。
(17) 寛文七年「九戸御陣図」（南部光徹氏所蔵、斉藤利男『南部光徹氏所蔵「遠野南部家文書」の調査・研究』平成一九年度〜平成二一年度科学研究費補助金　研究基盤（B）研究成果報告書、二〇一〇年、図版14）。
(18) 前掲註（7）『北松斎手扣』。前掲註（9）『信直記』。
(19) 拙稿「南部利直の初期黒印状について」（『岩手史学研究』八五号、二〇〇二年）四〜五頁。
(20) 拙稿「南部信直の元服書について」（『古文書研究』八四号、二〇一七年）九九〜一〇〇頁。
(21) 南部信直の名護屋参陣の詳細については、拙稿「豊臣政権期の八戸」（『新編八戸市史　通史編Ⅰ　原始・古代・中世』八戸市、二〇一五年）四五三〜四六六頁。
(22) 前掲註（8）藤井氏編著、一〇七頁。
(23) 羽下徳彦「肥前名護屋陣と伊達政宗」（『市史せんだい』八号、一九九八年）一〇二頁。
(24) 天正十九年九月十四日浅野長吉書状案（「浅野家文書」『新編八戸市史』五九二）。
(25) 文禄三年一月十六日豊臣秀吉朱印状（「島津家文書」『新編八戸市史』六三二）。
(26) 「當代記」（『史籍雑纂　當代記　駿府記』続群書類従完成会、一九九五年）。
(27) 前掲註（19）拙稿、一四〜一五頁。前掲註（21）拙稿、四六六〜四六七頁。
(28) 前掲註（4）拙稿「文禄・慶長初期における南部領五戸新田村代官所について―設置年代の確定と景観的復元―」二一頁。同「豊臣政権期南部領の三斎市について」二七二頁。同「豊臣政権期における南部信直の蔵入地支配について」五頁。同「南部信直書状と蔵入地代官」二七頁。
(29) 拙稿「南部信直と『取次』前田利家―伏見作事板の賦課をめぐって―」（『地方史研究』三〇五号、二〇〇三年）九〇〜九一頁。前掲註（21）拙稿、四六六〜四六七頁、四八二〜四八六頁。
(30) 前掲註（28）拙稿、九一〜九三頁。
(31) 前掲註（19）拙稿、九〜一〇頁。

【初出一覧】

総　論

熊谷隆次「総論　南部信直の研究」（新稿）

第1部　戦国期信直権力の研究

Ⅰ　遠藤巖「北奥羽の戦乱―南部氏と秋田氏と津軽氏と」（小林清治・米原正義編『戦乱の日本史［合戦と人物］』第8巻　戦国の群雄〈西国・奥羽〉』第一法規出版社、一九八八年）

Ⅱ　菅野文夫「三戸南部氏と糠部『郡中』」（『岩手大学文化論叢』第三輯、一九九五年）

Ⅲ　久保田昌希「中近世移行期における中央権力と『北奥』～南部と津軽、九戸一揆から関ヶ原合戦～」（『研究紀要』第五二集、青森県高等学校教育研究会地理歴史科・公民科部会、二〇〇七年）

第2部　豊臣政権期の南部信直と九戸一揆

Ⅰ　吉田東伍「戦国以後江戸時代の奥州」（日本歴史地理学会編『奥羽沿革史論』仁友社、一九一六年）

Ⅱ　遠藤巖「九戸政実の乱―戦国最後の大反撃」（小林清治・米原正義編『戦乱の日本史［合戦と人物］』第8巻　戦国の群雄〈西国・奥羽〉』第一法規出版社、一九八八年）

Ⅲ　小林清治「九戸一揆と伊達政宗」（『福大史学』五八号、一九九四年）

Ⅳ　草間俊一「書状より見た南部信直の晩年」（『岩手大学学芸学部研究年報』第五巻第一部、一九五三年）

Ⅴ　小井田幸哉「南部町で発見の南部信直書状（断簡）」（『ふるさとなんぶ』八号、南部町教育委員会、一九八五年）

Ⅵ　瀬戸薫「前田利家と南部信直」（『市史かなざわ』五号、金沢市、一九九九年）
Ⅶ　熊谷（西野）隆次「南部信直と『取次』前田利家—伏見作事板の賦課をめぐって—」（『地方史研究』三〇五号、二〇〇三年）

第3部　史料論と南部信直研究

Ⅰ　田中喜多美「北尾張守信愛覚書の史的価値」（『岩手史学研究』一一号、一九五三年）
Ⅱ　熊谷（西野）隆次「南部信直・利直発給文書の一考察—五戸『木村文書』の古文書学的分析—」（『青森県史研究』一号、一九九七年）
Ⅲ　菅野文夫「南部信直発給文書とその周辺—戦国末期武家文書の〝略押〟—」（『岩手大学教育学部研究年報』第六〇巻二号、二〇〇一年）

付録　南部信直関係資料

Ⅰ　熊谷隆次編「南部信直文書目録」（新稿）
Ⅱ　熊谷隆次編「南部信直居所一覧」（新稿）
Ⅲ　熊谷隆次「南部信直の居所と動向」（新稿）

【執筆者一覧】

総　論

熊谷隆次　　別掲

第1部

遠藤　巖　　一九四〇年生。宮城教育大学名誉教授。

菅野文夫　　一九五五年生。岩手大学名誉教授。

久保田昌希　一九四九年生。駒澤大学名誉教授。

第2部

吉田東伍　　一八六四年生。故人。元、早稲田大学教授。

小林清治　　一九二四年生。故人。福島大学名誉教授。

草間俊一　　一九一五年生。故人。岩手大学名誉教授。

小井田幸哉　一九一二年生。故人。元、八戸市立小中野小学校校長、青森県文化財保護協会常任理事など。

瀬戸　薫　　一九五一年生。元、石川県立図書館史料編さん室主幹。現在、かほく市史編纂委員。

第3部

田中喜多美　一九〇〇年生。故人。元、岩手県史編纂係長。

【編著者紹介】

熊谷隆次（くまがい・りゅうじ）

1970年生まれ。

東北大学大学院文学研究科歴史科学専攻博士後期課程修了。

博士（文学）。

現在、八戸工業大学第二高等学校教諭。

主な業績に、「北奥の戦国争乱」（遠藤ゆり子編『東北の中世史4 伊達氏と戦国争乱』吉川弘文館、2016年）、「南部信直の元服書について」（『古文書研究』84号、2017年）、「戦国末期南部信直権力と外交――南慶儀・楢山義実を中心に」（斉藤利男編著『戦国大名南部氏の一族と城館〈戎光祥中世織豊期論叢3〉』戎光祥出版、2021年）、「北奥羽の戦国世界」（東北大学日本史研究室編『東北史講義【古代・中世篇】』筑摩書房、2023年）などがある。

共著に『戦国の北奥羽南部氏』（デーリー東北新聞社、2021年）がある。

シリーズ装丁：辻　聡

シリーズ・織豊大名の研究　第一五巻

南部信直《なんぶのぶなお》

二〇二五年二月一〇日　初版初刷発行

編著者　熊谷隆次

発行者　伊藤光祥

発行所　戎光祥出版株式会社
東京都千代田区麹町一‐七
相互半蔵門ビル八階
電話　〇三‐五二七五‐三三六一㈹
FAX　〇三‐五二七五‐三三六五

編集協力　株式会社イズシエ・コーポレーション

印刷・製本　モリモト印刷株式会社

https://www.ebisukosyo.co.jp
info@ebisukosyo.co.jp

ISBN978-4-86403-564-4

好評の本書関連書籍

各書籍の詳細及び最新情報は戎光祥出版ホームページをご覧ください。
https://www.ebisukosyo.co.jp
※各書籍の定価は本書刊行時点のものです。

シリーズ・織豊大名の研究　A5判／並製

2 加藤清正　山田貴司 編著　455頁／7480円（税込）
3 前田利家・利長　大西泰正 編著　380頁／7150円（税込）
5 真田信之　黒田基樹 編著　400頁／7150円（税込）
8 明智光秀　柴 裕之 編著　370頁／7700円（税込）
9 蒲生氏郷　谷 徹也 編著　390頁／7700円（税込）
10 徳川家康　柴 裕之 編著　398頁／7700円（税込）
11 佐々成政　萩原大輔 編著　454頁／7700円（税込）
12 宇喜多秀家　森脇崇文 編著　381頁／7700円（税込）
13 羽柴秀吉一門　黒田基樹 編著　368頁／7700円（税込）
14 豊臣秀長　柴 裕之 編著　384頁／7700円（税込）

列伝シリーズ　四六判／並製

戦国武将列伝1 東北編　南部晴政・信直　九戸政実ら29名収録。　遠藤ゆり子　竹井英文 編　408頁／3080円（税込）

図説シリーズ　A5判／並製

図説 豊臣秀吉　柴 裕之 編著　192頁／2200円（税込）
図説 佐竹一族 ——関東にその名を轟かせた名族の戦い　茨城県立歴史館 編　160頁／1980円（税込）

中世武士選書　四六判／並製

35 南部信直 ——戦国の北奥羽を制した計略家　森 嘉兵衛 著　241頁／2750円（税込）
51 結城宗広・親朝 ——南北朝争乱に生き残りをかけた雄族の選択　伊藤喜良 著　210頁／2750円（税込）
53 奥州管領斯波大崎氏 ——難敵に挑み続けた名族　佐々木慶市 著　258頁／3080円（税込）

シリーズ・中世関東武士の研究　A5判／並製

32 甲斐源氏一族　西川広平 編著　402頁／7700円（税込）